U0947128

高等院校信息管理与信息系统专业系列教材

信息系统开发与管理教程

（第三版）

左美云 主编

清华大学出版社
北 京

内容简介

本书全面系统地阐述了信息系统开发与管理的理论和技术。全书分为6个部分，共14章，内容涵盖了信息系统的基础知识、开发准备、开发方法、开发管理、测试与运行以及热点领域与热点问题。每章均提供相关的思考题。

本书力争从战略管理的角度考虑信息系统的规划，从项目管理、文档管理以及监理和审计的角度考虑信息系统的开发。而对于技术方面，则更侧重方法论的介绍和方案的比较。

本书可作为信息管理与信息系统、电子商务、计算机应用、信息安全、工商企业管理和软件工程等专业本科生的教材，也可作为相关专业硕士生、MBA、管理干部培训班、技术人员特别是信息技术人员的教材和参考资料。

图书在版编目（CIP）数据

信息系统开发与管理教程 / 左美云主编. —3版. —北京：清华大学出版社，2013.3(2019.2重印)
（高等院校信息管理与信息系统专业系列教材）
ISBN 978-7-302-31498-1

Ⅰ. ①信… Ⅱ. ①左… Ⅲ. ①信息系统－系统开发－高等学校－教材 ②信息系统－系统管理－高等学校－教材 Ⅳ. ①G202

中国版本图书馆CIP数据核字(2013)第023867号

责任编辑：白立军 战晓雷
封面设计：傅瑞学
责任校对：焦丽丽
责任印制：李红英

出版发行：清华大学出版社
网　　址：http://www.tup.com.cn，http://www.wqbook.com
地　　址：北京清华大学学研大厦A座　　**邮　　编**：100084
社 总 机：010-62770175　　**邮　　购**：010-62786544
投稿与读者服务：010-62776969，c-service@tup.tsinghua.edu.cn
质 量 反 馈：010-62772015，zhiliang@tup.tsinghua.edu.cn
课 件 下 载：http://www.tup.com.cn，010-62795954
印 装 者：北京九州迅驰传媒文化有限公司
经　　销：全国新华书店
开　　本：185mm×260mm　　**印　　张**：22.5　　**字　　数**：516千字
版　　次：2001年7月第1版　2013年3月第3版　　**印　　次**：2019年2月第2次印刷
定　　价：36.00元

产品编号：033680-01

第三版前言

“雄关漫道真如铁，而今迈步从头越。”作为一个学科，信息系统伴随着社会的进步和技术的进步也在不断地迈开新的脚步。作为一本教材，本书即将翻开她的第三个版本。我们的使命一直未变，那就是希望达到这样的目标：无论何时、无论何地、无论何种设备、无论何种平台、无论何人都能够安全、高效地获得数据和管理业务，提升竞争力，最终增进人类福祉。

我们在每年的教学实践中不断打磨课程内容，与使用本教材的同学们和老师们交流，听取合理化建议，结合最近一段时间信息系统的新特点和新发展，对第二版的内容进行了或精练、或删除、或完善、或增加的修订。大的修订主要体现在如下各章。

第 1 章，增加了信息系统学科重要学术会议的介绍。这是因为，国际化已经成为教育领域的必选项，作为进步很快的学科，学生需要了解学科的最新进展。而重要的最新进展一般都反映在重要的学术会议特别是国际会议上。作为主编，我们一直有一个愿望，那就是我们的同学能像球迷喜欢球星那样说出信息系统领域最“牛”的学者以及他们的成就、他们的特点，甚至他们的喜怒哀乐。要做到这一点，参加一些重要的会议是必须的。

第 3 章，直接删除了原来的“信息系统的技术基础”一章。因为不少来信交流的老师们反映该章原来包括的数据结构、数据库和计算机网络技术在相关课程中已经讲授过，放在这里是重复。因而在第三版该章修改为“信息系统的常见应用”，让同学们了解信息系统的类型以及典型的应用。

第 5 章，在 5.2 节的项目启动中，增加了如何妥善处理与强势用户之间关系的内容。这是因为，用户随着多年参与信息系统的建设和管理而日益成熟，在合作过程中的买方地位在日益增强，需要同学们了解到新局面下应有的处理方式。

第 7 章，从增加易读性和参考最新内容的角度进行重新编写。根据当前最新统一建模语言（Unified Modeling Language，UML）规范介绍 UML 视图，设计了一个基于 UML 的面向对象分析与设计案例。

第二版的第 8 章是“MVC 设计模式”，不少来信交流的老师们认为 MVC 设计模式确实实用且重要，但它只是各种设计模式中的一种，建议删除之。相关的设计模式可以由教师们指导学生在开发过程中自行学习。因而该章被直接删除了，第二版后面的第 9～11 章分别顺延为第三版的 8～10 章。

第二版的第 12 章改为第三版的第 11 章，由于基于 Web 的系统是现在的主流，所以重写了基于 Web 系统的测试内容，更新了“自动化测试及工具”一节。

第二版的第 13 章改为第三版的第 12 章，根据读者们的建议，按照先介绍制度保障，再介绍组织建设，然后介绍信息系统运行及运行过程中服务管理的逻辑顺序，对本章的内容进行了优化。有关服务管理的内容采用了 COBIT（信息系统和技术控制目标）和 ITIL（信息技术基础构架库）当前的最新版本进行介绍。

第二版的第 14 章改为第三版的第 13 章，第二版的第 14 章是“信息系统的安全管理”，本次修订对原有的内容进行了精简，增加了信息系统伦理的内容。信息系统伦理已经成为信息系统开发与管理中的一个很重要的问题，实际上不少信息系统安全问题就是因为违反信息系统伦理道德造成的。因而本章改名为“信息系统的安全与伦理”。

第二版的第 15 章改为第三版的第 14 章，章名不变，依然为“信息系统的热点领域”，只不过由于原先章节中的热点领域如决策支持系统（DSS）、企业资源计划（ERP）、供应链管理（SCM）和客户关系管理（CRM）等内容已经成为企业信息系统的常见应用，因而将这些内容收进了第三版的第 3 章中。而这些年来，由于思想进步、社会进步和技术进步带来的信息系统新热点领域很多，如 Web Services（网络服务）、SOA（面向服务的架构）和云计算，需要扼要介绍。因而本章主要介绍了最新的一些热点领域。

除以上各章有较大的修订外，书中小的修订也有不少，这里就不再赘述。

本书经过 2001 年第一版和 2006 年第二版的发行使用，得到很多同行的建议和意见，这里一并感谢。我们希望通过修订，使本书不断求“精”，不断求“新”。我们真诚地希望第三版能继续得到同行和读者的支持和指导，请将意见或反馈等函至中国人民大学信息学院经济信息管理系左美云教授（邮政编码：100872），或发送到电子邮箱 zuomy@ruc.edu.cn。

本书的第三版共分 6 个部分，由 14 章组成。其中左美云独立编写了第 1～5 章、第 8～10 章和第 14 章；邝孔武编写了第 6 章；孙彩虹编写了第 7 章；王晓波编写了第 11 章；蒋洪迅和左美云联合编写了第 12 章；付虹蛟和左美云联合编写了第 13 章。在上述参编者的第三版书稿交齐以后，全书由左美云逐字逐句进行修改和完善。

感谢赵珅、王世娟、邢达、程艳国、刘勍勍、张弛等为本书修订提供的资料。

因编者水平和精力有限，错误与不足之处在所难免，敬请读者不吝指正。

王　编

2012 年 10 月

第二版前言

进入 21 世纪以来，信息系统领域出现了很多新的现象和特点：首先是非常重视信息系统建设的战略规划，强调信息系统对组织竞争力和核心竞争力的支持和提升；其次是非常重视信息系统的开发过程管理，为了规范开发过程，回避开发中的风险，更加强调开发过程中的项目管理以及第三方的监理与审计；第三是非常重视开发方法与技术的研究，如开发架构的考虑，设计模式的考虑，面向对象开发的深化；第四是随着大规模信息系统建设接近尾声，信息系统的运行与维护成为一个日益重要的话题；最后是随着大家对信息系统运行的重视，信息资源的开发与利用、信息系统安全的管理、IT 服务管理、IT 治理、IT 外包和首席信息官等内容成为了大家关注的焦点。

尽管上述对 21 世纪以来信息系统领域新现象和新特点的概括还会有很多遗漏，但是，仅凭借以上的内容，我们可以发现，关于信息系统研究的内容除了原有的开发阶段的研究外，明显向两端延伸了：向前延伸到了信息系统的前期战略规划，向后延伸到了信息系统的后期运行维护。在开发阶段，也不仅仅侧重在开发技术和方法上，而是大大地扩充了开发过程的管理。总之，信息系统的研究内容丰富多彩了，更加接近组织的实际需求了。

我们承接第一版的思路，作了一点尝试，力争从战略管理的角度去考虑信息系统的规划，从项目管理、文档管理以及监理和审计的角度去考虑信息系统的开发，并且重视信息系统的运行管理。而对于技术方面，我们依旧侧重方法论的介绍和方案的比较。

不同的是，我们结合 21 世纪以来信息系统的新特点和新发展，对第一版的内容进行了或精炼、或删除、或完善、或增加的修订。大的修订主要体现在如下各章。

第 3 章，我们进行了大幅度的删改，将操作系统的内容精简后移入第 2.3.2 节“信息系统与软件的关系”中，删除了编译基础的内容，将第 3.1 节重新定名为“数据结构”。第 3.2.4 节“数据库技术的新发展”根据目前的情况进行了重新的编写。在第 3.3 节，删除了计算机的发展、计算机系统组成和数据通信基础等内容，该节重新定名为“计算机网络技术”。这样，去掉了与其他学科过多的原理部分交叉，帮助读者较快地了解或回忆起信息系统的技术基础知识。

第 4 章的第 4.1 节，第一版中仅介绍了世界银行的信息技术扩散模型和诺兰模型。在本次修订中，我们将该节定位为组织信息化成熟度的通用模型（IMM），并给出现有信息化成熟度模型的比较，从而进一步有利于进行信息系统建设的组织了解自己所处的阶段和状态，有利于组织更好地进行信息系统的战略规划。

第 5 章，首先是按照信息系统开发的顺序，对各节的顺序进行了调整，将信息系统的开发方式选择放在了第 5.1 节。并且讨论了现在流行的信息系统开发外包的内容。

第 6 章中一开始增加了对开发方法发展过程的讨论，并将原第 7 章的原型法移入第 6 章，增加了对生命周期法与原型法的比较。

第 7 章中增加了统一建模语言 UML 视图的介绍，讨论了基于 UML 的系统开发过程。

第一版的第 8 章是软系统开发方法，考虑到大部分院校都将其作为选修的内容，本次修订将其替换为更加实用的 MVC 设计模式。

第 9 章中大部分的图表都得到了规范和完善，删除了一般意义上项目的特点和项目管理的特点，增加了用于监控信息系统项目的成本差、进度差、成本效率和进度效率等指标的内容。

第 11 章，精简了委托人-代理人理论的介绍，增加了信息产业部关于信息系统监理的法规内容，根据信息系统监理和审计的最新进展对本章的内容进行了调整和改写。

第 12 章，突出了测试的方法、过程和步骤的介绍，删除了白盒测试和黑盒测试用例设计等过于详细的内容，增加了面向对象开发的测试和基于 Web 系统的测试等特定应用环境下的测试，将第一版的软件测试工具改写为“自动化测试及工具”一节。

第一版的第 13 章是信息系统的安全与运行管理，本次修订考虑到未来信息系统对运行和安全问题的重视，将其拆分为第 13 章“信息系统的运行管理”和第 14 章“信息系统的安全管理”。在第 13 章中增加了首席信息官岗位的介绍，增加了 IT 服务管理的内容，主要表现为 COBIT 和 ITIL 两个模型的介绍。在第 14 章中大大扩充和完善了信息系统安全的内容，对信息系统安全的分析与应对进行了较充分的讨论，介绍了信息系统安全的国际标准，重点对信息系统安全标准 BS7799 的体系和内容进行了讨论。

第一版的第 14 章是信息系统的热点领域，顺延为第二版的第 15 章。本次修订对原该章的内容进行了精简，增加了供应链管理(SCM)、客户关系管理(CRM)、知识管理和电子政务等新热点的介绍。

第一版的第 15 章是项目管理软件介绍，由于这些年来，项目管理的知识在各行各业和政府部门都得到了较大范围的普及，项目管理软件也得到了广泛的应用，所以本次修订删除了该章。

除以上各章有较大的修订外，本书中小的修订也随处可见，这里不再赘述，但是请读者相信对每一个字我们都进行了重新的推敲。

本书自 2001 年第一版问世以来，承蒙各位同行的抬爱，选为教学用书和研究生考试用书或参考书，因此连续印刷 6 次，并在 2004 年荣幸地被评为北京市高等教育精品教材。

本次修订，离写作第一版的 2000 年已经整整过去了 5 年，这 5 年间许多的同行和读者用各种方式向我们表达了使用该书的体会和建议，使我们深受鼓舞。这里要重点提一下的是，许多政府部门的读者来信说该书很好，深入浅出、通俗易懂，但是涉及信息系统建设主体时书中处处用“企业”这个词，看了不舒服，觉得不是为自己写的，建议再版时尽量中性化，改用“组织”这个词。我们虚心接受这个建议，所以涉及信息系统建设主体的地方，尽量用“组织”，偶尔用“企业”或“单位”，如“组织信息系统建设”、“组织信息系统规划”等。

我们真诚地希望第二版能继续得到同行和读者的支持和指导，请将意见或反馈等函至中国人民大学信息学院左美云，或发送到电子邮箱 zuomy@ruc. edu. cn。

本书的使用和再版过程中得到了中国人民大学信息学院陈禹、方美琪、杜小勇、杨小平等多位教授、北京大学光华管理学院李东和董小英教授、清华大学经济管理学院侯炳辉、陈国青和黄京华等多位教授、北京信息工程学院陈维兴教授、哈尔滨工业大学黄梯云和李一军教授、国家信息中心乌家培教授、中山大学管理学院谢康教授、山西财经大学张基温教授等专家学者的关心和鼓励，以及责任编辑范素珍老师的大力支持，在此表示真诚的感谢。

本书共分 6 个部分，由 15 章组成。其中左美云编写了第 1、2、4、5、9、10、11、13、15 章以及第 6.5 节、第 7.4 节、第 14.1 节和 14.4 节；邝孔武编写了第 6 章的第 6.1 至 6.4 节、第 7 章的第 7.1 至 7.3 节；陈昕编写了第 3 章；孙彩虹编写了第 8 章；王晓波编写了第 12 章；宁宇鹏联合编写第 14.2 节和 14.3 节。在上述参编者的第二版书稿交齐以后，全书由左美云逐字逐句进行修改和完善。

感谢常文杰、张霞、廖志江、程华等为本书修订提供的资料。

因编者水平有限，错误与不足之处在所难免，敬请读者批评指正。希望随着时间的推移，能够在不远的将来推出第三版，使该书的质量不断提高。

主　编

2005 年 12 月

第一版前言

世纪之初的中国，机遇与挑战并存。我国大部分企业都面临着信息化改造、e化、面向新经济转型等一系列的问题。解决这些问题的一个重要途径是建设成功的信息系统。

然而，我国信息系统建设成功的少，不成功的多。在不成功的原因中，大部分是非技术因素引起的，比如用户方规划失当、开发方管理无方、用户方的业务流程不规范、开发方欺瞒用户等等。这就要求我们不但要研究信息系统开发中的技术问题，还要研究信息系统开发和运行中的非技术问题，特别是其中的管理问题。

信息系统与信息管理学科是管理学门类下的一个分支。但是目前关于信息系统的教材主要从开发方法和开发技术角度去研究，从开发过程管理和运行管理特别是开发过程管理角度去研究的甚少。

我们作了一点尝试，力争从战略管理的角度去考虑信息系统的规划，从项目管理、文档管理以及监理和审计的角度去考虑信息系统的开发。而对于技术方面，我们更侧重方法论的介绍和方案的比较。

本书的写作得到了中国人民大学陈禹教授、山西财经大学张基温教授、清华大学侯炳辉教授、北京大学李东和董小英教授、北京信息工程学院陈维兴教授、哈尔滨工业大学黄梯云教授、国家信息中心乌家培教授、中山大学岭南学院谢康教授、中国人民大学王明明博士等专家学者的关心和鼓励，以及责任编辑范素珍老师的大力支持，在此表示真诚的感谢。

本书由左美云副教授和邝孔武教授共同主编，全书共分6个部分，由15章组成。其中左美云编写第1、2、4、5、9、10、11、13、14章；邝孔武编写第6、7、8章；陈昕编写第3章；王晓波编写第12、15章。

感谢付强、赵毅、饶硕三位同志为本书做的大量校对工作。

因水平有限，错误与不足之处在所难免，敬请读者批评指正。希望随着时间的推移，能够每两至三年推出一个更新的版本，使该书的质量不断提高。

主　编

2001年3月

第一版前言

第一版序

如果说网络是当今信息社会的地基，那么信息系统就是这个地基上的一根根支柱。无数企业，无论是IT企业还是生产制造企业，无论是医院、贸易公司还是商店，都在这些支柱上建筑起它们新的业务形态。由此想来，信息系统的理论基础对于当代青年学子的重要性就不言而喻了。

从20世纪60年代以后，信息系统越来越和经济、社会、企业管理等紧密结合起来，信息系统的教育也日益在高等院校中受到重视。20世纪70年代中从G. B. Davis的教科书开始，管理信息系统的理论培养和教育了一代又一代的青年学生。20世纪80年代以后，管理信息系统更成为MBA的必修课程之一，在许多商学院中都是重要的主干课程。

我国从20世纪80年代初开始在一些管理学院引进管理信息系统课程，以后迅速在全国高等院校铺开。到20世纪90年代，该课程几乎在所有大学中都开设了。从教材建设方面来看，最早的一本引进教材大概是在1984年由黄梯云教授领衔翻译的G. B. Davis的教科书，以后十几年间又有许多新的翻译教材，但这些教材大多是面向MBA学生的。对于管理信息系统专业的学生来说，好的MIS教材却寥若晨星。这种情况一直到20世纪90年代后期，随着改革开放和我国国民经济的迅速发展，在教育事业上也出现了可喜的景象。近年来，高等院校教授学者们在管理信息系统理论领域努力开拓，涌现出了许多高质量的教材。本书就是在这样一个环境下由左美云、邝孔武教授撰写的一部新作。本书不但全面论述了信息系统的开发和管理技术，而且深入浅出、条理清晰地对信息系统的许多重要问题进行了详细说明，十分适合信息系统专业的学生和企业中从事信息系统工作的技术人员阅读。另外，本书还详细地参考和列举了MIS学界许多学者的著作和研究成果等，从这个意义上来说，它对于读者来说又是一本很好的进一步深造的指南。

信息系统理论是一门年轻的学说，同时IT技术又是一个飞速发展的领域。任何在此领域中开拓的理论工作者都会感叹知识更新的速度之快，新技术出现之多，是其他领域中少见的。因此他们往往需要付出超人的努力，用坚忍不拔的毅力来挖掘这个领域中的金矿。本书作者左美云、邝孔武都是这样勤奋的学者。左美云博士曾对我国信息产业进行了深入的研究，在《计算机世界》等专业报刊上发表过大量有关IT产业和信息系统的文章，同时他也深入到企业中实际进行信息系统开发，掌握了许多第一手材料。他在而立之年之前已经著书立说，并被评为副教授。邝孔武教授在信息系统分析与设计、信息系统的软系统方法等方面都有深入的研究，在学界早已名声显赫。此次他们携手合作，在一年时间内撰写出这样高水平的教材，我深深地为他们的勤奋和睿智所感动，并发自内心地为他们喝彩！同时，我也相信他们必将在不远的将来为我们的年轻学子贡献出更多、更好的科学精神食粮。

李　东

2001年3月　于北京大学　光华管理学院

目　录

第1部分　信息系统的基础知识

第 2 部分 信息系统开发的准备

第3部分 信息系统的开发方法

第 4 部分　信息系统的开发管理

第 5 部分　信息系统的测试与运行

第6部分　信息系统的热点内容

第 1 部分

信息系统的基础知识

第1章 信息系统的基本概念

信息和系统是信息系统的两个核心概念。在详细阐述信息和系统两个核心概念的基础上，本章给出了信息系统的概念，介绍信息系统学科的相关学术会议，最后分析信息系统的各种结构和作用。

1.1 信息的定义和分类

1.1.1 信息的定义和性质

据新《辞源》考证，我国唐代就曾有“梦断美人沉信息，目空长路倚楼台”的诗句，这里的“信息”一词是音讯、消息的意思。“信息”的英文单词是 information，在中国的港台地区，information 又常被译为“资讯”。

作为科学术语，由于学科不同，信息的含义有许多种。在经济管理领域，通常认为信息是支持管理和决策的有效数据。西方科技界开始认真研究信息问题是大约在 20 世纪 20 年代初。从第二次世界大战到 1948 年前后，与信息有关的理论和技术脱颖而出，其中包括信息论、控制论、系统论和计算机技术。1948 年，信息论的奠基人，美国科学家香农(Shannon)在《通信的数学理论》这篇著名的论文中把信息理解为“用以消除随机不确定性的东西”，认为信息是关于环境事实的可以通信的知识。同年，控制论的创始人，美国科学家维纳(Wiener)在《控制论》一书中指出：“信息就是信息，不是物质也不是能量。”他认为信息是人们在适应外部世界并且使这种适应反作用于外部世界的过程中，同外部世界进行交换内容的名称。

在信息系统与信息管理学科中，我们认为：**信息既是可以传输和处理的数据和知识，又是管理和决策的重要依据**。

我们认为在上述定义的基础上，还应包括如下 3 个要点：

第一，信息是客观世界各种事物变化和特征的反映。客观世界中任何事物都在不停地运动，呈现出不同的状态和特征，即事物的状态和特征在不停地变化，因而，作为客观事物特征和变化的反映的信息也总在不断地生成着和传递着。信息定义的这个要点告诫我们，要开发信息系统，就必须在系统调研分析和设计实现过程中，忠实地获取和再现各种事物的变化和特征，强调**信息的客观性**。

第二，信息是客观事物之间相互作用、相互联系的表征。客观世界中各种事物在一定条件下相互联系、相互作用、引起事物的物质结构和量度的变化，信息正是这种相互作用、相互联系的表征。信息定义的这个要点告诫我们，要开发信息系统，就必须在系统调研分析和设计实现过程中，注意业务的交叉和相互影响，强调信息“流”的概念，从宏观上或系统的层次上把握事物之间的联系，强调**信息的系统性**。

第三，信息的范围极其广泛，由于科学技术发展水平等因素的限制，人类只能理解和接收无限丰富的信息中的一部分，还有许多信息至今尚未被人们认识和利用。信息定义的这个要点告诫我们，要开发信息系统，就必须在系统调研分析和设计实现过程中，注意与未来获取信息的技术接口，做好总体规划和长期规划，随着技术的进步和组织的成长，分步实施，自始至终强调**信息的开放性**。

信息还可从哲学上分为本体论层次的信息和认识论层次的信息。所谓本体论层次的信息，是指事物运动状态和这种状态变化的方式。本体意义的信息与一切主体因素无关。这就要求我们必须从业务的源头采集信息，在业务的源头采集客观信息。而认识论层次的信息则与主体密切相关，它包括语法信息、语义信息和语用信息。其中语法信息回答的问题是：事物运动状态的形式是什么？语义信息回答的问题是：这种运动状态的含义是什么？而语用信息回答的问题是：具有这样的含义的运动状态对观察者有什么样的价值和效用？显然语法信息是最基本的层次，它具有客观的本性，语义信息则既有客观的一面，也有主观的一面（对于这个含义，不同的观察者可能有不同的理解，甚至有不同的理解能力）。观察者能否获得这个语义信息，与他自己的主观能力有关。至于语用信息，则具有更加明显的主观色彩。这是因为，对于事物的同一运动状态，不同的观察主体可能具有很不相同的利害关系和价值观念。

一般地说，信息是事物的运动状态的陈述。运动状态本身（例如观察到的事实或现象）是直接信息或一次信息。关于事物运动的状态的陈述（例如经过加工整理的数据、资料、理论和观念等）则是间接信息或二次信息①。

获得信息需要能量，控制能量又需要信息。信息与能量难分难解，却又有本质的区别：能量的作用在于做功，信息的作用在于提供知识。所以我们讲物质、信息、能量这 3 种元素构成丰富多彩的世界。并且，对应于构成世界的上述 3 种基本元素，还有三大基本定律，即物质不灭定律、能量守恒定律和**信息不对称定律**。其中，正是因为大千世界存在着人与人之间的信息不对称，人们为了避免自己因信息不完全、不准确而造成的生产率低下和决策失误，才大量开发并采用信息系统，使作业效率提高，决策正确。

谈到信息的性质，除了前面讲到的信息的客观性、系统性和开放性外，与信息系统密切相关的性质还有相对性、转移性、变换性、有序性、动态性、时效性、共享性和两面性等。

信息的相对性。一方面，对于同一个事物，不同的观察者获得的信息量并不相同；另一方面，不同的用户对信息的需求也不相同。因而，信息系统的开发既要考虑用户的共性应用，还要考虑用户的个性化需求。

信息的转移性。信息可以在时间上或空间上从一点转移到另一点。在时间上的转移称为**存储**；在空间中的转移称为**通信**。存储有存储年限与存储介质等问题，通信有通信带宽与通信质量等问题，上述有关信息转移的问题是开发一个信息系统之初就必须考虑的。

信息的变换性。信息是可变换的，它可以由不同的载体和不同的方法来载荷。信息的这一性质使人们对信息施行的各种各样的处理和加工成为可能。信息的变换性要求信息系统的开发者根据不同的用户不同的需求，采用不同的信息表现方法，如考虑采用粗的统计数据还是细的业务数据；是采用二维表的结构，还是采用直方图等直观形式来展现。

---

① 三次信息、四次信息等经过多次加工的信息都可统称为二次信息。

信息的有序性。一方面，信息可以用来消除系统的不稳定性，增加系统的有序性；另一方面，信息本身也可根据一定规则进行编码。一般来讲，编码的好坏受组织规范作业的水平和信息系统开发人员对组织业务过程的认识水平限制，也严重影响着信息系统的整体质量。因而，增加信息的有序性是很重要的。

信息的动态性。信息反映的是事物运动的状态和状态的改变方式，事物本身是在不断发展变化的，因此，信息也会不断地随之变化。这种变化大多数时候表现为信息内容的变化，对于信息系统来讲就是记录的追加；还有些时候，是事物的联结状态发生了变化，也就是说信息的流程发生了变化，这个时候，信息的动态性就要求整个信息系统进行相应的调整。

信息的时效性。信息是有"寿命"的。脱离了事物源的信息，因为不再能够反映变化了的母体的新的运动状态和方式，它的效用就会逐渐降低，直至完全丧失效用。所以，一方面，要考虑历史数据的利用和保护问题，另一方面，在开发信息系统时，要充分考虑系统的响应速度。比如证券交易结算系统和火车调度信息系统就必须考虑系统的响应速度。

信息的共享性。信息可以被无限制地复制、传播或分配给众多的用户，为大家所共享。这就要求在信息系统开发过程中，对于信息的录入要做好控制，必须做到信息只能在源头录入，并且只能录入一次，这样，既可保证信息的准确性，又能提高信息处理的效率。另外，信息的共享性还要求尽可能地使更多人使用信息，以最大限度地发挥信息的作用。

信息的两面性。在一定的条件下，正确及时的信息可以节约物质、能量或时间，其中最主要的条件就是信息被人们有效地利用。当然，不正确的信息或者虚假的信息，以及不恰当地利用信息，也会浪费物质、能量或时间。这一点，正是信息的两面性。

1.1.2 信息的分类与传输结构

对信息的分类相当多，我们将与信息系统有关的分类挑出来，以加深大家对信息系统中的信息的理解。

按信息的地位可以将信息分为客观信息（包括观察对象的初始信息、经观察者干预之后的效果信息、环境信息等）和主观信息（包括决策信息、指令信息和控制信息等）；

按信息的状态可以将信息分为静态信息和动态信息，或者原始信息、中间信息和目标信息；

按信息的作用可以将信息分为有用信息、无用信息和干扰信息；

按信息源的性质可以将信息分为数据信息、文字信息、话音信息和图像信息等；

按信息的载体性质可以将信息分为纸介质信息、磁介质信息、光介质信息和生物介质信息等；

按信息应用的行业或部门可以将信息分为服务业信息、工业信息、农业信息、军事信息、政治信息、科技信息和商务信息等；

按信息在企业应用的领域可以将信息分为研发信息、生产信息、营销信息、物流信息、财务信息和人力资源信息等；

按携带信息的信号的形式可以将信息分为连续信息、离散信息和半连续信息等。

对于信息的结构，一般都从传播或通信的角度理解，认为信息的传输主要由信源、信道和信宿3个主体因素构成，其一般模式可以参见图1.1。信源发出的信息按一定的方式编码，就可以把信息附载在一定的通信工具即信道上，传到信宿时再把通过信道传来的信号变换成编码以前的形式。在简单信息传递过程中，信源起编码作用，信宿起解码作用，两者必须有共同的编码或解码机制才能进行信息传递。要注意的是：在信号传输过程中，还有噪声的干扰。为了减少信息传递过程中的失真或延误，还可以采用信息反馈机制查出原因，经过适当调整，重新输出。

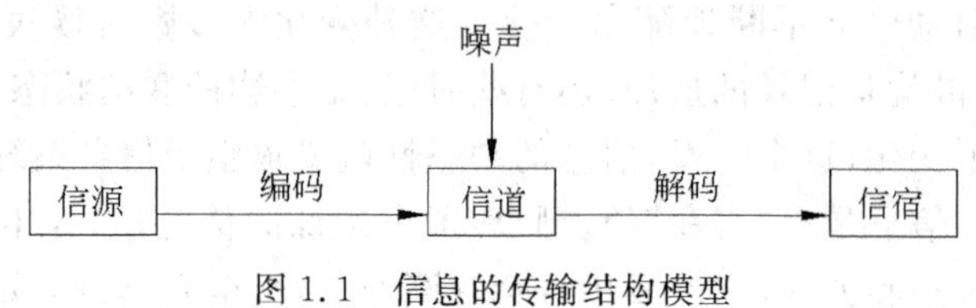

图 1.1　信息的传输结构模型

1. 信源

信源，顾名思义，是指信息发生的来源。信源按其载体不同可分为人脑信息源、实物信息源和文件信息源。文件信息源是经过加工后的特殊实物的信息源，是最便于人类索取信息、传播知识，直接利用和系统保存的信息源。

信息源由于其特点不同，所发出的信息有的是连续的，有的则是离散的。企业就是不断地提供连续信息的信息源。另一些信息，如 4 年举办一次的奥运会，就是离散信息源。一般来说，连续信息源发送信息的有序程度高，规律性强，每一信息所含信息量相对较小；而离散信息源发送信息的偶然性较大，无序性大，某一信息所含信息量相对较大。按信息源发生的层次，还可以把信息源划分为原始信息源和加工信息源，比如一个信息系统的子系统产生的信息是另一个子系统的输入，那么，前一个子系统就是后一个子系统的加工信息源。

2. 信宿

信宿就是信息的接收者，也叫信息接收源或信息汇。信宿是人类个体、群体、大型组织集体以及有形的物质载体的总称。在信息系统中，信宿既可以是普通用户，也可以是信息系统中的一个子系统。

由此看来，一个子系统既可能是上一个子系统的信宿，也可能是下一个子系统的信源。建立信源与信宿的概念，有利于大家对"接口"概念的理解。接口指的是各层次系统的边界内与其边界外之间的连接渠道和方式，既包括系统与外部环境的接口，也包括子系统与其他子系统之间的接口。接口的双方或者一边是信源，一边是信宿；或者互为信源和信宿，这主要看双方的信息联系是单向还是双向的。

3. 信道

信道指传递信息的通道。选择信息通道的条件主要是以下 3 个：

(1) 信道容量。在信息论中，把信道所能传递的最大限度的信息量称为信道容量。为了使信息流迅速、有序、高效地流动，就必须提高信道传递的平均信息量。为此必须对所要传输的各种信息进行加工，如对文件信息进行浓缩和整理，对数据信息进行科学编码，使之变成符合信道传输的标准信号，以适应不同信道的传输要求。

(2) 信息传递中的保真度。不少情况下，由于信息流通中有各种干扰，信宿不能收到与信源完全一致的信息，以致出现信息失真或失误现象，因而要考虑信息传递中的保真度。

(3) 信息的时效性。为了使信息尽快地传递到信宿，传递信息的速度极为重要，速度越快越好。

由此可见，一个好的信道的传输容量应当足够大；信息干扰不超过一定限度，越小越好；尽量减少传递时间差。

1.2　系统的概念与系统思想

1.2.1　系统的概念与特性

如果你是住校的在读生，早晨起来你到盥洗室去洗漱使用的是供水系统，到食堂就餐，接触到的是食堂系统，它们又都是学校后勤系统中的子系统。除此而外还有教学系统和办公系统等。"系统"这一术语被广泛使用着，如人体中的血液循环系统和神经系统、城市交通系统、供水系统和供电系统等。

系统这个词是从希腊语 system 一词派生出来的。关于系统的定义有很多，但其基本含义不外乎：**"系统是内部互相依赖的各个部分，按照某种规则，为实现某一特定目标而联系在一起的合理的、有序的组合。"**这里的各个部分可以是实物部件（如飞机发动机、汽车轮胎等），也可以是管理的各个方面（如市场营销、生产运作和后勤配送等），或者是一个多层次结构的子系统。每一部分都是系统的一个单元，它们必须完成各自分担的那部分工作，共同实现既定的目标。**系统具有如下特征：系统边界、输入和输出、输入到输出的转换方法和系统接口。**

图 1.2 是一个系统的实例。在这个简化的教学系统中，输入是不具备计算机知识的学生，输出是具有 Java 程序设计能力的学生。为了在图 1.2 中输入的条件下实现输出的目标，就要求该系统必须实现两个功能，一个是进行计算机基础知识的培养，另一个是进行基础程序语言的学习。因而，该系统可以分为两个子系统：子系统 A 是计算机基础课程的学习，子系统 B 是 Java 语言课程的学习。子系统 A 产生的输出是系统的中间结果，也构成子系统B 的输入。通过这个系统模型，大家可以加深对系统与子系统、输入与输出、子系统的接口和系统边界概念的理解。

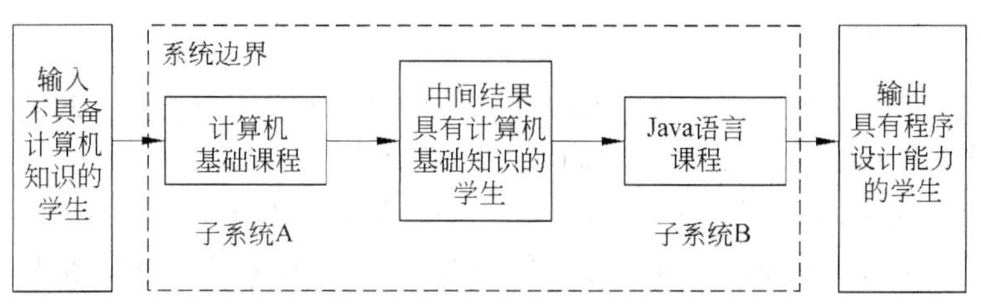

图 1.2　一个简化的教学系统的结构

根据上述系统的含义，可以得出系统的如下特性。

1. 系统的目的性

任何一个系统都是为了完成某一特定目标而构造的。例如,学校的目标是培养经济建设人才和产生科研成果;工厂的目标是生产出高质量、适销对路的产品,提高企业的经济效益。因此在建设系统的过程中,首先要明确系统目标,然后再考虑运用什么功能来达到这个目标。

系统最重要的特性是它的目的性。不能实现系统既定目标的系统没有存在的必要。如果开发出来的信息系统未达到用户原定的系统目标,那么这个信息系统是一个失败的系统。

2. 系统的整体性

从系统的含义中可以看出,系统内部的各个部分是为实现某一特定目标而联系在一起的,因此,系统的各个组成部分不是简单地集合在一起,而是有机地组成一个整体,每个部分都要服从整体,追求整体最优,而不是局部最优。这就是所谓全局的观点。一个系统中即使每个部分并非最完善,但通过综合、协调,仍然可使整个系统具有较好的功能;反之,如果每个部分都追求最好的结果而不考虑整体利益,也会使整个系统成为最差的系统。

重视整体性,就会使我们在开发信息系统的过程中,时刻注意从整体出发,来统一界面风格,统一技术用语,统一协调开发进度,而不是各开发各的,最后才进行协调。如果不从整体考虑,就会既耽误时间,影响进度,又会增加开发成本,使系统得不到整体优化,从而最终影响系统的质量。

3. 系统的层次性

一个系统可以分解成若干个组成部分,如果将这些组成部分看成是一个个的子系统,还可以进一步将这些子系统分别划分成一些功能模块,以此类推,可以将一个系统逐层分解,体现出系统的层次性。例如,可以把一个企业看成是一个系统,它可以分解为市场调研子系统、研发(研究与开发)子系统、生产制造子系统、营销服务子系统、物流配送子系统和经理决策支持子系统等。

正是由于系统的层次性,才使得我们在开发信息系统的过程中可以采用系统分解的方法,先将系统分解成若干个功能相对独立的子系统,然后给予分别实施。

4. 系统的相关性

由于系统是由内部各个互相依存的组成部分按照某种规则组合在一起的,因此,各个组成部分尽管功能上相对独立,但彼此之间是有联系的,即具有相关性。这种相关性往往表现为系统与环境、子系统与子系统、模块与模块之间的接口。对于信息系统的业务调研来讲,重点之一是必须了解构成系统的元素之间的相互关系,并从整体上和宏观上予以把握。例如,工业系统和农业系统之间互有联系并且相互作用,工业系统向农业系统提供生产用的设备及其他工业品,而农业系统要向工业系统支援工业生产用的原料和粮食,这种系统之间的支援和制约是相互的,它们之间有机地结合在一起形成一个具有特定功能的社会经济系统。

再比如，在一个制造型企业中，市场调研部要根据企业的目标（输入：系统的输入，也是市场部的输入）对市场进行调查，并向研发部门传递调查结果（中间输出：市场部的输出，研发部的输入）；研发部门根据调查的顾客需求，研究开发出新的产品（中间输出：研发部的输出，生产部的输入）；生产部根据顾客需求数量生产出该产品（中间输出：生产部的输出，营销部的输入）；营销部将这些产品投放市场，获取利润（输出：营销部的输出，也是系统的输出）。由此可见，企业的市场子系统、研发子系统、生产子系统和营销子系统之间也存在相互制约、相互依存的关系（参见图 1.3）。本书后面介绍的企业资源计划系统（Enterprise Resource Planning，ERP）实际上就是上述企业子系统集成后的信息系统。

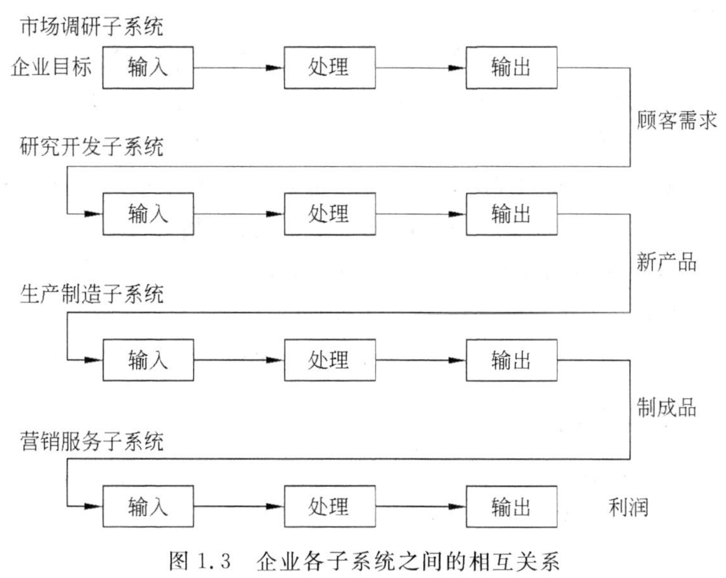

图 1.3　企业各子系统之间的相互关系

5. 系统的开放性

任何一个系统都不是孤立存在于社会环境之中的，它与社会环境有着千丝万缕的联系。无论是学校还是工厂，不仅要受到国家政策和法规的制约，而且还要受到地方和有关单位（系统）的影响。这就要求系统具有开放性，既能做到系统自身不断地升级和优化，也能为其他系统提供接口，从而与更多的系统互连互通。

根据梅特卡夫法则，网络的价值与节点数的平方总体上成正比。互连的系统数越多，系统的价值也越大，系统的用户越能享受到更大的价值。因而，开发信息系统，必须注意开放性。封闭的系统或不留接口的系统最后只能是被人们所抛弃。

6. 系统的稳定性

系统的稳定性是指在外界作用下的开放系统具有一定的自我稳定能力，能够在一定范围内自我调节，从而使系统具有一定的抗干扰能力和抗冲击能力。

在开发信息系统的过程中，只强调系统的开放性是不行的。因为企业的业务天天在变，虽然大变很少，但小变相当多。如果一味地要求系统适应新的业务需求，那么新的信息系统永远开发不出来，永远在修改。这就要求系统必须具有一定的稳定性，在一定时间里保持相对稳定。对于信息系统来讲，无论是硬件、网络和软件，都可以认为存在一个"版本"[①]的问题，要开发信息系统，就必须重视版本管理，重视系统的相对稳定性。现在很多信息系统建模理论都在探讨按需应变(on demand)的问题，其实质是在业务流程或用户需求改变的前提下，信息系统的稳定性与适应性之间的关系问题。

7. 系统的相似性

系统的相似性是指系统具有同构和同态的性质，体现在系统结构、存在方式和演化过程中具有一定的共同性。

正是因为系统具有相似性，才讲究在系统开发过程中程序、函数和模块等的共享，提出中间件和软构件的概念以减少重复开发；才鼓励信息系统开发人员多多研究别人的系统，以取得开发经验；才有许多的辅助开发工具推出，以加快开发进度，提高开发质量。

由系统的定义和特性分析可知，在信息系统建设过程中，系统的观点是进行信息系统开发的基础，它揭示出系统的开发必须首先明确系统的目标，划分出系统的边界，然后由上到下、由粗到细、由表及里地分析系统的每一个组成部分所应完成的功能，弄清各个组成部分的信息交换关系，从整体上对开发进行统一规划、统一管理，在此基础上进行系统的详细设计和实现。另外还要充分预料未来可能发生的情况，为将来系统的发展留出接口。

1.2.2 系统思想与系统方法

19 世纪下半叶以来，科学技术进入全面发展的新时期。一系列重大的科学发现对近代科学方法提出了挑战，为现代系统思想的诞生奠定了基础。

近代科学方法面临的关键问题是它应付复杂性的能力。笛卡儿的第二条原则，即细分问题并分别进行考察，是设想这种分解不会曲解所研究的现象。它假定，整体中的组件在分开考察时与它们在整体中发挥的功能完全相同。由于物理学的成功，这些似乎是合理的，但是随着所考察问题复杂程度的增加，近代科学方法却表现出某些局限性。

贝塔朗菲多次发表文章表达了机体论思想，强调把有机体当作一个整体来考虑，认为科学的主要目标在于发现种种不同层次上的组织原理。他指出机械论有 3 个错误观点：一是简单相加的观点；二是"机械"观点，把生命现象简单地比作机器；三是被动反应的观点，即把有机体看作只有受到刺激时才做出反应。他批判地继承前人的机体论思想，把协调、秩序和目的性等概念用于研究有机体，形成了自己关于系统的基本观点，如整体观点、动态观点和等级观点，初步形成了他的**一般系统论**的思想。1937 年，贝塔朗菲第一次提出了一般系统论概念。到了 20 世纪 60 至 70 年代，一般系统论受到人们的普遍重视。

管理领域的进展是 20 世纪系统思想兴起的另外一个重要侧面。

19 世纪末，随着自由资本主义开始向垄断资本主义过渡，生产规模日益扩大，专门从事

---

① 这里说的版本是广义的版本。对于硬件和网络来讲，存在一个第几代的问题，我们可以认为这也是版本的一种含义。另一方面，信息系统的核心是软件，软件的版本一变，硬件和网络就要相应更新，所以，信息系统的第几代问题也可以归结为版本问题。

组织管理的阶层随之出现，只凭经验安排生产的管理方式已经不能适应日益扩大的生产规模和经济发展的需要了，在这样的背景下，泰罗、法约尔、韦伯等人奠定了科学管理理论，促使人们开始注意把工厂、企业作为一个有机的组织来加以管理。20 世纪 30 年代，巴纳德提出，组织就是“两个或两个以上的人有意识协调而成的活动或力量系统”，社会中的各种组织都是这样的协作系统。在他的组织定义中包含系统、系统等级、系统要素的协同、人有意识有目的活动以及时间连续性等概念。因此可见，系统思想已经日益深入到管理理论之中，变成自觉的管理理论的基点之一。

系统工程的兴起也与管理问题密切相关。所谓**系统工程**，就是以系统的观点和方法为基础，综合地应用各种技术，分析解决复杂而困难的问题的工程方法。第二次世界大战期间，系统工程在工程管理和军事国防系统中受到极大重视。由于战争的推动，系统工程和运筹学紧密地联系在一起，得到迅速发展。第二次世界大战之后，这两门学科继续在军事等方面得到广泛的应用。

20 世纪 50 年代，在系统工程发展的同时，出现了称为**系统分析**的方法论思想。其方法的基本要点如下所示。

(1) 定义问题：列出一个或一组希望达到的目标。

(2) 列出资源和约束：供选择的技术或手段以及每个系统所需的“成本”或资源。

(3) 给出方案：一个或一组数学模型。

(4) 评估、选择方案，然后实施。

(5) 总结解决方案的有效性。

可以看出，系统分析、系统工程及运筹学有许多相似之处。它们的相似性来自对某种系统性方法的信奉。当存在着一个目标状态 S_1 和一个当前状态 S_0，并且有多种方式从 S_0 到达 S_1 时，按照这种观点，“问题求解”的步骤是：定义 S_0 和 S_1，选择最好的方法减少二者的差距。这样，在系统工程中，(S_1-S_0)定义了“需求”，或要达到的目标；系统分析则提供了一种能从满足该需求的各种系统中做出选择的规范化方法。

正是出于这种信念，从 20 世纪 50 年代以来，在系统方法论(系统工程、系统分析和系统方法等)方面的文献中一直强调必须从定义需求出发，明确要达到的目标，设计能满足需求的系统。其措词稍有不同，但思想相同：在研究之初，必须知道并陈述我们的目的，我们要去的地方；在给出这种定义之后，才能用系统思想指导我们选择一种有效的方法达到目的。

切克兰德(P. Checkland)指出这种观点构成了“硬”系统思想的基础。称“硬”系统思想是“工程师的贡献”。既然系统工程和系统分析源于工程学领域，那么产生这种思想是很自然的。设计工程师的任务是为满足特定需求提供一种有效的方法。对设计工程师来讲，“需要什么”是明确的，他必须考虑的是“怎样才能满足需求”，他要为“怎么做”这个问题提供巧妙的答案。最好的工程师是提供了最便宜、最有效和最巧妙答案的人。

系统工程和系统分析无疑把系统的合理性(systematic rationality)引进了人类决策的一个重要领域——工程领域，并取得了辉煌的成就。这种成功使得人们把这种方法论运用于不同种类的问题。但是，现实世界中很多问题比工程领域要“软”得多。人类行为是变化不定、繁复多样的，其中很多问题是难以定义的(ill-defined)，需求是不够明确的或难以在系统分析之初就明确表示出来。切克兰德在应用系统思想探索“人类活动系统”的过程中创立了软系统方法论(the Checkland's soft system methodology)，突破了“硬”系统思想的观念，在系统学界获得了巨大的声誉。

软系统的思想对信息系统的开发也是有重要启示的[①]。在信息系统的开发领域，很多时候目标状态 S_1 和当前状态 S_0 在系统建设的初期都是不明确或比较难以描述清楚的，需要在与用户的交流过程中逐步清晰的，这就要求我们探索软系统的建设方法。

1.3 信息系统的含义与相关会议

1.3.1 信息系统的历史和发展

1. 人基信息系统

有许多人认为有了计算机才有信息系统，或者说没有计算机就没有信息系统。显然，这种观点是不对的。在没有计算机的年代，组织利用口头语言和纸介质的文件等工具传递信息构成早期的信息系统。早期信息系统有几千年的历史。最经典的早期信息系统是中国的烽火台报警信息系统，使用时间最长的是皇家驿站信息传递系统，在这些信息系统中，人是主体，工具是烽火台和千里马。这些信息系统称为基于人的信息系统，简称**人基信息系统**。

即使在最初提出“管理信息系统”(Management Information System，MIS)一词的 1970 年，在其定义中也没有计算机的字样。该词的首创者瓦尔特·肯尼万(Walter T. Kennevan)这样下了一个定义：“以书面或口头的形式，在合适的时间向经理、职员以及外界人员提供过去的、现在的、预测未来的有关企业内部及其环境的信息，以帮助他们进行决策。”显而易见，这个定义中没有涉及计算机等现代信息技术，是从管理的角度提出的信息系统，它没有强调一定要用计算机，也没有强调应用模型，只是强调了用信息来支持决策。

2. 人机信息系统

一直到 1985 年才由管理信息系统的创始人——明尼苏达大学卡尔森管理学院的著名教授高登·戴维斯(Gordon B. Davis)给出了一个采用现代信息技术的定义：“管理信息系统是一个利用计算机软件和硬件、手工作业、分析、计划、控制和决策模型以及数据库的用户——机器系统。它能提供信息支持企业或组织的运行、管理和决策功能。”这个定义说明了既要合理采用计算机技术，也还需要人的手工作业，通过人与机器的协调和配合，使信息系统从运行层、管理层和决策层这样 3 个层次上提供支持。

《中国企业管理百科全书》对管理信息系统的定义是：“管理信息系统是一个由人、计算机等组成的能进行信息的收集、传送、储存、加工和使用的系统。管理信息系统能实测企业的各种运行情况；利用过去的数据预测未来；从企业全局出发辅助企业进行决策；利用信息控制企业的行为；帮助企业实现其规划目标。”在这个定义中明显可看出，计算机只是实现管理信息系统功能和目标的一种工具，有如中国历史上的烽火台和千里马。

---

① 关于软系统方法论的思想，想进一步研究的读者可以阅读《信息系统建设中的软系统方法》一书，该书由清华大学出版社出版，邝孔武教授等编著。

这个阶段的信息系统一般都采用计算机辅助，所以，有的学者称之为基于计算机的信息系统(Computer-Based Information System，CBIS)，简称**人机信息系统**。

3. 网基信息系统

20 世纪末，一方面，信息技术突飞猛进地发展，特别是网络技术的发展和“信息高速公路”的建设，使计算机化了的信息系统快速地朝网络化方向迈进；另一方面，世界经济也发生了巨大变化，具体表现为市场全球化、需求多元化、竞争激烈化、增殖知识化，企业不得不整合核心竞争力，对内通过企业内联网(Intranet)进行流程重组，对外通过企业外联网(Extranet)和国际互联网(Internet)进行供应链管理和电子商务。这个阶段网络对信息系统的重要性不言而喻，所以，有人干脆将这一阶段称为基于网络的信息系统(Network-Based Information System，NBIS)，简称**网基信息系统**。

在应用方面，信息系统也越来越集成化，比如企业内部的集成有企业资源计划系统(ERP)，企业外部的集成有供应链管理系统(Supply Chain Management，SCM)，等等。

4. 未来的信息系统

信息系统由人基信息系统向人机信息系统、人机信息系统向网基信息系统转变，反映了人们利用信息处理工具能力的提高，但归根结底都是为了获得更多、更全面、更有效率的信息去辅助作业、辅助管理和辅助决策。我们知道，信息技术包括信息获取技术(如传感器技术与数据挖掘技术)、信息处理技术(如计算机技术)、信息传输技术(如通信技术与网络技术)和信息应用技术(如系统集成技术)这四大主体子技术。随着时间的发展，信息系统还会因为这些信息技术的发展得到很大的发展，比如移动技术或无线技术的采用(如蓝牙技术)、物联网技术的采用、光技术的采用和生物技术的采用，信息系统可能无处不在，威力无比。到那个时候的信息系统可能被称为**泛在信息系统**(ubiquitous information system)、**光基信息系统**或**基因信息系统**等。

1.3.2 信息系统的含义

20 世纪 90 年代以来，支持管理信息系统的一些环境和技术有了很大的变化，因而有关管理信息系统定义的描述也在不断地变化。上面讲到人机信息系统向网基信息系统转变，这是由于信息技术的变化引起的，还有管理信息系统在各行各业、各个层次和各个领域的应用引起的管理信息系统类型多样化，如计算机辅助设计系统(Computer Aided Design System，CADS)、办公自动化系统(Office Automation System，OAS)、决策支持系统(Decision Support System，DSS)、医院信息系统(Hospital Information System，HIS)和客户关系管理系统(Customer Relationship Management，CRM)等。由于管理信息系统的这些发展，使有些学者认为管理信息系统一词难以包容上述内容，纷纷提出一些包容性更强的名词，比较有影响的有 3 个名词，分别是：信息技术(Information Technology，IT)、信息管理(Information Management，IM)和信息系统(Information System，IS)。

以美国麻省理工学院(MIT)的一些教授为代表的学者曾主张以**信息技术**一词来取代管理信息系统，当时激起了很大的风波。由于信息技术一词过分强调了技术的变革，而削弱了管理信息系统的系统性和目的性，不利于管理信息系统的发展，所以，这种学术主张并没有被流传开来。

我国港台地区的高等院校则一直把管理信息系统专业定位为资讯管理(Information Management，IM)专业，在中国内地则将资讯管理翻译为**信息管理**。不过，由于中国内地过去的图书情报专业在信息化热潮到来时在其课程设置中加大了计算机等信息技术知识的比重，并且纷纷改名为信息管理专业，使得许多人将由原图书情报专业改名的信息管理专业与管理信息系统专业混淆。为此，中国内地学者在用信息管理代替管理信息系统时，往往加上“计算机”三个字，叫“计算机信息管理”。但这样叫也受到不少学者的质疑，因为计算机信息管理实际上对信息管理中的“信息”有个很大的限定，因为，未来更多的信息在网上，所以有的学者讲，那以后再更名为“网络信息管理”？实际上，管理信息系统除了考虑信息管理的目标外，还强调信息技术的有效应用。

近年来一个比较普遍的趋势是用**信息系统**一词来代替管理信息系统。显然，从字面上理解，信息系统比管理信息系统的内涵要小，外延要大。不过，国外一般谈信息系统就是指管理信息系统，两者恰是同义语。但在国内，由于一些电子技术专业从信息技术的角度出发抢先用了信息系统的名词，使得国内外对信息系统的理解略有不同。一个典型的不同是，电子技术领域的学者通常将纯粹的通信系统或信息传输系统称为信息系统，而管理信息系统的学者则认为那只是硬件和系统软件的组合，缺乏对应用的把握。电子技术专业的学者认为在信息系统之上可以运行很多应用，他们将这些应用命名为“应用信息系统”。

实际上，物理意义的信息系统是必须要为一定的应用服务的，物理意义的信息系统和应用意义的信息系统只不过是信息系统整体的两个层次，它们互相依赖，缺少哪一方都没有存在的意义。因而，越来越多的学者认为信息系统就是广义的管理信息系统。

从近期的研究成果来看，研究信息系统中非技术因素的文献多了起来，并且更偏向从管理的角度和实证的角度来研究信息系统的规划、采纳与实施、持续使用等问题，包括信息系统用户的心理和行为、企业流程再造、咨询与监理、投资与评价、软系统思想等。

本书中提到的信息系统也均是指广义的管理信息系统。并且，本书在强调信息系统为组织管理从而为组织目标服务的基础上，将用很大篇幅研究信息系统开发过程中的管理问题，以及信息系统开发完成之后的管理问题。

因而我们认为，**信息系统是一个以人为主导，吸取经验和遵照规律并重，利用适合的信息技术以及相应设备，根据相应的业务模型和数学模型，进行信息的收集、传输、加工、储存、更新和维护，以提高组织的效益和效率为目的，支持组织的高层决策、中层控制、基层运作的集成化的人机系统。**

1.3.3 信息系统学科的相关学术会议

信息系统是一个蓬勃发展的学科，要想了解该学科的最新进展，参加或关注信息系统学科的主流会议是一个很好的渠道。

1. 信息系统协会(AIS)及信息系统国际会议(ICIS)

信息系统协会(Association for Information Systems，AIS)成立于1994年，是当前信息

系统领域最顶级的全球纯学术的组织，现有来自 90 多个国家和地区的全球会员 4000 多名。每年举办一次大型国际性的学术年会，即信息系统国际会议（International Conference on Information Systems, ICIS）。ICIS 每年接受约 180 篇论文，每年有来自全世界的 1200～1400 名代表参会。

2011 年的学术年会 ICIS2011 由复旦大学管理学院承办，这是 ICIS 学术年会首次在中国举办。会议的主题是"东方遇见西方：通过有效的信息系统连接与协作"，旨在帮助参会者深刻思考信息系统和信息技术对全球化的积极影响，探讨信息化对构建和谐社会、智慧地球的积极作用，研究信息技术在东西方社会的最佳管理实践。会议吸引了来自 43 个国家及地区学者的参与，截至会议开幕共有 1243 名正式的大会注册人员。会议共进行了 68 场高水平的学术报告会，200 多位学者做了精彩的学术报告；同时还安排了两场由国际知名企业首席信息官（CIO）与学者的专门论坛，讨论了信息系统学科在理论和实践两个方面的贡献。另外，在 ICIS 正式大会前后，有 30 多个小型的各类专业性的研讨会，也有 1100 多位学者及业界代表参加了各类讨论会，比如博士生论坛、电子商务研讨会（WEB）、信息技术与系统研讨会（WITS）和信息系统经济学讨论会（WISE）等。

2. 亚太信息系统年会（PACIS）

亚太信息系统年会（Pacific Asia Conference on Information Systems, PACIS）是亚太地区信息系统领域的权威会议，不过该会议没有常设性的社团或机构来运作。国际信息系统学会（AIS）每年除组织一次国际性的学术年会，即国际信息系统年会（ICIS）之外，还会支持三大区域性的分会，分别是亚太信息系统年会、欧洲信息系统年会（European Conference on Information System, ECIS）和美洲信息系统年会（Americas Conference on Information Systems, AMCIS），这四大会议是信息系统领域公认的国际一流会议。

3. 信息系统协会中国分会（CNAIS）及其学术年会

信息系统协会中国分会（China Association for Information Systems, CNAIS）是 AIS 服务于中国的分会，其目标是帮助国内学者以 AIS 为平台，与世界范围内其他学术团队及学者进行广泛交流，促进国内学者和学术团体的协作以及加强相关学科领域的发展，实现学术信息的有效沟通以及研究资源的共享。该协会每两年举办一次学术年会，并出版一种学术期刊《信息系统学报》（*China Journal of Information Systems*, CJIS）。

4. 中国信息经济学会（CIES）及其学术年会

中国信息经济学会（China Information Economics Society, CIES）成立于 1989 年，是国家民政部登记注册的国家一级学术研究团体，致力于推动中国信息经济学理论和实践发展。中国信息经济学会团结了信息经济、信息管理和信息系统 3 个领域的学术力量，开展信息经济学的研究，组织国内外信息经济学的学术交流，提高我国信息经济学和信息管理工作的水平，开展信息咨询服务，促进我国信息产业的发展，推进我国社会与经济的信息化，为社会主义现代化建设服务。该学会每年举办一次学术年会。

5. 海峡两岸信息管理发展与策略学术研讨会

海峡两岸信息管理发展与策略学术研讨会(Cross Strait Conference on Information Management Development and Strategy,CSIM)是海峡两岸四地(中国台湾、香港、澳门和内地)信息管理和信息系统领域的专家学者为促进学术交流、分享研究成果而举办的系列学术会议,自 1994 年起,每年举办一次学术年会,已经先后在上海、台湾、黑龙江、香港、湖北、安徽、新疆、澳门及北京等地的大学中轮流举办过。

以上会议都是历史比较悠久的且与信息系统学科密切相关的。相对期刊发表周期较长而言,到现场参加会议,接触顶尖或活跃的学者,或者关注会议网站并下载会议论文,是了解最新学科动态的最好办法。当然,与信息系统学科相关的重要会议还有一些,限于篇幅,这里就不再一一介绍了。

1.4 信息系统的结构与作用

1.4.1 信息系统的结构

信息系统的结构是指信息系统内部的各个组成部分所构成的框架结构,就像一座高楼,"横看成岭侧成峰",从采光、土木、安装、供电和供水等不同角度去看它可以得出不同的结构形式一样,我们也可以从不同的角度来观察信息系统的结构形式。信息系统最重要的几种结构是概念结构、层次结构、功能结构、软件结构和物理结构。

1. 信息系统的概念结构

信息系统从概念上来看由信息源、信息处理器、信息用户和信息管理者四大部分组成,它们之间的关系如图 1.4 所示。

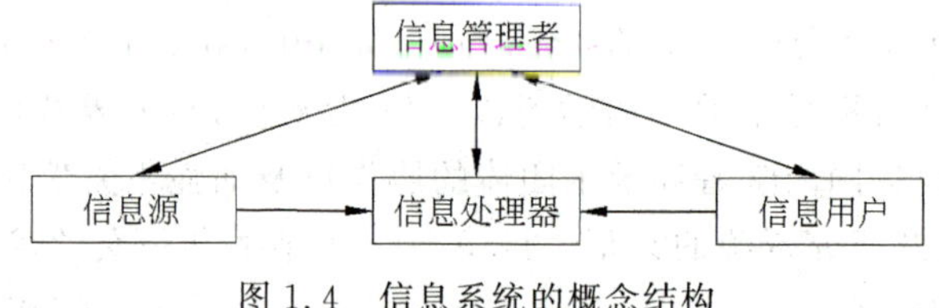

图 1.4 信息系统的概念结构

信息源是信息的产生地,包括组织内部和外界环境中的信息,这些信息通过信息处理器的传输、加工和存储,为各类业务人员即信息用户提供信息服务,而整个信息处理活动由信息管理者进行管理和控制,信息管理者与信息用户一道依据管理决策的需求收集信息,并负责进行数据的组织与管理、信息的加工、传输等一系列信息系统的分析、设计与实现,同时在信息系统的正式运行过程中负责系统的运行与协调。

由此可见,信息用户是目标用户,信息系统的一切设计和实现都要围绕信息用户的需求来做;另一方面,信息管理者由于深谙信息系统的开发规律,则起到了一个明确需求、协调资源和分配资源的角色,显而易见,信息管理者的角色很重要。现在国外很多企业和组织设立了首席信息官(Chief Information Officer,CIO)一职,既反映了组织对信息资源的重视,也反映了组织的负责人开始重视信息系统的开发规律和运行规律。

2. 信息系统的层次结构

由于信息系统是为管理决策服务的,而管理是分层的,可以分为战略决策、战术管理和业务处理3层,因此信息系统也可以从纵向相应分解为3层子系统。在组织内部纵向层次的划分一般按行政级别划分,因为不同级别要求的数据粒度①是不一样的,比如高级主管信息系统(供副总经理或组织负责人使用)、中层办公信息系统(供部门经理或部门主管使用)和作业信息系统(供一般员工使用)。举一个具体的例子,铁路货车维修信息系统就可以按铁道部、铁路局和车辆段3级分为3个层次:部级信息系统、局级信息系统和段级信息系统。

另一方面,一般管理又是按职能分条进行的,因而在每个层次上又可横向地分为研究与开发子系统、生产与制造子系统、销售与市场子系统、财务子系统和人力资源子系统等。每个子系统都支持业务处理到高层战略决策的不同层次的管理需求,一般来说,业务处理层所处理的数据量很大,加工方法固定;而高层的战略决策层数据处理量较小,加工方法灵活,但比较复杂。因此又可将信息系统看成如图1.5所示的金字塔结构。在该图中,横向综合则是按3个层次划分子系统,纵向综合则是按具体的职能划分子系统。如果图中各小块做到了模块化,那么相邻的纵横综合则可以按照管理需求自由地搭接成新的子系统。

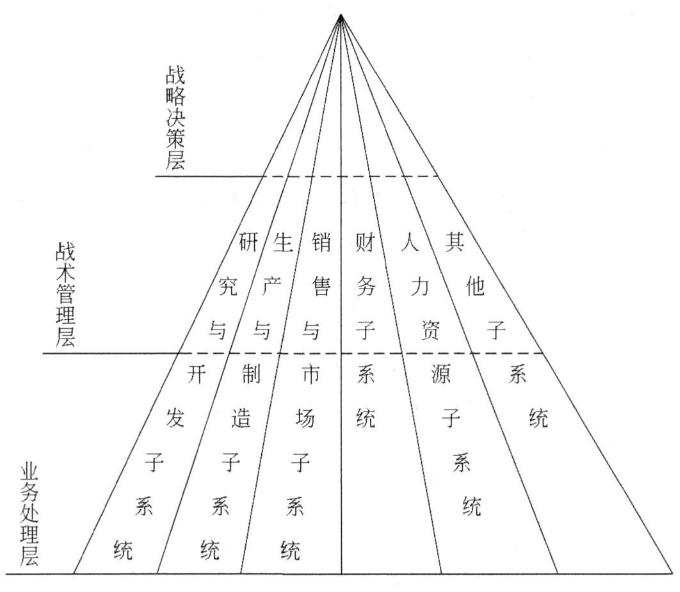

图1.5 信息系统的层次结构

① 所谓数据粒度,是指数据的详细程度、精确程度和准确程度。一般来讲,数据粒度越细,则数据的详细程度、精确程度和准确程度就越高。

注意，这里是按通常的理解划分为战略决策层、战术管理层与业务处理层 3 个层次。在组织的实际应用中，到底要划分多少层次还要根据组织的实际情况来确定。管理学告诉我们，如果管理的层次太少，则管理幅度过宽，容易产生各自为政；如果管理的层次太多，则管理幅度过窄，容易使组织反应迟钝，滋生官僚主义。

3. 信息系统的功能结构

从信息技术的角度来看，信息系统无非是信息的输入、处理和输出等功能。因此，信息系统的功能结构从技术上看可以表示为图 1.6 的形式。所以，在开发信息系统时必须考虑这些具体功能的实现。有时还必须考虑细节，如信息的检索有指定检索和模糊检索；信息的统计有时要考虑按常规时间段如月、季统计，有时还要考虑按非常规时间段统计，如上月 18 号到本月 18 号的统计等；信息的存储既要考虑实时存储，又要考虑定期转存；信息的增加有时还要考虑让系统自动记录增加的时间点，以便对系统的操作进行追踪，等等。

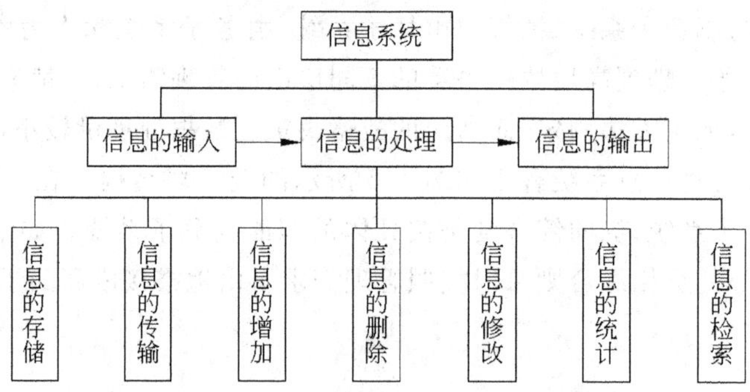

图 1.6　技术角度的信息系统功能结构

从信息系统用户的角度来看，信息系统应该支持整个组织在不同层次上的各种功能。各种功能之间存在各种信息联系，构成一个有机的整体，形成了信息系统的业务功能结构。例如，一个企业的信息系统可以具有如图 1.7 所示的结构。

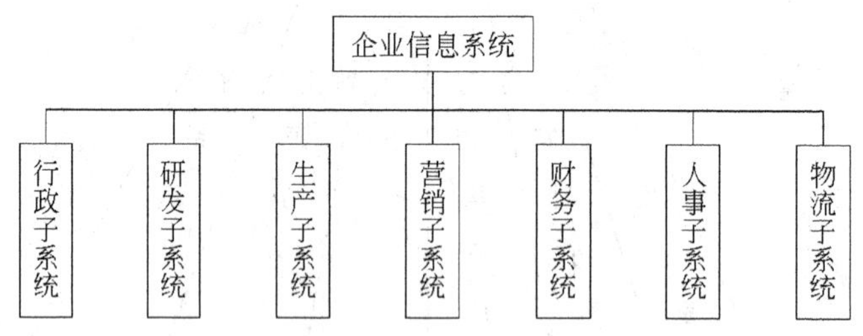

图 1.7　业务角度的信息系统功能结构

从图 1.7 中可以看出，企业的信息系统划分为 7 个子系统[①]，除了完成各自的特定功能外，这 7 个子系统又有着大量的信息交换关系，其子系统之间的主要数据交换关系构成子系统之间的信息流，使得企业中的各类信息得到充分的共享，从而为企业的生产活动和管理、

① 实际上这 7 个子系统的下面还可以划分子系统，叫二级子系统，不叫孙系统。

决策活动提供支持。

通过从技术角度和业务角度分析信息系统的功能结构，可以看出信息系统的实现不是一朝一夕的事情，必须经过长期的努力才能得以实现，因此，在信息系统的建设过程中必须首先进行总体规划，划分出子系统，规划出各子系统的功能及其相互之间的联系，然后再逐步予以实现。其中特别要重视子系统之间的联系。只有这样才能实现信息的共享，发挥信息作为资源的重要作用。

4. 信息系统的软件结构

信息系统是通过计算机、网络和软件协同作用完成一定目标的系统，如果说计算机和网络设备是信息系统的躯干，那么，软件则是信息系统的血肉。软件在信息系统中的组织或联系称为信息系统的软件结构。

信息系统开发与应用中使用到的软件有操作系统、数据库管理系统、程序设计语言、网络管理软件、项目管理软件、应用软件以及其他工具软件等。前面讲到软件是信息系统的血肉，那么这里的应用软件则是信息系统的灵魂。工具软件是保证信息系统正常或加速开发、正常或加强维护的手段，如杀毒软件、压缩工具软件、辅助开发工具软件、版本管理软件和网络管理软件等。

图 1.7 中提到的企业信息系统有着如图 1.8 所示的软件结构。其中，操作系统、通信与网络软件处于底层，数据库管理系统（Database Management System，DBMS）处于第二层，管理着信息系统的公用数据库和各子系统的专用数据库。

在数据库之上则是按照功能划分的 7 个应用程序子系统，分别是行政信息子系统、研发信息子系统、生产信息子系统、营销信息子系统、财务信息子系统、人事信息子系统和物流信息子系统。这些信息系统按照层次又可从纵向上分别划分为战略决策、战术管理和业务处理 3 个层次。

这些应用子系统程序的执行过程中可以调用公共应用程序和相应的模型、方法。这些公用应用程序和公用模型独立出来，可以提高系统的开发速度，增强系统的可重用性和抗干扰性。应用程序的开发和运行需要程序设计语言及其他开发工具的支持。

在图 1.8 左下角的三角形里标注的是项目管理软件。之所以在这么一个重要的位置标注，是因为信息系统的开发也是一个项目的实施，一定要用项目管理思想来指导，最好能有相应的项目管理软件（如微软公司的项目管理软件 Microsoft Project）对信息系统开发的进度、质量和成本进行把关。

5. 信息系统的物理结构

信息系统的物理结构，有的教材又称为信息系统的硬件结构或信息系统的空间结构，是指系统的硬件、软件和数据等资源在空间的分布情况，或者说避开信息系统各部分的实际工作和软件结构，只抽象地考察其硬件系统的拓扑结构。信息系统的物理结构一般有 3 种类型：集中式的、分布式的和分布-集中式的。

这 3 种结构是伴随着信息技术的发展而产生的。随着信息技术的发展，它们至今还在不断变化。如早期的信息系统，由于计算机设备和通信设备所限，都采用集中式的系统（如

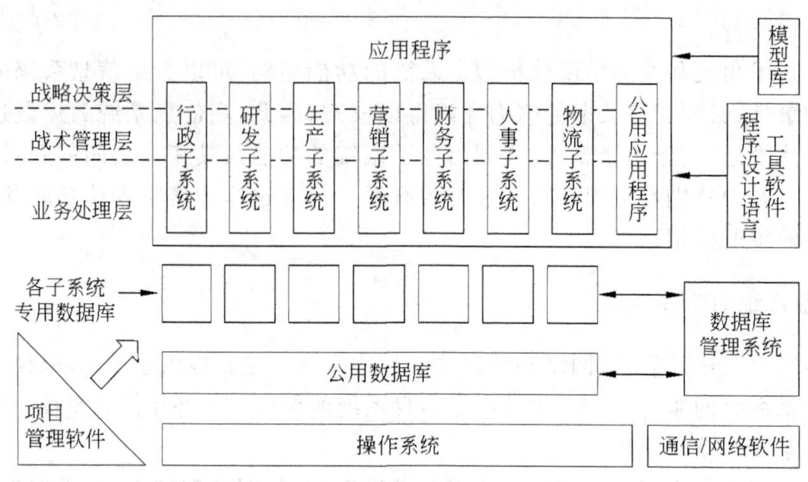

图 1.8　信息系统的软件结构

图 1.9(a)所示)。20 世纪 80 年代,由于微型计算机(简称微机)和计算机网络系统的出现,加之当时微机的功能又有限,故多采用由小型机或超级小型机所组成的分布-集中式系统(如图 1.9(b)所示)。到 20 世纪 80 年代中后期,微机的功能不断增强,高档微机的功能甚至超过了以前的中小型机,另外加之分布式计算机系统和分布式数据库系统的出现,于是信息系统的结构又朝着分布式的方向发展,即以一台或几台高档微机作为网络服务器,用总线结构的网络连接网络服务器和各个网络工作站(其他中低档微机)(如图 1.9(c)所示)。

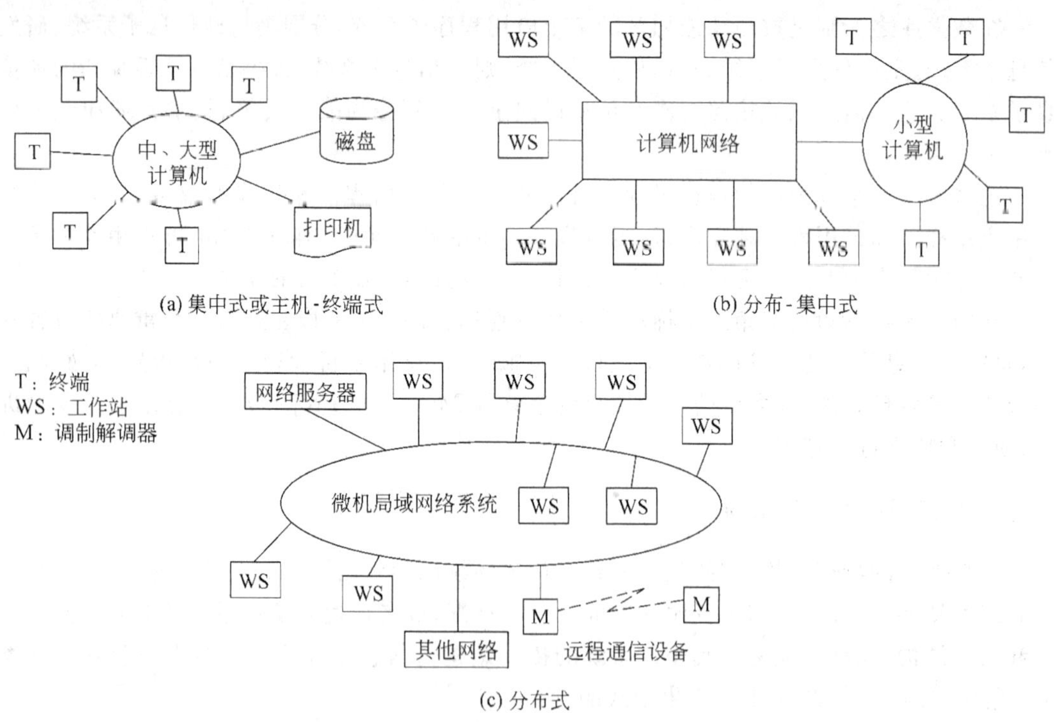

图 1.9　信息系统的 3 种典型物理结构示意图

下面讨论这3种结构的优缺点。

1）集中式

这是信息系统早期的结构，现在已基本上被淘汰。它的优点是信息高度集中，便于管理；缺点是主机价格昂贵，维护困难，并且运行效率低，一旦出故障，容易造成整个系统瘫痪。

2）分布-集中式

这是由于系统内部有某些大而又复杂的处理过程，微机难于胜任，故采用由一台或几台小型/超小型计算机作为整个系统的主机和信息处理交换的中枢，外加若干微机和网络构成的物理结构。它的优点是数据部分（需共享的部分）集中，便于管理，各个工作站间相互独立，独立处理各自的业务，必要时又是一个整体，可相互传递信息，共享数据；缺点是因有小型机在内，故价格相对较高，系统维护较困难。

3）分布式

在3种结构中，分布式结构是较好的一种，它把不同地点的计算机硬件、软件和数据等资源联系在一起，服务于一个共同的目标，实现不同地点的资源共享，这是这种系统的一个主要特征。各地的计算机系统既可以在网络系统的统一管理下工作，又可以脱离网络环境，利用本地资源独立工作。它价格最低，系统工作的安全可靠性相对较高，系统的开发和维护以及今后系统的扩充等都很容易。

分布式系统又可分为一般分布式和客户/服务器模式，一般分布式系统中的服务器只提供软件和数据的文件服务，各计算机系统可以根据规定的权限存取服务器上的数据文件和程序文件。客户/服务器式系统中，网络上的计算机系统分为客户机和服务器两大类。服务器可以包括文件服务器、数据库服务器和邮件服务器等。网络节点上的其他计算机都称为客户机。用户通过客户机向服务器提出服务请求，服务器根据请求向用户提供经过加工的信息。当然，客户机本身也承担本地的信息处理工作。

现在的企业组织结构朝着扁平化、网络化方向发展。信息系统必须适应这种发展趋势。随着计算机网络和通信技术的迅速发展，分布式系统已经成为信息系统结构的主流模式。当然也可以根据需要，把分布式和集中式两种结构结合起来，即采用上述的分布-集中式结构。比如，气象局可以将天气运算部分交给小型机甚至是大型机处理，气象局的办公系统则可以是分布式的。

要指出的是，图1.9是拓扑结构的示意图，图中局域网络结构都采用了环形或星形，其实还有总线型等多种结构。

1.4.2 信息系统的作用

企业作为国民经济的细胞，其信息系统建设是实现整个国民经济信息化的基础。信息系统的作用从细处讲有很多，比如可以更多、更准确地获得制订计划的信息，可以更快速地制订计划，可以更有效地进行跨部门沟通和协作，可以对历史数据进行分析，等等。概括来说，信息系统的作用主要体现在下面3个方面。

1. 有助于企业适应知识经济时代的要求

我国政府发出了建设创新型国家的号召，大家都已经明显感觉到，如果说前几年我们是在“走近”知识经济时代的话，现在我们正在“走进”知识经济时代。知识经济时代要求以知识、信息为增值的主体和对象，要求知识和信息成为企业具有竞争力的核心要素，要求企业的所有员工都高度重视知识、信息的作用。这就迫使企业去建设信息系统，通过信息系统去挖掘、利用知识和信息并使之成为企业增值的主体。

2. 有助于企业适应经济全球化的需要

随着各国对经济管制的放松以及知识经济时代的来临，世界经济日益趋向一体化。随着经济全球化的深入，以后企业的竞争将不仅仅是一个企业与另一个企业的竞争，更是一个链条与另一个链条的竞争，一个网络与另一个网络的竞争。企业之间的关系呈现链条化、网络化和虚拟化，企业实现远程实时管理既成为可能，也成为必须面对的课题。

所以，要想在一体化、全球化的经济竞争中立于不败之地，就必须快速地获得和处理各类知识和信息，就必须能有效地组合世界上所有可利用资源为我所用，组建虚拟企业或者形成供应链；而信息系统的建设恰恰为此提供了实现的基础。

3. 有助于企业适应日趋激烈的竞争的需要

我国绝大多数产品正由短缺型经济向过剩型经济转变，由粗放式生产向集约式生产转变。特别是改革开放以来，经济全球化的浪潮开始席卷我国，在为我们带来诸多有利因素的同时，一个不可回避的事实是竞争日趋激烈化甚至是白炽化了。为了缩短产品的设计周期，提高产品的成品率，提高企业对市场的快速反应能力，提高企业管理的效率和决策的正确性，就必须借助于有效的信息技术手段，分别引入 CAD/CAM/CAPP（计算机辅助设计/制造/工艺）、ERP（企业资源计划）、BI（商务智能）、CRM（客户关系管理）和 SCM（供应链管理）等系统，而这些都是企业需要建设或实施的信息系统类型。

所以，可以说，知识经济时代的要求、全球一体化的要求以及竞争的压力是企业必须建设信息系统的主要原因。而建设企业信息系统以后，企业就可以从容面对这些压力和挑战，这也就是信息系统对企业的最大作用。

思　考　题

1. 信息管理与信息系统学科如何对信息进行定义？
2. 信息具有哪些特性？这些特性对信息系统有哪些影响？
3. 举例说明系统的特征。
4. 系统具有哪些特性？这些特性对信息系统有哪些影响？
5. 给出信息系统的描述性定义，说明其要点。
6. 信息系统学科有哪些相关的学术会议？
7. 信息系统具有哪些结构？详细论述信息系统的功能结构和软件结构。
8. 信息系统有哪些作用？企业为什么要建设信息系统？
9. 结合信息技术、信息管理和信息系统 3 个词，谈谈你对信息管理与信息系统学科的看法。
10. 上网或到图书馆查找资料，写一篇小论文，回顾信息系统的发展历程并展望信息系统的未来发展方向。

第2章　信息系统的基本关系

信息系统与管理和决策的关系、信息系统与数据和人的关系、信息系统与计算机和软件的关系、信息系统与信息化和电子商务的关系等，都是规划和建设信息系统时必须要考虑的问题。所以本章就围绕这几个基本关系展开讨论。

2.1　信息系统与管理和决策的关系

2.1.1　信息系统为管理、决策服务

信息系统具有很强的目的性。管理和决策是信息系统的主要服务对象。

管理是应用适当的思想、理论和方法去合理组织资源(包括人、财、物、设备、技术和信息等)达到某种目标的过程。作为一种很好的方法和工具，信息系统在管理中得到了广泛采用。信息系统可以辅助作业从而提高生产率，改进作业流程从而提高市场响应速度，提供更多的信息从而提高客户满意度，总而言之，信息系统可以从各个方面为管理服务。

管理具有战略计划、战术管理和业务控制 3 个层次，还具有计划、组织、协调、指挥和控制 5 项职能。对应着管理的 3 个层次，有相应的信息系统作支持，分别是战略层信息系统、战术层信息系统和作业层信息系统。而在管理的 5 项职能中，哪一项也离不开信息的支持。信息系统提供的信息越准确、越及时，越有助于获得好的管理效果。

管理学的理论起源于泰勒在 20 世纪初提出的科学管理原理。在科学管理原理提出之后的一个世纪中，管理学的内容有了很大的发展，其中的重大事件有：1927 年开始的霍桑实验研究了激励对于提高生产率的作用，对管理制度和管理控制的原理进行了进一步的研究。1943 年马斯洛提出了关于人类动机的理论，从行为科学的角度发展了管理科学。

1957 年西蒙提出的决策管理学理论，从决策和信息处理的角度对管理科学作了进一步的发展。西蒙在他的名著《管理决策的新科学》中，讨论了决策、信息与管理的关系。他认为管理就是决策，并且说："在工业革命的初级阶段，由于对于能源的本质有比较深刻的理解，使得人们学会了对于能源的使用方法和物质的转换即生产的方法。与此同时，由于我们对于信息的理解不断地加深，我们才懂得了组织是一个产生信息、转换信息的系统。也就是说，所谓组织是能够读、写信息，存储信息和处理信息，并经过自己的思考进行问题解决的一个系统。"[①]西蒙的这一理论成为研究如何规划和设计信息系统从而使之更好地服务于管理和决策的里程碑。

管理的一对基本范畴是区分效率和效果两个概念。**效率**是用正确的方法做事，以求得最大的增量；**效果**是指做正确的事情，以求得正的或有价值的效果。选择正确的方法和正确

---

① 参见：Simon Herbert A. The New Science of Management Decision. New York：Harper and Row，1960.

的事情的过程就是决策。要使决策正确，就必须确保有足够、准确、及时的信息。良好的信息系统能为管理者提供大量的决策信息。

管理科学的研究对于信息技术与管理的进一步结合也起到了推动作用。管理科学主张用定量化的方法，通过数学模型和程序来实现组织的目标。从对信息系统产生的影响来看，管理科学提出的数量化方法占有极其重要的地位。运筹学、统计学、经济计量学和管理会计等学科领域中提出的模型，都可以在信息系统中得到实现。而且，许多以数理方法为主的应用学科虽然很早就产生了成熟的理论，但在计算机出现之前，用人工处理实际上不可能处理大量的数据和进行快速的计算，因此一直没有发挥它们应有的作用。而当计算机诞生后，出现了很多商品化的管理软件包，使这些管理理论有了更为广阔的应用前景。

管理的方法和工具很多，在表 2.1 中列举了 20 世纪比较重要的管理技术和方法，大家可以发现，管理的理论出自生产，由生产逐渐转到经营，由产品转到服务，由低层转到高层，由运营转到战略决策，并且越到后来，管理理论与信息技术和信息系统的结合越多。

表 2.1　20 世纪重要管理理论回顾

年　份	概念或工具	开发倡导者
1911	科学管理(动作、时耗)	佛・泰勒
1913	运动装配线(流水线)	亨利・福特
1914	运动调度图(甘特图)	亨利・甘特
1914	计划、组织、指挥、协调、控制(管理的 5 项职能)	亨利・法约尔
1917	库存经济批量模型	佛・哈里斯
1931	抽样统计表	瓦・斯瓦特
1927—1933	霍桑试验	艾・梅约
1940	多技能群组方法	(英)运筹组、布莱开特
1940	生产计划数学	(苏)康托纳维奇
1943	需要的 5 个层次(人的动机理论)	马斯洛
1947	单纯型法	乔・旦泽
1950—1960	PERT(计划评审技术)、CPM(关键路径法)、计算机模拟	欧美学者
1970—1980	车间调度、库存、预测项目管理、MRP(物料需求计划)、质量、服务中心批量处理	约瑟福、奥里斯、麦当劳餐馆等
1980—1990	MRP Ⅱ(制造资源计划)、JIT(准时制生产)、TQC(全面质量控制)、CIMS(计算机集成制造系统)、FMS(柔性制造系统)、CAD/CAM(计算机辅助设计/制造)等	哈佛商学院、日本丰田汽车等
1990—2000	TQM(全面质量管理)、BPR(企业流程再造)、ERP(企业资源计划)、EC(电子商务)	戴明、(美)质量控制学会、ISO、米歇尔・哈默、咨询机构等

另一方面，随着信息技术应用的深入，信息系统已不仅仅满足于为管理者提供信息，而且向上发展，辅助管理的决策。要支持决策就要有分析能力和模型能力，决策支持系统

(DSS)就是利用计算机分析和模型能力对管理决策进行支持的系统。用户可以针对管理决策的问题，建立一个模型以考查一些变量的变化对决策结果的影响。

决策支持系统具有如下主要特点：它们的目标在于帮助解决结构不良的高层管理决策问题；它们试图综合应用模型和分析技术，同时也具有传统的数据存取和检索功能；它们特别注意让不熟悉计算机的用户方便地使用，并采取交互方式；它们强调灵活性和适应性，强调适应跟踪用户的决策环境、方式和过程，而不是强调人适应设计者的方式和过程；它们支持而不是代替人们的认识过程。

现在DSS有了新的发展，主要有群体决策支持系统(Group Decision Support System，GDSS)和智能决策支持系统(Intelligent Decision Support System，IDSS)等。不过，随着决策支持系统的研究深入，学者们发现，决策支持系统难的不是系统的实现，而是对决策过程的理解。所以作为信息系统之一的决策支持系统的进一步发展对决策理论的研究提出了新的要求。

2.1.2 信息系统需要管理理论的支持和实践的配合

1. 信息系统需要管理理论作指导

信息系统作为一门交叉学科，它是管理科学、信息技术和系统科学的一个混合体。当管理科学和信息技术相互独立的时候，它们解决的是各自领域中的问题：管理科学探讨的是种种管理的方法，是对财务、组织、人事和后勤等活动流程的描述方法和管理方法。而信息技术探讨的是信息处理的结构、算法、数据库和网络等。当它们没有有机地结合起来时，组织的管理可以不用信息技术的支持，而信息技术也可以不用在管理方面，这时它们的关系是分离的。

但是，当人们用系统科学的观点，将管理科学和信息技术有机地结合起来以后，就产生了信息管理与信息系统这一新的学科。信息系统将管理科学中的管理模型、运筹学、组织行为学和计算机科学中的计算机软、硬件技术及软件开发技术紧密地结合起来，同时也将一些边缘学科，如决策方法和决策理论、心理学、人工智能等的理论研究成果结合进来，从而使信息系统中的信息流更好地表征组织中的物质流和资金流。显然，管理和决策理论为组织的信息管理、信息系统的开发设计以及信息系统的应用提供了理论上的指导。比如说组织在不同的发展阶段，在不同的战略阶段，在信息化成熟度的不同阶段对于信息系统的建设有什么具体要求，这些要求就会对信息系统的开发与应用提供前提或限制条件。

从1998年起，我国已经将管理学作为一个学位授予的学科门类独立出来，其中信息管理与信息系统是管理学的二级学科，显然，**信息系统理论和规律**已经成为管理学门类中管理科学与工程学科的重要研究内容。信息系统的规划与实现必须遵照信息系统理论和规律办事；否则，不按规律办事，不用理论指导实际，就会大大增加失败的概率。

另外，信息系统的开发本身构成一个项目，是在一定时期、一定经费前提下，组织各种资源实现某种目标的过程。因而如何正确处理各类人员(如信息系统开发人员与用户)之间的关系，使得信息系统开发工作能够按时、保质、在经费许可的范围内完成，则是**项目管理**的重要内容。实际上项目管理也是一项系统工程，它要负责协调各类开发人员和各级用户之间的关系，负责做好文档的管理工作，负责控制系统开发进度，负责项目的经费开支和经费控制等，因此需要有一个强有力的项目管理组承担这些任务。显然，信息系统项目组在执行项目的过程中必须要以项目管理的理论和规律作指导。同时,信息系统项目还有许多特殊性,如人员的管理和成果的评价等,都与普通项目有很大的不同,因而还要加强信息系统项目管理理论的研究,以便更好地指导信息系统的规划与实现。

2. 信息系统的规划和实现需要组织的管理实践相配合

组织,比如企业,可以看作是一个社会-技术系统。美国学者理维特①提出的组织模型如图 2.1 所示。在该模型中,组织可以用人、结构、技术和任务 4 个变量来描述。它们之间有强烈的依存关系。例如,当引进一项新技术时,对于组织中的人员将产生影响,可能会因此而削减人员,也可能需要新的技术人员来掌握新技术。新的技术使得组织中可以完成的任务大大增加,因此它也会对组织现行的组织机构发生影响。

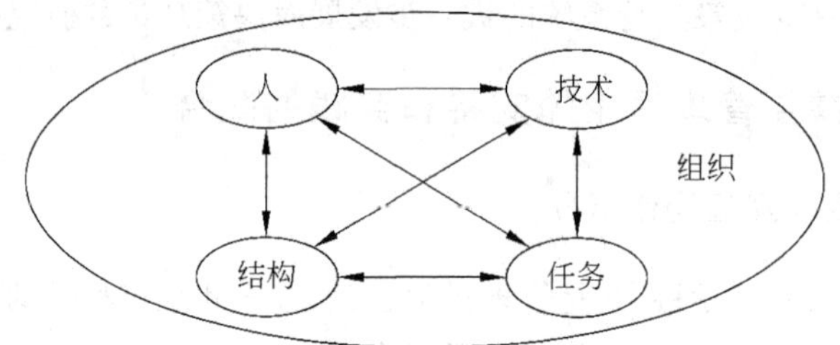

图 2.1　理维特提出的组织模型

从社会-技术系统的观点来看,信息系统和企业的组织结构之间是相互影响的,引进信息系统将导致新的组织结构的产生,而现存的组织结构又对信息系统的设计、引进的成功与否等产生重要的影响。因此,在规划和实施信息系统时,有必要从以下 5 个方面考虑影响组织运作的重要因素:

(1) 组织的战略和目标;

(2) 组织结构;

(3) 组织的业务流程;

(4) 组织文化;

(5) 组织环境。

组织要想实现自己的目标,就必须适应组织所在的环境。因此,其自身应是一个具有不断学习能力的组织,它需要在适应环境的过程中不断成长。

迄今最成熟、最有影响的管理组织形式就是金字塔式、自上而下、递阶控制的**科层组织结构**。位于组织高层的领导靠下达命令指挥工作,他们主要从中层领导那得到关于组织运作情况的信息,却难以得到迅速及时的基层信息。它的创立与发展不仅与素质较低的人员和平稳的管理环境相对应,而且也是受信息技术不发达制约的无奈选择。严格的等级体系、明确的责权统一和完备的规章制度保证了用人工方法进行信息的采集、加工和传输的效果和效率。而庞大的中间管理层的存在正是为了起到"上通下达"信息的作用。

---

① H. J. Leavitt. Applying Organization Change in Industry, Structural: Technology and Humanistic Approaches, Handbook of Organizations. Chicago: Rand McNally, 1965.

科层组织结构的最大优点是效率很高，它的弊端在于对外界环境变化的响应迟缓，以及压抑组织成员自身的全面发展。因为社会经济环境总是不断变化，人必然要追求实现其高层次需要，所以，对科层组织结构的革新不可避免，而信息技术的发展为之提供了强有力的支持。当信息系统建立以后，高层领导可以方便地得到详尽的基层信息，同时许多信息获取工作可以不必请人代劳，因此对中层及基层的管理人员的需求会减少，而高层领导的管理幅度将扩大。从而使得整个组织结构层次减少，越来越扁平化。一般说来，信息系统对组织管理有着如下影响：

(1) 管理幅度增宽。信息系统使管理者和其下属可以随时了解对方的状态和意图，而且仅占用很少的精力和时间，所以一个管理者能指导更多的下属人员，增宽管理幅度。

(2) 中间管理层的缩减。中间管理层主要是信息通信技术落后的产物，它的存在既减缓了信息传递的速度，又易造成信息严重失真。信息系统将加强操作执行层与高层决策的直接沟通，从而逐步缩减中间管理层，当然，由于高层管理幅度有限，适当的中层还是需要的。

(3) 激励人的全面发展。信息系统的应用既对劳动者的知识和技能提出了更高的要求，又节约了劳动者的精力与时间。前者成为劳动者不断学习与培训的直接动力，而后者则提供了人全面发展的可能与机会。

(4) 创建扁平化的组织形式。在扁平化组织中，成员以平等、信任与合作作为基础共同劳动，一方面实现组织目标，另一方面寻求自身的发展，扁平化组织将尽可能地克服科层组织结构的缺陷。

总而言之，信息系统的规划与实施需要组织管理者根据新的目标或战略，调整组织结构，重组业务流程，重塑组织文化，以适应新的组织环境。也就是说，信息系统的实现需要组织管理改革的配合。许多信息系统失败的原因就是组织领导认为信息系统只是一个技术问题，不需要管理的协调和配合。

2.2 信息系统与数据和人的关系

2.2.1 信息系统与数据的关系

信息系统的基本功能是为组织的经营管理和决策提供信息和信息处理能力的支持。信息系统的基本任务是进行数据处理。信息系统输入数据、加工数据，然后输出用户需要的数据。因此，数据既是信息系统存在的依据，又是信息系统的主导，数据与信息系统的关系参见图 2.2。

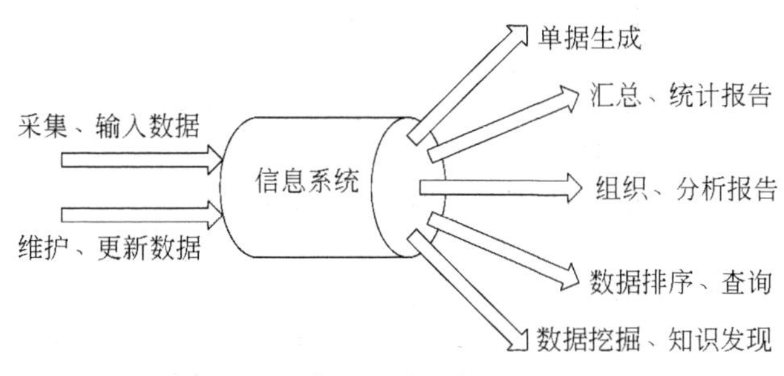

图 2.2 信息系统与数据的关系

另一方面，数据是否能得到更好地处理则依赖于信息系统采用技术的水平。现在的信息系统能够存储包括文档、图像、声音、视频、科学数据以及许多新的数据格式在内的信息，这些信息可称为广义的数据。获取、存储、管理和分析这些数据的过程通常称为数据管理。

从信息系统所采用技术的角度看，数据管理经历了如下 7 个阶段：

第一阶段(公元前 4000—1900 年)，数据由人工处理；

第二阶段(1900—1955 年)，应用打孔卡设备和电子机械型机器对成百万的记录进行整理和制表；

第三阶段(1955—1965 年)，数据存储在磁带上，然后使用存储程序型计算机来批处理顺序文件；

第四阶段(1965—1980 年)，引入了具有数据库轮廓的概念以及数据的在线导航访问；

第五阶段(1980—1995 年)，关系数据库的自动访问以及分布式和客户机/服务器处理的加入；

第六阶段(1996—2010 年)，通过采用多媒体和互联网技术，信息系统可存储更加丰富的数据类型，如文档、图像、声音、视频数据和网络日志等。

第七阶段(2011—?)，随着处理的数据体量(volume)巨大、数据类型(variety)繁多、数据价值(value)密度低(以视频为例，连续不间断监控过程中，可能有用的数据仅仅有一两秒)、处理速度(velocity)快等特点的出现，数据管理日益进入大数据(big data)时代，业界将其时代特征归纳为 4 个 V。

从上述 7 个阶段也可看出，信息系统的发展由人基信息系统向人机信息系统、人机信息系统向网基信息系统转变，并且不断探索并采用新的信息技术，目的都是为了更加高效、快速和准确地处理数据。

信息系统按其服务的层次可以分为作业级信息系统、战术级信息系统和战略级信息系统。这 3 种信息系统的数据特性有很大的不同，参见表 2.2。

表 2.2　3 种层次信息系统的数据特征比较

数据特征	作业级	战术级	战略级
数据来源	内部	内部和外部	主要为外部
数据结构	高度结构化	结构化和半结构化	主要为非结构化
数据发生频率	经常、反复	经常	偶尔
数据精确性	精确	一般	允许有一定误差
数据详细程度	详细	概括	高度概括
数据客观性	客观	有某些主观数据	高度主观性数据
结果可靠性	期望的结果	可能有意外	经常出现意外
数据的针对时间	过去的数据	现在的数据	未来的数据
数据的寿命	短	较长	长
数据的加工方法	规范、固定	不太固定	灵活性很强
数据的典型用户	底层操作人员	中层管理人员	高层管理人员
数据支持的决策	面向任务	面向控制及资源分配	面向组织目标

从表 2.2 中可以发现，作业级信息系统的数据全部来源于组织内部，非常详细和精确，并且高度结构化，可以用一定的数据结构或数据模型将这些数据表示出来。系统一般描述的是组织过去的业务活动，对于管理者和组织的其他用户来讲，输出的数据一般不包含任何异常内容，基本上是预期的结果。数据的加工方法也比较固定和规范。

战术级信息系统的数据则不仅来源于组织内部，也有外部信息的输入，数据通常是概括的，管理者一般并不要求了解业务的细节。战术级的数据是结构化和半结构化的，输入的数据有一部分是主观数据，输出的结果可能有意外，数据的寿命较长。系统不但通过汇总报表和异常报表描述组织的经营活动，还具有可比性，能将不同时期的数据或与预期数据进行比较，数据的典型用户是中层管理人员。

战略级信息系统的用户主要是高层管理人员，数据主要来源于组织外部，数据一般都是高度概括的，并且允许有一定误差。战略级的数据主要为非结构化数据，一般不能用规范的数据结构来描述。输入的数据主要是经营者的经验数据，输出的结果主要是为了预测组织的发展，不过结果经常出现意外。

显然，3 个层次信息系统的数据特征有较大差别，这就告诫我们在规划和实施信息系统时，必须认真分析信息系统与数据的关系，必须重视信息系统中的数据规划。以往组织一提到建设信息系统，就想到要建立组织的硬件平台和软件平台，想到要采购计算机、网络等设备以及操作系统和开发工具等软件，然而对于组织的数据平台的构建却不是很重视，或者不知从何处下手。所谓组织的**数据平台**，是指根据组织的目标对组织的业务进行战略规划，从中析取和归纳出组织的基本数据模型①，这些数据模型通过数据库等数据处理技术互相建立联系，在这些数据模型的基础上，经过信息系统的处理和变换就可得出大部分组织所需的数据，那么这些数据模型及它们之间的联系即为组织的数据平台。

在一个组织中，它的总目标一旦确定，围绕着实现这个总目标的数据类也就基本确定。即数据实体的类型是不变的，除了偶尔少量地增加几个新的实体外，变化的只是这些实体的属性值。例如，工厂的系统目标是生产适销对路的产品，围绕这个目标的数据类可以有产品、材料、零部件、职工和单价等；学校的目标是培养人才，相应的数据类可以有学生、课程、教师、教室和成绩等。只要组织的目标声明不变，这些数据实体的类型是很少发生变化的。这样可以用一种方法来表达这些数据实体的逻辑结构，即建立稳定的数据模型。这种模型是组织所固有的，问题是如何把它们提取出来、设计出来。它是信息系统开发的坚实基础。

虽然数据模型是相对稳定的，但是这些数据实体的属性值和对这些属性值的处理却是经常发生变化的。随着业务活动的开展，实体属性值每时每刻都在发生变化，对数据处理的需求也在不断地变化。这就要求所开发出的信息系统能够允许开发人员和广大的用户能够改变处理过程。只有建立了稳定的数据模型，才能使行政管理上或业务处理上的变化能被信息系统所适应。这正是面向数据做好数据规划、建好数据平台所具有的灵活性。

---

① 数据模型(data model)是指对数据的某种抽象表示形式，数据模型决定了对数据项的组织方式。用于描述数据的相互间语义关系的数据模型称为逻辑数据模型(Logical Data Model，LDM)，而用于描述数据的物理存储方式的数据模型称为物理数据模型(Physical Data Model，PDM)。

2.2.2 信息系统与人的关系

1. 信息系统应与人在职能上有一定的分工

信息系统首先是一个信息工具与人的混合系统，或者说是**人机交互系统**。这里的信息工具包括计算机、网络等信息设备和数据库等软件；这里的人机交互系统则包含两层意思：一层意思是从信息系统的规划、分析、设计、实现、维护与运行上说，信息系统需要人的参加；另一层意思是说，作为人机交互系统，**信息系统应与人在职能上有一定的分工**。对于前者，大多数人都有共识，而对于后者，能认真体会的并不多。

在组织里有不少人认为计算机什么都能做，一切交给计算机办，这种观点显然是错误的。计算机对于结构化的问题能做快速的计算和查询，因而结构化的问题应交给信息系统去做，而非结构化的问题，如组织的最终决策，就最好由人去处理。另外，组织有些职能是对偶尔发生的事件进行处理，并且这些事件的类型又很不确定，这类职能也最好由人去处理，而对于数据发生量大、处理频繁的事务，就应发挥信息系统的海量存储功能，让信息系统去处理。总而言之，在进行信息系统规划时，应从信息技术的快速计算、海量存储和人的创造性、灵活性两方面出发，发挥各自的优势，做到合理安排，节约信息系统的总投资，提高信息系统的性价比。

2. 信息系统建设的人才结构和岗位设置

信息系统建设的人才结构可以分为 3 个层次。

第一类人员是总体规划和管理者，包括组织的领导者、系统分析员和待开发信息系统的项目经理，他们素质的高低会直接影响整个信息系统的建设水平，他们最重要的工作是决定信息系统建设的总体方案和实施的先后缓急。

第二类人员是实施开发者，主要应由网络工程师、硬件工程师、软件工程师、各级程序员以及用户单位的业务分析人员组成，其中的业务分析人员由用户单位选派，可以是部门经理，也可以是组织各业务口的技术骨干。当然，业务分析人员最好是各部门的后备干部，这是因为，一方面，他们一般都是业务骨干；另一方面，他们目前还没有担任现职，相对现职干部来讲，投入在信息系统上的时间和精力可以充沛一些；更重要的是，他们是未来的领导，他们对新系统的熟悉有助于日后的推广和应用。他们的主要工作是细致分析组织对信息的需求，开发出适应这些需求的人机交互系统。

第三类人员是应用操作者和维护人员，包括组织的领导和员工、组织的客户以及数据库管理员、系统管理员和网络管理员等，他们的主要工作是维护系统的正常运行并使用该信息系统辅助组织的生产运作。

信息系统的引入会对其用户及用户单位的组织结构产生影响。对于用户而言，主要是认识到信息作为组织的一种竞争资源的重要性，并且通过信息系统的导入，使他们的计算机等信息技术使用能力有一个较大的提高。

在信息系统发展到一定阶段，组织一般都会设立类似信息中心的信息管理部门，并将之定位为组织的一个重要部门：一个集管理和技术于一体的部门，它拥有一定的、必要的管理权限，来管理和协调组织的信息资源和信息技术资源。除了设置信息管理机构外，还需要一位既懂技术又懂管理的权威人士来领导组织的信息化建设，那就是首席信息官(Chief Information Officer,CIO)。CIO是对组织的信息技术和信息系统的所有方面负责的高级执行官，应善于从多角度、多侧面、综合地看问题，能从商业战略角度安排技术设备，使用信息技术和信息系统来支持组织战略的实现，从而帮助组织在激烈的市场竞争中站稳脚跟。

由于信息的重要性和广泛存在性，对信息的管理必将涉及组织的每一角落，并延伸到组织外部。因此，CIO一般由副总经理兼任，属于高层管理团队的一员。在国外，CIO的设置是非常成功的，也非常普及。在我国，不少CIO的地位比其应有的要低，组织对CIO的了解和认识不足，中国目前的CIO的总体素质离真正的CIO还有一段较大距离。随着我国信息化的推进，我国各级组织应认识到CIO的重要性，力图通过设置这一职位，并建立起CIO机制，从组织上保证信息管理工作的地位，从根本上改善信息资源的管理。

3. 信息系统建设需要队伍的配合和稳定

如果说信息系统项目是一个平面，那么领导者、技术开发人员和业务分析人员是支持和决定这个平面的3个点。这3个"点"不但缺一不可，而且必须保持相对稳定。

首先，领导必须重视信息系统项目，最好能自始至终参与。成功的案例实践表明，只要领导重视，认准方向，积极支持，在遇到困难和挫折时能给予帮助和鼓励，协调方方面面的关系，将资金一一落实，信息系统的开发与应用就能不断推进。

其次，开发员与业务员必须经常互相沟通、交流，使开发员的技术用语与用户的业务术语在项目含义上基本一致。信息系统建设涉及硬件、软件、产品设计、工艺和生产管理等方方面面的问题，因此开发人员必须与各类业务人员(产品设计员、工艺员和生产管理员)密切地结合起来，才能保证所开发的系统能够满足设计、生产和管理工作的需要。关于开发员与业务员的沟通问题，可能失败的教训比成功的经验多得多，或者说很难有组织不在这上面碰钉子。主要原因之一是开发方案不可能写得详细到业务中的每个操作和细节；二是开发员的技术术语与用户的业务术语所表达的含义很难完全一致，解决的办法是将开发员与业务员在某种程度上沟通起来，或在项目开发组里吸收几个业务骨干参与开发，或在项目开发的每一"里程碑"完成后邀请业务人员提出修改意见，或是在项目开发过程中不断征询业务人员的意见。开发员与业务员的沟通一方面能使开发员真正熟悉用户，而业务员也能在开发过程中得到培训，并对下一步要实施的信息系统建设方案更加清楚。

最后，干部队伍、开发队伍和用户队伍最好能在项目实施期内保持相对稳定。队伍的稳定性也是信息系统项目成功与否的一个重要影响因素。然而，领导是有可能更替的，要确保更换领导的情况下项目能照常推进，就要靠制度来保证。

除领导的稳定外，开发员和业务员的基本稳定也非常关键。由于信息系统的设计带有很多个人风格，特别是软件编程，一个人写的代码可能换一个人就要很长时间才能弄清、领会，而读不懂的代码很可能被推倒重来。另一方面，不同的业务员提的问题、细节往往也不一致，更换前的业务员要这样做，更换后的业务员要那样做，搞得开发人员不知所措，这是因为业务员认为很简单的一个改动，对开发人员来讲可能就是几天的工作量。当然，队伍的稳定是相对的，为了增强人员之间的互换性，人们也想出了很多办法，比如建立规范的文档制度。

4. 强化信息系统对各级人员和组织的贡献

从信息系统的实践来看，一般都是在经营情况非常好或非常差这两种极端状态下，企业才会积极建设信息系统，有的学者美其名曰"锦上添花"和"雪中送炭"。

这是因为，在许多企业，由于企业的高层管理层大多实行聘任制，他们更多地关心自己任期内的事，因而对信息系统这类周期相对较长、投资较多、见效较慢的项目不是很积极，另外，由于信息系统项目成功率比例较低(不足30%)以及信息悖论[①]的影响，他们心存疑虑，所以对信息系统建设不是很热心。另一方面，这与中层领导的消极或抵制也有关系。由于信息系统的采用能提高业务操作过程的规范和透明性，适当地精简机构，所以部门领导出于对本部门利益甚至个人利益的考虑，总是千方百计找借口抵制信息系统的开发和使用。

因而，在企业的常态下，他们没有很强的动力采用信息系统对现状进行改变以提高竞争力；而在经营情况非常好时，企业处于高速成长期，意味着将会有更多的资金和更多的职位，所以愿意投资建设信息系统；在企业经营情况非常糟的时候，又希望企业能通过信息系统的建设起死回生。"锦上添花"和"雪中送炭"固然好听，但在这两个时期由于企业或扩张或收缩，业务变动较大，信息需求变动也较大，导致信息系统的规划和实现的难度增大。因而信息系统最好是在企业常态下以平常心按照信息系统的规律来建设。

为了使企业能在常态下建设信息系统，需要信息系统在两个方面强化组织各级管理者尤其是高层管理者的观念：一是信息系统对管理者个人的贡献，二是信息系统对组织的贡献。对管理者个人的贡献是指信息系统的采用必须考虑如何提高管理者的办公效率，同时必须考虑如何满足管理者的权威感、名誉感和优越感；对组织的贡献是指信息系统的采用必须考虑如何提高组织的竞争力，或者有助于组织拓展新的成长空间，从而使管理者对信息系统在组织常态下的建设持积极肯定和坚决支持的态度。

5. 信息系统开发人员的道德准则

对于开发信息系统的各类人才，除了有技术上的等级(比如系统分析员考试、各级程序员考试和软件工程师认证、系统管理员认证、系统集成项目经理资格认证等)要求外，一些信息专业组织也订立了这些人才必须遵守的道德准则[②]。下面仅以数据处理管理联盟(Data Processing Management Association，DPMA)为例做介绍。DPMA对信息人才的要求如下。

1) 对业主

(1) 尽一切努力保证自己具有最新知识和正确的经验，以适应工作的需要。

(2) 避免兴趣上的矛盾，并保护业主已意识到的任何潜在的矛盾。

---

① 信息悖论是指随着时间的延伸，越来越多的钱投向能传递信息的技术中，但无论是信息还是信息技术的采用都没有很明显地带来商业利益。有兴趣的读者可以阅读约翰·索普等加拿大学者的著作：《信息悖论：信息技术的商业利益》(东北财经大学出版社，1999)。

② 有关更详细的内容可以参见薛华成教授主编的《管理信息系统》(第5版，清华大学出版社，2008)的第19章"信息道德与信息系统分析员修养"。

(3) 保护委托给我的信息的隐私性和机密性。

(4) 不错误地表达和删除源于实情的信息。

(5) 不企图利用业主的资源获得自己的好处,或做任何未经正式批准的事情。

(6) 不利用计算机系统的弱点得到个人的好处或达到个人的目的。

2) 对社会

(1) 用我的技术和知识传播给公众。

(2) 尽我最大努力,保证产品得到社会信任和应用。

(3) 支持、尊重和服从地区、州和联邦法律。

(4) 不错误地表达和删除公众关心的源于问题和实情的信息,也不允许这种已知的信息搁置作废。

(5) 不利用个人性或秘密性的知识,不以任何非法的形式得到个人的好处。

3) 对专业

(1) 忠于自己所有的专业关系。

(2) 当看到非法的或不道德的事件时,应采取合适的行动。然而当我反对任何人的时候,必需坚信自己是有理的、正确的、负责任的,并不带任何个人情绪。

(3) 尽力与人共享我的专业知识。

(4) 和他人合作以达到了解和识别问题。

(5) 在没得到特殊许可和批准的情况下,不利用信誉去做其他工作。

(6) 不利用他人缺乏经验和缺乏知识去占便宜,以得到个人好处。

2.3 信息系统与计算机和软件的关系

2.3.1 信息系统与计算机的关系

计算机和网络等设备既构成信息系统的物质载体,又成为信息获取、处理、传输和应用的工具。计算机和网络的发展,比如输入输出设备的多样性,带动了信息系统功能的丰富性和结构的多样性。

1. 计算机的类型

人们通常根据存储器的大小、一次能够处理的数据数量、能同时处理的任务及能连接的用户数量等要素规模将计算机分为巨型机、大型机、小型机和微型机,其中巨型机通常用来进行高速的科学和工程计算。目前常见的信息系统主要由微机和基于微处理器的服务器组成,但小型机和大型机在信息系统中也得到了广泛的应用。高性能的微型计算机可以作为局域网的服务器使用。

大型机又称主机(main frame),具有很强的信息处理能力。大型机具有强有力的传输数据和处理数据的能力,采用系统连接类通道、专用磁盘控制器和通信控制器,可连接数千乃至数万个终端同时工作。大型计算机可以做联机计算,也可以进行批处理计算。在大型商场、银行、证券、气象、铁路或民航订票处理机构以及其他一些大型企业的数据中心,一般都需要采用大型机做后台服务处理。

一般小型机(minicomputer)上的操作系统多为专用系统，小型机常采用多CPU(中央处理器)结构，所以处理功能较强。小型机还可以同时连接多个局域网，此时小型机主要是用作网络服务器。网络上的资源集中放在服务器上，由各个工作站计算机共享。由于这种方案很适合于大流量的数据处理，对商业应用比较适合。

微型计算机又称个人计算机(Personal Computer，PC)。从业务角度，微机可分为商用机、工控机和多媒体机；从形状上主要有台式机和便携机两类。多媒体计算机在教育、培训和会议等信息系统中大量使用。随着企业生产领域信息化的深入和传感器等信息获取技术的发展，工控机已经在信息系统中占据了更重要的地位。

台式机作为信息系统中的基本元素，其主要作用是进行输入输出、分布式的数据处理和数据存储等。台式机显示器一般与眼睛平行，且键盘和鼠标等输入设备形体较大，一般用在工作地点比较固定、业务处理比较频繁的地方，有利于人的输入和处理。

便携式计算机又称笔记本计算机。便携式计算机在信息系统中的典型应用是作为客户机在外出时使用。笔记本计算机还可以作为演示机使用，推销员可以用多媒体计算机来演示他们的产品，列出他们的产品规格、系列和价格等信息。一些外国公司的经验说明：当他们的推销员使用多媒体计算机辅助推销后，销量上升，而且他们的说明减少了错误，增强了企业销售人员对外界发布信息的一致性。

一些技术和专业人员在完成他们的工作时，需要带有高质量显示器的微机系统，这种高性能的微机系统通常被称做工作站。工作站一般采用UNIX或Linux操作系统，具有多任务、多用户的功能。例如CAD(计算机辅助设计)的应用一般都采用工作站。另外对图形实时仿真、模拟管理等需要高速计算和高速显示的应用，也大多采用工作站。在信息系统中，由于工作站适合于分布式处理，在网络中需要各个节点具有较强的处理功能时，使用工作站比较合适。

2. 计算机选型的原则

计算机选型是建设信息系统时的一个关键的问题。一般地，在信息系统建设中计算机设备的投资仍然是最大的，各种计算机不仅价格、配置、功能和外观等有许多不同，而且直接关系到所连接的网络、配置的操作系统以及开发的应用软件等。并且计算机设备一旦购入，就要在一个较长时期中使用下去。因而在计算机选型时必须要进行充分论证，应当在一些基本原则的指导下，与专家或咨询公司讨论，如有可能，应进行投票或定量分析，做出比较合理的计算机选型方案。计算机选型的基本原则有如下3点。

(1) 选择性价比高的计算机。考虑到计算机行业发展的速度很快，性价比在飞速提高的情况，应根据自己组织的需要和预算，选择具有较高性价比的计算机。一般硬件的报废期可设定为3～5年，对于性能不必要求太超前。因为一方面可以根据需要对计算机或设备加以扩充，使之满足不断增长的需求；另一方面，由于计算机发展得很快，即使购买了先进的微机，也会很快落后，很难跟上形势。

(2) 选择与组织业务和其他设备相适应的计算机，以提高计算机的运用效率和效益。应当从业务需要出发选择软件，从软件的需要选择机器。不同的业务需求需要不同的计算机，比如需要大量输入的工位应选择台式机，如果一天 24 小时只需录入或查询的工位则可采用配置较低的台式机，与生产设备相邻或环境恶劣的地方应采用工控机，外出较多的工位选用便携机，而在商场信息系统中，可根据商场的管理要求选定具有条形码扫描功能的计算机，等等。现在的计算机系统一般都与网络紧密相关，所以还要和网络设备联系起来考虑，而网络设备又和组织结构、工作流程和环境等有紧密的关系，所以必须统一考虑。例如能否实现与当前组织中现有计算机的互连，能否进一步发挥已有设备如打印机、绘图仪的价值，能否与行业计算机网络相联等。

(3) 尽量选择主流厂商的计算机。因为这类计算机很容易找到合适的支持和技术服务，从而减少系统的维护成本。

3. 计算机选型的方法

常用的计算机选型的方法有通过征集计算机方案选择、通过招标选择以及通过基准程序测试决定等。目前常用的方法是通过征集方案选择。这种方法首先选择一些计算机厂商或系统集成商作为候选厂商，向他们提交本组织的需求说明书，然后对各厂商的方案进行综合评价，选出少数方案，最后经过谈判决定。下面列出了一些在计算机选型时需要考虑的要点。

(1) 对于本单位提供的特定要求，系统集成商提出的系统结构是否合理。

(2) 采用的操作系统和应用软件性能。

(3) 数据库性能，包括数据库容量、分布性、安全性、并发操作性能和响应时间等，与其他软件的连接性能等。

(4) 网络的特点，网络设备的类型、通信速率、连接方式和所用协议，与外界网络连接的可能性。

(5) 主机(或服务器)的性能及特点，工作站的性能和特点，包括 CPU、内存、高速缓存、总线类型、通道数、扩充性能和联网能力等。

(6) 售后服务，包括系统升级的服务、相关软件升级的服务、人员培训及技术指导等。

(7) 价格和交货时间。

最后，由于信息系统是人机交互系统，运行过程中需要人的参与，所以选用计算机系统时要尽量采用符合人机工程学思想的设备。人机工程学是使计算机适合于工作人员，增加工作人员的舒适度。应用人机工程学的目的是很明显的，比如减少损害职员健康的因素、提高工作效率和提高职员的士气等。例如，为职员提供能调整的桌子、椅子以减少或消除背部、手腕和颈部的疲劳；把键盘放在合适的高度，使用设计良好的键盘，为腕部提供缓冲以减少伤害；提供一个高分辨率的、大的计算机屏幕有利于减少眼睛疲劳，提高职员工作效率。

在以人为本的时代，评价计算机设备是否符合人机工程学的思想是购买设备的一个重要步骤，也应成为计算机系统选型的重要依据。

2.3.2 信息系统与软件的关系

软件是计算机程序加上该程序的各种文档。信息系统开发过程中需要系统软件的支持,开发完毕形成一套适应需求的应用程序和文档,即通常所说的应用软件。所以,信息系统与软件有两个基本的关系:**信息系统的开发需要软件的支持,信息系统的核心是软件。**

1. 软件的种类

按照不同的原则和标准,可将软件划分为不同的种类。一般从应用的角度出发,将软件划分为系统软件和应用软件两大类,分别介绍如下。

1) 系统软件

系统软件是指对整个计算机系统进行管理、调度、监控和维护的软件,即为其他程序提供服务的程序集合,主要包括以下几种。

(1) 操作系统:是管理和控制计算机系统的各种资源,合理地组织计算机的工作流程,以提高计算机系统的工作效率,方便用户使用计算机的一组程序的集合。操作系统是用户与计算机的接口,用户可通过操作系统提供的各种命令使用计算机。

计算机系统资源通常有4类:处理机、存储器、外部设备以及各种程序和数据。相应地,操作系统的功能也具有4大功能:处理机管理功能、存储管理功能、外部设备管理功能和文件管理功能。

通常按照操作系统的使用环境,可将其分为3类:多道批处理系统、分时系统和实时系统。以上3类操作系统可以根据实际需要组合使用,实现最佳功能。随着计算机系统结构的发展变化,操作系统技术也有了进一步的发展,产生了一些具有特点的操作系统:如个人计算机操作系统、分布式操作系统和网络操作系统。常用操作系统包括Windows、UNIX和Linux等。

(2) 网络通信管理软件:是用于网络中的通信管理,控制信息的传送和接收的软件。它是计算机操作系统的延伸,它使计算机系统能控制不同的通信设备,使计算机能够与远离CPU的外设如显示设备等通信。通信软件的功能有:与远程终端通信;监视通信设备和线路;管理通信线路上的信息传输;监控和分析信息流量;诊断通信中出现的问题。现在许多个人计算机操作系统都已经包含通信软件,作为标准程序包。

(3) 数据库管理系统:是操纵和管理数据库的工具。

(4) 语言处理程序:主要是指各种高级程序设计语言的解释程序和编译程序。它们统称为翻译程序,其功能是把用高级程序设计语言编写的源程序"翻译"成计算机可直接执行的目标程序。

(5) 服务性程序:包括用户程序的装入程序、连接程序、编辑程序和故障诊断程序等。

2) 应用软件

应用软件完成特定的数据或文本的处理功能,可以分为通用功能的软件(即通用软件)、面向特殊功能的软件和面向特殊行业的软件,一般包含以下两类。

(1) 工具软件:是为了方便用户使用而提供的软件工具,如CASE工具、字表处理软件、文字处理软件、图形处理软件、杀毒软件和压缩工具软件等。

这里重点谈一下CASE工具。CASE(Computer Aided Software Engineering)表示计算机辅助软件工程。CASE软件产品由一组工具组成,一般包括一种第四代语言、一个程序码生成器、一个常规开发库和一个数据描述器等工具。它可以帮助应用开发人员更快、更好地完成软件开发任务，随着 CASE 工具的发展，还能辅助开发者进行信息系统的规划、分析、设计和测试。

(2) 实用程序：是指为用户特定需要而开发的程序，如订票系统、图书情报检索系统、学籍管理系统、辅助教学软件、会计软件、财务分析软件、销售软件、人事管理软件和生产管理软件等，这一类程序加上文档就成为信息系统的核心，即通常所说的应用软件。

面向特殊功能的软件和面向特殊行业的软件又可统称为专用软件。我国企业管理的总体水平还不高，即使处于同行业的两个企业，业务处理流程也有较大的不同。所以，目前我国的企业在建设信息系统有不少还是采用一家一个样的方式，即面向特定企业的方式，这种软件称为定制软件。开发定制软件通常是很昂贵的，但它可能是确保软件能较好地满足企业需要的方式。

随着企业管理水平的提高和业务流程的规范，将会有越来越多的企业在建设信息系统时，购买面向特殊功能或面向特殊行业的专用软件，再根据企业的实际需要进行二次开发。我们认为，随着企业流程的规范化和上述专用软件的模块化，二次开发的方式将会得到很大的发展。

前面讲到，信息系统的建设是一个项目过程，既然是项目，就需要提高开发效率、降低成本。为了获得支持信息系统的软件，主要的途径是向软件分销商直接采购，另一种廉价的来源是从国际互联网上下载共享软件和免费软件。

共享软件是相对便宜的软件，由个人或“小作坊”开发，通常通过电子公告板(BBS)或因特网在有信誉的系统上发布，即可以通过电子公告板或因特网免费下载。不过，如果试用后喜欢这个软件并想使用的话，一般需要支付少量费用给开发商。除了支持信息系统的有关软件外，其实在开发应用程序的过程中，还可以到互联网上搜寻有关的组件源程序或实现某个功能的源程序，以提高开发的效率。如果有技术问题，也可以到程序员汇聚的电子公告板上请求帮助。

2. 用软件工程理论指导信息系统的开发

信息系统的核心是软件，这就要求我们在信息系统的开发过程中既要遵循信息系统的开发规律，又要参考**软件工程**[①]的 7 条基本原理：

(1) 用分阶段的生命期计划严格管理。

(2) 坚持进行阶段评审。

(3) 实行严格的产品控制。

(4) 采用现代程序设计技术。

(5) 结果应能清楚地审查。

(6) 开发小组的人员应该少而精。

---

① 所谓软件工程，是指用工程、科学和数学的原则与方法研制、维护计算机软件的有关技术及管理方法，由方法、工具和过程 3 部分组成。软件工程的目标是在给定成本、进度的前提下，开发出可修改性、有效性、可靠性、可理解性、可维护性、可重用性、可适应性、可移植性、可追踪性和可互操作性等性能指标并满足用户需求的软件产品。软件工程的 7 条基本原理是著名的软件工程专家 B. M. Boehm 在 1983 年提出的，有着广泛的影响。

(7) 承认不断改进软件工程实践的必要性。

在参照上述软件工程基本原理的基础上，可以用软件工程理论指导应用软件的开发，努力提高信息系统中应用软件的各项性能指标，并使之能很好地满足用户需求，确保软件的质量，提高开发的效率。

2.4 信息系统与信息化和电子商务的关系

2.4.1 信息系统与信息化的关系

随着信息技术的突飞猛进和广泛渗透，信息化的热潮席卷全球。邓小平同志早在1984年就提出"开发信息资源，服务四化建设"，江泽民同志则提出"四个现代化，哪一化也离不开信息化"，充分反映了中国政府面对挑战、抓住机遇的胆识。正所谓：数字化，刃之锋；信息绵绵，世界一网共；各业信息化，静默也称雄。

信息化相对于信息系统来讲要显得更为宏观一些。推进信息化，就要考虑加强信息技术的推广与应用，重视信息资源的开发与利用，加速信息产业的成长与发展，规划信息基础设施的建设与运作，扩大信息活动的规模与作用。而建设信息系统，就要考虑如何进行总体规划，如何设计，采用何种开发方法、何种开发工具、何种数据库和何种网络结构等问题。显然，信息系统牵涉的主要是具体实施的问题。

信息化可以从两种词性上给出解释：首先是动词，比如"国民经济(要)信息化"，是指国民经济由工业经济向信息经济的演进，或者说是信息和知识在国民经济的价值构成中所占比重越来越大的一个过程；其次，信息化还可以作为名词使用，表示一种状态，比如"(实现)国民经济信息化"是指达到信息和知识在国民经济的价值构成中所占比重很大的状态，或者说达到信息经济已经成为国民经济主体的状态。

信息系统显然是一个名词。建设信息系统的目的是采用信息技术为组织运作、管理和决策服务，为国民经济向信息经济和知识经济转型服务。因而，信息系统相对于信息化来说，是实现的工具和具体手段，而作为名词的信息化则是信息系统的建设目的之一。当然，由上述定义可以看出，信息化更重视信息和知识成为价值构成的主体，而信息系统的建设更多地强调为组织运作、管理和决策服务。

一般来讲，信息化包含5个层次：产品信息化、企业信息化、产业信息化、国民经济信息化和国家信息化。

1. 产品信息化

产品信息化是信息化的原点，也是信息化基础的基础。产品信息化包含两层意思，一是产品所含各类信息比重日益增大，物质比重日益降低，产品日益由物质产品的特征向信息产品的特征迈进；另一个含义是越来越多的产品中嵌入智能化元器件，使产品具有越来越强的信息处理功能，比如智能微波炉、智能化洗衣机等。

2. 企业信息化

企业信息化是信息化特别是国民经济信息化的基础。企业信息化是指企业在产品的设计、开发、生产、销售和决策等多个环节上广泛利用信息技术，装备信息设备，大力培养信息人才，完善信息服务，加速建设企业信息系统的过程。

3. 产业信息化

产业信息化是指农业、工业和服务业等传统产业广泛利用信息技术，大力开发和利用信息资源，建立各种类型的行业信息数据库和网络，从而实现产业内各种资源和要素的优化与重组，促进产业结构进一步合理化，并向更高级的产业结构迈进，从而实现产业的升级。

4. 国民经济信息化

国民经济信息化是指在经济大系统内实现统一的信息大流动，使金融、贸易、投资、计划和通关等组成一个信息大系统，使生产、流通、分配和消费等经济的4个环节通过信息进一步联成一个整体。

5. 国家信息化

国家信息化是指包括经济在内的科技、教育、军事、政务以及人们日常生活等均在内的整个国家的社会体系采用先进的信息技术，建立各种信息网络，使人们生活、商务运作和政务办公等一切活动均高效有序地进行。

上述5个层次信息化的关系可用图2.3表示，即它们之间是包含与被包含的关系。

显然，与每一个层次的信息化相对应，有每一个层次的信息系统：产品信息系统、企业信息系统、产业信息系统、国民经济信息系统和国家信息系统。由于后三种主要是在网络上的价值增值服务，建设的重点是作好规划和统一各种标准，所以有人又将后三者称为行业信息网、国民经济信息网和国家信息网。产品信息系统主要是采用CAD/CAM(计算机辅助设计/制造)技术和PDM(产品数据管理)技术，构成企业信息系统的最底层。

在处理信息化与信息系统的关系上，在讲宏观信息化时，多考虑微观信息系统的实现；在建设信息系统时，要多考虑如何使信息和知识成为价值增值的主体，多考虑如何使信息系统的建设与组织的技术改造联系起来，增强组织和国民经济的竞争力。

图2.3　信息化的层次图

2.4.2　信息系统与电子商务的关系

“要么电子商务，要么无商可务。”这是IBM公司对未来社会的预言，虽然有些夸大其词，但在我们这样一个“非过正不能矫枉”的国度，倒也发人深省。有人从商务的侧面提出电子商务时代已经来临了。

电子商务从它的概念来看，经历了一个内涵逐渐缩小、外延逐渐扩大的过程。首先是

EC(Electronic Commerce,电子商务),其次是 EB(Electronic Business,电子业务),最后是 EE(Electronic Everything,电子任务),显然,在信息技术设备商的炒作下,电子商务的概念在逐渐泛化,在向信息化的概念靠拢。因为炒作的含义越广,在电子商务的光环下卖出去的产品就越多。不过,本书取最初的也是最基本的含义:商务的电子化或信息化。

电子商务主要还是一种商务关系,是为了用现代信息技术来改造传统的商务流程。电子商务要落到实处,离不开信息系统的支持,我们称之为电子商务系统。

电子商务系统是一个以电子数据处理、因特网、数据交换和资金汇兑技术为基础,集订货、发货、运输、报送、保险、商检和银行结算为一体的综合商务信息处理系统。电子商务系统的结构由一系列的电子商务标准或协议和信息系统两部分构成。显然,要建设电子商务,既要重视信息系统的建设,又要重视电子商务标准或协议的订立。

电子商务按照与企业的关系可以分为:B2C,即企业与消费者之间的电子商务(Business to Consumer,简称 B to C,因为 to 与 two 谐音,且有两个主体的意思,所以,一般缩写为 B2C,下面的缩写同此理);B2B,即企业与企业之间的电子商务(Business to Business,B2B)。广义的电子商务还包括 B2G(企业与政府之间的电子商务,如网上办证和网上报税等)和 B2E(企业与教育机构之间的电子商务,如合作科研和合作培养人才等)。

由于有了电子商务,企业之间的关系和企业与消费者的关系有了很大的变化(参见图 2.4)。产品制造企业将产品供应信息发给网上营销企业(主要是网上的行业超市),客户则直接到行业超市浏览、选购货物。客户选购完毕,行业超市向物流企业下配送单,物流企业从产品制造企业提货并送达客户。这里要说明的有 3 点。

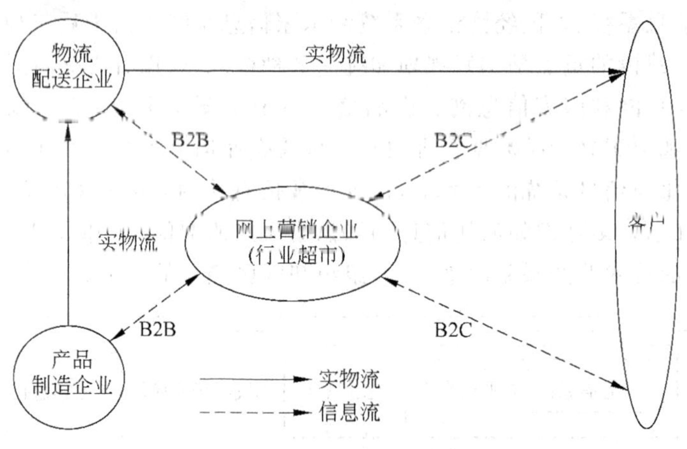

图 2.4　未来商务关系简明图示

第一点是图 2.4 中并未给出产品制造企业与客户的直接销售关系。随着企业对核心竞争力思想的领会和竞争的进一步激烈,越来越多的企业会将自己的产品外包给专业的且有规模优势的网上营销公司。而制造企业的网站主要承担企业形象宣传和产品宣传的功能。

第二点是图 2.4 中将网上营销公司界定为行业超市,这是因为随着竞争的加强,网上的电子市场(e-market)将往专业化方向发展,成为某一类产品的集中市场。

第三点是图 2.4 中只考虑了企业之间的简单关系,为了简化,没有画出银行、海关和安全认证机构等中介结构以及其中的关系。

从图 2.4 可以看出，电子商务信息系统从网络上讲属于增值网(Balue Added Network，VAN)，它可以与其他网络公用某一个物理网络，形成在其他网络的基础上的附加增值系统，比如一般电子商务系统都可以建构在因特网(Internet)上。然而，企业要建设自己的电子商务信息系统，就必须在企业原有信息系统的基础上按照电子商务的有关标准进行认真规划，合理设置与原有信息系统的接口，以便做到能与其他企业共享相关的业务数据。

在一个以营销为中心的企业中，在进行信息系统的升级或换代时，应该而且必须考虑电子商务的影响。从这个意义上说，电子商务信息系统是信息系统发展的一个更高阶段，企业信息系统由只考虑企业内部数据，向考虑企业内外数据，以企业为国民经济的一个细胞的方向转变。

思 考 题

1. 详细论述信息系统与管理、决策的关系。
2. 论述信息系统与数据的关系并比较战略、战术、作业 3 级信息系统的数据特性。
3. 详细说明信息系统与人的关系。
4. 谈谈如何进行计算机选型。
5. 列出与信息系统有关的软件，并说说信息系统与软件之间的关系。
6. 信息化有哪 5 个层次？信息化与信息系统有什么区别？
7. 简要论述信息系统与电子商务之间的关系。
8. 你认为电子商务会如何发展？

第3章 信息系统的常见应用

信息系统的应用有很多，本章首先介绍应用信息系统的类型。在此基础上，具体讨论组织中的一些常见应用，包括：支持企业管理的物料需求计划(MRP)、制造资源计划(MRP Ⅱ)、企业资源计划(ERP)、供应链管理(SCM)和客户关系管理(CRM)；支持知识重用和激发知识创造的知识管理系统(KMS)；支持管理者决策的决策支持系统(DSS)；支持企业生产作业的计算机辅助设计/制造(CAD/CAM)；支持政府部门运作和管理的电子政务系统等。本章主要对以上常见应用类型进行介绍。

3.1 应用信息系统的类型

应用信息系统的类型可以从多个角度进行划分，本章仅从信息系统应用的层次、服务的职能和所属的行业 3 个角度分别进行讨论。

3.1.1 不同应用层次的信息系统

从应用层次角度看，信息系统包括基层的事务处理系统、中层的主管信息系统和高层的战略信息系统，系统的用户分别对应着组织的基层员工、中层管理者和高层决策者。

1. 基层事务处理系统

事务处理系统(Transaction Processing System，TPS)又叫电子数据处理系统(Electronic Data Processing System，EDPS)，这是支持组织日常工作的主要系统。它是进行日常业务的记录、汇总、综合和分类的系统。它的输入往往是原始单据，它的输出往往是分类或汇总的报表。如订货单处理、旅馆预约系统、工资系统、雇员档案系统以及领料和运输系统等。这个系统由于处理的问题处于较低的管理层，因而问题比较结构化，也就是处理步骤较固定。其主要的操作是排序、列表、更新和生成，主要使用的运算是简单的加、减、乘、除，主要使用的人员是一线作业人员。

TPS 的输入越来越多地采用自动方式输入。所谓自动方式就是使用某种设备，直接把数据从数据来源输入计算机，典型的设备是 OCR(光字符识别器)、POS(业务终端)和 ATM(自动取款机)等，典型的数据来源有磁卡、IC 卡和条码等。

现代的企业若没有 TPS，简直无法工作。TPS 的故障将造成银行、超市和航空订票处的工作停止，将造成极大的损失。当代的企业 TPS 所处理的数据量大得惊人，是人用手工很难或无法完成的。例如一个银行营业所白天 8 小时所做业务的统计工作，用手工至少加班 4 小时才能处理完，现代的计算机只需几分钟。TPS 日渐显示出跨越组织和部门的趋势。不同组织的 TPS 连接起来，如供应链系统和银行的清算系统相连，甚至可把这些组织结成动态联盟。因此 TPS 是企业信息系统的基础，是非常重要的系统。

2. 中层主管信息系统

主管信息系统(Executive Information System,EIS)是能支持中层领导的管理工作,帮助他们提高效率和改善有效性的信息系统。一般来说,中层经理是组织中计算机水平比较高的人员,也是使用信息系统时间比较多的人员。中层人员根据组织的战略规划要求,并按照它的目标和约束,制订可执行的计划,并控制计划的执行。当然,在战略实施过程中,管理层人员也要进行一些战术决策。因而,中层人员一般要从 TPS 中收集信息,用计划与控制模块处理信息,并向高层汇报。中层用户的数据资源主要是数据库,这些数据库根据具体的用途对各种用户设置了不同的权限以限制访问,实现数据库系统整体的安全和优化。

中层主管信息系统的人机界面应该比较友好且可以个性化,数据展示的方式可以图文并茂且层次清晰,用户可在较短的时间内学习掌握使用方法。另外,主管信息系统还应该具有丰富的办公支持功能,例如电子邮件、通信录、日程安排和公文处理等。

3. 高层战略信息系统

战略信息系统(Strategic Information System,SIS)是旨在使用信息技术实现组织战略目标的信息系统。战略信息系统是为企业高层主管或政府行政首长服务的系统,这个系统使用者的共性是需要决策信息。战略信息系统遇到的问题主要表现为:

(1) 决策信息大多是非结构化的,明确高层主管的信息需求定义很困难;

(2) 主管与下属的面对面的交流效果很难用信息技术实现;

(3) 不同主管的行为方式有很大差别,很难开发出一套通用的系统模板。由于涉及许多非结构化的问题,比如战略的形成过程和决策过程等,实现起来比较困难,目前还处于探索期。

有调查显示,高层主管的信息来源主要是企业报表和会议内容,占信息来源的一半。根据主管的工作特点,一个好的战略信息系统应该能够对广泛的数据源的数据进行抽取和过滤,产出高层主管感兴趣的数据,并对重要指标数据加以跟踪,提供趋势分析和数据挖掘的工具,以图形方式向高层主管呈现分析结果。

3.1.2 不同应用职能的信息系统

从企业职能角度看,应用信息系统有市场销售信息系统、财务信息系统、人力资源信息系统及生产信息系统等子系统。

1. 市场销售信息系统

市场销售信息系统包括销售预测、广告和促销、产品管理、定价、渠道管理和市场情报研究等子系统。

2. 财务信息系统

财务信息系统一般包含会计和财务两个功能。前者主要的任务是记账,而后者的任务是分析如何提高效益。财务信息系统的目标是更好地使用资金,实现企业利润的最大化。

3. 人力资源信息系统

人力资源信息系统把人力视为资源，对这种资源进行管理。其中，人力记账子系统负责记录员工的基本数据以及计算员工的考评和收入；人力计划子系统负责预测未来对岗位和人力的需求；人力管理子系统负责绩效考评和培训等。除此之外，人力资源信息系统还可能包括人力资源情报子系统和人力资源环境子系统等。

4. 生产信息系统

这里的生产可以是制造或服务。制造信息系统有参与生产型和管理生产型，前者包括计算机辅助设计(CAD)和计算机辅助制造(CAM)等，后者包括物料需求计划(MRP)和制造资源计划(MRP Ⅱ)等，还有既参与生成又具有管理职能的计算机集成制造系统(CIMS)等。

实际上，按照职能划分的子系统还有研发信息子系统和行政信息子系统等，这里不再赘述。

3.1.3 不同行业领域的信息系统

不同行业领域有明显的特征区别，这些区别也就决定了应用于这些行业领域的管理信息系统有着各自的特点，例如政府机关信息系统和医院信息系统等。

政府机关信息系统的目标是政府机关的办公自动化，提高工作效率，为政府官员提供管理和决策支持。医院信息系统则是为采集、加工、存储、检索和传递病人医疗信息及相关的管理信息而建立的人机系统，数据的管理是医院信息系统成功的关键。

此外还有税务信息系统、证券信息系统、银行信息系统和机场信息系统等。可以看出，不同行业领域的信息系统，它们的信息和流程具有明显的行业特色。比如葡萄行业信息系统是农业信息系统的一个子系统，种植葡萄的果农可以通过葡萄行业信息系统获取葡萄的供求信息。

3.2 MRP、MRP Ⅱ与ERP

MRP(Material Requirement Planning，物料需求计划)、MRP Ⅱ(Manufacturing Resource Planning，制造资源计划)和ERP(Enterprise Resource Planning，企业资源计划)都是信息技术在企业应用的深化。它们首先表现为一种现代管理的思想，其次表现为某种具体的应用软件，最后在实施时表现为功能强大的企业信息系统。

1957年美国生产与库存控制协会(American Production and Inventory Control Society，APICS)的成立与1960年前后的第一套物料需求计划MRP软件的面世，标志着现代企业资源管理系统的进化历程开始了。

企业资源管理系统的发展经历了订货点法、基本MRP和MRP系统、闭环式MRP和MRP Ⅱ，一直演变为现在的ERP，并且还在演变下去。有的将下一代系统称为ERP Ⅱ，有的则称为TEI(Total Enterprise Integration，企业总成)。

3.2.1 订货点法向 MRP 的演化

1. 独立需求与订货点法

独立需求是一种不能从上一级需求派生出下一级需求的需求类型。也可以说，某个物料的需求不能准确地从另一个物料的需求计算出来，它们之间没有任何联系。

订货点方法仅适用于独立需求。它可以从历史数据的分析、管理人员的经验和使用预测的方法得到物料的需求量。这种方法一般只需要有一定的库存储备量保证就可以了，因此会设置安全库存，当库存数量达到订货点数量，就发生订货要求。

订货点方法是采用历史统计数据控制库存。如果对物料需求是连续的，库存量消耗是稳定的，可使用这种方法管理库存。如果用 OP 表示订货点，QS 表示安全库存，LT 表示订货提前期(周)，D 表示每周需求量。那么订货点的计算公式如下：

$$\mathrm{OP} = D \times \mathrm{LT} + \mathrm{QS}$$

在物料稳定消耗的情况下，订货点是一个固定值。当消耗加快时，如果保持订货点不变，就会消耗安全库存；如果要保持一定的安全库存，就必须提高订货点，这样，订货点就不再是一个固定值。

因此，对需求量随时间变化的物料，由于订货点会随消耗速度的快慢而升降，无法设定一个固定的订货点。所以说，订货点法只适用于稳定均衡消耗的情况，如日用消费品生产或商场的商品补充。订货点法只能保证稳定均衡消耗情况下不出现短缺，但是不能保证消耗多变情况下不出现短缺，也无法起到降低库存的作用。

2. 相关需求与 MRP

相关需求是一种能够从上一级物料的需求派生出下一级物料需求的需求类型。相关需求总是从独立需求中推导出来。

图 3.1 表示相关需求关系。产品 A 由部件 B 和 C 构成，部件 C 又由零件 D 和 E 构成，且需要两个零件 D。假设 A 的需求是独立的，LT 表示加工或装配时间。

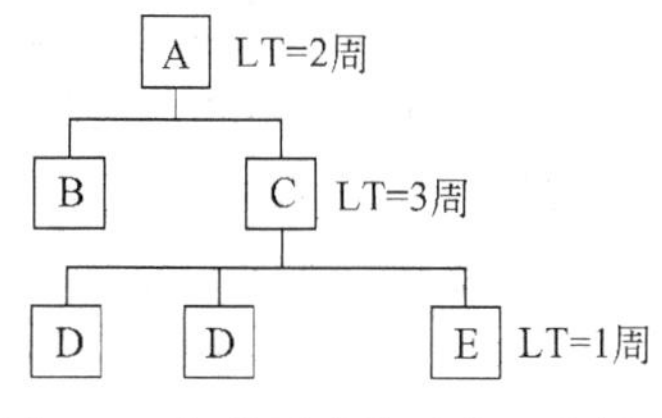

图 3.1 相关需求关系的一个例子

从图中可以看到，物料 B 和 C 的需求时间和需求量取决于对物料 A 的需求，这就是说，一个产品的部件、零件和原材料的需求量和需求时间往往取决于对产品的需求量和需求时间。

相关需求是一种离散的、非均匀的物料需求方式，它所引起的库存消耗是非稳定的。所以，相关需求物料用物料需求计划(MRP)方法。因为相关需求物料破坏了使用订货点方法的前提条件，即物料需求是连续的，库存量消耗是稳定的。

MRP 方法是从产品结构、交货期和交货量、零件加工和装配周期、原材料和外协件的采购周期，计算出零、部件和原材料等的需求量及交货期。

以图 3.1 为例，如果产品 A 需要 50 件，则部件 B、部件 C 和零件 E 各需要 50 件，零件 D 则需100 件；如果交货时间是保证产品 A 在第 7 周完成的前提下，那么 B 和 C 必须提前

2 周，则应在第 5 周完成生产；D 和 E 必须提前 3 周，则应在第 2 周完成生产才能保证 C 第 5 周完成；D 和 E 必须提前 1 周开始生产才能保证它们第 2 周交货。

以上过程就是物料需求的推算过程，推算结果是精确的，由于它根据物料需要的时间来订货，既不使库存量过多，也不会在生产中出现物料短缺现象。这种物料需求方式，虽然推算工作量大，但算法简单，非常适合应用计算机进行推算。当然，这里的推演做了简化，实际上，零部件的生产不可能都是 100% 的成功率，一般都会有废品，假设生产 A 的正品率只有 80%，那么要得到 100 件 A 产品，B 和 C 自然需要 125 件(即 100/80%)。如果一个企业的最终产品有上百种，每个工序都有次品的产生，而产品之间的工序关系如果多达十余层，具体部件在不同产品中的工序层次不同，那么手工计算自然会异常复杂。只不过相应的 MRP 软件写好后，只要输入相应参数，自然会得到精确的计算结果，从这个意义上说，MRP 软件实际上也是一个大型的运算器。

综上所述，订货点方法是面向独立需求的物料。而 MRP 方法则是面向相关需求的物料。前者对某个库存物料不考虑与其他库存物料之间的关系，而且仅注意历史消耗数据，却忽略了需求的性质；后者着眼于未来的需求，即由主生产计划决定，并考虑与其他库存物料的关系。前者完全通过预测来了解需求；后者主要是通过计算来确定需求，仅对独立需求的物料用预测来得到。

在实际工作中，制造业有可能同时存在两种物料需求方式。例如某物料既可作为产品销售，又可作为其他产品的零件，这时此物料就既有独立需求部分，也有相关需求部分。前者可用订货点方法，后者用 MRP 方法，来得到此物料的需求量和需求时间，然后将这两部分合并。

3.2.2 MRP 向 MRP Ⅱ 的演化

1. 基本 MRP 和 MRP 系统

20 世纪 60 年代发展起来的 MRP 是一种“既要降低库存，又要不出现物料短缺”的计划方法。物料需求计划的初期是分时间段的物料需求计划，即基本 MRP，主要解决间歇生产的生产计划和控制问题。在间歇生产情况下，如何保证生产计划高效运行，保证及时供应物料以满足生产需要，是生产管理中的重要问题，这个问题解决不好，就会造成一边是库存积压，另一边是物料缺件的情况。

随着应用范围逐渐扩大，MRP 已广泛应用在小批量、多品种的离散制造企业中。MRP 根据产品的需求情况和产品结构，确定原材料和零部件的需求数量及订货时间，在满足生产需要的前提下，有效地降低了库存，同时，以基本 MRP 为基础，把采购和加工作业等环节纳入 MRP，形成 MRP 系统。

MRP 系统从产品的结构或物料清单出发，实现了物料产供销信息的集成——一个金字塔形产品结构：其顶层是出厂产品，是属于企业市场销售部门的业务；底层是采购的原材料或配套件，是企业物资供应部门的业务；介乎其间的是制造件，是生产部门的业务。

物料需求信息由以下 4 个要素组成：

(1) 需要什么？

(2) 何时需要？

(3) 需要多少？

(4) 何时订货？

物料的需求信息、产品结构、提前期和库存信息是运行 MRP 的 4 项主要数据。这些数据不准，运行 MRP 系统就没有任何意义。

MRP 系统一般包含以下模块：主生产计划(Master Production Schedule，MPS)模块、物料需求计划(MRP)模块、物料清单(Bill Of Material，BOM)模块、库存控制(inventory control)模块、采购订单(purchasing order)模块和加工订单(manufacturing order)等模块，MRP 系统的原理如图 3.2 所示。

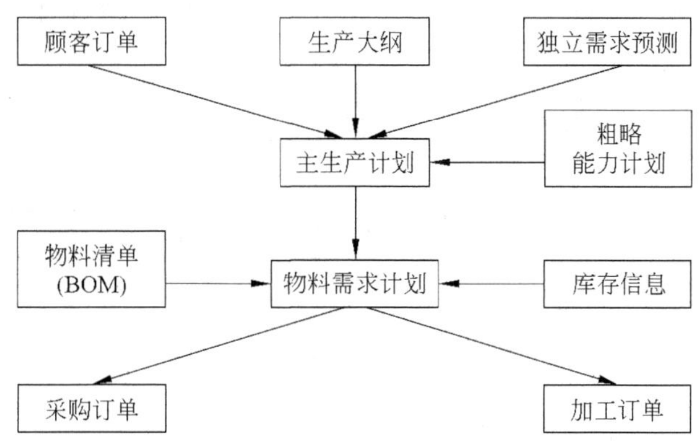

图 3.2　典型 MRP 系统原理示意图

为实现 MRP 系统功能，要提供库存记录和产品结构。产品结构可以用物料清单(BOM)的形式表现出来。物料清单(BOM)是 MRP 系统的基础文件，它根据需求的优先顺序，在统一的计划指导下，把企业的"产供销"信息集成起来。BOM 反映了各个物料之间的从属关系和数量关系，它们之间的连线反映了工艺流程和时间周期。在物料清单(BOM)的基础上，可以完工日期为时间基准倒排计划，按提前期长短确定各物料采购或加工的先后顺序。

从图 3.2 可以看到 MRP 系统的工作原理如下：

(1) 产生主生产计划(MPS)。结合用户订单和预测需求，以及高层制订的生产计划大纲，在现有能力资源的粗略计划下决定生产的数量。

(2) 实现物料需求计划(MRP)。在决定生产批量后，究竟需要订多少原材料和外购件来满足生产？首先通过物料清单确定原材料和零部件的需要量，再根据库存记录决定订什么、订多少和何时订等问题。

(3) 输出制造与采购订货清单。MRP(物料需求计划)的输入是主生产计划，物料清单和库存记录；输出是详细的制造与外购的物料及零部件数量与时间清单。

2. 闭环 MRP 系统

MRP 系统建立在两个假设的基础上，一是生产计划是可行的，即假定有足够的设备、人力和资金来保证生产计划的实现；二是假设物料采购计划是可行的，即有足够的供货能力和运输能力来保证完成物料供应。但在实际生产中，能力资源和物料资源总是有限的，因而往往会出现生产计划无法完成的情况。因此，为了保证生产计划符合实际，必须把计划与资源统一起来，以保证计划的可行性。

20 世纪 70 年代，MRP 发展成闭环 MRP，把需要与可能结合起来，通过能力与负荷的反复平衡，实现了一个完整的计划与控制系统。闭环 MRP 在 MRP 系统的基础上增加了能力需求计划，使系统具有生产计划与生产能力的平衡过程，如图 3.3 所示。

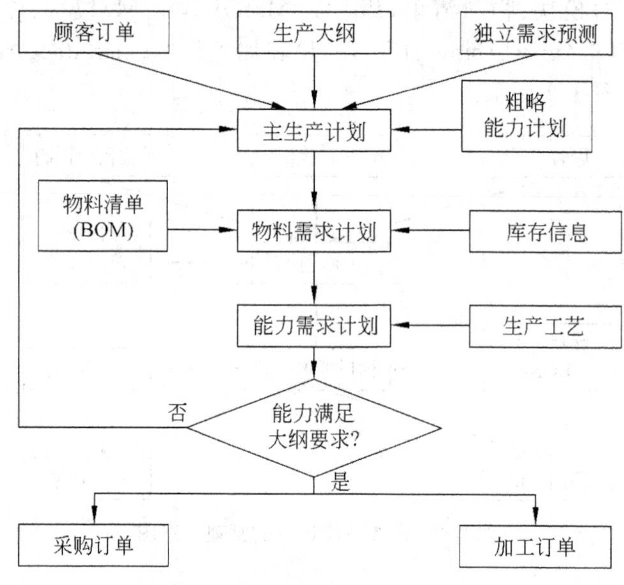

图 3.3　闭环 MRP 系统原理框图

图 3.3 中粗能力平衡是主生产计划与粗略能力计划的平衡，其中粗略能力计划是根据企业的总体能力估算得到的。在制订主生产计划时，对能力需求与实际能力进行平衡，以找出瓶颈资源，进行调整。能力需求计划是在物料需求计划做出之后进行的，是对产品的零部件加工的能力需求与各工作地可用能力之间的平衡过程。当工作地出现较大超负荷时，应调整主生产计划，保持主生产计划与生产能力的基本平衡。

3. MRP Ⅱ 系统

闭环 MRP 系统解决了生产计划与生产能力的平衡问题，但只是解决了生产中的物料需求与生产计划的问题，还没有说明企业的经营效益。20 世纪 80 年代发展起来的 MRP Ⅱ 同 MRP 的主要区别，就是它运用管理会计的概念，用货币形式说明了执行企业物料计划带来的效益，实现物料信息同资金信息的集成。因而，MRP 三个字母的含义也发生了改变，由物料需求计划变为制造资源计划，英文为 Manufacturing Resource Planning。由于字母的缩写都为 MRP，就将制造资源计划命名为 MRP Ⅱ，以示区别。

要衡量企业经营效益，首先要计算产品成本。产品成本的实际发生过程要以 MRP 系统的物料清单(BOM)为基础，从最底层采购件的材料费开始，逐层向上将每一件物料的材料费、人工费和制造费(间接成本)累积，得出每一层零部件直至最终产品的成本；再进一步结合营销数据，分析各类产品的获利性。

MRP Ⅱ把传统的账务处理同发生账务的事务结合起来，不仅说明账务的资金现状，而且追溯资金的来龙去脉。例如，将体现债务债权关系的应付账、应收账同采购业务和销售业务集成起来，同供应商或客户的业绩或信誉集成起来，同销售和生产计划集成起来，等等。

按照物料位置、数量或价值变化，定义"事务处理"(Transaction)，使与生产相关的财务信息直接由生产活动生成。在定义与事务处理相关的会计科目时，按设定的借贷关系，自动转账登录，保证了"资金流(财务账)"同"物流(实物账)"的同步和一致，改变了资金信息滞后于物料信息的状况，便于实时做出决策。

不同厂商的 MRP Ⅱ系统套装软件各由若干功能模块组成，模块的数量可能不同，各个模块的功能强弱不一，但是，它们的逻辑结构基本一致。一般包括如下主要模块：产品数据管理模块、主生产计划模块、物料需求计划模块、库存管理模块、能力需求模块、销售管理模块、采购模块、车间作业管理模块、财务管理模块和质量管理模块等。

产品数据管理(Product Data Management，PDM)模块支持所有零件号、工艺规程和产品结构关系等有关数据存储在数据库中，一旦定义，零件号可用来建立物料清单及装配工艺过程。

如果企业有计算机辅助设计(CAD)系统，可以通过产品数据管理(PDM)模块将产品结构信息和设计更改信息实时地转换到 MRP 系统，来实现 CAD 同 MRP 的信息集成。

MRP Ⅱ利用计算机网络把主生产计划、库存控制、物料需求、车间控制、能力需求、工艺路线、成本核算、采购、销售和财务等功能综合起来，从整体最优的角度出发，通过运用科学方法对企业各种制造资源和产、供、销、财务各个环节进行有效地计划、组织和控制，使它们得以协调发展，并充分地发挥作用，从而全方位地提高了企业管理效率。MRP Ⅱ的逻辑流程图如图 3.4 所示。

在图 3.4 的右侧是计划与控制的流程，它包括了决策层、计划层和执行控制层，可以理解为经营计划管理的流程；中间是基础数据，要储存在计算机系统的数据库中，并且反复调用，这些数据信息的集成，把企业各个部门的业务沟通起来；左侧是主要的财务系统，这里只列出应收账、总账和应付账。各个连线表明信息的流向及相互之间的集成关系。

3.2.3 MRP Ⅱ向 ERP 的演化

1. ERP 系统的含义及特点

MRP Ⅱ仅能管理企业内部资源的信息流。随着全球经济一体化的加速，企业与其外部环境的关系越来越密切，MRP Ⅱ逐渐不能满足需要。于是新的企业管理思想和软件应运而生了。

在 MRP Ⅱ基础上发展起来的企业资源计划(Enterprise Resource Planning，ERP)把原来的制造资源计划拓展为围绕市场需求而建立的企业内外部资源计划系统。ERP 突破了原来只管理企业内部资源的方式，把客户需求、企业内部的经营活动以及供应商的资源融合到一起，体现了完全按市场需求制造的经营思想。ERP 也打破了 MRP Ⅱ只局限于传统制造业的旧的观念和格局，把触角伸向各个行业，特别是金融业、通信业、高科技产业和零售业等，大大扩展了应用范围。

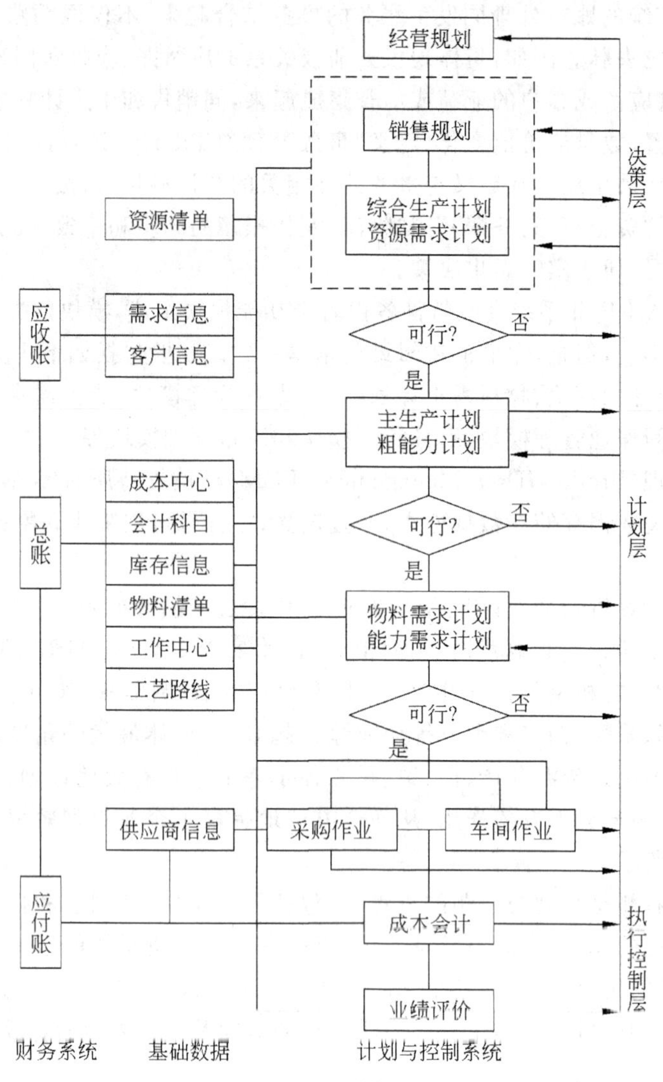

图 3.4　MRP Ⅱ系统原理框图

ERP 面向供应链管理(Supply Chain Management,SCM),除了传统 MRP Ⅱ的库存管理、生产管理和财务管理等功能外,ERP 增加的功能可能还有客户关系管理(CRM)等模块,成为一种适应性强、具有广泛应用意义的企业信息管理系统。

ERP 系统要求考虑整个供应链上供需各方业务流程和组织机构的重组。为了提高供应链管理的竞争优势,必然会导致相关企业业务流程、信息流程和组织机构的重组。业务流程重组(BPR)的应用已经从企业内部扩展到整个供应链。只有这样,才能把传统 MRP Ⅱ系统对环境变化的"应变性"(active)上升为 ERP 系统通过网络信息对内外环境变化的"能动性"(proactive)。

ERP 还采用了网络通信技术的最新成就。网络通信技术的应用使 ERP 系统得以实现供应链管理的信息集成。ERP 系统除了已经普遍采用的计算机技术之外,还要实现更为开放的不同平台互操作,加强了用户自定义的灵活性和可配置性功能,以适应不同行业用户的需要。

一般来讲,ERP 系统具有如下特点:

(1) 支持物料流通体系的仓库管理以及运输配送管理(供应链上供、产、需各个环节之间都有运输配送和仓储的管理问题)。

(2) 支持在线分析处理(Online Analytical Processing,OLAP)、售后服务及质量反馈,实时准确地掌握市场需求的脉搏。

(3) 支持生产保障体系的质量管理、实验室管理、设备维修和备品备件管理。

(4) 支持跨国经营的多国家地区、多工厂、多语种、多币制需求。

(5) 支持多种生产类型或混合型制造企业,汇合了离散型生产、流水作业生产和流程型生产的特点。

(6) 支持远程通信、Internet、电子商务和电子数据交换(EDI)。

(7) 支持工作流(业务流程)动态模型变化与信息处理程序命令的集成。

此外,ERP 系统还支持企业资本运行和投资管理、各种法规及标准管理等。

2. ERP 与 MRP 和 MRP Ⅱ 的比较

MRP 是一种保证既不出现短缺,又不积压库存的计划方法,解决了制造业所关心的缺件与超储的矛盾。因此,所有的 ERP 软件都把 MRP 作为其生产计划与控制模块,MRP 是 ERP 系统不可缺少的核心功能。

ERP 是一个高度集成的信息系统,它必然体现物流信息同资金流信息的集成。传统的 MRP Ⅱ 包括的制造、供销和财务三大部分依然是 ERP 系统的重要组成。因此,MRP Ⅱ 的内容已经包括在 ERP 系统之中,可以认为 MRP Ⅱ 已经"融化"在 ERP 之中,而不是"不再存在"。

至于 ERP 与 MRP 和 MRP Ⅱ 的比较①,则可参见表 3.1。

表 3.1 MRP、MRP Ⅱ 与 ERP 的比较

阶 段	企业经营环境	问 题 提 出	管理软件	理 论 基 础
20 世纪 60 年代	追求降低成本; 手工订货发货; 生产缺货频繁	如何确定订货的时间和数量	基本 MRP	库存管理理论; 主生产计划、BOM; 期量标准
20 世纪 70 年代	计划偏离实际; 人工完成车间作业计划	如何保障计划得到有效实施和及时调整	闭环式 MRP	能力需求计划; 车间作业管理; 计划、实施、反馈与控制的循环
20 世纪 80 年代	追求竞争优势; 各子系统缺乏联系	如何实现管理系统一体化	MRP Ⅱ	系统集成技术; 物流管理、管理会计; 决策模拟
20 世纪 90 年代	追求创新;要求适应市场环境的变化	如何在全社会范围内利用一切可利用的资源	ERP	供应链; 混合型生产环境; 事前控制

① 关于 ERP 的演化及 ERP 与 MRP、MRP Ⅱ 的比较参考了徐福林的硕士论文《ERP 与企业管理优化》(北京大学光华管理学院 MBA 硕士论文,内部资料,2000 年)。

显而易见，从 OP（订货点法）到 MRP，从 MRP 到闭环 MRP 以至 MRP Ⅱ，从 MRP Ⅱ 到 ERP 以至未来的 ERP，每个阶段的完善与发展都是与当时的市场环境与企业管理模式的变革紧密关联、相辅相成的。基于当今世界这种变革趋势，未来 ERP 的发展在整体思想体系上将支持以协同商务、相互信任、双赢机制和实时企业为特征的供应链管理模式，实现更大范围的资源优化配置，降低产品成本，提高企业竞争力。在软件产品功能上将进一步支持集团管理模式、客户关系管理、产品协同研发、敏捷制造、价值链管理和企业效绩评价等，满足企业发展的需要。

3.3 供应链管理与客户关系管理

随着全球经济一体化的加剧，所有的企业都将面临更严峻的挑战——它们必须在提高服务水平的同时降低成本，必须在提高市场反应速度的同时给客户以更多的选择。总之，客户拥有了越来越大的权力。为了更好地应对挑战，供应链管理（SCM）和客户关系管理（Customer Relationship Management，CRM）日益受到企业的重视。

3.3.1 供应链管理

1. 供应链管理的含义

人们最初对供应链的理解是随着企业业务管理范畴的不断扩大与延伸而不断变化发展的。正如供应链的名称所直接反映的，最初供应链概念是与采购和供应管理相关联的。但供应链概念发展到现在，其含义已经发展到包括采购原材料、获得产品、销售给最终用户、从用户处进行回收在内的全部环节与过程。

供应链是围绕核心企业的，通过对物流、信息流和资金流的控制，从采购原材料开始，制成中间产品以及最终产品，最后由销售网络把产品送到最终用户，将供应商、制造商、分销商、零售商直到最终用户连成一个整体的功能网络。

在供应链中，每一个企业是一个节点，节点企业之间是一种供应与需求的关系。因此，供应链涉及两个以上通过关联在一起的法律上独立的组织，供应链实际上是以企业自身为核心的全部增值过程的网络。

供应链管理（SCM）是对供应链所涉及组织的集成以及对物流、信息流和资金流的协同，以满足用户的需求，从而提高供应链整体竞争能力。简单地说，供应链管理就是优化和改进供应链活动，其对象是供应链的组织和它们之间的各种"流"，应用的方法是集成和协同，目标是满足用户需求，从而最终提高供应链的整体竞争能力。也就是说，供应链管理业务的实质是深入供应商和价值链的增值环节，以最短的时间、最经济的成本，将最恰当的货供给需要的客户。

2. 供应链管理的思想

供应链管理的基本思想主要体现在两方面：快速响应和互利共赢。

1）快速响应思想

随着市场中贸易节奏的不断加快，企业必须尽可能地缩短生产周期，更快地响应客户的需求。这不仅需要每个企业强调精确准时，以消除内部的延迟，更需要上下游企业间建立及时有效的沟通机制，降低“牛鞭效应”的影响，加快节点的业务组合速率。所谓“牛鞭效应”，是指当需求信息不能共享时，每一阶段必须利用前一阶段发出的订单来预测平均需求，这种随着往供应链上游前进，需求变动程度增大的现象称为牛鞭效应。

2）互利共赢思想

在全球化市场中，企业不能只靠自身力量与本行业的对手竞争，还需要与所在供应链的上下游企业组成联盟来增强竞争实力。企业必须更注重实现合作伙伴间的互利共赢。它们需要选择相对固定的供货商或分销商以增进互信；它们需要定期召开供应链会议，加强信息共享；它们需要专注于提供自身特殊性的附加值，而把其他委托给具有相应资源优势的战略伙伴，降低整体成本。因而我们说，未来企业的竞争不再仅仅是单个企业之间的竞争，而将是一个链条与一个链条（供应链条）的竞争，一个网络与一个网络（供应网络）之间的竞争。

3. 供应链管理的内容

供应链管理系统是以信息系统为核心，来实现供应链管理的功能。与传统信息系统有所不同的是，供应链管理系统更重视信息的开放性与共享性，借助信息技术，使上下游企业的信息能够及时准确地得到体现，方便企业做出正确的决策。

供应链管理关心的并不仅是物料实体在供应链中的流动，除了企业内部与企业之间的运输问题和实物分销以外，供应链管理还包括以下主要问题：供应链产品需求预测和计划，战略供应商和合作伙伴关系管理，企业内部和企业之间的物料管理，产品设计和制造管理，节点企业的定位，设备和供应链生产的计划、跟踪和控制，基于供应链的用户服务，企业之间资金流管理，内部与交互信息流管理，等等。

解决上述供应链管理的问题必须依靠信息技术，通过供应链管理软件可以实施上述供应链管理过程。供应链管理系统的功能模块主要涉及供应链战略管理、供应链计划管理、供应链执行管理和供应链关系管理四大模块，主要涉及供应、生产计划、物流和需求4方面领域的信息。其中，供应链战略管理模块主要包括以下功能：战略制定、供应链网络构建与优化和供应链环节流程配置等；供应链计划管理模块主要包括以下功能：需求预测与确定和计划生成等；供应链执行管理模块主要包括以下功能：采购管理、生产管理、销售管理和物流管理等；供应链关系管理模块主要包括以下功能：供应商关系管理和供应商评价管理等。

实施供应链管理的直接效果是缩短接单及交货周期，降低原材料及成品库存，从而提高企业对市场的应变速度，增加销售量，提高产品及服务的品质，改善企业与顾客及供应商之间的关系。

随着市场的不断拓展，供应链也随之拓展。这种拓展体现在两个方面：从横向上来看，借助网络技术，系统将在更广阔的地理范围内发挥不同区域企业的核心优势；从纵向上来看，供应链管理系统将覆盖到二级甚至三级的供应商与客户，从而实现整体利益最大化。

随着环保理念的深入人心以及能源价格的上涨，企业会对供应链中涉及资源与环境的相关因素投以更大的关注。供应链管理系统将逐步实现从最终用户那里回收使用过的产品，并加以再次利用。从而降低成本，减少污染，形成闭环的生产流程，实现产品与服务的回流。

3.3.2 客户关系管理

1. 客户关系管理的含义

客户关系管理(CRM)起源于20世纪80年代初提出的“接触管理”(Contact Management)，即专门收集整理客户与公司联系的所有信息。经历了二十多年的不断发展，客户关系管理不断演变发展并趋向成熟，最终形成了一套完整的管理理论体系。

CRM是一套先进的管理思想及技术手段，它通过将人力资源、业务流程与信息技术进行有效的整合，最终为企业涉及客户或消费者的各个领域提供了完美的集成，使得企业可以更低成本、高效率地满足客户的需求，并与客户建立起基于学习型关系基础上的一对一营销模式，从而让企业可以最大程度地提高客户满意度及忠诚度，挽回失去的客户，保留现有的客户，不断发展新的客户，发掘并牢牢地把握住能给企业带来最大价值的客户群。

2. 客户关系管理的思想

客户关系管理的主要管理目标就是发掘新客户，增强现有客户赢利性，延长客户关系。其基本思想在于：通过提供以客户为核心的周到服务，实现客户数量不断增多，客户关系的持续时间不断延长，客户关系质量不断加深这三大目标。

客户关系管理的基本思想主要包括以下两个方面：

(1) 客户是一种重要的资源。在当代社会的激烈竞争中，人们愈发认识到客户就像设备、技术和资金一样，也是一种关乎企业命运的重要资源。随着产品选择转变为客户选择，哪个企业能够抓住顾客的特点，得到顾客的垂青，就意味着占据了竞争优势。因此，一份完整的客户信息以及对其深入的分析，就成为了企业难得的财富与资源。企业必须在客户关系中做足功课，才能够提高客户的满意度，取得更大的市场份额。

(2) 企业与客户关系的实质是双赢。提高客户的满意度，事实上也就是在提高客户对企业的忠诚度。也就是说，如果企业希望能够和客户之间建立良好、稳定的关系，则必须要提供客户满意的价值；而那些值得企业去让渡出一部分利益的客户，又必定是属于关系价值高，能够为企业带来较大收益的客户群。因此，企业必须改变传统中每一笔交易都追求利润最大的做法，注重对客户关系的分析归类，从而做出正确的决策。另一方面，企业可以和客户实现价值共创(value co-creation)，让客户参与到产品创新的设计中，增加产品对客户的价值。

3. 客户关系管理的内容

CRM的核心内容主要是通过信息技术的采用，不断地改善与客户关系有关的业务流程并提高各个环节的自动化程度，从而缩短销售周期，降低销售成本，扩大销售量，增加收入与盈利，抢占更多市场份额，寻求新的市场机会和销售渠道，最终从根本上提升企业的核心竞争力，使得企业在当前激烈的竞争环境中立于不败之地。

客户关系管理系统的功能主要分为 4 部分，概述如下。

(1) 客户信息管理：功能是整合记录企业各部门、每个人所接触的客户资料，进行统一管理，这包括对客户类型的划分、客户基本信息、客户联系人信息、企业销售人员的跟踪记录、客户状态和合同信息等。

(2) 市场营销管理：功能是制订市场推广计划，并对各种渠道(包括传统营销、电话营销和网上营销)接触的客户进行记录、分类和辨识，提供对潜在客户的管理，并对各种市场活动的成效进行评价。CRM 营销管理最重要的是实现个性化营销。

(3) 销售管理。功能包括对销售人员电话销售、现场销售和销售佣金等管理，支持现场销售人员的移动通信设备或掌上电脑设备接入。进一步扩展的功能还包括帮助企业建立网上商店、支持网上结算管理及与供应链系统的接口。

(4) 服务管理与客户关怀。功能包括产品安装档案、服务请求、服务内容、服务网点、服务收费、客户建议和意见等管理，详细记录服务全程的进行情况。支持现场服务与自助服务，辅助支持实现客户关怀，有条件的话，让客户参与到价值共创中。

CRM 还可以集成呼叫中心(call center)技术，以快速响应客户需求。CRM 系统中还可以应用数据仓库和数据挖掘技术进行数据收集、分类和数据分析，以实现营销智能。

3.3.3 ERP、SCM 和 CRM 三者间的关系

ERP、SCM 和 CRM 三者之间有着紧密的信息共享与集成关系，但也有着各自的侧重点。企业资源计划(ERP)着重的是企业内部的流程优化，而供应链的着眼点是与企业发生关系的上游或下游的伙伴，这是 ERP 和 SCM 的最大区别。供应链并不过多地考虑在企业内部进行制造的某个环节上工序是否合理，时间是否可控，库存是否正常，而是考虑商品在一家企业递到另一家企业的时候，如何实现“链条上的增值”。供应链管理(SCM)的基本思想在于，如果不能达到链条上的每个环节都为最终客户进行必不可少的增值工作，那么整条供应链就还存在优化的余地，还可以让最终客户以更低的价格在更短的时间内获得更好的产品或服务。

客户关系管理(CRM)是把客户，尤其是潜在客户和现有客户作为管理的中心，将企业的运营围绕着客户来进行，无论是市场、销售或售后服务，只要是和客户打交道的环节，都能够知道客户的最新信息，得到关于客户的完整而统一的交往记录。客户关系管理已经将管理的对象延伸出直接客户的范畴，其管理对象包括了企业的代理、媒体合作者和最终用户等。

随着供应链管理思想的成熟与普及，客户关系管理与供应链管理不断结合的新兴模式正在悄然出现。这种结合可以实现上下游企业的协同服务，克服了“信息孤岛”的现象，从而将服务目的由单纯的商品销售扩展到为顾客设计和提供良好的售后服务等领域。因此，ERP、SCM 和 CRM 三者之间并不是简单的谁包含谁的关系，而是相互有交集的关系。当然，由于 ERP 的发展，已经出现了包含 SCM 和 CRM 子系统的面向供应链的 ERP 系统。此外，客户关系管理还将借助便捷的信息网络技术，实现与客户的即时通信与线上服务，提供个性化的服务，以进一步地实现客户价值的最大化。

3.4 知识管理系统与决策支持系统

如何将已有的知识重用,如何激发知识的创造,如何使有用的知识在组织中分享,是知识管理系统的目标,而如何利用已有的知识和信息进行有效的决策,则是决策支持系统的功能。知识管理系统和决策支持系统越来越多地被企业所接受,本节就对这两类系统进行介绍。

3.4.1 知识管理系统

1. 知识管理的含义

知识管理(Knowledge Management,KM)就是对一个组织集体的知识与技能的捕获,然后将这些知识与技能分布到能够帮助组织实现最大产出的任何地方的过程。知识管理的目标就是力图能够将最恰当的知识在最恰当的时间传递给最恰当的人,以便使他们能够做出最好的决策。

或者说,知识管理是通过采用信息系统和股票期权等技术支持和激励机制,以及设计、构造良好的组织文化和组织结构,发掘固有知识,引导知识创新,实现知识共享,并通过对共享的知识进行有效应用,最终提高组织的竞争力,实现组织的可持续成长。

组织的知识管理可以概括为如下10方面的内容:(1)知识创新管理;(2)知识共享管理;(3)知识应用管理;(4)学习型组织;(5)知识资产管理;(6)知识管理的激励系统;(7)知识管理的技术与工具;(8)知识产品的定价与版本;(9)知识员工的管理;(10)学习与创新训练。

2. 知识管理的思想

知识管理依托的基本理论主要包括以下两个方面:核心竞争力理论和人力资本理论。

1) 核心竞争力理论

企业竞争力,是企业为了实现其目标,充分利用现有资源,采取各种有效策略的能力体系。而核心竞争力是企业维持和增强竞争优势的关键。近年来,随着信息技术的飞速发展,企业所面临的外部竞争环境愈发恶劣。这种现状迫使很多企业不得不顺应时代发展潮流,通过对自身所拥有知识的挖掘与分享,强化已有核心竞争力,拓展新的核心竞争力。

2) 人力资本理论

在知识经济时代,组织可以通过获取积极有益的知识并加以运用来获得竞争的优势。而这种决定企业成败的知识资源又是以人力资源为基础的。无论是知识获取的深度与广度,还是知识传递的效率及方法,乃至知识运用的收益和效果,都与知识的载体“人”密不可分。因此,在知识管理的过程中必须始终保持对“人”的关注,深入挖掘“人”的最佳实践,积极寻找适合“人”的知识分享机制,注重激发“人”对知识的归纳与创新,大力吸引人才,合理使用人才,以打造企业的竞争优势。

3. 知识管理系统的框架

知识管理系统(Knowledge Management System, KMS)是支持知识管理战略实施与实现的工具与平台。通过系统的方法，借助先进的信息技术，在巩固发掘已有知识，加快知识的传递与共享，引导知识创新等方面为知识管理战略的实现起到支持作用。一般来说，知识管理系统具有如图 3.5 所示的框架，即知识管理系统的框架应该是 3 层结构：知识门户、中间层和网络环境与操作系统层。其中中间层又可细分为数据管理层、开发平台层和应用模块层。

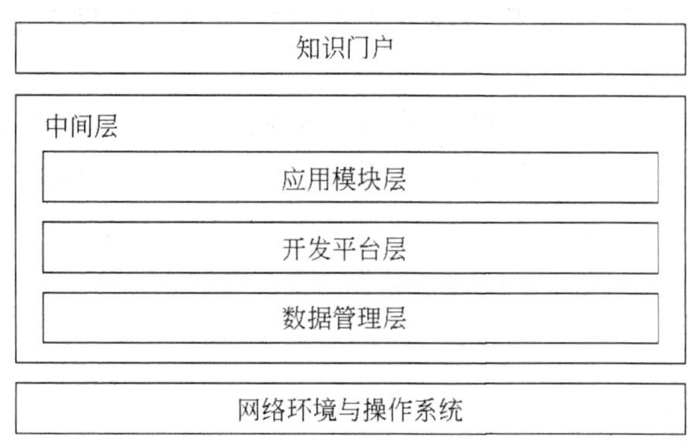

图 3.5　知识管理系统的框架

知识管理的目的是高效率地管理组织的知识资产，对组织的知识创新、知识共享和知识应用提供帮助。在这个前提下，从知识的展示这个层面上就需要界面尽可能地简单易用，并且提供丰富的、有价值的信息和知识。

知识门户所提供的各种功能正体现了这种需求。比如单一的入口，用户只需要登录一次就可以访问所有他的权限能及的信息和知识，这为用户提供了极大的方便。门户另一个鲜明的特点就是用户定制主页，这大大地满足了用户的个人偏好，充分体现了科技人性化，毕竟技术是为人服务的。这一点也与知识管理等现代管理思想相一致，即关注人性。由于系统变得让人“感兴趣”，从而使用户从心理上更容易接受这个系统，这样产生的结果将对组织的知识管理大有益处，为克服“文化障碍”提供了一定程度的帮助。

中间层可以细分为 3 个层次：数据管理层、开发平台层和应用模块层。

1）数据管理层

这一层负责操作基础数据库或知识库。对于采用传统的数据库的系统，这一层可以理解为数据库管理系统（DBMS）。这一层的主要功能是实现对知识管理数据库的增加、删除和修改等基本功能，以及知识管理数据库的备份、审计和安全等高级功能。另一方面，在各种技术的支持下，建立数据仓库还可以提取和发现知识。

2）开发平台层

开发平台为开发各种知识管理应用提供了工具和服务，它把种种的技术策略和底层细节已经考虑在内，对上一级的开发者有着某种程度的屏蔽。这样开发者可以集中精力关心组织的业务逻辑，满足实际的需求。当然，组织在建立知识管理系统时不必自己建立开发平台，完全可以从第三方厂商那里购买，然后再以此为基础，开发适合组织应用特点的知识管理功能模块。

3）应用模块层

顾名思义，这一层是应用在开发平台之上的，通过开发而得到可以满足组织业务需要的知识管理软件。该层是实现知识管理的核心，没有各种应用就没有知识管理，知识管理的绝大多数思想都体现在了这一层。理论上，这一层的外延很大，只要是知识管理所需的应用都可以归结为这一层。内容管理、实时协作、知识发现、业务流程、知识代理、项目协作、电子培训、知识地图、专家定位、知识检索、实时评价、信息订阅、实时交流、个人信息管理和数字会议中心等，这些都是在各种知识管理系统中提出的具体的功能，都可以包含在这个层次中。

随着数据挖掘等信息技术的不断发展，知识获取的渠道将大为扩展。一方面，组织可以利用日新月异的信息技术，对业务流程中产生的数据、记录和文档等进行深入地分析，从中获取知识，进行适当的管理与应用。另一方面，组织还可以着眼于组织内部员工，通过鼓励员工使用博客和微博等社交网络的方式，引导员工发掘自身的隐性知识，实现更有价值的知识的运用与共享。

3.4.2 决策支持系统

1. 决策支持系统的由来与发展

20世纪70年代中期Keen和Scott Morton首次提出了"决策支持系统"(DSS)一词。到20世纪70年代末，DSS一词已非常流行，一般认为DSS是结合与利用计算机强大的信息处理能力和人的灵活判断能力，以交互方式支持决策者解决半结构化和非结构化决策问题的系统。当时的DSS大都是由模型库、数据库及人机交互系统3个部件组成的系统，它被称为初阶决策支持系统。

20世纪80年代初，DSS增加了知识库与方法库，构成了三库系统或四库系统。其中知识库系统是有关规则、因果关系及经验等知识的获取、解释、表示、推理及管理与维护的系统；方法库系统是以程序方式管理和维护各种决策常用的方法和算法的系统。

知识库系统中知识的获取是一大难题，但几乎与DSS同时发展起来的专家系统在此方面有所进展。专家系统与DSS相结合，充分利用专家系统定性分析与DSS定量分析的优点，形成了智能决策支持系统(IDSS)，提高了DSS支持非结构化决策问题的能力。

另一方面，DSS与计算机网络技术结合构成了新型的能供多个决策者共同参与进行决策的群体决策支持系统(GDSS)。GDSS利用便捷的网络通信技术在多位决策者之间沟通信息，提供良好的协商与综合决策环境，以支持需要集体做出决定的重要决策。

DSS产生以来，研究与应用一直很活跃，新概念、新系统层出不穷，比如分布式决策支持系统(DDSS)和决策支持中心(DSC)，还有近年推出的智能型、交互型与集成化的决策支持系统I^3DSS等。

2. 决策支持系统的含义与功能

DSS是一种以计算机为工具，应用决策科学及有关学科的理论与方法，以人机交互方式辅助决策者解决半结构化和非结构化决策问题的信息系统。DSS就是要组织与管理好所有能供决策使用的数据或信息、计算模型、分析方法与判断规则，在决策者与机器的交互过程中，针对不同的问题，通过各种数据、模型与方法的组合作用来引导决策者完成一系列的判断而获得问题的解。DSS 的基本特征一般可归纳为以下 6 个方面：

（1）对准上层管理人员经常面临的结构化程度不高、说明不够充分的问题。

（2）把模型或分析技术与传统的数据存取技术及检索技术结合起来。

（3）易于为非计算机专业人员以交互会话的方式使用。

（4）强调对环境及用户决策方法改变的灵活性及适应性。

（5）支持但不是代替高层决策者制定决策。

（6）是跟踪和适应人的决策过程，而不是要求人去适应系统。

在总体上，DSS 的功能可归纳为：

（1）管理并随时提供与决策问题有关的组织内部信息，如订单要求、库存状况、生产能力与财务报表等。

（2）收集、管理并提供与决策问题有关的组织外部信息，如政策法规、经济统计、市场行情、同行动态与科技进展等。

（3）收集、管理并提供各项决策方案执行情况的反馈信息，如订单或合同执行进程、物料供应计划落实情况和生产计划完成情况等。

（4）能以一定的方式存储和管理与决策问题有关的各种数学模型，如定价模型、库存控制模型与生产调度模型等。

（5）能够存储并提供常用的数学方法及算法，如回归分析方法、线性规划和最短路径算法等。

（6）上述数据、模型与方法能容易地修改和添加，如数据模式的变更、模型的连接或修改、各种方法的修改等。

（7）能灵活地运用模型与方法对数据进行加工、汇总、分析和预测，得出所需的综合信息与预测信息。

（8）具有方便的人机对话和图像输出功能，能满足随机的数据查询要求，回答“如果…则…”（what … if …）之类的问题。

（9）提供良好的数据通信功能，以保证及时收集所需数据并将加工结果传送给使用者。

（10）具有使用者能忍受的加工速度与响应时间，不影响使用者的情绪。

3. 决策支持系统的组成

系统的功能主要由系统结构决定，具有不同功能特色的 DSS，其系统结构也不同。目前 DSS 的系统结构大致有两大类：一类是以数据库、模型库、方法库、知识库及对话管理等子系统为基本部件构成的多库系统结构；另一类是以自然语言、问题处理和知识库等子系统为基本部件构成的系统结构。这里仅介绍多库系统的一种较典型的结构——三角式结构。

三角式结构是由模型库、方法库和数据库等子系统与对话子系统成三角形分布的结构，也是 DSS 最基本的结构，见图 3.6。

对话管理子系统是 DSS 的人机接口，决策者作为 DSS 的用户通过该子系统提出信息查询的请求或决策支持的请求。对话管理子系统对接收到的请求作检验，形成命令。对信息查询的请求将对数据库进行提取信息的操作，所得信息由对话子系统传送给用户；对决策支持的请求将识别问题与构建模型，从方法库中选择算法，从数据库读取数据，运行模型库中的模型，运行结果通过对话子系统传送给用户或暂存数据库待用。

应用DSS作决策的过程是一个人机交互的启发式过程，因此问题的解决过程往往要分解成若干阶段，一个阶段完成后，用户获得阶段的结果及某些启示，然后进入下一阶段的人机对话，如此反复，直至用户形成决策意见，确定问题的解。三角式系统结构以人机对话子系统为中介，它与数据库、模型库及方法库两两之间都有互相通信的接口与直接的联系。

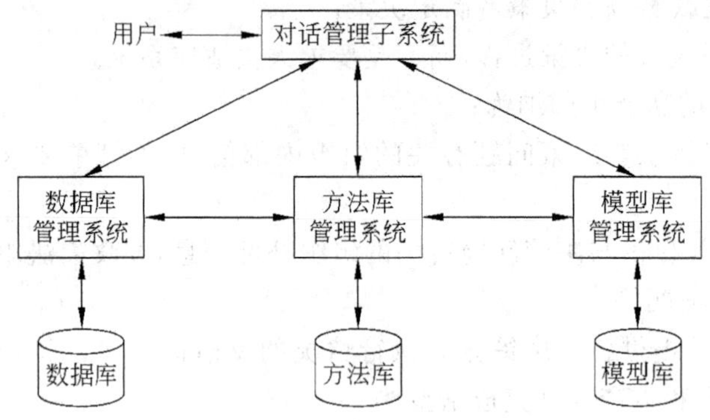

图3.6 决策支持系统的三角式结构

4. 智能决策支持系统

智能决策支持系统(IDSS)是在传统DSS的基础上结合专家系统(Expert System，ES)而形成的。ES是以计算机为工具，利用专家知识及知识推理等技术来理解与求解问题的知识系统。

人工智能技术应用于DSS的程度与范围不同可以构成不同结构的IDSS，较完整与典型的IDSS结构是在传统三库DSS的基础上增设知识库与推理机，在人机对话子系统加入自然语言处理系统，同时增加问题处理系统而构成的四库系统结构，见图3.7。

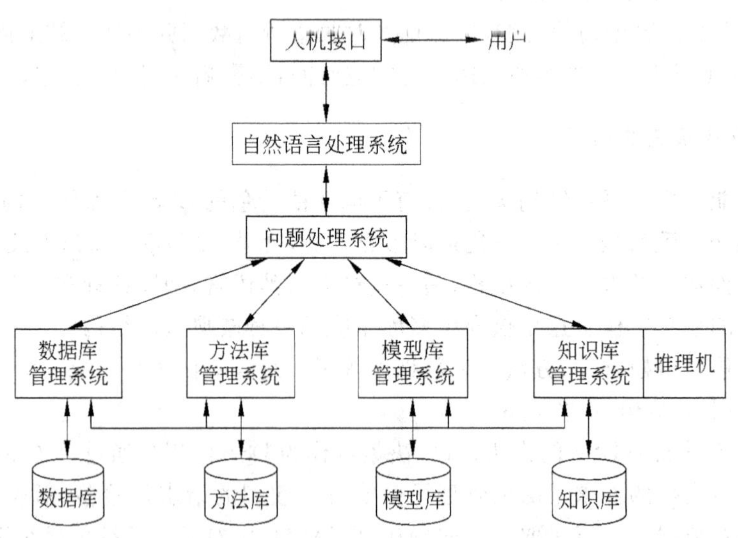

图3.7 智能决策支持系统的组成结构

IDSS 以知识库为核心，在模型数值计算的基础上引入了启发式等人工智能的求解方法，使传统 DSS 原来主要由人承担的定性分析任务部分或大部分地转由机器完成，并且比人做得更好、更稳定。知识的推理机制能获得新知识，知识的积累使系统的能力不断增强。

在人机交互方面，IDSS 的人机对话子系统采用自然语言处理技术形成智能人机交互。智能人机交互接口能使用户用自然语言来提出决策问题，自然语言处理功能将其转换成计算机能理解的问题描述，然后交付求解。在求解的人机交互过程中及求解结果的输出上，自然语言处理技术同样迈出了靠近人类的步伐。与人的贴近，使决策者不必再依赖于熟悉计算机的助手而直接使用 IDSS。

可见，IDSS 具有人工智能的特点，能充分利用人类已有知识。IDSS 在用户决策问题的输入、机器对决策问题的描述、决策过程的推进以及问题解的求取与输出等方面都有了显著的改进，很好地体现了人工智能技术的优越性。

5. 群体决策支持系统

早期的 DSS 注重的主要是支持个体决策。然而组织中的多数决策工作实际上是由集体共同完成的，并且，随着经济区域化和全球化的发展，它还要求多个决策者能在一个周期内异时异地合作协商寻求解决问题的方案，群体决策支持系统(GDSS)就是在此背景下产生的。

GDSS 是一种在 DSS 基础上利用计算机网络与通信技术，供多个决策者为了一个共同的目标，通过某种规程相互协作地探寻半结构化或非结构化决策问题的信息系统。

从系统结构上看，GDSS 是在计算机网络的基础上，由私有 DSS、规程库子系统、通信库子系统、共享的数据库、模型库及方法库、公共显示设备等部件组成的信息系统。一种较有代表性的 GDSS 的结构见图 3.8。与个人 DSS 相比，GDSS 必须建立在一个局域网或广域网上，在构件上增设了规程库、通信库、共享的公共数据库、模型库及方法库等。

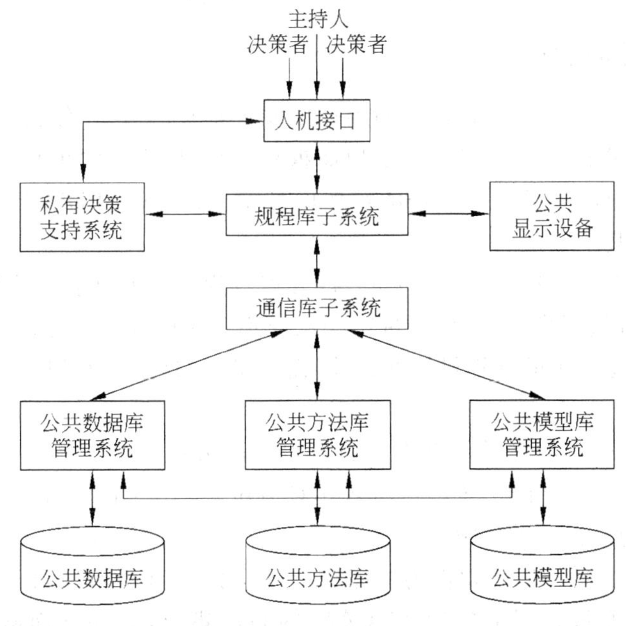

图 3.8　群体决策支持系统组成结构

GDSS一般以一定的规程，如正式会议或虚拟会议的方式运行，会议由一个主持人及多个参会者，围绕一个称为“主题”的决策问题，按照某种规程展开。

人机接口接收决策群体的各种请求，这些请求有主持人关于会议要求与安排的发布请求，参会者对数据、方法和模型等决策资源的请求等。通信库子系统相当于会议的秘书处，是系统的核心，它存储与管理主题信息、会议进程信息及参会者的往来信息，负责这些信息的收发，沟通参会者之间、参会者与公共数据库、方法库和模型库之间的通信。公共显示屏信息也由通信库子系统传送至各参会者的站点。规程库子系统存储与管理群体决策支持的运作规则及会议事件流程规则等，例如，决策者请求的优先级别规则、决策意见发送优先级别规则及各种协调规则等。

很明显，GDSS的结构比个人DSS要复杂得多，功能也要强得多。GDSS可以支持群体决策，也可支持个人决策，DSS可看作是GDSS的一个特例。

从理论上讲，GDSS对群体决策是非常有益的手段，但它涉及的面很广。GDSS要面对不同风格与偏好的个人，要综合决策科学、人工智能、计算机网络、运筹学、数据库技术、心理学及行为科学等多种学科的理论、方法与技术，实用系统研究与开发的难度非常大。目前国内外能投入实际运行的GDSS并不多。

3.5 其他常见应用

除了上述介绍的热点应用之外，还有一些常见的应用经常会被提及。如在制造型企业中常用的CAD(Computer Aided Design，计算机辅助设计)、PDM与CIMS(Computer Integrated Manufacturing System，计算机集成制造系统)，政府中现在流行的EG(Electronic Government，电子政务)等。限于篇幅，本节仅对这几类应用做一些简单介绍。

3.5.1 计算机辅助设计

在知识经济环境下，人们对产品更新的速度要求越来越快，这使得品种数大增，而每种品种的订量则相应减少，产品设计与制造周期越来越短，生产方式由少品种、大批量向多品种、小批量发展，企业产品设计与制造的难度明显增大。CAD、PDM与CIMS的出现在一定程度上缓解了这些矛盾。

概括起来，CAD(计算机辅助设计)技术的发展过程其实就是从计算机辅助绘图到计算机辅助设计，从二维绘图到三维设计，进而到三维集成化设计的过程。CAD有狭义及广义之分，狭义CAD就是单纯的计算机辅助设计，而广义CAD则是CAD/CAPP/CAM等的高度集成。

CAD侧重的是产品的设计与开发，CAPP(Computer Aided Process Planning，计算机辅助工艺规程)侧重于产品的工艺规程，CAM(Computer Aided Manufacturing，计算机辅助制造)侧重于产品的模拟加工与制造。

不论何种CAD软件，虽然软件的功能和市场定位各有所不同，但其发展方向却是一致的。这就是一方面进行CAD/CAPP/CAM的高度集成，另一方面必须有自己的PDM(产品数据管理)软件，只有这样，才能贯穿从开发设计、优化分析直到生产制造的产品开发全过程，既可满足组建中小规模 CAD/CAM 系统，也可建立企业级 CIMS(计算机集成制造系统)。

3.5.2 产品数据管理

PDM(产品数据管理)是一种以软件技术为基础、以产品为核心，实现对产品相关的信息、过程和资源进行一体化集成管理的技术。PDM 将计算机在产品设计、分析、制造、工艺规划和质量管理等方面的信息孤岛集成在一起，对产品整个生命周期内的数据进行统一的管理，为实现企业全局信息的集成提供了信息传递的平台和桥梁。

为了做到这一点，PDM 在关系型数据库的基础之上加上面向对象的层，使得 CAD/CAPP/CAM 之间不必直接进行信息的传递，所有的信息传递都可以通过 PDM 这样的中间平台来进行，从而克服了传统的 3C 系统(即 CAD/CAPP/CAM)之间尤其是 CAD 与 CAPP 集成的复杂性。同时，由于 PDM 完整地描述了数字化的产品模型，因此，ERP 可以自动地从 PDM 系统中得到所需要的产品信息，比如 BOM 等。

PDM 系统是建立在关系型数据库管理系统平台上的面向对象的应用系统，它的体系结构如图 3.9 所示，共由 4 层组成。

用户界面开发工具								
电子仓库和文档管理	工作流程管理	产品构造和配置管理	设计分类及检索	图纸和文档浏览批注	项目管理	·	系统管理	工作环境
面向对象管理系统								
关系数据库管理系统								

图 3.9 PDM 系统的体系结构

在图 3.9 中，第二层是对象层，提供了描述产品数据动态变化的数学模型，它是 PDM 系统与传统的数据库管理系统的关键区别所在，在对象层的基础上，根据 PDM 系统的管理目标，可以建立相应的功能模块，实现对产品数据动态管理的要求。

PDM 的第三层功能模块分为基本功能模块和系统管理模块两部分(中间以"·"分隔)，前者一般包含电子仓库和文档管理、工作流程管理、产品构造和配置管理、设计分类及检索、图纸和文档浏览批注、项目管理等；后者则包括系统管理和工作环境，以确保 PDM 系统安全、正常地运行。

第四层是用户界面开发工具层，它通过应用程序接口(API)或工具封装等方法，提供了在 PDM 环境下不同应用系统之间共享信息和对其产生的数据进行统一管理的能力。

3.5.3 计算机集成制造系统

CIMS(计算机集成制造系统)是指以计算机为中心的现代化信息技术应用于企业管理与产品开发制造的新一代信息系统，是 CAD(计算机辅助设计)、CAM(计算机辅助制造)、CAPP(计算机辅助工艺规程)、CAE(Computer Aided Engineering，计算机辅助工程)、CAQC(Computer Aided Quality Control，计算机辅助质量控制)、PDM(产品数据管理)、ERP(企业资源计划)及其他管理信息系统等子系统的技术集成，如图 3.10 所示。

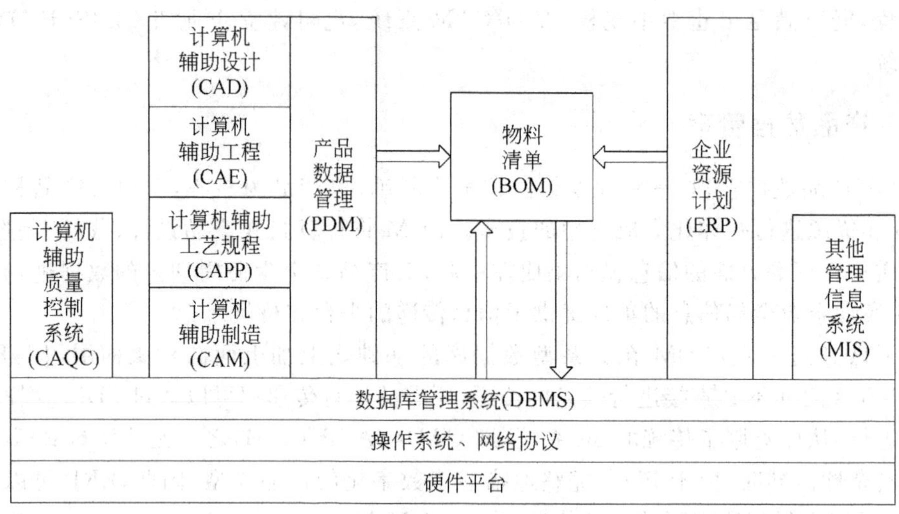

图 3.10　CIMS 系统的体系结构

它将企业生产和经营各个环节，从市场分析、经营决策、产品开发、加工制造到管理、销售、服务都视为一个整体，即以充分的信息共享，促进制造系统和企业组织的优化运行，其目的在于提高企业的竞争能力及生存能力。CIMS 通过将管理、设计、生产和经营等各个环节的信息集成和优化分析，从而确保企业的信息流、资金流和物流高效、稳定地运行，最终使企业实现整体最优效益。

CIMS 的基础与难点是集成，包括各管理与技术分系统功能与信息的集成。其中信息的集成是最关键的。CIMS 是从离散型生产企业开始的，目前已扩展到了流程型生产企业。

CIMS 是企业级的信息集成系统，广义的 CAD 系统则是设计、工艺部门的设计系统。二者之间的关系应该是包容与归属的关系。作为 CIMS 的一个子系统，CAD 可独立于 CIMS 之外而独立运作，其目的在于提高产品的设计质量，缩短产品设计周期。CAD 系统为 CIMS 提供必要的信息资源，而 CIMS 则用于实现信息资源的共享及流向，实现高效而通畅的信息交流和实时的信息处理。

为了实现 CIMS 下分系统之间的信息集成，一方面，ERP 既需要接收从 CAD 系统传送过来的产品物料定义数据和产品结构表、任务进度数据、估计成本等技术指标参数，还需要接收从 CAPP 系统传过来的产品加工工艺路线、各道工序代码、工时定额和所用机床、刀具、夹具等信息；另一方面，ERP 则需要将开发任务书、技术指标、时间要求、能力需求说明、批量建议传送给 CAD/CAPP/CAM 系统，并将现场生产的实际情况和设备能力短缺情况反馈给 CAPP 系统，以便及时修正工艺过程设计。

在 PDM 出现以前，CIMS 下 ERP 与 CAD/CAPP/CAM 的集成是采用数据接口的方式进行的，在这种集成模式之下，系统间的数据传送需要具有统一的数据格式，当数据格式不一致时，必须将 CAD/CAPP/CAM 中大量的信息手工输入到 ERP 系统中，或者必须另外开发数据转换模块对这些非标准化的数据进行转换，这就使得 CIMS 系统的重用和移植非常困难。由于产品数据和图档固有的复杂性，使得这种做法不但费时费力，而且较难保证信息集成的准确性。

PDM 系统的出现，为 CIMS 环境下的各个分系统之间的集成带来了新的平台和集成框架。所谓集成框架，是指在异构、分布式计算机环境中能使企业内各类应用实现信息集成、功能集成和过程集成的软件系统。

PDM 系统是企业设计和工艺部门的基础数据平台，各种 CAX(其中的 X 是可替代字母)如 CAD、CAPP、CAE 和 CAM 的应用都可通过 PDM 进行集成，以 PDM 作为企业设计和工艺的数据管理中心和流程控制中心。

CAD 为 CIMS 所提供的信息资源以 BOM(物料清单)的形式提交，通过 PDM(产品数据管理)得以实现。

可见，PDM 系统是产品信息集成的核心，是 3C 系统与 ERP 系统之间信息传递的桥梁，其中 BOM 是它们之间集成的关键。

3.5.4 电子政务

20 世纪 90 年代中期以来，随着信息技术的迅猛发展和政府职能的转变，电子政务建设进入了蓬勃发展的新阶段。电子政务(EG)是指国家各级政府部门综合运用现代信息网络与现代数字技术，实现政务“四化”，即办公自动化、政务科学化、管理一体化和决策科学化的过程。

我国的电子政务是循着“机关内部的办公自动化”、“管理部门的电子化工程(如金关工程、金税工程等)”、“全面的政府上网工程”再到“总体规划的电子政务”这样一条主线展开的；是政府在国民经济和社会信息化的大背景下，以提高政府办公效率、改善决策和投资环境为目标，将政府的信息发布、管理、服务和沟通功能向互联网上迁移的系统解决方案。

这个系统解决方案包括政府管理流程再造，构建和优化政府内部管理系统、决策支持系统和办公自动化系统，实现政府面向企业和市民的审批、管理和服务业务的网上作业，政府内部初步实现电子化和网络化办公，最终要建成体系完整、结构合理、高速宽带、互联互通的电子政务系统，建成系统共建共享的政务信息资源库，全面开展网上交互式办公。

按照我国的国情，我国的电子政务应用如表 3.2 所示。

表 3.2 电子政务的应用内容

领 域	内 容
政府部门内部电子化和网络化办公	政府内部的公文流转、审核和处理系统； 政府内部的各类专项业务管理系统，如日程安排、会议管理和机关事务管理等； 政府内部面向不同管理层的统计、分析系统
政府部门之间通过计算机网络而进行的信息共享和实时通信	各级政府间的公文信息审核和传递系统； 各级政府间的多媒体信息应用平台，如视频会议和多媒体数据交换等； 同级政府间的公文传递和信息交换
政府部门通过网络与民众之间进行的双向信息交流	通过政府网站发布信息，提供查询； 面向社会的各类信访、建议、反馈以及数据收集和统计系统； 面向社会的各类项目申报和申请； 相关文件、法规的发布和查询； 各类公共服务性业务的信息发布和实施，如工商管理、税务管理、保险管理和城建管理等
政府电子化采购	政府电子商务的运用

要注意的是，电子政务的核心不是“电子”，而是“政务”，“电子”是为“政务”提供支撑和服务的。要真正实现互联互通的规范化电子政务，还需要在应用上下工夫，做好基础工作。为此，在电子政务系统建设过程中，就要重视统一规划工作和标准化工作，重视政务流程的优化和再造工作，重视电子政务信息资源的开发利用工作，重视信息安全和相应的立法工作等。

思 考 题

1. 常见的应用信息系统可以分为哪些类型？
2. 说说 MRP、MRP Ⅱ与 ERP 之间的区别与联系。
3. 请查找最新资料，论述 ERP 今后的发展趋势。
4. 说说 ERP、SCM 和 CRM 之间的区别与联系。
5. 你认为设计一个知识管理系统应该考虑哪些方面？
6. 决策支持系统有哪些主要功能？
7. 画出决策支持系统的三角式结构图。
8. 说说你对智能决策支持系统和群体决策支持系统的理解。
9. 简要评述 PDM 的作用。
10. 结合你所在地的电子政务发展现状，谈一谈发展电子政务应该注意的问题。

第 2 部分

信息系统开发的准备

第4章　信息系统的战略规划

组织建设信息系统的目的是为了提高组织的竞争力，而建设信息系统的风险很大，这就要求我们从战略上考察信息系统的建设，把握组织信息化的演进规律和信息系统的开发规律，对信息系统进行总体规划，并进行相应的可行性分析，从而有计划、有重点、有步骤、低风险地开发各个子系统，并使这些子系统在合适的时间里响应组织竞争力要求信息支持的内在需求。

4.1　组织信息化成熟度模型

企业、政府部门等各级组织在进行信息化时依然有很多困惑：我应该从哪里开始信息化？我单位的信息化处于什么阶段？信息化的道路有无尽头？怎么就算做好了信息化？上述问题的解决需要一个通用的信息化成熟度模型（Informatization Maturity Model，IMM）。这样，既可以通过IMM来引导企业和政府部门进行信息化建设，也可以用来正确和客观地评价企业和各级政府的信息化水平；既可用于信息化水平的本单位自测，也可用于社会测评和政府普测。

4.1.1　常见信息化成熟度模型的比较

组织信息化成熟度一般模型研究的是组织信息化从不成熟到成熟过程中演变的规律。组织信息化是一个发展的问题，同时也存在着一个层次的问题。20世纪60年代以来，在有关信息系统的研究当中，信息化成长过程就一直吸引着学术界和产业界的广泛关注。国内外现有的大量研究成果表明，与社会科学许多领域中的演化过程相似，组织信息化成长过程中也存在着一定的"阶段性"特征。

目前描述组织信息化阶段的常见模型有诺兰模型、西诺特模型、米切模型、世界银行纳格·汉纳等提出的信息技术扩散模型、艾德哥·斯凯恩模型、CMM（Capability Maturity Model，能力成熟度模型）、COBIT（Control OBjectives for Information and Related Technology，信息系统和技术控制目标）框架下的IT过程成熟度模型、技术-信息卓越度和业务-IT联盟成熟度模型以及基于价值链的四阶段模型等。

通过对以上10个信息化成熟度常见模型的分析，可将上述模型分为两种类型，一种是台阶型阶段模型，如诺兰模型、西诺特模型、米切模型、汉纳模型、艾德哥·斯凯恩模型、CMM模型、COBIT框架下的IT过程成熟度模型和基于价值链的四阶段模型等；另一种是雷达型阶段模型，如信息-技术卓越度模型和业务-IT战略联盟成熟度模型等。

除CMM模型和COBIT框架下的IT过程成熟度模型（它们分别是组织信息化中涉及软件开发或信息化项目建设部分的能力模型）外，台阶型阶段模型一般是对在一定的历史条件下（如技术的发展、扩散状况等），已有组织信息化进程的经验总结出的明显的阶段性特征。我们对各台阶型阶段模型的阶段的大致对应关系进行了分析，如表 4.1 所示。

表 4.1　台阶型阶段模型之间的大致对应关系

汉纳模型	诺兰模型	西诺特模型	米切模型	艾德哥·斯凯恩模型	四阶段模型
替代阶段	初始期 普及期 控制期	数据阶段 信息阶段	起步期 增长期	第一阶段 第二阶段	单部门信息化
提高阶段	集成期 数据管理期	信息资源阶段	成熟期	第三阶段	跨部门信息化 企业级信息化
转型阶段	成熟期	信息武器	更新期	第四阶段	产业链级信息化

台阶型阶段模型的缺点是研究视角的全面性不足，很难从组织信息化演化的内在机制出发揭示其演化规律；优点是阶段性明显，对组织信息化建设具有明显的导向性功能。

雷达型阶段模型比台阶性阶段模型出现得晚，一般是随着组织信息化的不断进展，信息技术对业务的不断渗透和影响，因此考虑问题的维度越来越多，开始出现了从多个研究视角综合考虑组织信息化进程的模型，这些模型一般可通过雷达式图样表示。如信息-技术卓越度模型和业务-IT 战略联盟成熟度模型。这类模型的优点是：既考虑信息技术的应用程度，又考虑组织业务对信息本身的需求，即考察信息资源的作用；既考虑从基层作业、中层管理到高层决策的纵向管理链，又考虑从单部门到跨部门、从组织内部到组织外部的横向价值链，把组织的信息化过程与组织的战略发展目标紧密地结合在一起，对信息化过程和状态反映比较全面，但是雷达型阶段模型的缺点也比较明显，就是阶段性不是十分清晰，只能通过雷达型图形中的圆圈向外扩张来体现信息化的成熟过程。

综上，尽管模型设计者的最初设计思路不一，但深入对这些信息化成熟度模型进行分析可以发现，设计的思路大体可以归纳为两类和 4 个维度：一个是从信息化的基础和支撑要素分类，有两个建模维度，即"信息技术"或"信息资源"的角度；另一个是从信息化的过程和功能实现分类，有两个建模维度，即"横向价值链"和"纵向管理链"的角度。

这里提到的所谓信息技术，是指在组织中扩散的信息技术，比如操作系统、数据库、网络等平台和设备；所谓信息资源，是指组织中业务和管理对信息的需求，侧重对业务信息的调研、分析、分类与管理；所谓横向价值链，是指单部门到跨部门、组织内到组织外的业务增值过程，所谓纵向管理链是指基层运作、中层管理和高层决策的管理链条。上述模型的研究角度比较参见表 4.2。

表 4.2　常用信息化成熟度模型的研究角度比较

模　型	主要研究视角	主要强调的方面
诺兰模型	信息技术	组织中信息技术应用的规模以及组织在 IT 应用上的资源投入情况
西诺特模型	信息资源	强调信息资源管理在信息系统中的有效配置和 CIO 的作用

续表

模　型	主要研究视角	主要强调的方面
米切模型	信息技术与信息资源的整合	强调信息系统集成和数据管理的不可分割，并强调网络集成
汉纳模型	纵向管理链	从组织实现信息化成为学习型组织和知识型组织角度出发，强调通过信息化实现组织整体素质和核心竞争力的提高
艾德哥·斯凯恩模型	信息技术	对信息技术的引入应进行认真分析和长远的思考
CMM 模型	信息技术	从软件企业或开发方的角度来探讨作为信息系统建设方如何对信息技术进行管理的能力
COBIT 框架下的 IT 过程成熟度模型	信息技术	从用户方的角度来探讨作为用户如何对信息技术进行管理的能力
信息-技术卓越度模型	信息技术和信息资源的整合	描述了组织技术卓越度和信息卓越度与组织利用信息技术进行绩效创新和改进之间的相互关系
业务-IT 战略联盟成熟度模型	信息技术和信息资源的整合、横向价值链和纵向管理链的整合	要解决信息技术如何与业务协调和业务如何与信息技术协调的问题，它既考虑了信息技术，也考虑了业务信息的需求，即信息资源，并且强调信息化过程应与组织战略目标紧密地结合
基于价值链的四阶段模型	横向价值链	强调从具体组织的信息化实施过程、步骤出发来考虑信息化由单部门到跨部门、组织内到组织外的集成过程

4.1.2　通用组织信息化成熟度模型

组织信息化成熟度模型(IMM)应该具有如下功能。

(1) 导向性功能：在微观上，使组织更准确地认识信息化的内涵，明确信息化的目的，进行信息化规划和水平评估，并且有针对性地解决信息化过程中存在的问题，利用信息技术解决组织运行过程中的效率、效果等方面的问题，达到组织信息化的目标。

(2) 激励性功能：激励组织向更高的成熟度迈进，获得高层次的级别将是一种荣誉。

(3) 服务性功能：它将从宏观上指导组织信息化整体水平的提高，为政府了解企业和政府部门信息化状况和进行相关决策服务。

根据台阶型模型提出的阶段性思想和雷达型模型提出的多维度思想，并且坚持模型的导向性功能，图 4.1 给出了组织信息化成熟度通用模型。

根据 4.1.1 节对 10 种常见的信息化成熟度模型的比较分析，我们知道目前的模型主要是从信息技术、信息资源、横向价值链和纵向管理链这 4 个方面的整合程度来衡量的。其中，信息技术和信息资源是信息系统的两大支柱，纵向管理链和横向价值链是从纵横两方面应用需求的角度展开的。IMM 模型将这四者进行综合，分为五级，每级关注的内容不同，各包含若干关键状态，参见表 4.3。

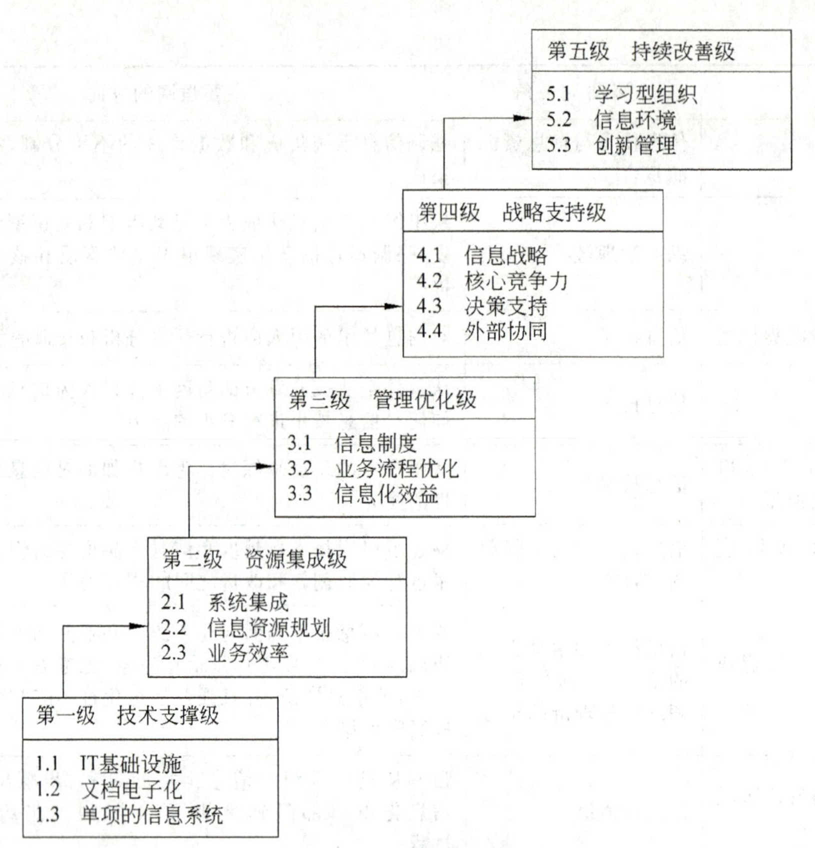

图 4.1　通用组织信息化成熟度模型(IMM)

表 4.3　组织信息化成熟度模型(IMM)

级序	第一级	第二级	第三级	第四级	第五级
级名	技术支撑级	资源集成级	管理优化级	战略支持级	持续改善级
关注内容	信息技术	信息技术 信息资源	信息技术 信息资源 纵向管理链 组织内价值链	信息技术 信息资源 纵向管理链 横向价值链	信息技术 信息资源 纵向管理链 横向价值链
关键状态	IT 基础设施 文档电子化 单项的信息系统	系统集成 信息资源规划 业务效率	信息制度 业务流程优化 信息化效益	信息战略 核心竞争力 决策支持 外部协同	学习型组织 信息环境 创新管理

要说明的是,IMM 模型并不是一个组织必须一步步去实施的步骤,而仅仅是一个个状态的反映和描述。也就是说,一个组织完全可以瞄准第三级、第四级甚至第五级的状态去制定信息化战略和进行信息化的规划,而不必从第一级开始实施。IMM 模型只是要反映一个组织目前信息化建设所取得成效的一个状态,有助于各企事业单位了解本组织的信息化的“成熟度”状况。

第一级——IMM1,技术支撑级。是 IMM 模型中最低的一级,主要从信息技术的角度展开,达到这一级的组织,才开始真正跨入组织信息化的门槛;组织对于信息化的理解侧重于技术层面，主要是购买计算机等 IT 设备，开发面向业务的独立应用系统；这些组织有一定的计算机数量，组织中传递的文档基本实现电子化，有些部门内有独立的系统和数据库，但是相互之间不一定兼容，存在一个个的信息孤岛；组织成员对信息化的理解是初步的，在有效利用信息资源、支持管理和辅助战略决策等方面有着明显的不足。

第二级——IMM2，资源集成级。是 IMM 模型中次低的一级，除了继续关注信息技术外，关注的重点已经是组织内的信息资源。达到这一级的组织开始认识到信息是一种资源，并对组织内的信息资源进行规划；这些组织以提高组织整体运作效率为目标，以局域网建设、数据库整合、系统集成和疏通信息传递渠道为投入重点，实现信息共享，消灭信息孤岛；信息技术带来了效率上的提高，但是信息化的效益还未明显体现出来。

第三级——IMM3，管理优化级。是 IMM 模型的中间的一级，主要考虑纵向管理链和组织内部的横向价值链，突出中层的管理和组织内部业务流程的整合，达到这一级的组织，设置了首席信息官(CIO)，开始重视信息安全，建立信息制度，组织结构趋向扁平化；在资源整合的基础上，真正把前期的 IT 技术投入与管理模式结合起来，通过进行业务流程重组或业务流程改进来对业务流程进行变革，使组织内部的信息流、资金流、业务流和物流等“各流合一”；在整体运作效率提升后，组织的主要目标转变为实际效益的提高。

第四级——IMM4，战略支持级。是 IMM 模型中比较高的一级，主要从纵向管理链和包括组织内部、外部业务流程的横向价值链的角度展开，突出高层的管理和组织内部与外部业务流程的整合，达到这一级的组织，建立了 CIO 机制，组织对信息战略进行规划，使信息战略与业务战略相一致，达到支持业务战略的目的；通过核心价值链的信息化，强化了自身的核心竞争力；组织与上下游合作伙伴开始进行各种资源整合；组织积极推动信息文化的培育过程，努力使信息化的目标融入到每个员工的实际行为之中。

第五级——IMM5，持续改善级。是 IMM 模型中最高的一级，也是模型开放的体现；达到这一级的组织，已经成为了学习型组织，有了 IT 治理意识，并试图成为创新型组织；在各项信息化基础设施、基本制度和运行机制齐备的条件下，信息化已经成为组织创新的重要工具和力量；信息文化已经成为组织文化中重要的一部分；组织作为一个智能的主体，有快速对环境或市场做出反应的能力，成为自适应组织；信息化已经是如此基础和重要，犹如电力，使人感觉到它处处存在，以至于感觉到它对于组织战略来讲不再重要。

要再次申明的是，以上的 IMM 模型只是考评一个组织信息化目前达到的状态，并不是说明一个组织信息化应该走完的步骤或路径。事实上，一个组织的信息化应该瞄准第四级或第五级的目标来进行总体规划，然后分步实施。

4.2 组织建设信息系统的模式

信息系统的建设受两方面因素的推动：一是竞争对手的压力，二是信息技术的扩散和渗透。根据我国学者的研究[①]，组织投资信息系统的模式主要归纳为 4 种：企业-行业互动

① 关于信息系统的建设模式是参考谢康教授的国家社会科学基金项目“信息化实现经济效益的机制与模式研究”的结题报告《信息化与知识优势》(内部交流资料)，该报告将中国企业信息化的投资模式归纳为 5 种：企业-产业互动模式、挑战-反应模式、雁行模式、地域互动模式和其他模式。

模式、挑战-反应模式、雁行模式和地域互动模式。

4.2.1 企业-行业互动模式

企业信息系统建设与企业所在行业的信息化之间普遍存在着相互促进和约束的互动关系，我们将企业信息系统建设与行业信息化之间相互影响而出现的企业信息系统建设模式称为企业-行业互动模式。

中国企业信息化的密集行业有精密机械制造、金融服务、汽车制造、飞机制造、家电制造、纺织服装、石油钢铁及航空铁路运输服务业等。其中，精密机械制造、金融服务和家电制造业的企业信息化程度最为密集，如各主要银行的信息网，及骨干企业的 ERP(企业资源计划)和 CIMS(计算机集成制造系统)工程等。

行业内领头羊企业建设信息系统一般既会带来示范效应，也会给其他企业带来威胁，所以，同行业的其他企业会主动学习和模仿。另一方面，同行业内两个或多个竞争性企业之间更容易受到竞争对手决策的影响，一旦竞争对手实施信息系统建设而形成差异化或成本等竞争优势时，另外一家企业或多家企业的反应结果就是也投资相应工程甚至更为先进的信息系统工程，这种状况可以用博弈论中著名的"囚犯难题"来参照解释。

假设 A 集团与 B 集团互为某类空调器市场上的竞争性企业(参见图 4.2)，双方都面临是否建设信息系统(比如是否上 ERP 系统)的选择，那么：

(1) 假设竞争开始双方都没有投资信息系统建设，则市场收益都为 1，即为右下角的数值。

(2) 假设双方都投资建设信息系统，则双方的成长空间都扩大，成本都得到节约，那么收益都为 2，即为左上角的数值。

(3) 但是，如果一方建设另一方不建设，建设方一方面由于采用先进的信息技术使生产成本、管理成本和交易成本等下降，另一方面由于市场营销的空间扩大和顾客对其信心的增强等缘故使其市场份额扩大，因而收益陡增为 5，而不建设方则因为广告劣势和消费者信心及预期等因素而发生损失，综合收益下降为 −1。即双方收益为左下角或右上角的数字。

(4) 竞争双方分析到了(3)中的后果，在这种局势下，对策的结果是双方都选择投资信息系统的建设，即均衡点将落在图 4.2 的左上角(2,2)处。

(5) 与"囚犯难题"不同的是，对策的结果是实现了双赢。注意，以上分析有一个假设，即认为信息系统一旦建设就会成功，发挥效益。

		B集团	
		建设IS	不建设IS
A集团	建设IS	2, 2	5, −1
	不建设IS	−1, 5	1, 1

图 4.2 企业信息系统建设的"囚犯难题"

4.2.2 挑战-反应模式

挑战-反应模式又称为“竞争-反应模式”或“挑战-应战模式”，或借助美国桑塔费研究所创造的概念称为“复杂适应系统模式”。它是组织为了面对现实的挑战或未来的挑战而采取积极的应对措施，在组织选择各种对策措施中，信息系统建设成为首选方案而出现的组织信息系统建设模式。面对未来的挑战，是指组织未雨绸缪，将组织自身作为挑战对象，假定组织不采用新的信息技术，则将在未来的竞争中处于不利位置，因而为了适应这种挑战，主动反应，积极建设信息系统。所以，如果说企业-行业互动模式适于一般组织的信息系统建设的话，那么挑战-反应模式则更适于行业中领头羊企业或一个系统中处于领先地位的组织进行信息系统的建设。这些处于领先地位的组织如果能在行业外或系统外，比如国际上找到更强的竞争对手，也可以将这些对手作为自己的标杆对象，进行学习和创新。

与企业-行业模式类似，挑战-反应模式也是较为普遍的组织信息系统建设模式，但它与企业-行业模式不同的地方表现在：挑战-反应模式的动因主要来自组织内在感受到的竞争压力，以及信息技术在组织中的扩散和渗透形成的外在推动力；而企业-行业模式的动因既来自企业外部环境的影响或压力，也来自行业内企业间主动的相互模仿和学习。有时，两者之间难以做出严格区分。

4.2.3 雁行模式

由于组织实施信息系统建设的时间不同或起点不同，行业内或系统内不同组织之间形成了技术和管理水平上的差距系列，犹如大雁飞行的状态发展。我们将这种信息系统建设模式称为雁行模式(参见图 4.3)。由于信息技术发展太快，投资最新的信息技术成功率相对较低，导致信息系统建设的风险较大，因而，许多组织都愿意“跟跑”而不愿意“领跑”，具体表现为在同行业的竞争对手或合作伙伴建立信息系统之后，吸取其经验教训，建设自己单位的信息系统。

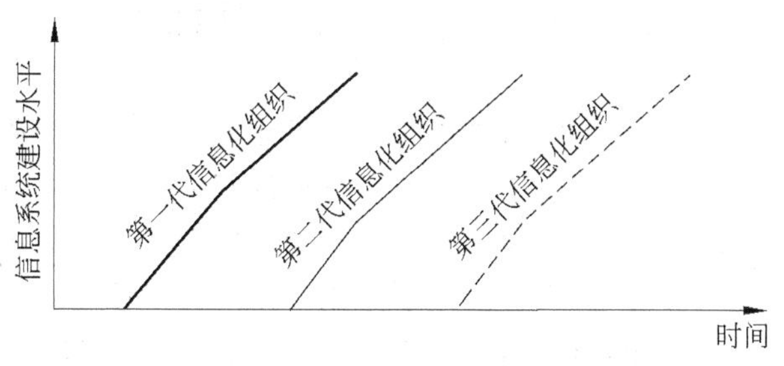

图 4.3 信息化雁行生成模式

在现实的应用中，往往是软件产品或信息系统解决方案的原厂商自己在本单位内部先采用自己的方案，或者以免费实施的形式征集用户进行试验，这些组织成为第一代信息化的组织，美其名曰信息化“灯塔”。而领头羊型组织等采用的技术或方案比较成熟以后，一般会充任第二代信息化组织，其他组织则分别成为后面的第三代甚至第四代信息化组织。

雁行模式可以分为行业内组织间雁行模式、组织内雁行模式、行业间雁行模式和地区内雁行模式 4 种，我们重点讨论前两种。在组织间雁行模式中，领先信息化的组织构成随后信息化的组织模仿和学习的基础，现实中通常采取示范工程的方式建立组织间雁行模式。采用企业-行业互动模式建设信息系统的企业多属于组织间的雁行模式。

与组织间的这种组织外部雁行模式不同的是，组织内雁行模式主要形成在组织内部不同部门之间，如海尔集团首先在冰箱本部实施 MRP Ⅱ(制造资源计划系统)，通过冰箱本部的操作形成经验和锻炼队伍，逐步将 MRP Ⅱ推广到其他 3 个大事业本部而形成企业内雁行模式。组织内雁行模式对于领头羊型组织尤为适用，这是因为，对于这样一些组织来讲，属于自己挑战自己，没有经验教训可以参照，风险很大，如果在组织内部实行雁行模式，那么风险将会降低许多。

4.2.4 地域互动模式

由于组织所在区域政府推动，主动提供组织信息系统建设的各种有利的环境条件，或者由于组织所在某个自然形成的经济区域内组织之间相互影响的结果，或者区域内信息传播成本低廉而促进了组织间信息相互交流和影响，总而言之，由于地域因素的影响，组织投资信息系统而形成的信息系统建设模式称为地域互动模式。

地区内组织如果互相合作，除了上述互相学习上的优势外，还可以向信息技术产品的供应商集体竞买，以争取更大的折扣；供应商为了加强对该地区的锁定，也会认可集体议价、集体竞买的方式。

除上述 4 种模式外，还存在某些其他的信息系统建设模式，这里就不再赘述。总之，组织的信息需求是建设信息系统的主要动力，组织明确自身的信息需求和信息系统建设动机，是保证信息系统成功的重要一环。组织只有清醒地知道自己需要什么信息和建设信息系统是为了什么，才能不至于随着潮流走或受到各种因素干扰而丧失最佳进入时机。尽管组织之间存在着相互模仿建设信息系统的现象，但是，模仿其他组织建设信息系统不应是单纯的“你有我也有”式的攀比行为，而应是基于强化组织竞争优势的市场行为。

4.3 组织信息系统的总体规划

组织在建设信息系统时，首先应对本单位的信息化成熟度进行分析，同时对投资建设信息系统的模式进行选择，以便能够向同地域或同行业的其他组织学习，以减少投资信息系统建设的成本和风险。在此基础上，组织应对即将建设的信息系统做总体规划，通过总体规划安排各子系统开发的先后缓急，更重要的是要考虑子系统与子系统之间的关联，一方面使每个子系统内部具有很强的功能内聚性，各子系统之间的接口数尽量减少，另一方面，使整个信息系统又可以根据组织竞争力的相应信息需求进行扩展。

4.3.1 信息系统的生命周期

任何事物都有产生、发展、成熟、消亡或更新的过程，信息系统也不例外。任何一个信息系统在使用过程中随着其生存环境的变化，都需要不断维护和修改，当它不再适应的时候就要被淘汰，就要被新系统代替，这种周期循环称为信息系统的生命周期。图 4.4 表示了任意一个信息系统的生命周期。

从图 4.4 可见，从宏观上讲，任意一个信息系统的生命周期都可以分为系统规划、系统分析、系统设计、系统实施、系统运行和维护 5 个阶段。

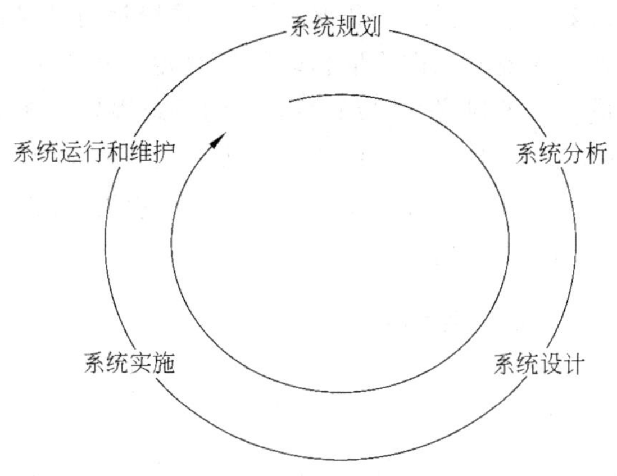

图 4.4　信息系统的生命周期

1. 系统规划阶段

系统规划阶段的任务是对组织的环境、目标和现行系统的状况进行初步调查，根据组织目标和发展战略，确定信息系统的发展战略，对建设新系统的需求做出分析和预测，同时考虑建设新系统所受的各种约束，研究建设新系统的必要性和可能性。根据需要与可能，给出拟建系统的备选方案。对这些方案进行可行性分析，写出可行性分析报告。可行性分析报告审议通过后，将新系统建设方案及实施计划编写成系统设计任务书。

2. 系统分析阶段

系统分析阶段的任务是根据系统设计任务书所确定的范围，对现行系统进行详细调查，描述现行系统的业务流程，指出现行系统的局限性和不足之处，确定新系统的基本目标和逻辑功能要求，即提出新系统的逻辑模型。系统分析阶段的工作成果体现在系统分析说明书中。

3. 系统设计阶段

系统设计阶段的任务是根据系统说明书中规定的功能要求，考虑实际条件，具体设计实现逻辑模型的技术方案，即设计新系统的物理模型。这个阶段的技术文档是“系统设计说明书”。

4. 系统实施阶段

系统实施阶段是将设计的系统付诸实施的阶段。这一阶段的任务包括程序的编写和调试，人员培训，数据文件的准备和转换，计算机等设备的购置、安装和调试，系统调试与转换等。这个阶段的特点是几个互相联系、互相制约的任务同时展开，必须精心安排、合理组织。系统实施是按实施计划分阶段完成的，每个阶段应写出实施进度报告。系统测试之后写出系统测试分析报告。

5. 系统运行和维护阶段

系统投入运行后，需要经常进行维护和评价，记录系统运行的情况，根据一定的规格对系统进行必要的修改，评价系统的工作质量和取得的效益。对于不能修改或难以修改的问题记录在案，定期整理成新需求建议书，为下一周期的系统规划做准备。

要注意的是，无论是后面讲到的结构化开发方法，还是原型化开发方法和面向对象开发方法，所开发的信息系统一般都会遵循生命周期的规律。规划、分析、设计、实施与运行维护是从总体上必须把握的几个大步骤。

4.3.2 信息系统的规划内容与方法

1. 信息系统规划的内容

从信息系统的生命周期得知，要开发一个信息系统，首先要做的便是制订信息系统的发展规划。这有两个原因，其一，信息系统的发展规划是组织战略规划的重要组成部分，信息系统可以为组织制订或调整战略规划提供各种必要的信息支持，因此，信息系统的发展规划应当与组织战略规划有机地配合。所以，信息系统战略规划的核心问题之一，就是使信息系统的发展战略与整个组织的发展战略保持一致。其二，信息技术发展非常迅速，开发信息系统受各方面因素的影响，风险很大，如果没有做好规划，有可能在开发或实施过程中失败，也有可能因为技术选型不当，成为落后的系统，或者成为不受支持的技术。

信息是组织的重要资源，只有经过规划和开发的信息资源才能有效地发挥其作用。由于组织内外的信息资源很多，其内外之间都有大量的信息需要交换和共享，如何收集、存储、加工和利用这些信息以满足各种不同层次的需要，这显然不是分散的、局部的考虑所能解决的问题，必须有来自高层的、统一的、全局的规划，将这些信息提取并设计出来，才能实现信息的有效共享。

例如，在教学管理中，有关学生学号可以有如下称谓：学生学号、学号、序号；学生姓名的称谓可以有学生姓名、姓名等，假设这些称谓被用于不同的子系统中（如学籍管理子系统、成绩管理子系统和后勤管理子系统等），并且在子系统中它们又有着不同的标识，如果这些子系统之间不存在信息交换，那么这些定义对各自独立地完成其管理功能没有影响；但是当需要将这些子系统联成一个大的系统时便产生了问题，因为在信息系统中这些标识被认为是不同的数据，相互之间不能进行数据交换，要实现交换，则必须建立它们之间的对应关系，即设计子系统之间的接口，做大量的转换工作，如图 4.5 所示。

类似的问题在现实应用中是大量存在的，因为如果缺乏规划，那些已经存在的、大量的子系统之间要互相通信，那么这种转换工作的工作量将会很大，并且接口数随着新的互连子系统的增加而按几何级数增加，费用也随之迅猛增长。或者形象地说，系统之间的接口数也符合“梅特卡夫定律”。该定律本来的含义是指“网络的价值与节点数的平方成正比”。当然，在这里，该定律不是网络的价值与节点数的平方成正比，而是接口的数目与连接的子系统数的平方成正比。解决问题的方法是：在总体规划中，对大量的公用数据进行合理定义，建立共享数据库，各子系统除调用专用数据库外，可以直接调用或存储共享数据库中的数据，而不是通过接口互相调用数据，只有这样才能有效率地实现信息的共享，提高系统的适应性和可扩展性。

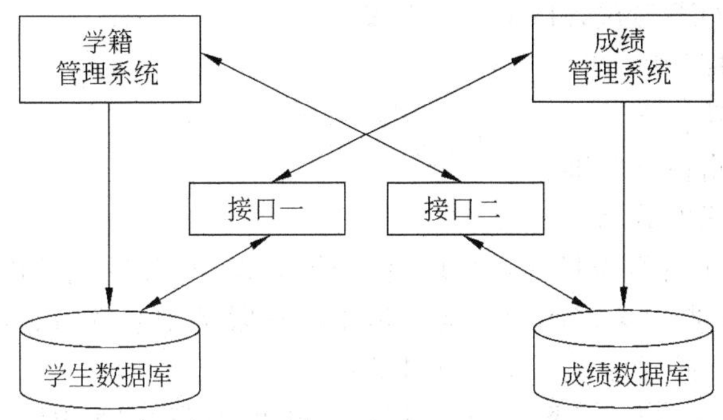

图 4.5　两个未经规划的子系统之间的接口关系

组织规模的大小对信息系统建设的决策存在着约束作用。一般而言，组织规模太小，投资信息化需要承担投资"规模不经济"的风险，特别是，对于购买现成软件包如 ERP(企业资源计划)的信息系统决策，还要考虑软件包的价格是否能为企业承受，投资效果是否明显等问题。因此，信息系统建设与组织规模之间存在一个最佳进入规模的问题。当然，可以相信，随着信息技术的进步和投资信息化边际成本的下降，投资信息化所要求的最小组织规模将会缩小。

按照收益最大化原则，组织率先进行信息系统建设的部门，往往是直接与市场相联系或与组织核心信息资源管理相联系的部门，即组织通常首先在营销部门、人力资源部门或财务管理部门内部建立信息系统。在这些部门实施计算机单项管理的基础上，逐渐联网，获得经验后将信息系统向组织内部其他部门推广和延伸。

综上所述，信息系统的总体规划需要解决以下 3 方面的内容：

1) 了解组织当前信息系统以及管理状况

现有信息系统的状况包括软件设备、硬件设备、人员、各项费用、开发项目的进展及应用系统的情况，应对其充分了解和评价；同时，对于当前的组织规模、组织结构、业务流程、组织文化和管理制度等情况做一些分析，上述信息都是制订总体规划的基础。

2) 对相关信息技术发展进行预测

信息系统战略规划必然受到信息技术发展的影响。因此，对规划中涉及的软、硬件技术和方法论的发展变化及其对信息系统的影响应做出预测，有条件的还应进行评估，以提高技术选型和产品选型的正确性。

3) 制定信息系统的总目标和发展战略

进行信息系统规划，应根据组织的战略目标和内外约束条件(比如地域因素、行业因素和目前现状等)，确定信息系统的总目标和总体结构。信息系统的总目标规定信息系统的发展方向，发展战略则科学地确定信息系统建设的阶段及其目标，并列出它们的先后顺序，以确定信息系统建设的重点和突破口。

2. 信息系统规划的方法

用于信息系统规划的方法很多，主要有关键成功因素法(Critical Success Factor，CSF)、战略目标集转化法(Strategy Set Transformation，SST)和业务系统规划法(Business

System Planning,BSP)。下面对这 3 种规划的方法分别加以介绍。

1）关键成功因素法

关键成功因素法(CSF)包含以下 4 个步骤：

(1) 了解组织目标。

(2) 识别关键成功因素。

(3) 识别性能的指标和标准。

(4) 识别测量性能的数据。

关键成功因素法源自组织目标，通过目标分解和识别、关键成功因素识别、性能指标识别，一直到产生数据字典。关键成功因素就是要识别联系于系统目标的主要数据类及其关系，识别关键成功因素所用的工具是树枝因果图。

例如，某企业有一个目标，是提高产品竞争力，可以用树枝图画出影响它的各种因素，以及影响这些因素的子因素。然而如何评价这些因素中哪些因素是关键成功因素，不同的企业是不同的。对于一个习惯于高层人员个人决策的企业，主要由高层人员个人在此图中选择；对于习惯群体决策的企业，可用德尔菲法或其他方法把不同人设想的关键因素综合起来。

关键成功因素法在高层应用，一般效果比较好，因为每一个高层领导人员日常总在考虑什么是关键因素。对中层领导来说一般不大适合，因为中层领导所面临的决策大多数是结构化的，其自由度较小，对他们最好应用其他方法。

2）战略目标集转化法

战略目标集转化法(SST)把组织的战略目标看成是一个"信息集合"，由使命、目标、战略和其他战略变量(如管理的复杂性、改革习惯以及重要的环境约束)等组成。信息系统的战略规划过程是把组织的战略目标转变为信息系统战略目标的过程(参见图 4.6)。

图 4.6　战略目标集转化法(SST)

这种方法的第一步是识别组织的战略集，先考查一下该组织是否有写成文的战略式长期计划，如果没有，就要去构造这种战略集合。可以采用以下步骤：

(1) 描绘出组织各类人员结构，如管理人员、一般员工、供应商、顾客、银行、政府部门及竞争者等。

(2) 识别每类人员的目标。

(3) 对于每类人员，识别其使命及战略。

当组织战略初步识别后，应立即送交组织内的有关领导审阅和修改。

第二步是将组织战略集转化成信息系统战略集，信息系统战略集应包括系统目标、系统约束以及开发策略和设计原则等。这个转化的过程包括对应组织战略集的每个元素识别对应的信息系统战略约束，然后提出整个信息系统的结构。

3）业务系统规划法

业务系统规划法(BSP)是通过全面调查，分析组织的信息需求，制订信息系统总体方案的一种方法，其工作流程如图 4.7 所示。它的 4 个基本步骤如下。

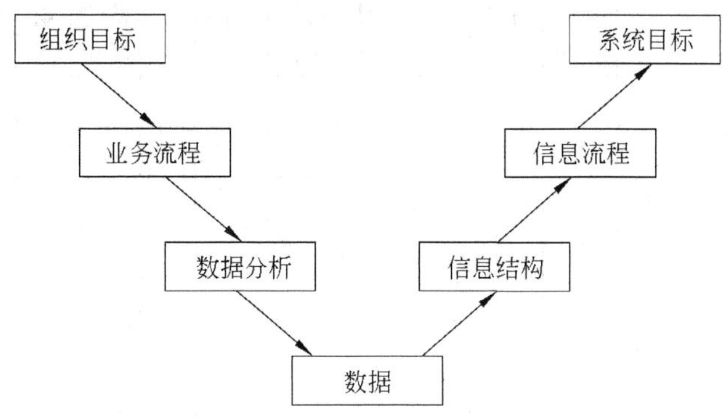

图 4.7 业务系统规划法(BSP)

(1) 定义组织目标。确定各级管理的统一目标，各个部门的目标要服从总体目标。通过对组织管理目标的定义，才能明确界定信息系统的目标。

(2) 识别组织的业务流程。这是 BSP 方法的核心。业务流程定义为逻辑上相关的一组决策和活动的集合。识别业务流程可对组织如何完成其目标有深刻的了解，并且有助于定义系统的功能和信息的流程。

(3) 定义数据类。在识别组织业务流程的基础上，分析每一个流程利用什么数据，产生什么数据，或者说每一业务流程的输入和输出数据是什么。将所有的数据分成若干大类。

在这一步骤中，重点是分析数据实体及其相互之间的联系，按照各层管理人员和业务人员的管理经验和一些形式化方法，对数据实体进行聚集分析，将联系密切的实体划分在一起，形成一些实体组即数据类。这些实体组内部的数据实体之间联系密切，而与外部实体联系很少，它们是划分数据类的依据，进而在数据类的基础上建立起主题数据库模型，为组织的不同管理需求提供必要的、稳定的、共享的总体数据模型。

(4) 定义信息结构。也就是划分子系统，确定信息系统各个部分及其相关数据之间的关系。BSP 方法是根据信息的产生和使用来划分子系统的，它尽量把产生某信息的业务流程和使用该信息的业务流程划分在一个子系统中，从而减少了子系统之间的信息交换。具体的做法是用 U/C 图，U 表示使用(use)，C 表示产生(create)，如表 4.4 所示。

表 4.4 业务流程/数据类矩阵

企业过程 \ 数据类	客户	订货	产品	操作顺序	材料表	成本	零件规格	材料库存	成品库存	职工	销售区域	财务	计划	机器负荷	材料供应	工作令
经营计划						U						U	C			
财务计划						U				U		U	C			
资产规模												C				
产品预测	U		U								U		U			
产品设计开发	U		C		U		C									
产品工艺			U		C		C	U								
库存控制								C	C						U	U

续表

数据类 企业过程	客户	订货	产品	操作顺序	材料表	成本	零件规格	材料库存	成品库存	职工	销售区域	财务	计划	机器负荷	材料供应	工作令
调度			U											U		C
生产能力计划				U										C	U	
材料需求			U		U										C	
操作顺序				C										U	U	U
销售区域管理	C	U	U													
销售	U	U	U								C					
订货服务	U	C	U													
发运		U	U						U							
通用会计	U		U							U						
成本会计		U				C										
人员计划										C						
人员考核										U						

表 4.4 的最左列是第二步识别出的组织的业务流程，最上一行是第三步归纳出的数据类。如果某个业务流程产生某数据，就在该业务流程对应行的某数据列矩阵元中写 C；如果某业务流程使用该数据，则在其对应矩阵元中写 U。开始时数据类和过程是随机排列的，U、C 字母在矩阵中的排列也是分散的(参见表 4.4)。

我们以调换业务流程和数据类的顺序的方法，尽量使 C 和 U 字母集中到对角线上排列(参见表 4.5)，然后把字母 U 和 C 比较集中的区域用粗线条框起来，这样形成的框就是一个个子系统(参见表 4.6)。每个框的名字则是框内内容的概括，即该子系统的名称。在粗框外的 U 表示一个系统用另一个子系统的数据，表 4.6 中用带箭头的线举了一个具体的例子，表示销售子系统用到了生产制造子系统中的成品库存数据。这样就完成了子系统划分，即确定了信息结构。划分好子系统后，应对这个子系统内容进行分析和说明，并把它们写成文档。

表 4.5 调整后的业务流程/数据类矩阵

数据类 企业过程	计划	财务	产品	零件规格	材料表	材料库存	成品库存	工作令	机器负荷	材料供应	操作顺序	客户	销售区域	订货	成本	职工
经营计划	C	U													U	
财务计划	C	U													U	U
资产规模		C														
产品预测	U		U									U	U			
产品设计开发			C	C	U							U				
产品工艺			U	C	C	U										
库存控制						C	C	U		U						
调度			U					C	U							

续表

企业过程 \ 数据类	计划	财务	产品	零件规格	材料表	材料库存	成品库存	工作令	机器负荷	材料供应	操作顺序	客户	销售区域	订货	成本	职工
生产能力计划									C	U	U					
材料需求			U		U					C						
操作顺序								U	U	U	C					
销售区域管理			U									C		U		
销售			U									U	C	U		
订货服务			U									U		C		
发运			U				U							U		
通用会计			U									U				U
成本会计														U	C	
人员计划																C
人员考核																U

表 4.6 划分子系统和子系统之间的联系举例

企业过程(组)		计划	财务	产品	零件规格	材料表	材料库存	成品库存	工作令	机器负荷	材料供应	操作顺序	客户	销售区域	订货	成本	职工
经营计划	经营计划	C	U													U	
	财务计划	C	U													U	U
	资产规模		C														
技术准备	产品预测	U		U									U	U			
	产品设计开发			C	C	U							U				
	产品工艺			U	C	C	U										
生产制造	库存控制						C	C	U		U						
	调度			U					C	U							
	生产能力计划									C	U	U					
	材料需求			U		U					C						
	操作顺序								U	U	U	C					
市场销售	销售区域管理			U									C		U		
	销售			U									U	C	U		
	订货服务			U									U		C		
	发运			U				U							U		
财务会计	通用会计			U									U				U
	成本会计														U	C	
人力资源	人员计划																C
	人员考核																U

前面讲到了3种做系统规划的方法，下面对其加以简单比较。

CSF（关键成功因素法）能抓住主要矛盾，使目标的识别突出重点。由于高层管理者比较熟悉这种方法，用这种方法所确定的目标，管理者们乐于努力去实现。该方法最有利于确定组织的管理目标。

SST（战略目标集转化法）从另一个角度识别管理目标，它反映了各种人的要求，而且给出了按这种要求的分层，然后转化为信息系统目标的结构化方法。它能保证目标比较全面，疏漏较少，但它在突出重点方面不如前者。

BSP（业务系统规划法）虽然也首先强调目标，但它没有明显的目标导引过程。它通过识别组织的“业务流程”引出了系统目标，组织的目标到系统目标的转换是通过业务流程/数据类等矩阵的分析得到的。由于数据类也是在业务流程分析基础上归纳出的，所以我们说识别组织业务流程是BSP战略规划的中心，绝不能把BSP方法的中心内容当成是绘制U/C矩阵。

我们还可以把这3种方法综合起来使用，把它叫CSB方法（即CSF、SST和BSP结合）。这种方法先用CSF方法确定组织目标，然后用SST方法补充完善组织目标，并将这些目标转化为信息系统目标，用BSP方法校核两个目标，并确定信息系统结构，这样就补充了单个方法的不足。当然这也使得整个方法过于复杂，而削弱了单个方法的灵活性。可以说至今为止信息系统总体规划没有一种十全十美的方法。进行任何一个组织的系统规划均不应照搬以上方法，而应当具体情况具体分析，选择以上方法中可取的思想，进行灵活运用。

最后，在总体规划中也要强调数据位于信息系统的中心观念，即“数据稳定性”原理。所谓“数据稳定性”原理是指，只要组织的性质和目标不变，它的数据类就是稳定的，任何经营管理活动都离不开对这些数据的存取。信息系统的开发不仅需要面向业务流程，还应面向数据类，因为业务流程是多变的。尽管通过识别业务流程可以得到很多数据项，但开发新的信息系统时一定要明确数据模型是稳定的而业务流程是多变的基本原理和前提，在此基础上，尽量识别出组织的元数据和数据类。这样，信息系统就有较强的适应性。

4.4 信息系统的可行性研究

在做完总体规划之后，根据开发先后顺序的安排，确定近期需开发的信息系统。这时就要仔细分析该信息系统的开发是否可行，对目标系统进行可行性分析。

对信息系统进行可行性分析，要求从调查研究入手，与用户密切联系，从信息系统特性和用户目标出发，列出系统的各种需求，再进一步从技术上、经济上和社会效益等方面论证其可行性，最后提交一份可行性分析报告。

4.4.1 信息系统的需求分析

为了进行可行性研究，要对信息系统的需求进行分析。要确定对目标系统的综合要求，并提出这些需求的实现条件，以及需求应达到的标准，也就是解决要求所开发信息系统做什么，做到什么程度的问题。

1. 功能需求与非功能需求

1）功能需求

功能需求列举出所开发信息系统在功能上应做什么，这是最主要的需求。功能性需求又应该根据对用户的重要程度和迫切程度分为3类。

A类：必须做什么（need），这一部分需求是一个信息系统的核心需求，一般也是立项的初衷，是必须要实现的，如果这部分需求不实现，用户绝对不会满意。

B类：应该做什么（want），大部分的需求都属于这一类。

C类：可以做什么（wish），这一部分需求实现的功能对用户目前来讲不是很急迫，但一般都采用了比较新的技术或新的方法，所以，尽管这部分的需求不多，但会花掉很大的一块预算。

2）性能需求

性能需求给出所开发信息系统的技术性能指标，包括存储容量限制、运行时间限制、传输速度要求和安全保密性等。

3）资源和环境需求

这是对信息系统运行时所处环境和资源的要求。例如，在硬件方面，采用什么机型，需要什么外部设备和数据通信接口等；在软件方面，采用什么系统软件，如采用什么操作系统、网络软件和数据库管理系统等；在使用方面，需要使用部门在制度上或者操作人员的技术水平上应具备什么样的条件等。

4）可靠性需求

信息系统在运行时，各子系统失效的影响各不相同。在需求分析时，应对所开发软件在投入运行后不发生故障的概率按实际的运行环境提出要求。对于那些重要的子系统，或是运行失效会造成严重后果的模块，应当提出较高的可靠性要求，以期在开发的过程中采取必要的措施，使信息系统能够高度可靠地稳定运行，避免因运行事故而带来的损失。

5）安全保密要求

工作在不同环境的信息系统对其安全、保密的要求显然是不同的。应当把这方面的需求恰当地做出规定，以便对所开发的信息系统给予特殊的设计，使其在运行中安全保密方面的性能得到必要的保证。

6）用户界面需求

信息系统与用户界面的友好性是用户能够方便、有效、愉快地使用该系统的关键之一。从市场角度来看，具有友好用户界面的信息系统有很强的竞争力。因此，必须在需求分析时，为用户界面规定应该达到的要求。

7）成本消耗与开发进度的需求

对信息系统项目开发的进度和各步骤的费用提出要求，作为对开发过程进行管理的依据。

8）预先估计的可扩展性需求

对可扩展性需求进行预先分析，在开发过程中，可对系统将来可能的扩充与修改做准备。一旦需要时，就比较容易进行补充和修改。

功能性需求是人们普遍关注的，但常常忽视上述那些非功能性需求的分析。其实非功能性需求并不是无关紧要的，它们的主要特点是涉及的方面多而广，因而容易被忽略。一般来讲，建设信息系统的软件费用很大程度上取决于功能性需求，而硬件和网络费用则很大程度上取决于非功能性需求。表4.7简要列举了一些在对信息系统作需求分析时应当考虑到的非功能性需求。很显然，任何一个系统的非功能性需求都要根据系统目标和工作环境来确定。

表4.7 信息系统的非功能性需求

需求类别	内　　容	需求类别	内　　容
性能	实时性； 其他的时间限制； 资源利用，特别是硬件配置限制； 精确度、质量要求	运行限制	使用频度、运行期限； 控制方式(如本地或远程)； 对操作员的要求
可靠性	有效性； 完整性	适应性	可修改性、可维护性
安全/保密性	安全性； 保密性	项目管理限制	质量控制标准、验收标准； 进度、交付时间； 成本

在这里，需要说明一下**有界合理性**的思想。当设定信息系统的目标时，一定要确定一个合理的项目边界，也就是用户需求的范围。否则，承诺得越多，成功的可能就越小，用户的失望就会越大。这就是有界合理性的思想。当然，范围不是不可以变更的，可以在范围基本稳定的情况下，将偶尔的范围变更纳入范围变更管理系统中，按照一定的程序或流程实施信息系统的范围变更。

2. 明确需求的方法

怎样明确上述所列的信息系统需求呢？一般来说可以从以下3方面去考虑。

(1) 从含糊的要求中抽象出对信息和信息处理的要求。初始要求中，常常是把对人员、制度、物资设备的要求和对信息的要求混在一起提出来。在考虑信息系统的时候，应先把其他内容去掉，只留下对信息的要求。如果有的要求中既有对信息的要求，又有对其他方面的要求，则应该用抽象的语言把信息要求表达出来。

(2) 对各种要求确定定量的标准。对于速度、时间等数量指标，必须经过调查研究确定具体的定量标准；对于质量等定性指标，也应该制订能够检查的比较具体的指标，例如能够画出哪几种图表等。

(3) 对于罗列出来的各种问题及要求，应认真分析它们之间的相互关系，根据实际情况抓住其中的实质需求。一般来说，这些罗列出来的问题之间有3种关系。第一种是因果关系，某一问题是另一问题的原因，只要前者解决了，后者就自然解决了，对于这类问题，说明目标时，只要抓住原因就行了，结果不必再提。第二种是主次关系，若干问题都需要解决，然而，在实际工作中，绝对平列的事情是没有的，在一定的条件下，总有一方面是当时的主要矛盾，我们必须根据实际情况，切实抓住使用者目前最急需解决的问题，作为主要目标。第三种是权衡关系，某两项需求在实际工作中是矛盾的，此长彼消，此消彼长。这时使用者心目中往往有一方面是主要关心的，而另一方面则成为一种制约条件，要求保持在一定的可接受的范围之内。哪一方面是主要的，在权衡中，双方可以接受的最低标准是什么，这都需要明确。当然，要从以上 3 方面去明确问题就必须进行调查研究。

很明显，这些工作的基础在于对系统特点与具体情况的了解。然而，在项目尚未真正开始时，是不可能组织大量的人力物力来进行调查和收集资料的。因此，从事需求分析的人员需要充分利用已有的经验进行类比与估算，这正是需求分析的主要困难之处。

4.4.2 需求调研的方法与步骤

上面对信息系统的需求做了一般分析，那么，信息系统的需求是如何得来的呢？是调查和收集来的。信息系统的需求调查过程实际上是各类原始素材的收集过程，相应的需求调研方法和步骤包括如下几个方面。

1. 阅读文献

在可能的情况下，对所有数据载体(即各类表格、记录、报告和手册等)以及岗位责任制、职责范围、规程手册和业务书籍等都要进行收集。弄清它们的来龙去脉、作用范围。这里要特别强调的是要阅读规程手册和与该用户单位业务有关的相关业务书籍，通过认真阅读，掌握该组织的基本业务术语和主要业务流程，以减少有关术语的歧义性，增加需求分析的准确度。

2. 实地考察

实地考察又叫直接观察法。实地考察的目的之一就是尽可能接近事件发生地去研究真实的业务运作情况。作为观察者要遵守一定的规则，在观察时尽可能多听、少说或不说；尤其是要注意那些一闪即逝的有用的信息。观察内容包括现行系统的实际布局、人员的安排、各项活动及业务流转情况。通过实地考察，可以增加系统开发人员的感性认识，有助于加快对组织业务流程和业务活动的理解。

3. 用户访谈

在采用上述两种方法进行调研之后，调研人员应该能够初步发现用户单位旧系统(含人工系统)的问题之所在，在此基础上，可以起草有针对性的访谈提纲。用户访谈可以采用多种形式，比如一对一的访谈，专门针对一个部门的访谈，以及举行会议等形式都可以考虑。

面对面交谈，有机会采用各种灵活的方式收集信息，主要用于两个方面，一是获得信息；二是对书面资料、观察而获得的信息进行验证。面谈可以从上而下，从概括到细微，先由组织的领导开始，然后经中层至下层管理人员，甚至还可以扩大到全体职工。这样不仅能了解战略信息需要，而且能了解具体任务的信息需要。这种方法的成功与否主要依赖信息分析员的提问水平。进行面谈时要注意以下几点：

(1) 时间、地点和顺序要事先安排好，以保证有个清净的环境，而不易被打断。

(2) 最好准备一个面谈提纲或问卷。要从系统目标出发，加上主观判断，规定调查的思路。带着主观偏见去收集信息不对，但无主观思路规定数据的范围，以相等的权重看待所有信息，则只能是眉毛胡子一把抓，可能丢了西瓜，拣了芝麻。在面谈开始时应该首先交代清楚面谈的目的和内容，然后作为一位聆听者而不是答辩者来开展具体的谈话，面谈时既要把握重点，又要注意提纲上未出现但可能很重要的信息。

(3) 问题应该提得明确简洁。注意问题的提法和问题的提出顺序。

(4) 要认真听，避免争论。

(5) 要建立友好的关系和气氛。

(6) 事后应进行访谈纪要整理。如果访谈前能够征得受访者同意对访谈过程录音，那就更有利于访谈纪要的整理。

4. 发放调查问卷

凡是要人们单独答卷的各种方法，几乎都属于问卷这一范畴。调查问卷方式的优点之一是比面谈节省时间，执行起来需要较少的技巧，问卷者有时间思考、计算、查阅资料，提供的信息更准确等。

发放调查问卷还有一个很重要的优点，就是用户可以将自己的各种需求，比如初级的、或高级的；眼前的或长远的；难以启齿的或可以冠冕堂皇地公之于众的全部列在问卷上，显然，这需要一个前提，就是调查问卷不要求署名或签字。这种轻松的方式常常可以得到面谈所预想不到的需求。因为在面谈的情况下，由于可能有其他人在场，或者由于各种难以明说的原因，需求可能是不完整的。

调查问卷可以得到较为全面的需求，当然，全面的需求并不是在一期项目中都需要实现，调研人员可以与用户一起对这些需求进行分类，既可以分成A、B、C三类，也可以分为第一期工程、第二期工程和后续工程等。这样，调研人员就能从一定程度上预测未来用户需求可能的变化。

调查问卷的缺点是回收率可能较低，许多人表达自己的思想有困难，尤其是回答发挥式问题时，许多人不愿动笔。另外，很重要的一点是设计一个好的调查问卷并不容易。

5. 业务专题报告

对于某些需要信息系统重点支持的业务需求或比较复杂的业务需求，最好能请用户的高层或有关业务的骨干为信息系统调研人员作专题报告。专题报告由于经过报告人的认真准备，所以系统性、逻辑性、完整性和准确性都较强，是提高调研效率的一个好办法。

要注意的是，在采用上述各种调研方法收集到所需信息后，应该将其记录下来，作为可行性分析报告的一部分。并且，做记录时应该尽量注意叙述的完整性、正确性、可检验等特征[①]。下面有两个从实际的工程选出的需求，叙述得就很不好。

例 1. “系统应在不少于每60秒的正常周期内提供状态信息”。

评述：这个需求是不完整的：状态信息是什么，如何显示给用户。这个需求有几处含

---

① 关于如何编写高质量的需求可以参见文章《如何编写高质量需求》(*Writing Good Requirements*, *Karl Wiegers*. *Software Development Magazine*, *May*, 1999)。在该文中，作者提出高质量需求叙述应体现6个特性：正确、可行性、必要性、优先权、明确、可证实；高质量需求说明应体现4个特征：完整、一致性、可修改性、可追踪。

糊。我们在谈论系统的哪部分？状态信息间隔真的假定为不少于 60 秒？甚至每 10 年显示一条新的状态信息也可以？问题的后果就是需求的不可检验。

例 2. “系统应瞬间在显示和隐藏不可打印字符间切换”。

评述：计算机在瞬间不能做任何事，所以这个需求不切实可行。它的不完整性表现在没有声明触发状态切换的条件。而且，在文档中改变显示的范围是多大——是选中的文本还是整个的文档？这也是个模糊的问题。不可打印字符和隐藏字符的含义一样吗？问题的后果也是需求的不可检验。像下面这样编写需求也许更好一些：“用户能够在一个由特定触发条件激活处于编辑的文档中，在显示和隐藏所有 HTML 标记间切换。”现在就很清楚，不可打印字符是 HTML 标记。由于没有定义触发条件，需求对设计没有约束力。只有分析人员选定了触发条件后，你才能编写测试验证触发的正确操作。

对组织待建设信息系统的需求调研是新系统可行性研究阶段和系统分析阶段所必须进行的工作内容，无论是在可行性研究阶段还是在系统分析阶段的调查工作都可以按照上述方法来进行，但调查的程度有所不同。可行性研究阶段的调查不必非常详尽，而系统分析阶段的调查要做到越详细越好。

4.4.3 可行性研究的方法

在信息系统的目标需求已经确定，对系统的基本情况又有所了解的情况下，系统分析人员就可以开始对待建设的信息系统项目进行可行性分析。

可行性分析的意思是根据系统的环境和资源等条件，判断所提出的信息系统项目是否有必要、有可能开始进行。当然，做出这一判断是以目标的明确与定量化为前提的，没有明确的可以定量检查的目标，是无法进行可行性分析的。

所谓可行性应该包括必要性和可能性两个方面。没有必要性的项目是不应该开始进行的。一些单位的信息系统应用项目开展不起来的重要原因之一就是领导和管理人员没有紧迫感，没有认识到信息系统对组织竞争力的支持。一般来说，没有迫切的需要，勉强地开展信息系统建设，是很难取得好效果的。可能性可从以下 3 个方面去分析。

1. 从技术因素角度考察

这就是分析所提出的要求在现有技术条件下是否有可能实现。例如对加快速度的要求，对存储能力的要求，对通信功能的要求等，都需要根据现有的技术水平进行认真的考虑。这里所说的现有水平，应是指社会上已经比较普遍地使用了的技术。不应该把尚在实验室里的新技术作为讨论的依据。对于组织文化体现为风险厌恶型的或者说相对保守的组织，那些还没有成为主流技术的产品也要尽量少考虑。

2. 从经济因素角度考察

这包括对项目所需费用的预算和对项目效益的估算。这是非常重要的，如果忽略了，就会造成巨大的损失。在估算的过程中常常是把费用估计低了而把收益估计高了，这是因为人们在考虑问题时经常忽略了一些重要的因素。比如人们在考虑费用的时候，常常是：

(1) 只考虑了计算机的费用,而低估了外围设备的费用。

(2) 只考虑了硬件的费用,而低估了软件的费用。

(3) 只考虑了研制系统时所需要的一次性投资,而忘记或低估了日常运行的维持性费用(如硒鼓、打印纸等各种耗材)。

(4) 只考虑了设备材料等物资的费用,而忘记或低估了人员技术培训的费用,等等。

所有这些都使人们低估了改善信息系统的费用。

另一方面,对于项目的收益,人们往往把引进信息系统后所增加的信息处理的能力与实际发展出来的效益混为一谈。必须明确,当我们引进计算机或其他新技术的时候,只是使信息系统在某一环节增加了处理的能力。

例如,我们用计算机代替手工生成表格,把原来要用 10 小时能完成的制表任务在 10 分钟内完成,能不能说我们就一定能把效率也提高 60 倍呢? 不能。因为制表任务是整个信息系统中的一个环节,它的前后都还有许多其他的工作。例如前面的数据整理和准备工作,后面的结果分发工作等。原先,由于制表任务花费人力太大,其他环节的弱点没有暴露出来。当这一环节采用新技术之后,这里不再是系统效率的"瓶颈"了,其他环节的限制就暴露出来了。例如,制表前的数据整理和准备工作需要 5 个小时,那么计算机也必须等待 5 小时后才能打印一张报表,实际上整个系统的效率只提高到原先的两倍,而不是 60 倍。这种情况是很常见的。因此在估计费用及收益的时候必须注意到这一点。

3. 从社会因素角度考察

由于信息系统是在社会环境中工作的,除了技术因素与经济因素之外,还有许多社会因素对于项目的开展起着制约的作用。例如,与项目有直接关系的管理人员是否对于项目的建设抱支持的态度,如果有各种误解甚至抱有抵触的态度,那应该说条件还不成熟,至少应该做好宣传解释的工作,项目才能开展。

有的组织的管理制度正在变动之中,这时信息系统的改善工作就应作为整个管理制度改革的一个部分,在系统的总目标和总的管理方法制订之后,项目才能着手进行。又如,某些工作环节的工作人员的文化水平比较低,在短时期内这种情况不会有根本的变化,这时如果考虑大范围地使用某些要求较高文化水平的新技术,那是不现实的。还比如,项目开发的进度很紧张,必须在某一个时间点前结束,而开发方和用户双方的资源都不能保证按期完成,这样的系统也是不可行的。

所有这些社会的因素、制度的因素、人的因素和进度的因素均必须考虑在内。

4. 可行性分析的结论

我们需从以上 3 个方面来判断项目是否具备开始进行的各种必要条件,这就是可行性分析。在可行性研究结束之后,应该将分析结果用可行性报告的形式编写出来,形成正式的工作文件。这个报告是非常必要的。因为我们把项目的目标用我们的语言表达出来,并按照我们的理解把它明确化、定量化,列出优先顺序并进行权衡考虑,这些是否符合用户的原意,有没有偏离用户的目标,都还没有得到验证。虽然,我们是尽力去体会用户的意图,但是,由于工作背景和职业的差别,仍然难免发生一些误解与疏漏。因此,与用户交流,请他们审核可行性分析报告是十分必要的。

可行性报告的结果并不一定可行，也有可能是得出在目前条件下不可行的结论，这是完全正常的。如果限定必须证明可行，那么可行性分析就没有意义了。甚至可以说，判断不可行性比判断可行性的收获还大，因为这可能避免了后面巨大的浪费。如果把大量的人力物力投入一个客观条件不具备，事先就认定是劳而无功的项目，其损失是难以预计的。另外，可行性分析的结果也有可能是要求作一些局部性的修改，例如修改某些目标、追加某些资源、等待某些条件的成熟再实施项目等。

对可行性报告的讨论是信息系统建设过程中的关键步骤，必须在项目的目标和可行性问题上，和领导及管理人员取得一致的认识，才能正式开始项目的详细调查研究。为了做好这一次讨论，在条件许可的情况下，可以请一些外单位的参加过类似系统研制的专家来讨论，他们的经验以及他们局外人的立场都有利于对于项目目标和可行性做出更准确的表达、判断与论证。可行性报告通过之后，项目就进入了实质性的阶段。

思　考　题

1. 简述现有信息化成熟度模型的研究角度。
2. 列出通用信息化成熟度模型(IMM)的各个阶段，给出各阶段的关键状态。
3. 请比较信息系统各种建设模式的异同，最好能举例说明。
4. 任何一个信息系统是否都有生命周期？谈谈你是如何理解信息系统的生命周期的。
5. 为什么要对信息系统的开发进行规划？
6. 比较信息系统规划的 3 种主要方法。
7. 信息系统有哪几方面的需求？有哪些非功能性需求？
8. 比较说明需求调研的几种主要方法。
9. 可行性研究包括哪几方面的内容？
10. 谈谈你对“人们经常高估了收益、低估了成本”的看法。

第5章 信息系统的前期准备

组织在做完信息系统项目的可行性研究并得出可行结论后就应该组织建设了。在建设一个信息系统之初，首要考虑的是信息系统的开发方式，到底是自行建设呢，还是干脆外包呢？确定了开发方式之后，开发方和用户单位就要签订合同，组织并启动项目组，对用户单位的数据和业务流程进行标准化或规范化，不适合的业务流程还需要重新设计甚至进行革命式的再造，然后选择合适的开发模式和开发方法。

5.1 信息系统的开发方式选择

信息系统的开发方式从是否依赖外部力量来讲主要分为自行建设和外包两种。其中自行建设又叫自主开发方式。外包方式根据用户单位参与开发的深度不同又可以分为合作开发方式、委托开发方式和购买套装软件方式3种。

实际上，在签订合同的时候，就必须确立开发方式。因为不同的开发方式对于合同的细则如知识产权、开发费用等有直接的影响。不同的开发方式各有优点和不足，需要根据组织的技术力量、资金情况和外部环境等各种因素进行综合考虑和选择。但是，不论哪一种开发方式都需要组织的领导和业务人员参加，并在信息系统的整个开发过程中予以指导和支持。

5.1.1 信息系统自主开发

自主开发就是用户自行建设信息系统，又称做最终用户开发，适合于有较强的信息技术队伍的组织。独立自主开发的优点是开发费用较少，开发的系统能够适应本单位的需求且满意度较高，便于维护。缺点是由于不是专业开发队伍，容易受业务工作的限制，系统对业务流程的优化不够，容易照搬旧的业务流程到信息系统中，开发水平较低；且由于开发人员有一部分是临时从所属各部门抽调出来进行信息系统的开发工作，这些人员在其原部门可能还有其他工作，所以，精力有限，容易造成系统开发时间长、系统整体优化较弱、开发人员调动后系统维护工作没有保证的情况。

因此，这种开发方式一方面需要大力加强领导，实行“一把手”负责的原则，另一方面可向专业开发人士或公司进行咨询，或聘请他们作为开发顾问。

随着专门的信息系统生成器的发展，一小部分单位进行自行开发是有可能的。虽然这些工具与常规的编程语言相比其运行速度较慢，但由于目前硬件成本越来越低，完全可以弥补软件运行速度的不足，使该方法在技术和经济上成为可行。

5.1.2 信息系统开发外包

1. 信息系统开发外包的含义和作用

信息技术外包(IT Outsourcing)是指组织以合同的方式委托信息技术服务商向组织提

供部分或全部的信息功能。常见的信息技术外包涉及信息技术设备的引进和维护、通信网络的管理、数据中心的运作、信息系统的开发和维护、备份和灾难恢复以及信息技术培训等。

显然，**信息系统开发外包**是信息技术外包的一种类型，它是指组织以合同的方式委托开发方向组织提供部分或全部的信息系统。根据用户单位参与开发的深度又可以将信息系统开发外包分为联合开发方式、委托开发方式和购买套装软件方式 3 种。

外包赋予了组织应对快速变化的全球经济所必需的灵活性，同时它也使组织在竞争激烈的市场环境中能将精力集中于组织的核心竞争力上。信息系统开发的外包商通常在规模经济、经验以及在对最新技术的掌握等方面具有明显的优势，而这些优势是单个组织的信息技术部门所难以获得的。

概括来说，信息系统开发外包对欲外包信息系统的组织来讲有以下的好处。

(1) 资源在组织的其他部门中被重新分配，非 IT 业务的投资得到加强，有利于强化组织的核心竞争力，获得对外界做出有效反应的能力。

(2) 有利于信息技术人才不足的组织获取最好、最新的技术，组织内部与技术退化有关的难题得到解决。

(3) 由于是信息技术厂商提供专业化服务，信息系统开发的效率会得到较大提高，开发的成本也会得到一定的节约，等等。

组织的信息系统开发外包包括 3 个连续的过程。

(1) 外包的决策过程：即考虑是否外包？外包什么？是选择性外包还是整体性外包？

(2) 外包商的选择过程：即考虑是选择国内的外包商还是选择国外的外包商？是选择一个外包商还是选择多个外包商？选择外包商的依据是什么？

(3) 外包商的管理过程：是签订一个长期的外包协议还是签订一个短期的外包协议？外包过程中的风险如何防范？如何对外包商进行监控？原先承担这些外包业务的组织内部人员如何处理？组织各部门如何与外包商协调工作界面及接口？如何对外包商进行评价和适当的激励？

决定采用信息系统开发外包的建设方式，就要对上述 3 个连续的过程给出具体的答案。当然，信息系统开发外包也具有以下 3 个明显的缺点：可能失控、战略信息容易泄露、对外部服务商可能产生依赖性。这些缺点是外包过程中应予以高度注意的问题。

2. 信息系统开发外包的类型

信息系统开发外包是指组织以合同的方式委托开发方向组织提供部分或全部的信息系统。前面提到，根据用户单位参与开发的深度，又可以将信息系统开发外包分为联合开发方式、委托开发方式和购买套装软件方式 3 种。

1) 联合开发

联合开发方式适合于组织有一定的信息技术人员，但可能对信息系统开发规律不太了解，或者是整体优化能力较弱，希望通过信息系统的开发完善和提高自己的技术队伍，便于后期的系统维护工作的组织。联合开发属于将待开发的信息系统有选择地部分外包。

联合开发的优点是：相对于委托开发方式比较节约资金，可以培养、增强组织的技术力量，便于系统维护工作。缺点是双方在合作中对于合作的范围易出现扯皮现象，需要双方及时达成共识，进行协调和检查。

2）委托开发

委托开发方式适合于组织信息系统的开发队伍力量较弱，但资金较为充足的单位。委托开发方式的优点是省时、省事，开发的系统技术水平较高。缺点是费用高，系统维护需要开发单位的长期支持。此种开发方式需要用户的业务骨干参与系统的论证工作，开发过程中需要开发单位和用户双方及时沟通，进行协调和检查。委托开发属于将待开发的信息系统整体性地全部外包。

3）购买套装软件

购买套装软件也属于将待开发的信息系统整体性地全部外包。与委托开发不同的是，接受信息系统开发业务的外包商不需要从头做专门化的开发，只需要在通用套装软件的基础上，根据用户单位的具体特点，调整套装软件的各种参数，如果特别需要，才进行有针对性的二次开发。

目前，信息系统的开发正在向专业化方向发展。一批专门从事信息系统开发的公司已经开发出一批使用方便、功能强大的专项业务信息系统软件。为了避免重复劳动，规范用户单位的业务流程和管理模式，提高系统开发的经济效益，用户也可以购买信息系统的套装软件，如企业资源计划系统（ERP）、医院信息管理系统（HIS）、政府网站系统、政府公文流转系统、政府电视电话会议系统、客户关系管理系统（CRM）、供应链管理系统（SCM）等。此方式的优点是节省时间和费用，技术水平较高。缺点是通用软件的专用性受到一定的限制，需要外包商有一定的技术力量根据用户的要求做软件改善和接口工作等二次开发工作。

总之，不同的开发方式各有长处和短处，需要根据组织的实际情况进行选择。表5.1对上面提到的4种开发方式进行了简单的比较。要注意的是，无论是自行建设，还是外包的3种方式，都离不开用户的直接参与。

表5.1　信息系统开发方式的比较

方式 特点比较	信息系统 自主开发	信息系统开发外包		
		联合开发	委托开发	购买套装软件
用户分析设计能力	较高	逐渐培养	一般	一般
用户编程能力	较高	需要	不需要	较低
自行维护难易程度	容易	较容易	较困难	较困难
开发费用	少	较少	较多	较少
说明	开发时间较长，但一般可得到适合本组织的系统，并培养了自己的系统开发人员。该方式需要强有力的领导及一定的咨询工作	通常在具有一定编程力量的基础上进行联合开发，合作方有培训义务且成果共享。双方的沟通非常重要	最省事，一般开发费用比较高。必须配备精通业务的人员，需要经常进行监督、检查和协调	要有鉴别与校验套装软件包功能及适应条件的能力。即使完全符合本组织业务处理要求，可能仍需编制一定的接口软件

5.2 合同的签订和项目的启动

信息系统的开发方式选定之后，开发方就必须尽快与用户签订合同，并且尽快启动项目，妥善处理好与用户之间的关系。

5.2.1 合同的签订

合同的签订涉及合同的谈判、计价的原则、条款的设计以及具体的格式等许多问题，这一节仅对合同的类型和需要注意的问题作一点简单的讨论。

1. 合同类型

用户与开发方之间必须签订合同，因为合同是一种工具，是用户组织与开发方之间的协议，是双方确保项目成功的共识与期望。开发方同意提供产品或服务（交付物），用户组织则同意作为回报付给开发方一定的酬金。按照酬金的计算方式，可以分为两个基本的合同类型：固定价格合同和成本补偿合同。

1）固定价格合同

固定价格合同又叫固定总价合同或总价合同。在固定价格合同中，用户组织与开发方对所需完成的工作达成一致价格。价格保持不变，除非用户与开发方均同意改变。这种类型的合同对于用户来说是低风险的，因为不管项目实际耗费了开发方多少成本，用户都不必付出多于固定价格的部分。然而，对于开发方来说，固定价格合同是高风险的，因为如果完成项目后的成本高于原计划成本，开发方将只能赚到比预计要低的利润，甚至会亏损。

投标于一个固定价格项目的开发方必须建立一种精确的、完善的成本预算，并把所有的偶然性成本都计算在内。然而，开发方又必须小心，以免过高估计申请项目价格，否则别的竞争性开发方将会以低价格竞标而被选中。

2）成本补偿合同

在**成本补偿合同**中，用户组织同意付给开发方所有实际花费的成本加上一定的协商利润，而不规定数额。这种类型的合同对用户来说是高风险的，因为开发方的花费很有可能会超过预计价格。在成本补偿合同中，用户组织通常会要求开发方在项目整个过程中，定期地将实际费用与原始预算作比较并向用户通报，并通过与原始价格相比，再预测成本补充部分。这样，一旦项目出现超过原始预算成本的迹象，用户组织就可以采取纠正措施。这种合同对于开发方来说是低风险的，因为全部成本都会由用户补偿。开发方在这种合同中不可能会出现亏损。然而，如果开发方的成本确实超过了原始预算，开发方的名誉就会受到影响，从而又会使开发方在未来赢得合同的机会降低。

我们可以根据用户与开发方对于相关合同类型的风险程度画成一个简表（表 5.2）。一般来讲，固定价格合同对于一个仔细界定过的低风险的项目是最合适的，成本补偿合同对于风险高的项目是合适的。

表 5.2　不同合同方式的风险比较

	用户方	开发方		用户方	开发方
固定价格合同	低	高	成本补偿合同	高	低

当然，许多用户认为，与开发方相比较，己方的风险更不容易辨识和控制，于是用户一般都会强烈要求采用固定价格合同，将风险控制在设定的合同价格之内。这种情况下，开发方应该尽量争取用户签订一个灵活的合同，维护阶段开始之前采用固定价格方式，而维护阶段则采用成本补偿方式。其实，维护阶段风险已经降低了许多，更适合采用固定价格合同，但由于用户对服务的价值认识不足，所以在现阶段还是推荐采用成本补偿合同。两种合同方式结合使用的难点在于维护阶段开始时间的确定。

除上述两种合同方式之外，还有一种合同方式，即**单价合同**。所谓单价合同，是指给出了所用产品的数量和型号要求，只需就不同型号产品的单价签订合同的方式，实际的结算则用每种产品的实际用量乘以单价，然后将各类产品的费用加总即可得到。这种合同，在信息系统建设的计算机硬件或网络设备的采购过程中可能会用到，在软件开发合同中使用则需给出初级、中级、高级程序员等各类人员的单日费用报价。

2. 合同条款中需注意的问题

信息系统开发合同与其他合同一样，必须以可计量或可测试的方式规定项目的范围、质量、进度和费用等目标，同时还要规定双方的权利和义务。除此之外，根据经验，我们认为信息系统项目合同还必须注意以下问题。

(1) 应有成本超支或进度计划延迟的通知条款。因为成本超支或进度延迟不通报，很有可能造成开发方通过简化功能模块、忽略系统优化等手段控制成本、加快进度，从而使用户蒙受损失。所以，一旦出现实际成本或预期成本将超支或进度计划将延迟的迹象，开发方必须及时通知用户单位，并提交书面的原因及纠正措施计划，以使成本回到预算内来或进度计划回到正常轨道上来。

(2) 分包商的限制条款。开发方在雇用分包商执行项目任务之前，必须通知用户，并要从用户那里提前获得同意。如果出现层层转包的事情，那么，开发费用扣除层层转包利润，可能已经不足以开发系统，这样的系统开发大多数会失败。

(3) 明确用户承担配合义务的条款。对于用户来讲，开发一个信息系统应尽的义务不仅仅是向开发方付款，很重要的一点是要进行业务流程的规范化和数据的标准化，并且在用户组织中推行。同时，用户需要提供与开发信息系统有关的文件、资料和商定的设备，以及用户交给开发方的日期。这项条款保护了开发方的利益，避免由于用户配合不到位而导致进度计划中时间的推后，这种情况一旦发生，责任应由用户负责。

(4) 有关知识产权的条款。这涉及可能在开发信息系统过程中产生的知识或软件的所有权问题。软件的版权比较好理解，而知识的所有权则常被用户忽略。比如铁路货车维修行业的故障编码，由于工作量浩大，涉及的故障由于车型车种的不同而非常多，好的编码需要作详细的调查分析，投入大量的人力物力，这样的编码一旦形成，即具有知识产权的性质，甚至可以申请专利。

在合同里，需要明确上述知识产权的归属，如果归双方共有，还应明确各自所占的比例。要强调的是，不同的知识产权安排将导致开发费用的不同，对于可推广的项目有时甚至是数量级的差别。

(5) 有关保密协定的条款。出于商业竞争的考虑，可以在合同中规定任何一方是否有权向其他方面透露有关该信息系统项目的情况，或把项目有关机密信息、技术或该项目中另一方的工作过程用作其他用途时必须经另一方的书面同意或授权，否则视为侵权。

(6) 有关付款方式的条款。在合同中理应明确付款方式。具体的付款方式有很多，比如每月付款、每季度付款、按合同总数的百分比付款等多种方式。对于自行开发的信息系统项目，采取前两者的居多，对于外包的信息系统开发项目采用第三种方法居多，这里很重要的一点是在付款方式条款中要相应界定一些里程碑，在这些里程碑上的可交付物(比如详细设计报告)提交之后，按一定百分比付款。

(7) 有关奖罚的条款。对于信息技术严重影响用户与同行竞争的项目，用户应该在合同中规定奖罚条款，以确保项目的质量和进度能按期实现。如果开发方提前或高于用户要求标准完成项目，用户将付给开发方奖金。另一方面，如果项目到期没有完成或没有满足用户要求，用户就将减少付给开发方的最终款额，甚至处以罚款。例如，如果超过了要求的项目完成日期，每周甚至罚合同总额的1%，最大数额可达10%。迟于计划20周就可能会使开发方的利润消失，导致亏损。

(8) 有关需求变更或追加的条款。用户如果在信息系统开发过程中有较大的需求变更或较大的需求追加，而导致项目不能顺利进行或延迟完成，所产生的后果应由用户方承担，并相应追加开发经费。要提及的是，在不同的阶段提出的追加需求导致的追加费用大体是差不多的，但是不同的阶段提出的需求变更导致的追加费用可能是成倍增长的。

另一方面，如果开发方调整信息系统的功能，从而事实上变更了用户需求，那么，开发方必须书面通知用户并征得同意，否则用户可以据此索赔。

(9) 有关纠纷的解决条款。如何处置合同纠纷对双方当事人都极为重要，项目开始时由于双方都很友好，对此条一般都没有给予重视。但作为一个完备的合同，此条款也应该认真商定。处置合同纠纷的主要方式有协商解决、调解解决、仲裁解决和诉讼解决。

协商解决的优点在于，无须经过仲裁或司法程序，省去仲裁和诉讼的麻烦和费用，气氛比较友好，而且双方协商的灵活性较大，更重要的是协商解决给双方留下很大的余地。

调解解决是由第三者从中调停，促使双方当事人和解。调解可以在交付仲裁和诉讼前进行，也可以在仲裁和诉讼过程中进行。通过调解达成和解后，即可不再求助于仲裁或诉讼。

仲裁解决，也称“公断”，是指双方当事人根据双方达成的书面协议自愿把争议提交双方同意的仲裁机构进行裁决，由其依照一定的程序做出裁决。对仲裁机构的仲裁裁决，当事人应当履行。当事人一方在规定的期限内不履行仲裁机构的仲裁裁决，另一方可以申请法院强制执行。

诉讼解决，是指司法机关和案件当事人在其他诉讼参与人的配合下为解决案件依法定诉讼程序所进行的全部活动。当事人在提起诉讼以前应该充分做好准备，收集有关对方违约的各类证据，进行必要的取证工作，整理双方往来的所有财务凭证、信函和电报等；同时，向律师咨询或聘请律师处理案件。

要注意，在合同中只能选择仲裁或诉讼中的一种，如果选择诉讼，当事人在采取诉讼前，还应注意诉讼管辖地和诉讼时效问题。

5.2.2 项目小组的成立

在总体规划和可行性研究阶段，已经成立了一个规划组。现在合同已经签订，信息系统的开发即将全面展开，这个时候，必须建立一个更加全面的项目小组来负责各项工作的实施，同时要拟定项目组之间的沟通办法。项目组内部业务人员和技术人员应该开展双向动员和培训。

1. 项目团队的组织结构

信息系统的开发首先要做好人员的组织工作。开发过程所需要的人员有用户、系统分析员、系统设计员、程序员和数据库管理员等。他们在系统开发过程中所处的地位和作用是不同的。如何组织好这些参加信息系统开发项目的人员，使他们发挥最大的工作效率，对成功地完成项目至关重要。项目小组采用什么组织形式，要针对信息系统项目的特点来决定，同时也与参与人员的素质有关。在建立项目小组时应注意到以下原则：

(1) 尽早落实责任，明确每个成员之间的责任。

(2) 知人善任，将每个人的专长尽可能地发挥好。

(3) 减少接口。在开发过程中，人与人之间的联系是必不可少的，存在着通信路径。经验表明，信息系统的生产率是和完成任务中存在的通信路径数目是互相矛盾的：一般来讲，通信路径数目越多，信息系统的生产率越低。因此，要有合理的人员分工和好的组织结构，以减少不必要的生产率的损失。

通常有以下 3 种组织结构的模式可供选择。

(1) 职能型组织结构：按信息技术职能划分的模式。

把参加开发项目的所有人员按任务的阶段划分成若干个专业小组。要开发的信息系统在每个专业小组完成相应工作，即达到每个职能所要求的里程碑上的可交付物后，沿开发工序流水线向下传递，例如，分别建立需求分析组、系统设计组、编码实现组、系统测试组和项目管理组等。各种文档资料按工序在各职能组之间传递。这种模式在小组之间的联系形成的接口较多，但便于小组成员之间互相交流，进而变成这方面的专家，从而提高效率。

(2) 项目型组织结构：按子项目或业务子系统划分的模式。

如果待开发的信息系统可以从业务功能上比较容易地划分成若干子系统，那么可以将这些子系统分别作为子项目进行管理。这样，项目成员按子项目组成小组，小组成员自始至终参加所承担的子系统的各项任务。他们应负责完成该子系统的需求分析、设计、编程、测试、文档编制甚至包括试运行期间的维护在内的全过程。这种模式的优点是结构简单，子项目团队意识强，团队间的通信接口较少，任务界定比较清楚，缺点是不利于发挥每个人的特长。这种结构的各子项目之间应该加强经验分享和知识复用。

(3) 矩阵型组织结构：上述两者结合的模式。

这种模式实际上是以上两种模式的复合。一方面，按信息技术职能成立一些专门组，如需求分析组、系统设计组、编码实现组和系统测试组等；另一方面，又将整个项目分为一些业务子系统，每个子系统成立一个小组，指派专门的负责人。这样，每个成员既属于某一个职能小组，又参加某一子系统的工作。例如，属于测试组的一个成员，他也同时参加了某一子系统的研制工作，因此他要接受双重领导（一是测试组，二是该子系统的负责人）。

矩阵型结构组织的优点是：参加技术专门组的成员可在职能组内交流在各子项目中取得的经验，这更有利于发挥专业人员的作用。而且各个子项目有专人负责，有利于项目的完成。矩阵型结构的主要缺点就是产生了多头领导的问题，为了避免管理的混乱，需要给每个人明确岗位说明书和工作说明书，并据此进行考核。

以上 3 种组织结构各有优缺点，不同的信息系统可以根据自身特点进行选择。在上述 3 种模式的基础上，我们建议用户组织成立一个业务支持小组，该小组人员都由相应业务人员组成，这些人员最好是既熟悉业务工作，同时又对信息技术有一定理解，特别是具有较强的计算机操作能力的人员，如果是各部门的后备接班人那就更好。这个业务支持小组负责为上述模式的成员提供业务解释等支持。当然，也可以不成立业务支持小组，而将上述人员分别派进上述各模式的小组支持工作。

2. 明文规定项目组各成员的职责

为了让项目组成员各负其责，行文确定他们在项目组里所分担的责任是很重要的。比较有效的方法是绘制项目成员知识地图以及项目成员职责分配矩阵。

每个项目都需要多种技术与对应的工作任务相匹配。项目开始时恰当地把人选、技术与工作任务配搭好是很重要的。随着项目的进展，有可能必须把已分的工作再分细，给已分的工作增人，或将一些工作分包出去。为了掌握这种灵活性，有必要知道项目组里的人各有些什么技术专长，各有什么样的知识。

可以按表 5.3 所示绘制项目团队知识地图。首先，绘制一张简明的表格，X 轴上为技术即专业领域，在表 5.3 中我们用体现该技术的相应角色替代，Y 轴上为人名，再在相应的格子里打分。打分的方法可以采用多个维度的 360°打分法，即按照上司打分、下属打分、同事打分、客户打分和自己打分并分别配以相应权重，然后加权得到每个人的最后得分。打分可以采用五分制、十分制或百分制。表 5.3 将专业领域分为 5 个：系统分析员、程序员、测试工程师、硬件工程师和数据库管理员，采用五分制打分。根据每个成员对上述专业领域的熟悉程度进行打分，越熟悉，分数越高。有了这样的知识地图，就可以对项目组的人员及技术状况一目了然，并据此分配工作。

表 5.3　项目团队知识地图

	系统分析员	程序员	测试工程师	硬件工程师	数据库管理员
赵伊	5	4	3	2	1
王耳	5	5	4	3	2
张山	2	5	4	4	3
李斯	2	5	5	3	4

续表

	系统分析员	程序员	测试工程师	硬件工程师	数据库管理员
邓武	3	4	5	2	4
崔柳	2	3	3	3	5
陈琪	2	2	3	5	3
高跋	3	4	3	3	5

在实际工作中,除了给出每个人在不同技术工作上的能力分外,还可以给出每个人在各技术工作上的兴趣分。这样,如果一个信息系统开发项目工期很紧,那么对于某项工作,主要考虑每个人的能力,谁的能力强谁做;而如果一个信息系统开发项目工期比较宽松,对于某项工作,除考虑每个人的能力外,还可以考虑那些对于该项工作能力尚可,兴趣旺盛的成员去做。这样,即可以调动起项目成员的积极性,还可以为项目团队培养后继人员。

在绘制项目团队的知识地图后,就可以根据项目的实际需要来绘制项目成员职责分配矩阵。该矩阵是信息系统项目负责人与项目组成员之间的工作合同文件。这是让每位成员承诺某项工作的重要手段,并用图表的方式说明了其责任。

制表时将工作任务列在左轴,把项目成员的姓名排在上方(参见表 5.4)。然后把工作任务与人员配搭起来,标明谁对该项工作负主要责任(primary,P),谁有辅助责任(subordinate,S)。每项任务需要由一个人,也只能由一个人负主要责任,但可以安排几个项目组成员辅助他,为了避免负主要责任的成员因为调动或其他原因离开项目团队造成大的影响,一般从辅助成员中选择一个对该项工作有较强烈兴趣的成员做他的副手。负主要责任的项目组成员负责保证该项任务按时开展,做到不超预算,并且达到预期的质量水准。处于辅助地位的人之所以入选,是因为他们拥有该项任务所需的技术。准备职责分配矩阵时请遵循下面 5 点经验:

(1) 安排某人做某项工作是因为该人有相应的技术,而不是因为他有时间;

(2) 不要安排太多的人到同一任务;

(3) 最好先让项目组成员自己申报主持某项工作,然后根据项目总体情况进行协调;

(4) 考虑谁善于做何事,谁想做何事;谁能或不能与谁共事以及谁喜欢提相反主张;

(5) 从项目的前景着眼,考虑需哪些技术,哪些技术已有了,以及如果有人中途离去,其工作是否能重新分配给别的人。

表 5.4 项目成员职责分配矩阵

	赵伊	王耳	张山	李斯	邓武	崔柳	陈琪	高跋
系统分析	P	S			S			S
数据库设计				S		P		S
编程实现	S	S	P	S	S			S
设备采购			S			S	P	
系统测试		S	S	P	S			

3. 建立项目团队沟通计划并启动项目

如果将项目团队成员分为系统开发人员和业务支持人员两类的话，那么这两类成员之间的双向培训很重要。系统开发人员应该分别就信息技术发展状况、组织进行信息化建设的必要性和艰巨性、信息系统建设的一般步骤和应注意的问题、信息系统分析工具、信息系统开发工具与用语等知识以集中授课方式向业务支持人员培训；然后，系统开发人员都做学生，请业务支持人员讲解具体的业务流程及关键的业务术语。

这样，经过双向培训，上述所有人员基本上有了共同语言，就能深入、细致并且全面系统地挖掘组织的各种信息需求。所以，双向培训表面上看是耽误时间，但事实上是“磨刀不误砍柴工”，是知识沟通与共享的一种集约方式。

我们知道，信息系统的核心是软件。而在软件开发的不同阶段进行修改需要付出的代价是很不相同的，在早期引入变动，涉及的面较小，因而代价也较低，而在开发的中期引入一个变动，则对所有已完成的相关部分都要作修改，真是牵一发而动全身。根据美国一些软件公司的统计资料，在后期引入一个变动比在早期引入相同变动所需付出的代价甚至高 2～3 个数量级。经过双向培训，双方的用语将大大减少歧义现象，从而使开发方对用户方的需求理解得更准确，也表达得更准确。总而言之，双向培训可以大大减少系统在后期的修改。

除了系统开发人员和业务支持人员之间的双向培训外，项目团队所有成员之间在项目实施期间的沟通方式和沟通计划也应该在一开始就予以明确。可以采用的沟通形式有会议、电话、书面情况报告、电子邮件或几种方法的结合使用。如果使用书面形式沟通，那就要规定内容、详略程度以及报告形式。

在制订项目组的正式或非正式的沟通计划时，项目经理还要考虑与成员接触的频度，有些成员会比其他成员需要更多的沟通。除了定期的、排定的沟通，项目经理还可以计划好项目的关键里程碑前后或其他检查时间的会议或报告。

在上述工作都准备好之后，就可以召开项目启动会议了。项目启动会议是信息系统项目成立以后的第一次全体会议，其目的是：

(1) 项目成员的集体亮相和初步交流。会议可以为项目成员之间的相互了解提供一个机会，为以后的合作工作打下一个基础。

(2) 加深对项目目标的理解。这是会议的主要目的，项目各成员对信息系统建设的目标和意义的全面深入理解，对项目的成功是非常关键的。

(3) 统一思想认识。对项目的组织结构、工作方式、管理方式及一些方针政策等取得一致的认识，以确保项目顺利实施。

(4) 明确岗位职责。明确每位成员的权利职责范围，明确项目中各个岗位的角色、主要任务和要求等，帮助项目成员更好地理解他们的工作任务。

项目启动会议由信息系统项目的负责人筹备和主持，出席会议的人员应包括用户单位的主管领导、各业务部门主管、一线用户的代表和全体项目成员。根据会议的目的，会议的议题可以包括如下方面：项目的基本情况（如目标、意义、规模和完成时间等）、项目的主要成果、项目所需资源的要求（如成员的技术要求和设备要求等）、项目的管理制度、项目的主要任务及进度安排、项目可能会遇到的困难及变化等。

最后，我们强调一个似乎是不重要的但却起着很大作用的事情，即无论项目是大是小，最好设立一间项目办公室，项目办公室可以作为项目的一个控制中心、接待领导或客户的会议室、技术讨论中心以及休息室等。项目办公室无须豪华，但却能使人在物理上感觉到项目的存在，有助于各种信息的沟通。当然，如果条件不允许，也应尽可能使项目成员之间的工作岗位（俗称"工位"，比如办公桌）集中在一起，因为形式上的集中有利于培养项目成员的团队精神。

5.2.3 开发用语和风格的规范化

对于信息系统来说，开发用语和风格的规范化、统一化是十分重要的。无论在信息系统的开发过程中还是在使用过程中，都有大量的信息交流，除了前面提到的业务信息内容的双向培训和交流之外，常常要涉及信息系统本身的情况。例如，信息系统的结构、工作流程和处理原则等。当讨论信息系统的开发或改进时，开发人员内部、开发人员和管理人员之间，必然要对这些问题进行大量的讨论及研究，如果没有一个统一的标准，就无法形成统一的语言，讨论就不能顺利地进行，甚至会发生种种误解和矛盾。

信息系统开发工作中正确划分阶段、确定每个阶段的里程碑是保证开发工作顺利进行的一个重要条件。经验证明，每一个工作阶段都应该有明确的任务、明确的起点和明确的终点，这些都应该是能够检查的、有定量标准的。如果不是这样，就会给工作带来许多隐患。

目前，在工作阶段的划分上，有多种不同的划分方法，各工作阶段的名称、任务、起点和终点都有不同的提法，对于各阶段形成的工作文件应该包括什么内容也有不同的理解。比如，有的人认为信息系统的开发包括系统分析、系统设计、系统实施、系统转换和维护 4 个阶段；有的人则认为在系统分析之前还有一个系统规划阶段，对于系统规划，不同的人也有不同的叫法，比如叫战略规划或总体规划；有的人认为信息系统的开发由需求分析、系统设计、系统实施和系统测试等阶段组成；对于系统设计阶段又有不同的分法，比如逻辑设计和物理设计、概要设计和详细设计等。

显然，这种术语繁多的情况对于信息系统的工作是不利的。对于同一项目组的人员来说，如果没有统一的认识，就会无法协调彼此的工作。对于不同单位的人员来说，如果没有统一的认识，就无法互相学习、互相切磋。因此，有必要把各种不同的划分方法加以统一。其实，现有的各种阶段划分法之间的主要区别在于详略不同和名称不同；在实质内容上区别并不大，往往是强调的方面有所不同。因此，项目团队必须加以适当调整或裁减，在项目团队中取得一致并且在项目实施过程中推行开来。

对于用户来讲，开发风格如果一致可以使用户存在一个学习过程，用得越多越熟，并且在各子系统间还可以共享学习经验。同样，风格一致对于开发人员来说也存在着共享学习经验的学习过程。

从目前已经介绍到国内的各种辅助开发工具来看，许多工具（比如各种系统分析工具）之间常常是大同小异，有的则只是符号的差异，由于这样一些差异而给人们交流思想造成障碍是没有道理的。应该认真分析这些工具的异同，进行客观的分析、取舍或改造，形成项目团队开发系统的一套统一的描述工具。

越来越多的信息系统追求面向窗口的点选式界面，但设计一个好的人机界面并非易事。

人们普遍认识到，迫切需要在项目团队内部推行一套统一的用户界面设计标准，因为这将给开发者和终端用户双方都带来便利；对开发者来说，因大家都按统一的标准进行设计，每次为新系统设计界面时可重用原有的模块和对象，这将大大提高界面的生产率和质量。对用户来说，一旦掌握了某个系统的界面，再学习新的应用系统时就会感到亲切自然，直观易懂。

编程的风格在很大程度上影响着程序的可读性、可测试性和可维护性。所以，还必须统一编程风格，以提高程序的可读性、可重用性和可维护性。比如统一源代码写作规范、注释写作规范和数据库设计规范等。

另外，信息系统项目一般都比较复杂，如果能采用项目管理软件辅助管理，对于提高项目团队的生产率，严格控制质量，规范项目团队的管理都是有好处的。

5.2.4 妥善处理与强势用户的关系

目前越来越多的用户单位开始重视在信息系统实施中的参与。在这些用户中，有一些组织由于处在行业标杆的位置，或者具有竞争力强、资金充裕等优势，在与信息系统的开发方进行合作和沟通的过程中，往往处于强势地位。已有实际案例表明，此类组织最终也往往能够成功实施信息系统。事实上，开发方为了赢得该组织的后续项目或者期望建立在该行业或领域的口碑或品牌，也会主动迎合上述用户的强势地位，使得这些用户的强势地位得到进一步巩固。

我们将这类用户定义为“强势用户”，即在信息系统的开发过程中，由于拥有开发方所期待的后期利益这一独特资源从而处于主动控制的优势地位的用户。这里的用户是指组织层面的用户，即企业、政府部门或事业单位等组织，一般是行业中的标杆企业或政府机构，或者资金充裕，或者对业务熟悉程度高，对实施方具有很强的管控能力。

实际上随着用户组织对信息系统了解程度的加深，以及信息系统开发的市场日益成为买方市场，用户的议价能力和谈判能力都在日渐加强，不仅是标杆企业或政府机构，一般用户在开发方面前的地位也在加强。

那么，强势用户应该如何利用自己的这种有利地位采取相应的控制呢？与之相对应的开发方又如何适应这种控制，来妥善处理与强势用户的关系呢？本节就对这两个问题进行讨论。

1. 强势用户应该采纳的控制机制

首先针对强势用户这一特殊群体，我们提出如下两方面的控制机制①，以便其对开发方进行更好的管控：

一方面，强势用户可以从组织内部加强自身对项目的管理控制能力：

(1) 建立适用于本组织的项目实施方法论。

(2) 组织专门的配合团队，甚至安排某些人员脱产对开发方的工作进行全力配合。

---

① 参见左美云等在《强势用户在信息系统实施中的行为研究》(管理科学，2010 年第 4 期)一文，该文采用控制理论的分析框架，对 4 个强势用户成功实施的信息系统项目进行了深入的案例研究，分别归纳出强势用户在行为控制、结果控制、宗派控制(clan control)和自我控制 4 种控制类型下的具体控制机制问题。

(3) 制订并提供项目未来的长期规划。这样,不仅有助于开发方在系统规划阶段从用户长期发展的角度对系统进行分析设计,还可以通过此种方式向开发方暗示后期持续合作的可能性,以此加强开发方的自我控制意愿。

(4) 设立问题管理程序。即在系统实施过程中出现某些问题时,如果能有一套规范的问题处理程序,则会大大简化双方矛盾,提高实施效率。

(5) 组织测试或验收系统。

(6) 组织双方共同分析评估已有成果。

另一方面,强势用户也可凭借自身的强势地位,直接对开发方提出某些强制性要求或通过自身行为对开发方产生间接影响。

(1) 要求开发方派一定人员驻用户方工作。这样,不仅便于开发方对实施方进行行为控制,更能增进交流和互信,有利于开发方人员对于用户方组织文化产生强烈的认同感。

(2) 要求开发方制订明确的项目计划。

(3) 组织定期碰头会。

(4) 以身作则做好自己负责的项目工作,使开发方产生潜在的心理压力。

(5) 要求双方进行短期集中突击工作,达到在短期内高质量完成阶段性成果的目的。同时,也有助于双方在短期内形成默契,以便在后续工作中更好地协作。

(6) 对开发方进行培训。对于培训的内容,用户方可以考虑以下两方面:首先,有实力的用户可以对开发方进行项目管理方面的培训,以此加强开发方的自我管理能力;其次,可以将用户方的管理方式及规章制度对开发方进行专项培训,以此加强开发方人员对用户方企业文化的认同,进而使双方人员的观念及工作理念达成一致。

(7) 在系统建设的各个阶段,均可要求开发方高级管理人员一定程度的参与。

(8) 设立奖惩机制。可以在项目建设的初始阶段,针对开发方行为及结果设立奖惩机制;在项目实施过程中或项目结束后,根据开发方行为进行评估及奖惩。

2. 开发方应该采纳的控制机制

一般来说,在与强势用户合作的过程中,开发方为了获取示范效应,树立良好的品牌形象,或是期望继续合作,往往表现出主动迎合用户方的管控以及较强的自我控制意愿。可以说正是由于用户方的强势地位,开发方才更愿意自发地实施自我控制。因此,我们认为,从有利于组织发展的角度而言,开发方在了解到强势用户采取的控制机制后,应考虑在信息系统建设过程中,自己需要采取哪些措施,以主动为用户方提供控制便利,从而有效获取用户方的信任。因此,我们总结出以下一些控制机制供开发方参考。

(1) 开发方主动提交明确的项目计划。

(2) 开发方主动要求驻用户方工作。这样做不仅可以保证开发方更为准确地了解和实现用户方的需求,而且可以增进交流,增强互信,减少摩擦,培养默契。

(3) 开发方主动提交每周/每月报告,以确保用户方及时了解项目的进展情况。

(4) 开发方主动要求召开阶段性成果展示会,并且尽量保证己方高层管理人员参与。

(5) 开发方通过电话/电子邮件等方式,主动与用户方进行沟通。

(6) 开发方主动组织与用户方的交流或聚会。日常生活中双方个体成员间进行较为轻松的沟通交流，有助于加深彼此的了解，加强进一步的合作。

5.3 业务流程的规范化和优化

信息系统和组织的业务流程之间是相互影响的，引进信息系统将导致新的业务流程的产生，而现存的业务流程又对信息系统的设计、引进的成功与否等产生重要的影响。因此，在规划和实施信息系统时，必须从组织的业务流程入手，规范组织的业务数据并重新设计业务流程，在此基础上调整或设计新的组织结构。

5.3.1 数据和业务流程的规范化

组织数据的标准化工作很重要。因为计算机很“笨”，计算机只能对规范的数据按照既定的流程进行处理。规范的数据要求数据标准化，既定的流程要求信息流程标准化。所以，要充分发挥信息系统的作用，就要尽可能地做到信息的标准化和信息流程的标准化。其中信息的标准化又可以分为指标体系的标准化和代码的标准化。其实，这是系统设计内容的一部分。但由于它的重要性和经历的时间较长，在此将它单独列出予以阐述。

1. 指标体系标准化

在某一工作范围内，大家需要对共同关心的信息格式作出统一的规定，以便进行交流。以人事档案为例，为了满足人事管理的需要，对于每一个工作人员，我们需要记录姓名、籍贯、出生年月、家庭地址、政治面貌、文化程度、工作简历和奖惩情况等。根据这些可以制订出人事档案的管理工作，则各单位之间的信息交换就会容易得多。同样，对于订货管理和物资管理等，也都应制订出统一的规格，以便交流。

指标体系的标准化往往涉及具体的各业务部门的特定问题。例如，对于一个工厂的技术经济水平，究竟应该用哪些指标来评价，根据不同的管理体制或不同的管理理论就会有不同的回答。同样，对于一个地区的发展状况，应该用怎样的指标体系来衡量，也会由于社会经济条件的不同或经济理论的不同而各异，比如在经济至上的时代和现在追求和谐社会以及科学发展观的时代就不一样。因此，指标体系的标准化不是单纯的信息处理问题，而首先在于业务指导思想和观点的统一。

在社会经济的一些重要方面，国家统计局已经制订了有关的指标体系（包括内容、算法和口径等），各行各业根据自己的需要，也会制订相应的指标体系，开发信息系统时应遵照执行。对于那些还没有标准的具体业务，系统分析人员应该仔细分析，在满足组织业务运作和管理目标的情况下制订相应的指标体系。

2. 代码标准化

在任何信息系统中，信息的表示方法都是系统的最重要的基础之一。任何信息都是通过一定的编码方式，以代码的形式输入并存储在计算机中的。当然，文字是一种记号，也可以说是一种代码，但是由于它长度不定，又常常具有二义性，因此，在信息系统中常常要在文字描述之外，用代码来区分实体或它们的属性值。这样，录入过程中只需录入代码而不需要录入汉字或字母，以提高录入的准确性和一致性。

比如，假设“中国人民大学”不经过编码，在录入有关该学校的信息时，有的录入员可以录入“人大”，有的则录入为“人民大学”，当然，更多的是录入“中国人民大学”。那么，只查询“中国人民大学”是不能得到有关该学校的所有详细信息的。假设现在将“中国人民大学”编码为 01，那么操作人员只需录入或用鼠标选入 01，则可显示出“中国人民大学”的字样，而查询时只需令查询条件为“学校”编码等于“01”即可。所以好的编码能提高录入效率和查询速度，以及得到准确的结果。这是代码标准化的重要性。

代码体系的建立当然应该由负责该领域业务工作的人员来完成，因为无论是编码对象，还是其属性的分类方法，都要由特定的业务或技术来确定。作为信息系统的工作人员，可以在代码制订前先给业务支持小组成员培训，讲解各种编码方法的优劣，并提出参考意见，即从信息处理的角度提出建议。以下几个方面是编码过程中需要注意的问题。

(1) 代码的设计应合理，长度不宜过长，以便节省存储空间，加快处理速度。当然，代码长度应能容纳所涉及的实体或属性，必须能把这些实体或属性区分开。

(2) 尽量在代码中反映出一定的逻辑含义，特别是检索方向。单纯的顺序编号对于进一步处理起不了什么作用。因此，应该根据信息的检索需求，把代码分成若干段，每段反映一个检索项的值。这样，就能从代码中迅速地进行检索或进行其他处理。例如，学生学号的编制中，就可以把入学年份和院系的编号纳入学号之中。如果这样做，将来的查询功能就能够做得快一些、好一些。

(3) 留有扩充的余地。一般来说，扩充有两种情况，一种是实体的个数增加，另一种是需要进一步细分某些实体或属性值的类别。在这两种情况下，如果事先没有留有充分的余地，就会出现代码无法编制或者所要表达的分类情况无法表示等情况。对前一种情况来说，应该计算代码的容量，即它所能表达的个体的个数。例如，一个 3 位数的数字代码可以区分一千个不同的个体；一个由两个英文字母组成的代码可以表达 676 个不同的个体(26×26)；如果区分大写小写，并且可以用数字出现在其中，那么同样是两位的代码可以表达 3844 个不同的个体(62×62)。在计算容量时，都应该考虑到今后的发展与扩充，而不能只看当前的情况。对后一种情况，则可以在代码的长度中留出一至二位作为备用。

通过提出这些建议，信息系统的开发人员与业务人员合作，共同提出代码设计方案。

这里举一个实际的例子。铁路货车维修业务信息系统的主要功能之一是进行故障信息的录入、查询和统计，所以，如何进行故障编码就非常重要。该系统开发小组成员建议采用字母和数字的混合编码，这样“码长(代码长度)”短，而业务支持小组建议采用单纯数字编码，因为有利于快速输入。由于故障编码是本系统的灵魂之一，两小组僵持不下，最后由项目负责人决定全部采用单纯数字编码，原因是能在小键盘(数字键盘)上快速录入。落实方案后，为了对所有故障进行编码，两个小组特别是业务支持小组几上几下、反反复复征求意见，前后历时 4 个月。许多同志感慨地说，编码看似简单，但关系重大，要做好的确不容易。

代码体系涉及许多具体的工作人员，如果代码体系发生变化，就会遇到变更工作习惯或工作方式的问题，这是相当麻烦的事情，可能会遇到各种各样的障碍及阻力，所以信息系统的设计人员应该有充分的准备，对代码体系的修改应持谨慎态度。

在我国目前的情况下，许多代码尚没有全国统一的标准。例如，产品目录就有多种，这种情况给信息系统的开发带来很大困难。作为信息系统的开发人员，一方面应该对于这种情况有充分的思想准备，在自己的系统中把涉及某种代码的操作集中起来，而把当前代码体系作为文件存储起来，随时可以更换，而不要把它写入程序中，以免不易改动。我们建议：只要是可以选择录入的字段，都应该进行编码，从而可以维护。

3. 业务流程的规范化

为了保证组织各项业务的顺利进行，就需要对各项专业管理业务的范围、内容、程序和方法等进行规定，即制订业务标准，从而把组织中千头万绪的工作同相应的部门及人员联系起来。规范的业务流程是业务标准的重要组成部分。有了规范的业务流程，对于一项具体的管理业务来说，各有关部门和人员就可以按照统一的程序和方法办事，各司其职，相互协作配合，使这项业务能够从头至尾顺畅地进行，从而避免那种凭个人经验办事，一人一种做法，工作互不统一的混乱状况，造成业务进行过程中的阻塞。

业务流程图是以一项相对独立的管理业务为单位，用标准图例和简单的文字说明将其业务内容、步骤和要求绘制出来。其目的是用以对管理业务进行规范化和标准化，也是组织中管理规程一类的文件。这里的业务，是指由不同的部门(或岗位)和若干工作环节组成的，针对某一对象开展的相对独立的管理工作，例如到物资科领料，要经过填写领料单、审核、验物、签字直到实物领出，涉及的人员可能要有车间主任、领料员、仓库保管员和车间生产工人。

业务流程图的绘制既有利于信息流程图的抽取，也有利于系统开发小组成员更好地掌握该项业务的整个过程，从而对组织信息需求有更宏观、系统的把握。绘制业务流程图一般可按以下顺序进行(参照图 5.1)。

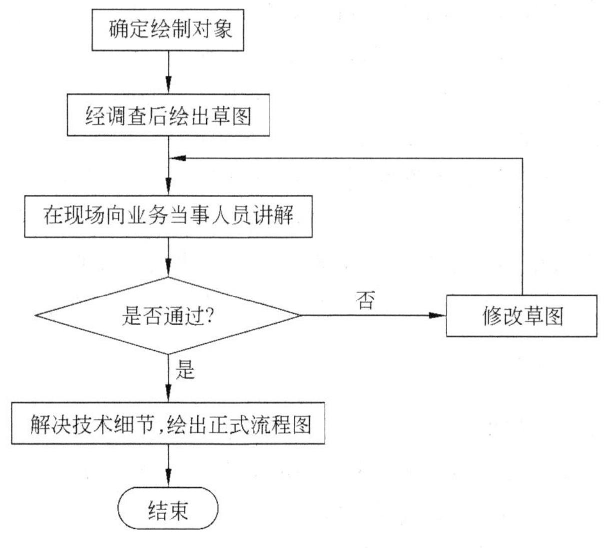

图 5.1 业务流程图绘制过程示意图

(1) 选择和确定绘制对象。选择那些业务过程复杂、接口部位多、容易衔接不畅的管理业务优先进行分析和绘制。

(2) 收集资料，分列工作步骤。即先不考虑每项处理由谁做和根据什么做以及有何具体要求，只是单一列举工作内容。

(3) 加入信息资料的输入和输出。此处的信息，包括内部环节之间的交流，也包括与外界的交流。

(4) 列入部门。即按实际情况将每一处理步骤安排在相应的部门/岗位的位置之下，也是确定由谁做的问题，至此已形成了业务流程图的草图。

(5) 反复核实和修正草图。特别是涉及多部门，处理环节复杂和传递信息量大的业务，应和相关部门的负责同志仔细斟酌其中的每一步骤和环节。

(6) 加入有关的要求或说明，绘出正式的业务流程图。

其实，图5.1中业务流程图绘制过程示意图就是一个典型的业务流程图的例子。当然，该图只是一个草图或示意图。

业务流程图的绘制过程也是业务流程的规范化过程。业务流程规范化(Business Process Normalization，BPN)是业务流程改进(Business Process Improvement，BPI)和业务流程再造(Business Process Reengineering，BPR)的基础，上述三者(BPN、BPI和BPR)合称为业务流程管理(Business Process Management，BPM)的内容。

5.3.2 业务流程的改进和再造

前面多次提到，信息系统实施之后，必须由相应的新的业务流程与其相适应。但是，业务流程的重新设计不能在实施之后才开始，因为这样做的后果有两个，一是信息系统的开发过程并没有充分考虑到新的业务流程，因而可能只是现有业务流程的模仿，另外，信息系统的生命周期将会因为等待新流程的设计和实施而大大缩短。

基于以上原因，在规划和实施信息系统时，必须在规范组织现有流程基础上，结合新系统对信息处理的特点和优势，重新设计组织的业务流程。

重新设计业务流程，首先要找出现有业务流程中存在的问题，以及评估新系统实施后对业务处理方式的改变。前者主要依靠业务支持人员发现问题，后者则需要系统开发人员与业务支持人员共同分析现有的业务流程图，直接查找出问题，分析哪个环节在信息系统上了以后是多余的，或者还缺少哪一环节等。这个时候，还要对改革的力度进行评估，如果属于剧烈式变革，或者说要根据信息系统的功能进行业务流程重构，则将其称做业务流程再造或业务流程重组(BPR)，相对应的将渐进式的改进我们称之为业务流程改进(BPI)。

1. 业务流程改进(BPI)

这时采用的基本原则即所谓的ECRS改进四原则：E(eliminate，排除、取消)、C(combine，合并)、R(rearrange，重排)和S(simplify，简化)，参见表5.5中的分析。

1) "取消"所有不必要的工作环节和内容

有必要取消的工作，自然不必再花时间研究如何改进。某个处理、某道手续，是否会因为信息系统的实施可以取消，比如为了获得最终结果而增加的某些中间环节，就有可能被取消。这是改善工作程序、提高工作效率的最高原则。

2) "合并"必要的工序

不能取消的工作环节，可以研究能否合并。为了做好某项工作，自然要有分工和合作。

分工的目的，或是因工作量超过某一组织或人员的负担，或是由于专业需要，再或是从增加工作效率出发的考虑。如果采用信息系统后，已经不存在工作量的问题或专业分工的问题，那么就需要合并。

3）“重排”所必需的工作程序

取消和合并以后，还要将所有程序按照业务的逻辑或信息的流向进行重排顺序，或者在改变其他要素顺序后，重新安排工作顺序和步骤。在这一过程中还可进一步发现可以取消和可以合并的内容，使作业更有条理，工作效率更高。

4）“简化”所必需的工作环节

对程序的改进，除去可取消和合并之外，余下的还可进行必要的简化。这种简化是对工作内容和处理环节本身的简化。

表 5.5　业务流程改进的四原则

原　　则	内　　容	原　　则	内　　容
排除(eliminate)	从追求目的出发，排除不必要功能	重排(rearrange)	可否与其他工作转换顺序
合并(combine)	不能排除的可考虑合并	简化(simplify)	余下的则尽可能地加以简化

另外还有改进的 6 个问题，即分析每一个环节的目的、内容、时间、地点、人员和方法，以达到对不恰当的环节进行改进的目的。其具体内容见表 5.6。

表 5.6 中的 6 个问题都与信息系统的规划和设计有关。比如由于信息处理速度加快，对业务的发生时间就会产生影响。又比如，某些信息可能源头并不在此地，有了信息系统后就可以通过网络将数据传输过来(如银行异地存取)，这样，工作地点就会发生变化，等等。

表 5.6　业务流程改进的 6 个问题

<table>
<tr><th>问　　题</th><th>结　　论</th><th>措　　施</th></tr>
<tr><td>1. 目的——为什么有该工作？有否必要？为什么？</td><td>说明何以必须这样做</td><td rowspan="2">取消部分不必要的环节</td></tr>
<tr><td>2. 内容——做什么？有必要吗？</td><td>确定工作内容</td></tr>
<tr><td>3. 时间——何时做？是否必须这时做？</td><td>指定工作时间</td><td rowspan="4">改进部分环节</td></tr>
<tr><td>4. 地点——何处做？是否必须在此地做？</td><td>指定工作岗位</td></tr>
<tr><td>5. 人员——由谁做？别人能否做得更好？</td><td>标明负责人</td></tr>
<tr><td>6. 方法——怎样做？有无更好的手段？</td><td>确定工作方法与程序</td></tr>
</table>

2. 业务流程再造(BPR)

今天的组织必须投身于创新和变革中，不仅是为了成功，而且是为了在日益激烈的竞争环境中获得生存。有很多环境要素迫使组织变革。与先进的信息技术相联系的一些强大的力量，比如国际经济一体化、国内市场的成熟，以及社会制度的转变等，已经影响到每一个组织。为了识别和应对威胁，以及利用各种机会，今天的组织在其所从事的各个领域正在进行不断的变革和创新。

过去，稳定是一般状态，变化附加性地、不经常地发生。而今，组织变革通常是急剧的、持续的。在今天的社会中，很多组织已经非常熟悉“创造性破坏”这个管理术语了。创造性破坏对于组织的业务流程来讲就是业务流程重构、业务流程再造或业务流程重组，“破坏”的目的是为了“创造”。

我们认为 BPI 是渐进式的变革，而 BPR 则是剧烈式的变革。渐进式变革代表了一系列持续的改进。这些改进维持着组织的一般平衡，并且通常只影响组织的部分业务。与之相反，剧烈式变革打破了组织的原有框架，通常产生一个新的平衡，因为整个组织都进行了变革。

业务流程再造就是为了获取可以用诸如成本、质量、服务和速度等方面的业绩来进行衡量的戏剧性的成就，而对组织业务流程进行根本性的再思考和关键性的再设计。这个定义中包含了“根本性”、“关键性”、“戏剧性”和“流程”这 4 个关键词。

1）“根本性”思考

“根本性”是说，在再造过程中，组织人员必须就组织自身以及组织的运营方式提出几个最根本性的问题，即“为什么我们要做我们正在做的事情?”“为什么我们要用现在的工作方式做事情?”提出这些根本的问题就是要使人们对他们管理组织的方法所基于的不成文的规则与假设以及所从事的业务进行观察和思考，通过观察和思考，往往会发现这些沿袭下来的规则和假设已经是过时的，甚至是错误的，因而是不适用的，而所从事的业务是没有竞争力的，是没必要再做的。

2）“关键性”设计

“关键性”再设计意味着对事物追根溯源，对既定的现存事物不是进行肤浅的改变或调整修补，而是抛弃所有的陈规陋习和一切规定的结构与过程，保留具有核心竞争力的业务，创造发明完成工作的全新的方法；它是对组织的运行和业务进行重新构造，而不是对组织进行改良、增强或调整。

3）“戏剧性”效果

业务流程再造不是要取得小的改善，而是要取得业绩上的突飞猛进。如果一个组织的业绩距应达到的水平只差 10%，那么这个组织就不必实施业务流程再造，因为许多传统方法，从激励员工队伍到建立质量保证计划，都可能给组织带来 10%的改进。只有当组织需要彻底改变时，才应实施业务流程重组。小的改善只需要逐步调整就可以取得；“戏剧性”的成就则需要消除一切陈旧事物而代之以崭新的内容。

4）以“流程”为导向

在“根本性”、“关键性”、“戏剧性”和“流程”这 4 个关键词中，人们一度曾以组织的成就为导向而强调“戏剧性”。实践表明，在实施业务流程再造中，应该强调的是“流程”。虽然这个“流程”最重要，但它也是许多人感到最头痛和最难办的，因为一方面“流程”总是要跨越部门，“流程”的改变会引起组织内的混乱，大多数组织的领导人并不以流程为中心，他们往往把注意力集中于任务、工作、人员和组织结构而不是“流程”；另一方面，流程又总是与业务分不开的，不同的业务对应着不同的流程。而非核心业务的认定同样会引起组织内的混乱。

正是因为业务流程再造的 4 个关键特性，使得业务流程重组在实践中成功的不多，但也正是由于成功案例的示范效应，也有许多组织根据自身的情况，准备在适当的时机进行本组织的流程再造，以图重新赢得竞争力。

许多实施业务流程再造的组织都广泛地利用了信息系统，正是现代信息技术帮助它们打破了陈旧的制度并创建了新型的过程模式。但是，实施流程再造的组织也必须画出现有业务的流程图，对组织的业务流程进行规范，然后按照未来系统的目标，对业务流程进行相应的再造或重组。

5.4 信息系统的开发模式选择

组织在设计信息系统实现方案时，首先应考虑信息系统开发模式，然后考虑开发方法，接着是确定开发环境，选用合适的开发工具。由于开发方法将在本书的第3部分作详细的比较与分析，因而本节只对开发模式做一些简单的讨论。

近年来，随着计算机技术与网络技术突飞猛进的发展，信息系统开发模式正经历着巨大的革新。综观整个信息系统平台的发展过程，共产生了4种模式：主机终端模式、文件服务器模式、客户机/服务器模式(C/S模式)和浏览器/服务器模式(B/S模式)。

主机终端模式由于硬件选择有限，硬件投资得不到保证，已被逐步淘汰。而文件服务器模式由于应用程序及计算机的主体转而面向个人，整个系统的总体开销和维护成本大大提高。而且这种模式也只适用于小规模的局域网，对于客户多、数据量大的情况就会产生网络瓶颈。以下主要介绍C/S和B/S两种模式。

5.4.1 客户机/服务器(C/S)模式

C/S(Client/Server)模式是20世纪80年代逐渐成长起来的一种模式，在这种结构中，网络中的计算机分为两个有机地联系起来的部分：客户机和服务器。客户机由功能一般的微机来担任，它可以使用服务器中的资源。

对于用户的请求，如果客户机能够满足就直接给出结果，反之则需要交给服务器来处理，例如调用存放在服务器上的公用数据等，服务器对这些数据进行一些客户看不见的处理后发还给客户。因此该模式可以合理均衡事务的处理，充分保证数据的完整性和一致性。

客户方应用软件一般包括用户界面、本地数据库等。当用户调用服务器资源时，客户机将请求传送给服务器，并根据服务器回送的处理结果进行分析，然后显示给用户(参见图5.2)。

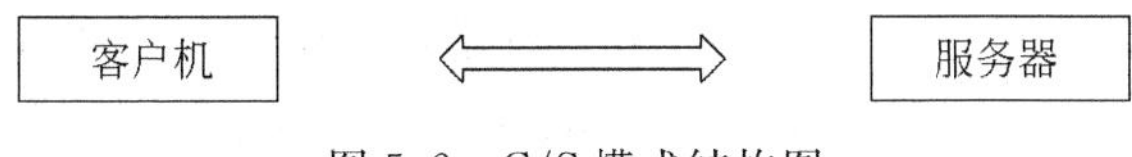

图5.2 C/S模式结构图

但随着Internet技术的发展，以及组织对信息系统的总体拥有成本[①]的考虑，这种模式也逐渐暴露出许多问题，主要体现为以下几点：

(1) 开发成本较高，C/S结构对客户端软硬件要求较高；尤其是软件的不断升级，对硬件要求不断提高，增加了整个系统的成本。

① 这里的总体拥有成本，是指不但考虑开发成本，还要考虑维护和升级成本；不但要考虑硬件成本，还要考虑软件成本。

(2) 移植困难，不同开发工具开发的应用程序一般来说互不兼容，不能搬到其他平台上运行。

(3) 不同客户机安装不同的子系统软件，用户界面风格不一，使用繁杂，不利于推广使用。

(4) 由于每个客户机都安装了相应的应用程序，所以维护复杂，升级麻烦，比如升级，则每个客户机的软件都要更新。也正是因为由于每个客户机都安装了相应的应用程序，所以该模式又叫“胖客户机/瘦服务器模式”。

5.4.2 浏览器/服务器(B/S)模式

随着 Internet 席卷全球，以 Web 技术为基础的 B/S(Browser/Server)模式正日益显现其先进性，当今很多基于大型数据库的信息系统正在采用这种全新的技术模式。

B/S 模式由浏览器、Web 服务器和数据库服务器 3 个层次组成。在这种模式下，客户端使用一个通用的 Web 浏览器，代替了形形色色的各种应用软件，用户的所有操作都是通过浏览器进行的。该结构的核心部分是 Web 服务器，它负责接收远程(或本地)的查询请求，然后根据查询的条件到数据库服务器获取相关数据，再将结果翻译成各种页面描述语言，传送回提出查询请求的浏览器。同样，浏览器也会将更改、删除和新增数据记录的请求提交至 Web 服务器，由后者与数据库联系完成这些工作。B/S 模式的结构如图 5.3 所示。

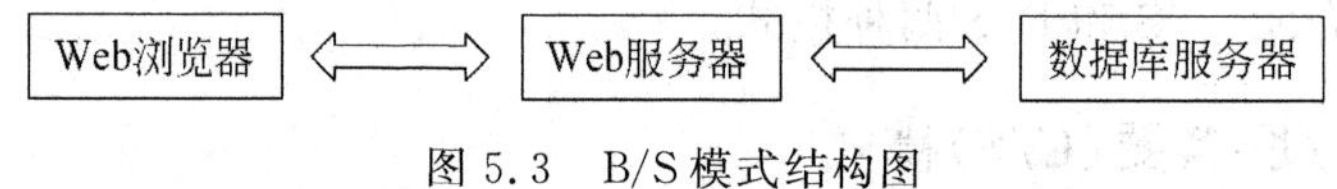

图 5.3 B/S 模式结构图

B/S 模式具有以下优点：

(1) 使用简单。由于用户使用单一的 Browser 软件，基本上无须培训即可使用。

(2) 易于维护。由于应用程序都放在 Web 服务器，软件的开发、升级与维护只在服务器端进行，减轻了开发与维护的工作量。

(3) 保护组织的投资。B/S 模式采用标准的 TCP/IP、HTTP 协议，可以与组织现有网络很好地结合。

(4) 对客户端硬件要求低。客户机只需安装一种 Web 的浏览器软件；也正因为此，所以该模式又叫“瘦客户机/胖服务器模式”。

(5) 信息资源共享程度高。由于 Intranet 的建立，Intranet 上的用户可方便地访问系统外资源，Intranet 外用户也可有条件地访问 Intranet 内资源。

(6) 扩展性好。B/S 模式可直接连入 Internet，具有良好的扩展性。

5.4.3 B/S 与 C/S 的混合模式

我们还可以将上述两种模式的优势结合起来，形成 B/S 与 C/S 的混合模式，如图 5.4 所示。对于面向大量用户操作的模块采用三层 B/S 模式，在用户端计算机上安装运行浏览器软件，基础数据集中放在较高性能的数据库服务器上，中间建立一个 Web 服务器作为数据服务器与客户机浏览器交互的连接通道。而对于在系统模块安全性要求高、交互性强、处理数据量大、数据查询灵活的地点则使用 C/S 模式，这样能充分发挥各自的长处，开发出安全可靠、灵活方便、效率高的信息系统。

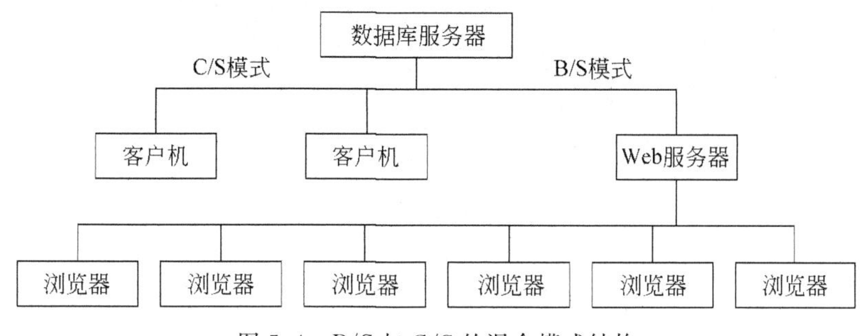

图 5.4　B/S 与 C/S 的混合模式结构

思　考　题

1. 信息系统的建设方式有哪几种？各有什么特点？
2. 根据计价的不同，可以分为哪几种合同类型？每种的风险如何？
3. 谈谈你对信息系统开发中合同条款的理解。
4. 信息系统开发的项目团队有哪几种组织形式？
5. 如何绘制知识地图？如何确定每个成员的责任？
6. 谈谈你对开发用语和风格的规范化、统一化的理解。
7. 举例说明什么样的用户属于强势用户，强势用户一般应该采用哪些控制机制？
8. 详细讨论数据和业务流程规范化对于开发信息系统的重要性。
9. 举例说明业务流程改进(BPI)的 4 种方法，简要说明业务流程重组(BPR)的含义。
10. 说明并比较信息系统的各种开发模式。

第 3 部分

信息系统的开发方法

第6章 生命周期法与原型法

从 20 世纪 60 年代开始，人们就开始了信息系统开发方法和工具的研究。随着信息系统开发方法的不断发展，逐渐形成了一门新的学科，即信息系统开发方法学。一种好的信息系统开发方法学应当能够为信息系统的开发过程从头到尾提供一整套提高效率的途径和措施。信息系统开发方法至今已有几十种，可以根据二维坐标进行分类，一维是时间过程，另一维是关键分析要素。

按时间过程来分，可把开发方法分为生命周期法（Life Cycle，LC）和原型法（PROTotyping，PROT），这两种方法是这个轴的两头，实际上还有处于中间的方法，如阶段原型法。按照信息系统开发的关键分析要素，可以把开发方法分为 3 类：①面向处理方法（Processing Oriented，PO）；②面向数据方法（Data Oriented，DO）；③面向对象的方法（Object Oriented，OO）。

所谓 PO（面向处理方法）就是系统分析的出发点在于搞清系统要进行什么样的处理；而 DO（面向数据方法）首先分析组织的信息需求，设计并建立组织的信息模型，然后建立全组织共享的数据库；OO（面向对象方法）则首先分析组织的一些对象，把描述对象的数据和对象的操作放在一起，或者说对象的数据和操作内容是对外封闭的。

可以把以上的分类用表格来说明，参见表 6.1。

表 6.1 信息系统开发方法二维分类

按关键要素 / 按时间过程	面向处理（PO）	面向数据（DO）	面向对象（OO）
生命周期法（LC）	LC-PO	LC-DO	LC-OO
原型法（PROT）	PROT-PO	PROT-DO	PROT-OO

本章从时间过程的角度首先介绍生命周期法，最后一节简要介绍原型法的基本步骤及其优缺点。面向对象的方法在第 7 章讨论。

6.1 生命周期法的基本思想

生命周期法是国内外信息系统开发中最常用的方法。广义的生命周期法理论认为，任何一个系统都有它的生存期，所谓系统的生存期是指从信息系统建设项目的提出，经历分析、设计、研制、运行和维护，直至退出的整个时期。

狭义的生命周期法主要指的是结构化系统开发方法（Structured System Development Methodologies，SSDM），亦称结构化系统分析与设计（Structured System Analysis and Design，SSA&D）或结构化分析与设计技术（Structured Analysis and Design Technologies，SADT），是自顶向下结构化方法、工程化的系统开发方法和生命周期方法的结合，又叫结构化生命周期法。该方法要求信息系统的开发工作,从初始到结束划分为若干阶段,预先规定好每个阶段的任务,再按一定的准则来按部就班地完成。本章主要是从狭义的生命周期法角度进行讲解。

为保证系统开发的顺利进行,结构化生命周期法强调遵循以下几个基本原则:

(1) 面向用户的观点。

(2) 严格区分工作阶段,每个阶段有明确的任务和应得到的成果。

(3) 按照系统的观点,自顶向下地完成系统的研制工作。

(4) 充分考虑变化的情况。

(5) 工作成果文档化、标准化。

结构化生命周期法克服了传统方法的许多弊端,是最成熟、应用最广泛的一种工程化方法。当然,这种方法也有不足和局限性。

(1) 开发周期长。一方面使用户在较长时间内不能得到一个可实际运行的物理系统,似乎"听得楼梯响,不见人下来";另一方面,难以适应环境变化,一个规模较大的系统,在较长的开发过程中,其生存环境可能已经发生了变化。

(2) 对于结构化程度较低的系统,在开发初期难于锁定其功能要求。这些问题在应用中有的已得到解决,并产生了其他一些方法,如原型法和面向对象方法。

结构化生命周期法的通用模式应划分为 5 个阶段:系统规划、系统分析、系统设计、系统实施、系统运行和维护。由于系统规划在第 4 章中已经有较详细的阐述,系统运行和维护在本书的后面讲解,因而本章只重点介绍结构化生命周期法中的 3 个阶段,分别是第 6.2 节的系统分析、第 6.3 节的系统设计和第 6.4 节的系统实施。

6.2 系统分析

系统分析要回答新系统"做什么"这个关键性的问题。只有明确了问题,才有可能解决问题。否则,方向不明、无的放矢,费力不讨好。实际工作中常常有这种情形,即业务人员认为信息系统的开发只是技术人员的事,开发人员根据对用户要求的肤浅理解就匆匆忙忙进行系统设计,编写程序;交给用户使用时,用户说"这不是我要的系统"。对系统分析缺乏足够的重视,是导致开发工期一再延长甚至以失败告终的重要原因,也是系统分析难以进行的主观原因。

6.2.1 系统分析的任务

系统分析是研制信息系统最重要的阶段,也是最困难的阶段。系统分析的困难主要来自 3 个方面:问题空间的理解、人与人之间的通信和环境的不断变化。

由于系统分析员缺乏足够的对象系统的业务知识,在系统调查中往往感到无从下手,不知道该问用户一些什么问题,或者被各种具体数字、大量的资料、庞杂的业务流程搞得眼花缭乱。在一个规模较大的系统中,反映各种业务情况的数据、报表、账页,业务人员手中各种正规的、非正规的手册,技术资料等,数量相当大,各种业务之间的联系繁杂。不熟悉业务情况的系统分析员往往感到好像处在不见天日的大森林中,各种信息流程像一堆乱麻,不知从何下手去理出头绪，更谈不上如何分析制约现行系统的“瓶颈”。

另一方面，用户往往缺乏计算机方面的足够知识，不了解计算机能做什么和不能做什么。许多用户虽然精通自己的业务，但往往不善于把业务过程明确地表达出来，不知道该给系统分析员介绍些什么。一些具体业务的处理，他认为理所当然就该这么做。尤其是某些决策问题，根据他的经验，凭直觉就应该这么做。在这种情况下，系统分析员很难从业务人员那里获得充分有用的信息。

俗话说：“隔行如隔山”。系统分析员与用户的知识构成不同，经历不同，使得双方的交流十分困难。这使得系统调查容易出现遗漏和误解。而这些误解和遗漏是研制系统的隐患，会使系统开发偏离正确方向。

所以，系统分析阶段要通过调查分析，对用户单位的业务流程进行分析，抽象出新系统的概念模型，锁定系统边界、功能、处理过程和信息结构，为系统设计奠定基础。系统分析阶段的基本任务是：系统分析员与用户在一起充分理解用户的要求，并把双方的理解用书面文档（系统分析说明书）表达出来。系统分析说明书审核通过之后，将成为系统设计的依据和将来验收系统的依据。

6.2.2 数据流图

为了做好系统分析工作，需要系统分析员与用户精诚合作，还要有一定的技术和工具。这里说的工具是指一些合理的图表。直观的图表可以帮助系统分析员理顺思路，也便于与用户交流。数据流图是结构化系统分析的主要工具。结构化系统分析通过一套分层次的数据流图，辅以数据字典和小说明（或称为基本说明）等工具来描述系统。

图 6.1 是一个简单的示意图。图中，上层数据流图中的一个处理框被分解为一张下层

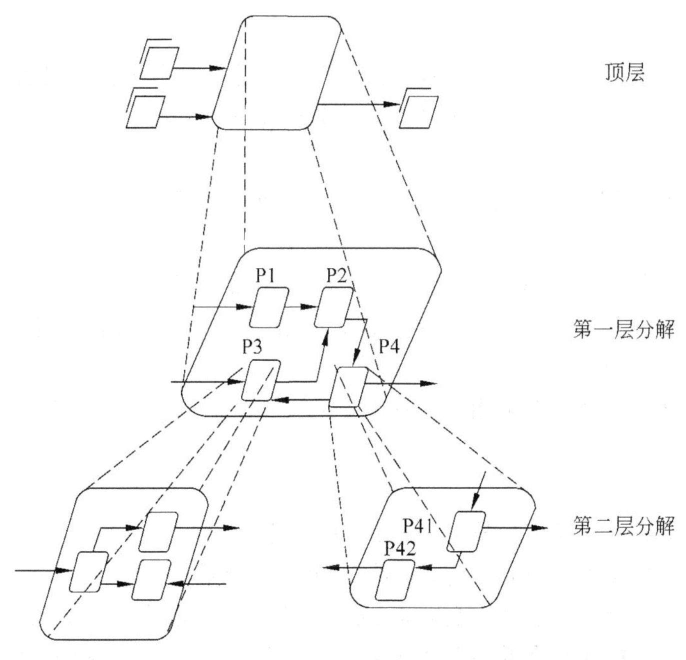

图 6.1 数据流图

的数据流图。结构化系统分析方法就是通过这种自顶向下、逐层分解的方法,利用分解和抽象这两个基本手段控制系统的复杂性,把大问题分解成小问题,然后分别解决,这就是**分解**。分而治之,正是系统工程的思路。分解时分层进行,先考虑问题最本质的属性,暂时略去具体细节,以后再逐层添加细节,直到最详细的内容,这就是**抽象**。

数据流图描述数据流动、存储和处理的逻辑关系,也称为逻辑数据流图(logical data flow diagram),一般简称为 DFD。

1. 数据流图的基本成分

数据流图用到 4 个基本符号,即外部实体、数据处理、数据流和数据存储过程。

1) 外部实体

外部实体指系统以外又与系统有联系的人或事物。它表达该系统数据的外部来源或去向,例如顾客、员工和供货单位等。外部实体也可以是另外一个信息系统。

我们用一个正方形,并在其左上角外边另加一个直角来表示外部实体,在正方形内写上这个外部实体的名称。为了区分不同的外部实体,可以在正方形的左上角用一个字符表示。在数据流图中,为了减少线条的交叉,同一个外部实体可在一张数据流程中出现多次,这时在该外部实体符号的右下角画小斜线,表示重复。若重复的外部实体有多个,则相同的外部实体画数目相同的小斜线。外部实体的表示如图 6.2 所示。

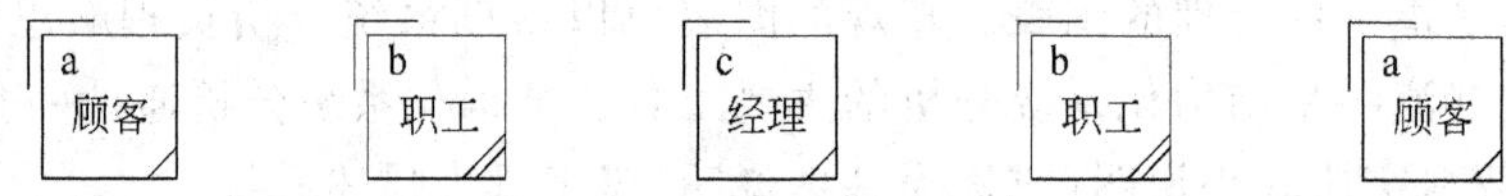

图 6.2　外部实体的图示

2) 数据处理

数据处理指对数据的逻辑处理功能,也就是对数据的变换功能。在数据流图中,用带圆角的长方形表示数据处理,长方形分为 3 个部分,如图 6.3 所示。

标识部分
功能描述部分
功能执行部分

图 6.3　数据处理的图示

标识部分用来标识一个功能,一般由字母 P 和数字组成,如 P1、P1.1 等。

功能描述部分是必不可少的。它直接表达这个处理的逻辑功能。一般用一个动词加一个作动词宾语的名词表示。恰如其分地表达一个数据处理的功能,有时需要下一番工夫。

功能执行部分表示这个功能由谁来完成,可以是一个人,也可以是一个部门,还可以是某个计算机程序。

3) 数据流

数据流是指数据处理功能的输入或输出,用一个水平箭头或垂直箭头表示。箭头指出数据的流动方向。数据流可以是信件、票据,也可以是电话,等等。

一般说来,对每个数据流要加以简单的描述,使用户和系统设计员能够理解一个数据流的含义。对数据流的描述写在箭头的上方,一些含义十分明确的数据流也可以不加说明,如图 6.4 所示。

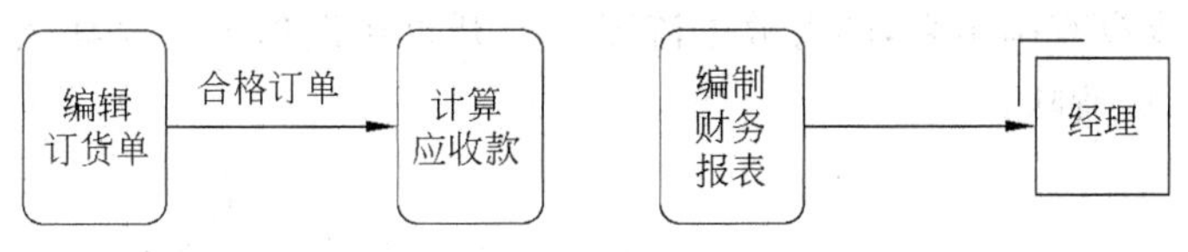

图 6.4　数据流的图示

4）数据存储

数据存储表示数据保存的地方。这里的“地方”并不是指保存数据的物理地点或物理介质，而是指数据存储的逻辑描述。

在数据流图中，数据存储用右边开口的长方条表示。在长方条内写上数据存储的名字。名字也要恰当，以便用户理解。为了区别和引用方便，再加一个标识，一般用字母 D 和数字组成。为清楚起见，用竖线表示同一数据存储在图上不同地方的出现（如 D2 出现两次），如图 6.5 所示。

图 6.5　数据存储的图示

在一些介绍结构化分析的书中，所用的数据流图符号与本书有所不同。例如图 6.6，读者应该不难明白各个符号的含义。

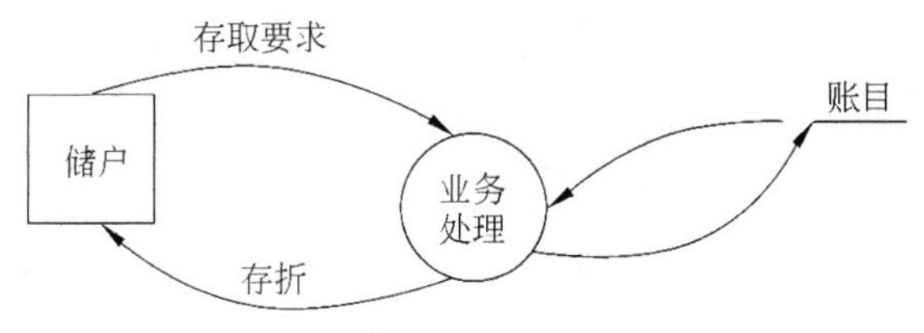

图 6.6　数据流图的另一种表示符号

2. 数据流图的画法

系统分析的基本思想都是一样的，把一个系统看成一个整体功能，明确信息的输入与输出。系统为了实现这个功能，内部必然有信息的处理、传递和存储。这些处理又可以分别看作整体功能，其内部又有信息的处理、传递和存储。如此一级一级地剖析，直到很具体的处理步骤。

下面以高等学校学籍管理系统为例说明画数据流图的方法。学籍管理是一项十分严肃而复杂的工作。它要记录学生从入学到离校整个在校期间的情况，学生毕业时把学生的情况提供给用人单位。学校还要向上级主管部门报告学生学籍变动情况。

首先，把整个系统看成一个功能。它的输入是新生入学时从省、市招生办公室转来的新生名单和档案，输出是学生离校时给用人单位的毕业生档案和定期给主管部门的统计报表，如图 6.7 所示。“学籍表”中记载学生的基本情况、学籍变动情况、各学期各门课程的学习成绩以及在校期间的奖惩记录等。

图 6.7 概括描述了系统的轮廓和范围，标出了最主要的外部实体和数据流。还有一些

外部实体和数据流没有画出来，随着数据流图的展开再逐渐增加。这样做的好处是突出主要矛盾，系统轮廓更清晰。

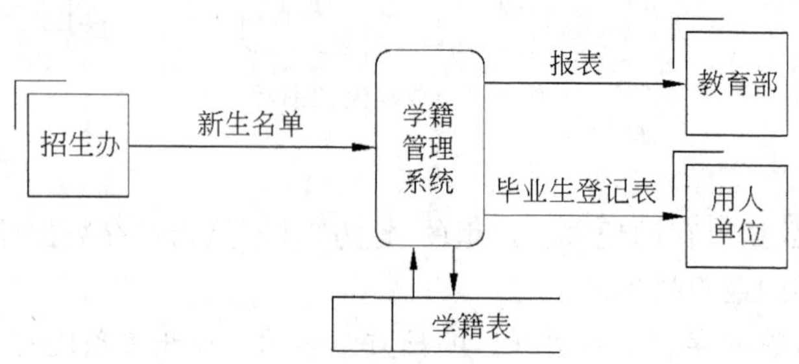

图 6.7　学籍管理系统顶层 DFD

图 6.7 是进一步分析的出发点。学籍管理包括学生学习成绩管理、学生奖惩管理和学生异动管理 3 部分。由此，图 6.7 可以展开如图 6.8 所示。图 6.8 中的虚线框是图 6.7 中处理框的放大。图 6.7 的各个数据流都必须反映在图 6.8 上。此外还有新增的数据流和外部实体。虚线框外新增的数据流在进入或流出虚线框时用“×”标记。数据存储“学籍表”是图 6.7 中原有的，可画在虚线框外，或一半在内，一半在外。在图 6.8 中，与学籍表有关的数据流更具体了。

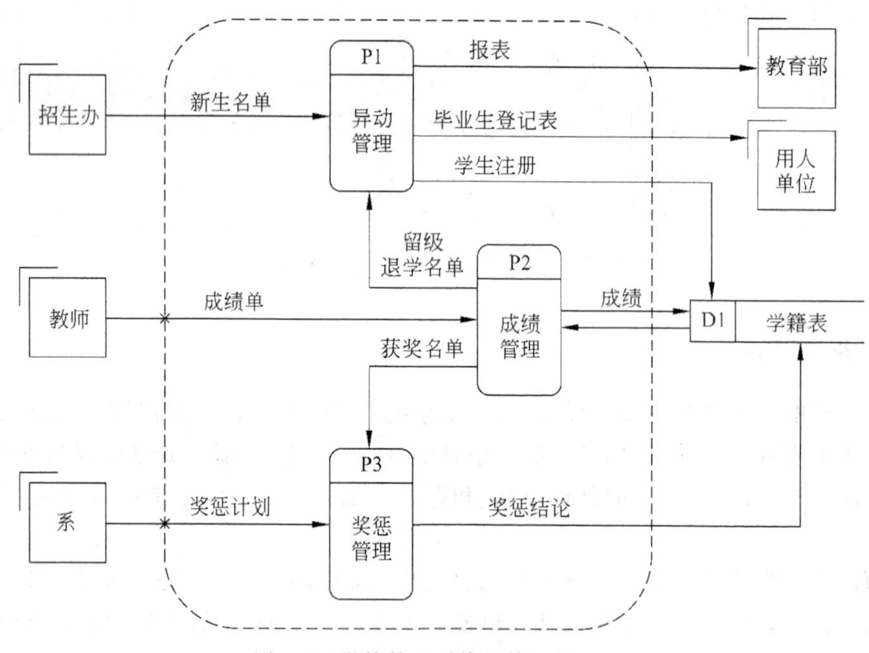

图 6.8　学籍管理系统的第一层 DFD

下面以“成绩管理”为例，说明逐层分解的思路。

某校现在实行校、系两级管理学习成绩。学校教学管理科、系教务秘书都登记学生成绩。任课教师把学生成绩单一式两份分别送系教务秘书和学校教学管理科。系教务秘书根据成绩单登录学籍表，学期结束时，给学生发成绩通知，根据学籍管理条例，确定每个学生升级、补考、留级和退学的情况。教学管理科根据收到的成绩单登录教学管理科存储的学籍表，统计各年级各科成绩分布报主管领导。补考成绩也作类似处理。这样 P2 框扩展成图 6.9。

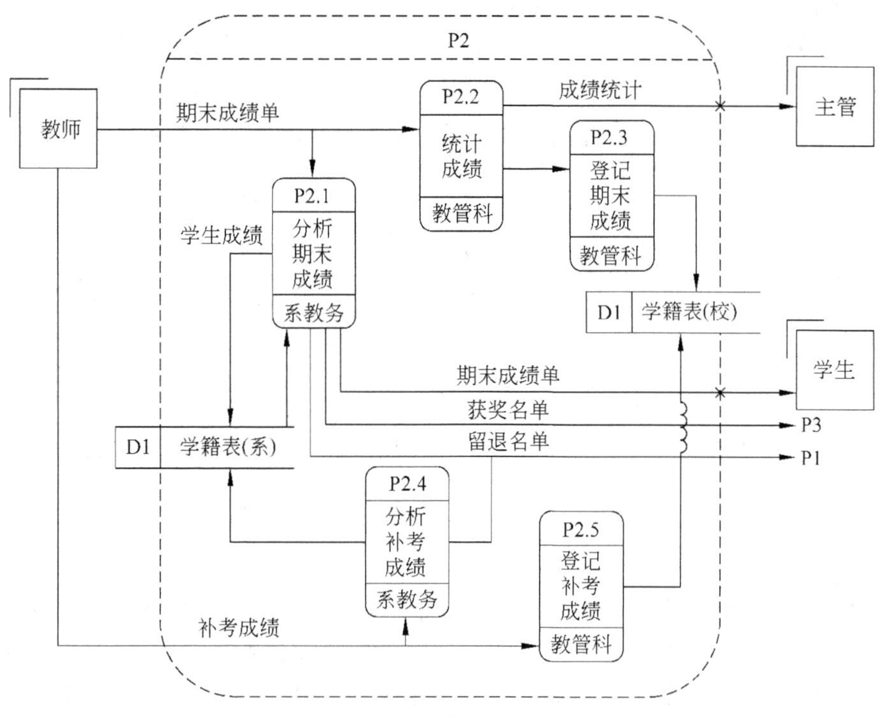

图 6.9 “成绩管理”框的展开

图 6.9 有某些不尽合理的地方。例如，“学籍表”结构是一样的，系里存一份，教学管理科也存一份，数据冗余，工作重复。但有的学校现实情况就是这样，在调查阶段应如实反映；至于新系统应怎么做，在对现行系统分析的基础上，提出新系统逻辑模型时再考虑。

图 6.9 中的一些处理，有的框还需要进一步展开。如 P2.1 框，“分析期末成绩”包括以下几件事：

(1) 把每个学生的各科成绩登录在所在班的“学习成绩一览表”中。

(2) 根据“学习成绩一览表”，在学籍表中填写各个学生的成绩。

(3) 根据“学习成绩一览表”评学习成绩优秀奖。

(4) 根据学习成绩一览表、以往留级情况(学籍表中有记载)决定学生升级、补考、留级或退学。

(5) 发成绩通知单，通知补考时间。

这样 P2.1 框展开成图 6.10。图中的数据存储 D2 即学习成绩一览表，只是与 P2.1 有关，不涉及其他处理框，因此必须画在虚线框内。

在图 6.10 中，除 P2.1.5 框之外，其他各个处理都已十分明确，不需要再分解。而 P2.1.5“确定异动情况”还比较复杂，需要进一步分解。学期结束之后，根据学习成绩，学生的异动有四种可能情况：升级、补考、留级或退学。所有考试、考查科目都及格的学生当然

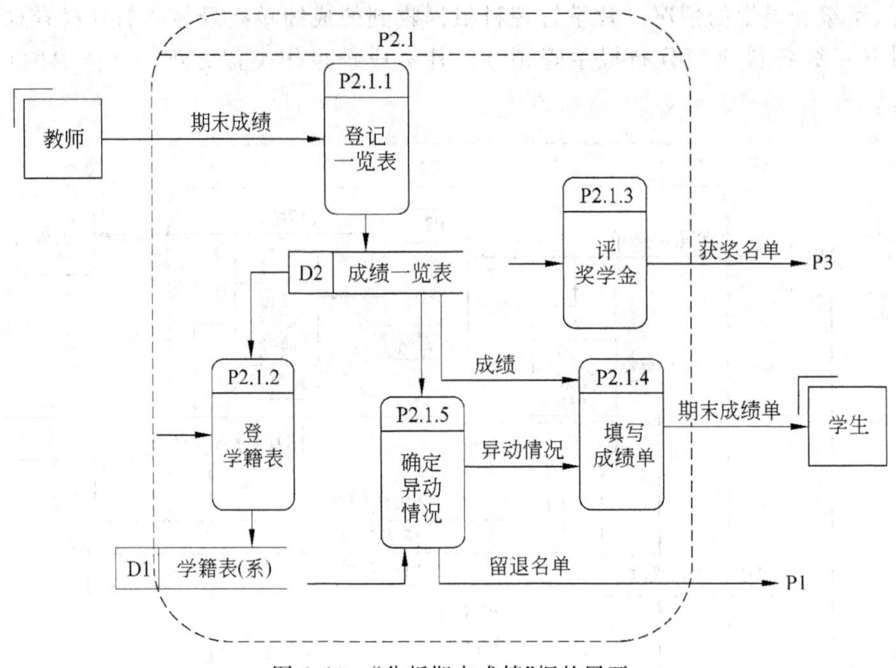

图 6.10 “分析期末成绩”框的展开

升级，个别科目不及格的学生可以参加补考。根据该校现行学籍的规定：一学期有三门考试课程不及格，或者考试和考查共有四门课程不及格者，将没有补考资格，直接留级；一学期有四门考试课不及格，或考试和考查五门课程不及格者，将直接退学而不能留级重读。另外，连续留级两次或在校学习期间累计留级两次者，也应退学。因此，确定学生异动情况，先要统计学生本学期不及格的科目，涉及留级的情况，还要查看过去的学籍异动情况，判定应该是留级还是退学。这样，P2.1.5 框可展开成图 6.11。

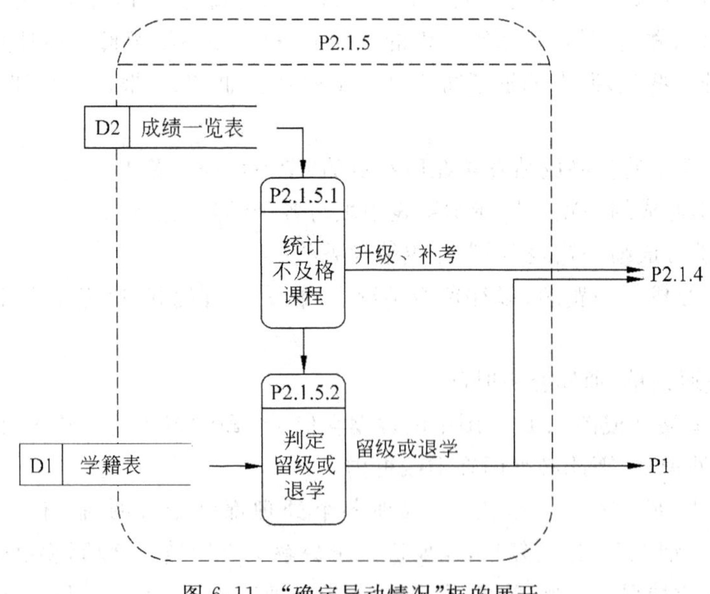

图 6.11 “确定异动情况”框的展开

关于“学习成绩管理”的分解到此可以结束了。作为一个练习，建议读者走访本校的有关部门，根据实际情况画出“异动管理”和“奖惩管理”的分解图。

3. 画数据流图的注意事项

在系统分析中，数据流图是系统分析员与用户交流思想的工具。这种图用的符号少，通俗易懂。实践证明，只要对用户稍作解释，用户就能看明白。同时，这种图层次性强，适合对不同管理层次的业务人员进行业务调查。在调查过程中，随手就可记录有关情况，随时可与业务人员讨论，使不足的地方得到补充，有出入的地方得到纠正。在草图的基础上，系统分析员应对图的分解、布局作适当调整，画出正式图，使之更清晰，可读性更好。

1）关于层次的划分

从前面的例子，我们看到系统分析中得到一系列分层的数据流图。最上层的数据流图相当概括地反映出信息系统最主要的逻辑功能、最主要的外部实体和数据存储。这张图应该使人一目了然，立即有一个深刻印象，知道这个系统的主要功能和与环境的主要联系是什么。

逐层扩展数据流图，是对上一层图（父图）中某些处理框加以分解。随着处理的分解，功能越来越具体，数据存储和数据流越来越多。必须注意，下层图（子图）是上层图中某个处理框的“放大”。因此，凡是与这个处理框有关系的外部实体、数据流和数据存储必须在下层图中反映出来。低层图上用虚线长方框表示所放大的处理框，属于这个处理内部用到的数据存储画在虚线框内，属于其他框也要用到的数据存储，则画在虚线框之外或跨在虚线框上。流入或流出虚线框的数据流，若在上层图中没有出现过，则在与虚线交叉处用“×”表示，见图 6.8 和图 6.9。

逐层扩展的目的，是把一个复杂的功能逐步分解为若干较为简单的功能。逐层扩展不是简单的肢解，使系统失去原来的面貌，而应保持系统的完整性和一致性。究竟怎样划分层次，划分到什么程度，没有绝对的标准，但一般认为：

（1）展开的层次与管理层次一致，也可以划分得更细。处理块的分解要自然，注意功能的完整性。

（2）一个处理框经过展开，一般以分解为 2～7 个处理框为宜。

（3）最下层的处理过程用几句话，或者用几张判定表能表达清楚。其工作量一个人能承担，若是计算机处理，一般不超过 100 条程序语句。

2）检查数据流图的正确性

对一个系统的理解，不可能一开始就完美无缺。开始分析一个系统时，尽管我们对问题的理解有不正确、不确切的地方，但还是应该根据我们的理解用数据流图表达出来，进行核对，逐步修改，获得较为完美的数据流图。

通常可以从以下几个方面检查数据流图的正确性：

（1）数据守恒，或称为输入数据与输出数据匹配。数据不守恒有两种情况，一种是某个处理过程用以产生输出的数据，却没有输入给这个处理过程，这肯定是遗漏了某些数据流。另一种是某些输入在处理过程中未被使用，这不一定是一个错误，但值得再研究一下为什么会产生这种情况，是否可以简化。

(2) 在一套数据流图中的任何一个数据存储必定有流入的数据流和流出的数据流，即写文件和读文件，缺少任何一种都意味着遗漏某些加工。

画数据流图时，应注意处理框与数据存储之间数据流的方向。一个处理过程要读文件，数据流的箭头应指向处理框，若是写文件则箭头指向数据存储。修改文件要先读后写，但本质上是写，箭头也指向数据存储。若除修改之外，为了其他目的还要读文件，此时箭头画成双向的。

(3) 父图中某一处理框的输入、输出数据流必须出现在相应的子图中，否则就会出现父图与子图的不平衡。这是一种比较常见的错误，而不平衡的分层使人无法理解。因此，特别应注意检查父图与子图的平衡，尤其是对子图进行某些修改之后。父图的某框扩展时，在子图中用虚线框表示，有利于这种检查。父图与子图的关系，类似于全国地图与分省地图的关系。在全国地图上标出主要的铁路、河流。分省地图则更详细，除全国地图上与该省相关的铁路、河流之外，还有一些次要的铁路、公路和河流等。

(4) 任何一个数据流至少有一端是处理框。换言之，数据流不能从外部实体直接到数据存储，不能从数据存储到外部实体，也不能在外部实体之间或数据存储之间流动。初学者往往容易违反这一规定，常常在数据存储与外部实体之间画数据流。其实，记住数据流是指处理的输入或输出，就不会出现这类错误。

3) 提高数据流图的易理解性

数据流图是系统分析员调查业务过程，与用户交换思想的工具，因此，数据流图应该简明易懂。这也有利于后面的设计，有利于对系统分析说明书进行维护。可以从以下几个方面提高易理解性。

(1) 简化处理间的联系。结构化分析的基本手段是“分解”，其目的是控制复杂性。合理的分解是将一个复杂的问题分成相对独立的几个部分，每个部分可单独理解。在数据流图中，处理框间的数据流越少，各个处理就越独立，所以我们应尽量减少处理框间输入输出数据流的数目。

(2) 均匀分解。如果在一张数据流程图中，某些处理已是基本加工，而另一些却还要进一步分解三四层，这样的分解就不均匀。不均匀的分解不易被理解。因为其中某些部分描述的是细节，而其他部分则是较高层的抽象。遇到这种情况，应重新考虑分解，努力避免特别不均匀的分解。

(3) 适当的命名。数据流图中各种成分的命名与易读性有直接关系，所以应注意命名适当。

处理框的命名应能准确地表达其功能，理想的命名由一个具体的动词加一个具体的名词(宾语)组成，在底层尤其应该如此。例如“计算总工作量”、“开发票”。而“存储和打印提货单”最好分成两个。“处理订货单”、“处理输入”则不太好，“处理”是空洞的动词，没有说明究竟做什么，“输入”也是不具体的宾语，而“做杂事”几乎等于没有命名。难以为某个成分命名，往往是分解不当的迹象，应考虑重新分解。

同样，数据流和数据存储也应适当命名，尽量避免产生错觉，减少设计和编程等阶段的错误。

数据流图有时需要返工进行重新分解。例如画到某一层时意识到上一层或上几层所犯的错误,这时就需要对它们重新分解。

6.2.3 数据字典

数据流图描述了系统的分解,即描述了系统由哪几部分组成,各部分之间的联系等,但还没有说明系统中各个成分是什么含义。例如,在前面的例子中,数据存储“学籍表”包括哪些内容,数据流图表达得不够具体、准确。又如处理框 P2.1.5.2“判定留级或退学”,如何决定,图上也看不出来。只有当数据流图中出现的每一个成分都给出定义之后,才能完整、准确地描述一个系统。为此,还需要其他工具对数据流图加以补充说明。

数据字典就是这样的工具之一。系统分析中所使用的数据字典主要用来描述数据流图中的数据流、数据存储、处理过程和外部实体。数据字典把数据的最小组成单位看成是数据元素(基本数据项),若干个数据元素可以组成一个数据结构(组合数据项)。数据字典通过数据元素和数据结构来描写数据流和数据存储的属性。

建立数据字典的工作量很大,相当繁琐。但这是一项必不可少的工作。数据字典在系统开发中具有十分重要的意义,不仅在系统分析阶段,而且在整个系统开发过程中以及今后系统运行维护中都要使用它。

数据字典可以用人工方式建立。事先印好表格,填好后按一定顺序排列,就是一本字典。也可以建立在计算机内,数据字典实际上是关于数据的数据库,这样使用和维护都比较方便。

数据字典中有 6 类条目:数据元素、数据结构、数据流、数据存储、外部实体和处理。不同类型的条目有不同的属性需要描述,现分别说明如下。

1. 数据元素

数据元素是最小的数据组成单位,也就是不可再分的数据单位,如学号、姓名等。对每个数据元素,需要描述以下属性:

(1) 名称,数据元素的名称要尽量反映该元素的含义,便于理解和记忆。

(2) 别名,一个数据元素,可能其名称不止一个。若有多个名称,则需加以说明。

(3) 类型,说明取值是字符型还是数字型等。

(4) 取值范围和取值的含义,指数据元素可能取什么值或每一个值代表的意思。

(5) 长度,指出该数据元素由几个数字或字母组成。如学号,按某校现在的编法由 9 个数字组成,其长度就是 9 个字节。

除以上内容外,数据元素的条目还包括对该元素的简要说明以及与它有关的数据结构等。图 6.12 是数据元素条目的一个例子。

2. 数据结构

图 6.13 是数据结构条目的一个例子。数据结构的描述重点是数据之间的组合关系,即说明这个数据结构包括哪些成分。数据结构是一个递归概念,即数据结构的成分也可以是数据结构。所以,一个数据结构可以包括若干个数据元素或(和)数据结构。这些成分中有以下 3 种特殊情况。

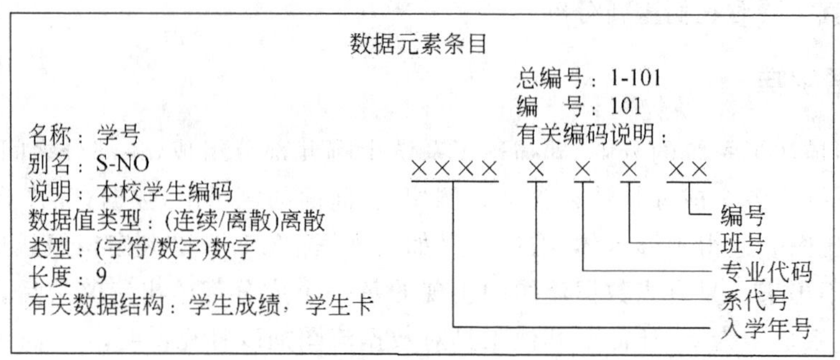

图 6.12 数据元素条目的一个例子

(1) 任选项。这是可以出现,也可以省略的项,用“[]”表示,如图 6.13 中的[曾用名]是任选项,可以有,也可以没有。

(2) 必选项。在两个或多个数据项中,必须出现其中的一个称为必选项。例如,任何一门课程是必修课,或选修课,二者必居其一。必选项的表示办法,是将候选的多个数据项用“{ }”括起来。

(3) 重复项。即可以多次出现的数据项。例如一张订单可订多种零件,每种零件有品名、规格和数量,这些属性用“零件细节”表示。在订单中,“零件细节”可重复多次,表示成:零件细节*。图 6.13 例子中的“本人简历”也是这种情况。

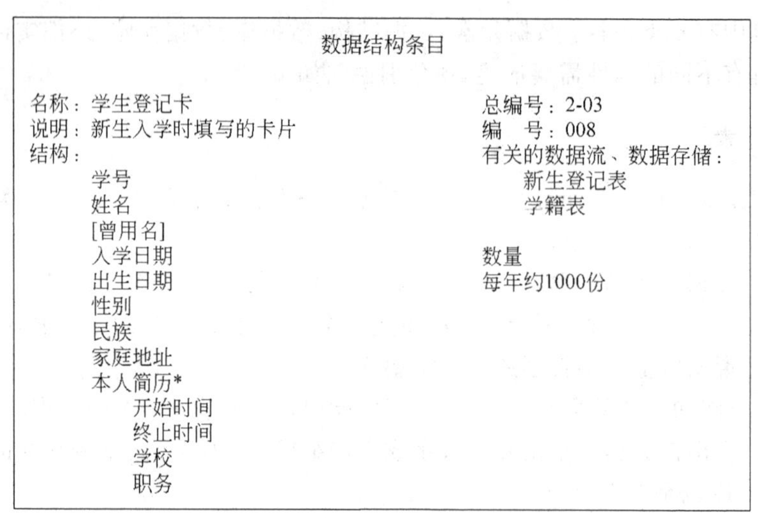
数据结构条目

名称：学生登记卡
说明：新生入学时填写的卡片
结构：
学号
姓名
[曾用名]
入学日期
出生日期
性别
民族
家庭地址
本人简历*
开始时间
终止时间
学校
职务

总编号：2-03
编 号：008
有关的数据流、数据存储：
新生登记表
学籍表

数量
每年约1000份

图 6.13 数据结构条目的一个例子

3. 数据流

图 6.14 是数据流条目的一个例子。关于数据流,在数据字典中需要描述以下属性:

(1) 数据流的来源。数据流可以来自某个外部实体、数据存储或某个处理。

(2) 数据流的去处。某些数据流的去处可能不止一个,如图 6.9 中“期末成绩单”这个数据流,流到 P2.1、P2.2 两个处理,两个去处都要说明。

数据流条目

名称：期末成绩单　　　　　　　　　　　　　　总编号：3-05
简要说明：学期结束时，任课教师填写的成绩单　　编　号：005
数据流来源：教师
数据流去向：P2.1、P2.2
包含的数据结构：　　　　　　　　　　　　　　流通量：200份/学期
　　科目名称
　　{考试
　　 考查
　　学生成绩*
　　学号
　　姓名
　　成绩
　　任课教师

图 6.14　数据流条目的一个例子

(3) 数据流的组成。指数据流所包含的数据结构。一个数据流可包含一个或多个数据结构。若只含一个数据结构，要注意名称的统一，以免产生二义性。

(4) 数据流的流通量。指单位时间(每日、每小时等)里的传输次数。可以估计平均数或最高、最低流量各是多少。

(5) 高峰时的流通量。

4. 数据存储

数据存储的条目主要描写该数据存储的结构及有关的数据流、查询要求。例如，图 6.10 中的数据存储 D2“成绩一览表”的条目的例子参见图 6.15。

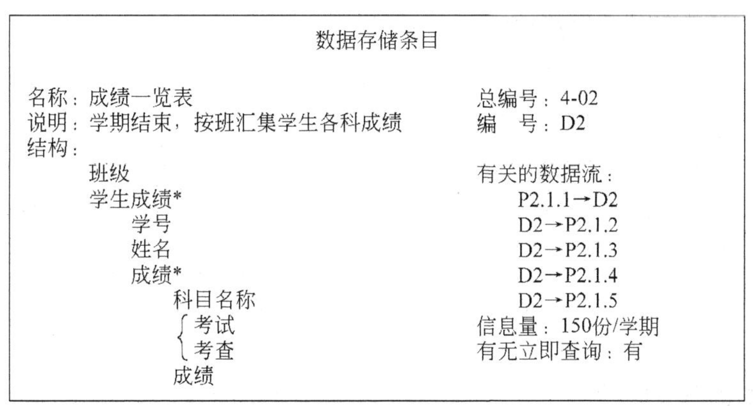
数据存储条目

名称：成绩一览表　　　　　　　　　　　　总编号：4-02
说明：学期结束，按班汇集学生各科成绩　　编　号：D2
结构：
　　班级　　　　　　　　　　　　　　　　有关的数据流：
　　学生成绩*　　　　　　　　　　　　　　P2.1.1→D2
　　　　学号　　　　　　　　　　　　　　D2→P2.1.2
　　　　姓名　　　　　　　　　　　　　　D2→P2.1.3
　　　　成绩*　　　　　　　　　　　　　 D2→P2.1.4
　　　　　　科目名称　　　　　　　　　　D2→P2.1.5
　　　　　　{考试　　　　　　　　　　　信息量：150份/学期
　　　　　　 考查　　　　　　　　　　　有无立即查询：有
　　　　　　成绩

图 6.15　数据存储条目的例子

有些数据存储的结构可能很复杂，如图 6.8 中的 D1“学籍表”，包括学生的基本情况、学生动态、奖惩记录、学习成绩和毕业论文成绩等，其中每一项又是数据结构。这些数据结构有各自的条目分别加以说明，因此在“学籍表”的条目中只需列出这些数据结构，而不要列出这些数据结构的内部构成。数据流图是分层的，下层图是上层图的具体化。同一个数据存储可能在不同层次的图中出现。描述这样的数据存储，应列出最低层图中的数据流。

5. 处理过程

关于数据流图中的处理框,需要在数据字典中描述处理框的编号、名称和功能的简要说明以及有关的输入和输出。关于功能的描述,使人能有一个较明确的概念,知道这一框的主要功能。功能还要用"小说明"进一步详细描述。图 6.16 是 P2.1.4"填写成绩单"的条目的例子。

处理过程条目

名称：填写成绩单　　总编号：5-007
说明：通知学生成绩，有补考科目的说明补考日期　　编　号：P2.1.4
输入：D2→P2.1.4
输出：P2.1.4→学生(期末成绩单)
处理：查D2(成绩一览表)，打印每个学生的期末成绩单，若有不及格科目，不够直接留级，则在"期末成绩通知单"中填写补考科目、时间，若直接留级则注明留级。

图 6.16　处理过程条目的例子

6. 外部实体

外部实体是数据的来源或去处。因此,在数据字典中关于外部实体的条目,主要说明外部实体产生的数据流、传给该外部实体的数据流以及该外部实体的数量。外部实体的数量对于估计本系统的业务量有参考作用,尤其是关系密切的主要外部实体。图 6.17 是描述"学生"这个外部实体的条目。"学生"这个外部实体与学籍管理系统有很多联系,如入学时要填写各种登记表,若有休学、复学等情况要提出申请等。在本例中,由于未画出整个系统的数据流图,因此条目的数据流比较少。

外部实体条目

名称：学生　　总编号：06-001
说明：　　编　号：001
输出数据流：　　个　数：约4000个
输入数据流：
P2.1.4→学生(期末成绩单)

图 6.17　外部实体条目的例子

6.2.4　基本处理的小说明

结构化系统分析的基本思想,是将一个复杂的系统逐层分解成许多足够简单的基本处理(功能单元)。数据流图是系统分析的主要工具,它着重表达系统的逻辑功能及各个部分之间的联系。数据字典补充说明系统所涉及的数据,是数据属性的清单。数据字典中包括了对各个处理功能的一般描述,但这种描述是高度概括的。在数据字典中不可能也不应该过多地描述各个处理功能的细节。为此,需要另一种工具——小说明(或称为基本说明)来完成。

我们知道，数据流图是分层的。上层的数据流图表达系统的主要逻辑功能，随着自顶向下逐层展开，表达的功能越来越具体，直到最低层的数据流图，详细地表达出系统的全部逻辑功能。因此，系统的最小功能单元就是最低层数据流图的每个处理加工，称为基本处理（功能单元）。只要对所有基本处理的逻辑功能描述清楚，整个系统功能也就说明清楚了。

对基本处理的说明称为“小说明”或“基本说明”。小说明应准确地描述一个基本处理“做什么”，包括处理的激发条件、加工逻辑、优先级、执行频率和出错处理等。其中最基本的是加工逻辑。加工逻辑是指用户对这个加工的逻辑要求，即输出数据流与输入数据流之间的逻辑关系。

应该特别注意的是，系统分析阶段的任务是理解和表达用户的要求，而不是考虑系统怎么做，怎样实现。所以对一个处理的说明，是说明根据用户的要求，这个处理应该“做什么”，而不是用编程语言来具体描述加工处理的过程。“怎么做”是系统设计和编程阶段的任务。如果现阶段就解决“怎么做”的问题，一是限制了设计人员的自由，另一方面也不便于与用户交流，这是由于用户不懂得你的描述。

编写小说明应注意以下几条规则：

(1) 数据流图中的每一个基本处理都必须有一个小说明。

(2) 小说明表达一个基本处理对数据流的转换路径，即指出这个功能单元的输入数据流、输出数据流以及其间的处理步骤。

(3) 小说明表达一个功能单元的转换策略，不表达执行这项策略的方法。

(4) 应该把冗余度控制在最低程度。

(5) 用一组标准的方法书写小说明，既要简单明确，又要具有较高的可读性。

理想的小说明应该容易被软件人员和用户理解，又要严格、精确。目前人们正研究具有这种特点的形式语言，但还没有理想的结果。结构化方法在精确性和可理解性中间考虑了折中的方案，用结构化语言、判定表和判定树 3 种半形式化的方式编写小说明。

6.3 系统设计

系统分析阶段要回答的中心问题是系统“做什么”，即明确系统功能。这个阶段的成果是系统的逻辑模型。系统设计阶段要回答的中心问题是系统“怎么做”，即如何实现系统分析说明书所规定的系统功能。这一阶段，要根据实际的技术条件、经济条件和社会条件，确定系统的实施方案，即系统的物理模型。

6.3.1 系统设计的任务要求

系统设计的目标是从保证系统的适应性入手，设计出一个易于理解、容易维护的系统。我们知道，系统各个部分之间存在控制、调用、数据交换等种种联系。对某一局部的修改，可能直接或间接地影响到系统的其他部分。对 A 的修改波及 B，而对 B 的修改又可以影响到 C、E…。人们把这种影响形象地叫做“水波效应”。因此对系统某一个局部的修改，必须十分小心地追踪这一修改所波及的各个部分。这是系统难于修改的主要原因。为了使系统容易修改，首先要容易理解，需要注意以下几个问题：

(1) 把系统划分为这样一些部分，其中每一部分的功能简单明确，内容简明易懂，易于修改。我们把这样的部分称为模块。

(2) 系统分成模块的工作按层次进行。首先，把整个系统看成一个模块，然后按功能分解成若干个第一层模块，这些模块互相配合，共同完成整个系统的功能。按功能再分解第一层的各个模块。依次下去，直到每个模块都十分简单。

(3) 每一个模块应尽可能独立。即尽可能减少模块间的调用关系和数据交换关系。当然，系统中的模块不可能与其他模块没有联系，只是要求这种联系尽可能少。

(4) 模块间的关系要阐明。这样，在修改时可以追踪和控制。

总之，一个易于修改的系统应该由一些相对独立、功能单一的模块按照层次结构组成。这些模块之间不必要的联系都已去掉，而且它们的功能及相互关系都已阐明。这就是结构化设计的基本思想。

系统设计阶段的任务是提出实施方案，该方案是这个阶段工作成果的体现。这个方案以书面的正式文件——系统设计说明书提出，批准后将成为系统实现阶段的工作依据。

系统设计的基本任务大体上可以分为两个方面：概要设计和详细设计。

1. 概要设计

把总任务分解成许多基本的、具体的任务，这些具体任务合理地组织起来构成总任务。这称为概要设计(preliminary design)，又称为总体设计(architectural design)，其基本任务是：

(1) 将系统划分成模块。

(2) 决定每个模块的功能。

(3) 决定模块的调用关系。

(4) 决定模块的界面，即模块间信息的传递。

概要设计是系统开发过程中很关键的一步。系统的质量及一些整体特性基本上是这一步决定的。系统越大，概要设计的影响越大。认为各个局部都很好，组合起来就一定好的想法是不实际的。我们知道：整体大于部分之和。

2. 详细设计

为各个具体任务选择适当的技术手段和处理方法即详细设计，包括：

(1) 代码设计。

(2) 数据库设计。

(3) 输入设计。

(4) 输出设计。

(5) 人机对话设计。

(6) 处理过程设计。

6.3.2 概要设计：从数据流图导出结构图

结构化系统设计方法与结构化系统分析有着密切的联系。系统分析阶段，用结构化分析方法获得用 DFD 等工具描述的系统分析说明书。设计阶段则以 DFD 为基础设计系统的模块结构。本节讨论如何从数据流图导出初始结构图。

数据流图有两种典型的结构：变换型(transform)结构和事务型(transaction)结构。这两种结构可以分别通过变换分析和事务分析方法导出标准形式的结构图。这些方法都是先设计结构图的顶端主模块，然而自顶向下逐步细化，得到满足数据流图要求的系统结构。

1. 变换分析

变换结构是一种线性结构。它可以明显地分成逻辑输入、主加工和逻辑输出，图 6.18(a)是一个典型的例子。变换分析(transform analysis)过程可以分为 3 步。

1) 找出系统的逻辑输入、主加工和逻辑输出

如果设计人员经验丰富，又熟悉系统分析说明书，则容易确定系统的主加工。例如，几股数据流的汇合处往往就是系统的主加工。若一时不能确定哪是主加工，可以用下面的方法先确定哪些数据流是逻辑输入，哪些数据流是逻辑输出。

从物理输入端开始，一步步向系统的中间移动，直至这样一个数据流：它已不能再被看作系统的输入，则它的前一个数据流就是系统的逻辑输入。在图 6.18(a)中，从“原始数据”这一个数据流开始向中间移动，逐个分析数据流，发现数据流“P3→P4”不能再被理解为系统的输入了。因此，数据流“P2→P3”是逻辑输入。

同理，从物理输出端开始，逆数据流方向往中间移动，可以确定系统的逻辑输出。介于逻辑输入与逻辑输出之间的加工就是主加工，图 6.18(a)中的处理框 P3 就是主加工。

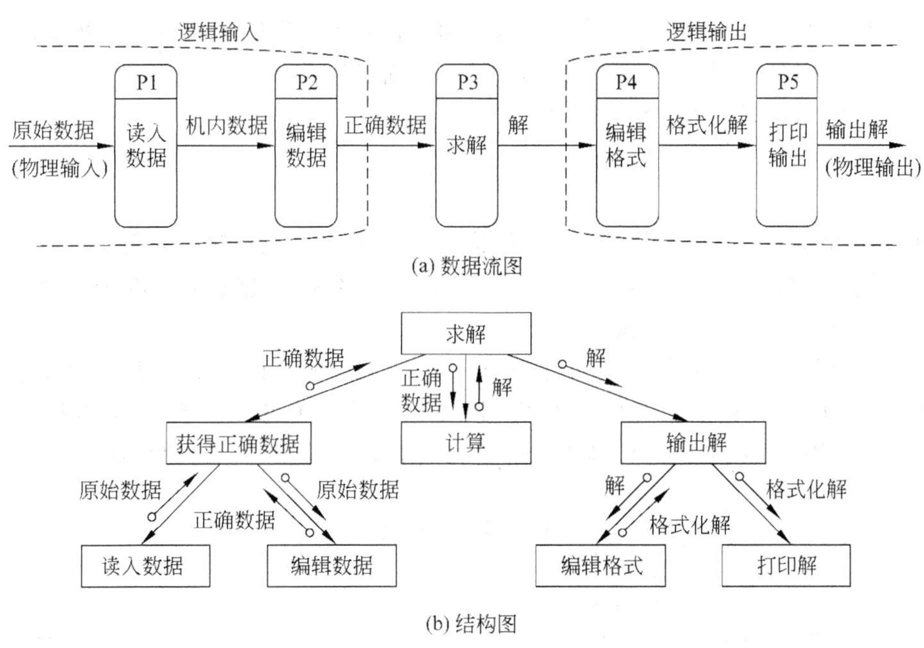

(a) 数据流图

(b) 结构图

图 6.18 变换分析

当然，实际的数据流图往往比这个例子复杂，输入、输出数据流都可能有多个。这时，需要对每个输入、输出数据流逐个进行分析，确定相应的逻辑输入和逻辑输出。处于这些逻辑输入和逻辑输出之间的处理框就是主加工。主加工可能包括数据流图中的多个处理框。

从上面的分析过程可以看出，逻辑输入和逻辑输出的划分涉及对数据流的理解。各人的理解不同，结果就有差异，但一般出入不会太大。

2）设计顶层模块和第一层模块

找到主加工之后，遵照"自顶向下、逐步细化"的原则，设计各层的模块。每创建一个模块必须确定该模块的外部特征：模块的功能及与其他模块的界面(调用时传送的信息)。为每个模块起一个名字，这个名字应当恰如其分地反映出这个模块的功能。

系统的主加工就是系统的顶层模块，其功能就是整个系统的功能。

第一层模块按输入、变换、输出等分支来处理：为每一个逻辑输入设计一个输入模块，其功能是为顶层模块提供相应的数据；为每一个逻辑输出设计一个输出模块，它的功能即是输出顶层模块的输出信息；为主加工设计一个变换模块，它的功能就是将逻辑输入变换成逻辑输出。第一层模块与顶层模块之间传送的数据应该同数据流图相对应。

图 6.18(a)有一个逻辑输入和一个逻辑输出。所以对应的结构图第一层模块共 3 个，即宽度为 3，如图 6.18(b)所示。

3）设计中、下层模块

对输入、变换、输出模块逐个分解，便可得到初始结构图。

输入模块是为系统提供逻辑输入，一般要进行变换，先确定实现最后变换的变换模块。这个变换模块显然又需要某些输入，对每个这样的输入，对应一个新的输入模块。用类似方法依次分解下去，直到最终的物理输入为止。对输出模块的分解与上面的办法相似。

对变换模块的分解，目前还没有上面这样的形式方法。此时，需要研究数据流图中相应加工的组成情况，应用耦合、内聚等概念，有助于得到好的分解。

与图 6.18(a)相应的结构图如图 6.18(b)。

2. 事务分析

图 6.19 是事务型结构的例子。这种结构中，某个加工将它的输入分离成一串平行的数据流，分别执行后面的某些加工。对于这种类型的数据流图，可以通过事务分析(transaction analysis)得到相应的结构图。

事务分析也是按"自顶向下，逐步细化"的原则进行。先设计主模块，其功能就是整个系统的功能。下面有一个"分析模块"和"调度模块"。前者分析事务的类型，后者根据不同的类型调用相应的下层模块。这样得到与图 6.19 相应的结构图，如图 6.20 所示。

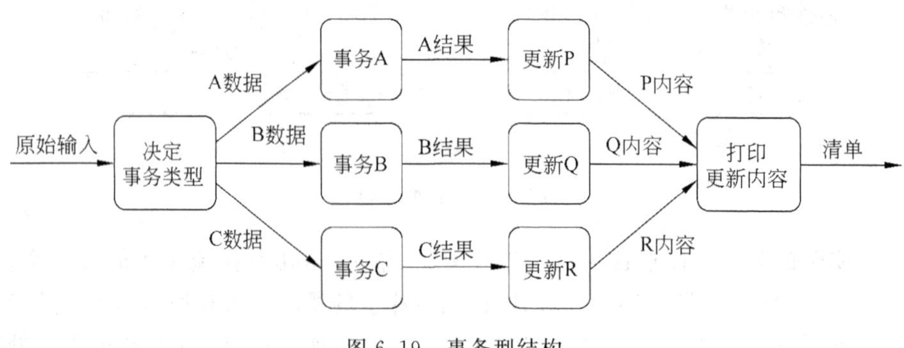

图 6.19　事务型结构

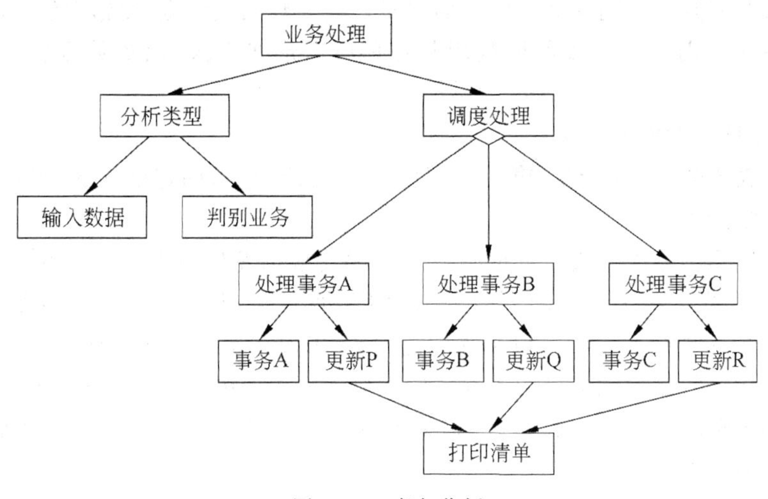

图 6.20　事务分析

前面分别讨论了变换分析和事务分析。但实际应用中并非这么典型，这两种分析往往交替使用。数据流图的某一个局部可能是变换型，另一个局部可能是事务型，等等。这时，一般以变换分析为主，辅之以事务分析。各个系统有不同的特点，初始结构图的设计方法也不同。凡是满足系统分析说明书要求的结构图都可以作为初始结构图。这里称之为初始结构图，是因为数据流图并没有完全反映出用户的要求(如查询要求、控制流)，因此，按数据流图导出的结构图还要参照小说明和查询分析等文档进行调整。

3. 数据流图层次的转换

数据流图是分层次的，在对某一层数据流图进行变换分析或事务分析得出相应的模块结构图之后，还必须转换它下一层的数据流图。举例来说，如果某个处理框 P1.4 对应模块 M32，则 P1.4 进一步分解的处理框应转换成 M32 的下层模块。

6.3.3　详细设计

详细设计包括代码设计、数据库设计、输入设计、输出设计、人机对话设计和处理过程设计等多项内容。在第 5 章中讨论了代码标准化的问题，数据库设计则可以在数据流图和数据字典的基础上进行，因而代码设计和数据库设计这里不再做展开。

1. 输入设计

“输入的是垃圾，输出的必然是垃圾。”输入设计的目标是保证向系统输入正确的数据。在此前提下，做到输入方法简单、迅速、经济、方便。

1) 输入设计应遵循的原则

(1) 最小量原则。这就是保证满足处理要求的前提下使输入量最小。输入量越小，出错机会越少，花费时间越少，数据一致性越好。

(2) 简单性原则。输入的准备和输入过程应尽量容易，以减少错误的发生。

(3) 早检验原则。对输入数据的检验尽量接近原数据发生点，使错误能及时得到改正。

(4) 少转换原则。输入数据尽量用其处理所需形式记录，以免数据转换类型时发生错误。

2) 输入设计应考虑的内容

(1) 确定输入数据的内容。输入数据的内容设计，包括确定输入数据项名称、数据内容、精度和数值范围。

(2) 确定数据的输入方式。数据的输入方式与数据发生地点、发生时间以及处理的紧急程度有关。如果发生地点远离计算机房，发生时间是随机的，又要求立即处理，则采用联机终端输入。对于数据发生后可以不立即处理的，可以采用批处理定时输入。

(3) 确定输入数据的记录格式。这是输入设计的主要内容之一。记录格式是人机之间的衔接形式，因而十分重要，设计得好，容易控制工作流程，减少数据冗余，增加输入的准确性，并且容易进行数据校验。

(4) 输入数据的正确性校验。输入设计最重要的问题是保证输入数据的正确性。对数据进行必要的校验，是保证输入正确的重要环节。

(5) 确定输入设备。常用的输入设备有键盘、鼠标、优盘、读卡机、光电阅读器、条形码识别机、声音识别仪、图像扫描仪、数码相机和数码摄像机等。随着信息技术的发展，输入方式和设备也在不断更新。设备的选用应考虑以下一些因素：输入的数据量与频度；数据的来源、形式、收集环境；输入类型、格式的灵活程度；输入速度和准确性要求；输入数据的校验方法、纠正错误的难易程度；可用的设备与费用，等等。随着老龄化社会的到来，如何使中高龄老年人在使用相关系统时也能自如输入，是输入设计必须要考虑的问题。

2. 输出设计

输出设计的重要性是显而易见的。信息系统只有通过输出才能为用户服务。信息系统能否为用户提供准确、及时、适用的信息是评价信息系统优劣的标准之一。因此，必须十分重视输出设计。从系统开发的角度看，输出决定输入，即输入信息只有根据输出要求才能确定。输出设计包括以下几方面的内容。

1) 确定输出内容

用户是输出信息的主要使用者。因此，输出内容的设计首先要确定用户在使用信息方面的要求，包括使用目的、输出速度、频率、数量、安全性要求等。根据用户要求，设计输出信息的内容，包括信息形式(表格、图形和文字)、输出项目及数据结构、数据类型、位数及取值范围、数据的生成途径、完整性及一致性的考虑等。

2) 选择输出设备与介质

常用的输出设备有显示终端、打印机、磁带机、磁盘机、绘图仪和多媒体设备等，输出介质有纸张、磁带、优盘、光盘和多媒体介质等。这些设备和介质各有特点，应根据用户对输出信息的要求，结合现有设备和资金条件选择。

3) 确定输出格式

提供给人的信息都要进行格式设计。输出格式要满足使用者的要求和习惯，做到格式清晰、美观、易于阅读和理解。

报表是最常用的一种输出形式。报表的格式因用途不同而有差异，但一般由 3 部分组成：表头、表体和表尾。表头部分主要是标题；表体部分是整个表格的实体，反映表格的内容；表尾是一些补充说明或脚注。

报表的格式要与当前组织内部流行的表格尽量一致，尤其是国家相应统计部门统一制订的报表不得更改。如果要更改现行表格，必须由系统设计员和分析员共同讨论，拿出更改的充分理由，与管理人员协商，得到有关部门的批准。

3. 人机对话设计

人与计算机进行信息交流就是人机对话。从这个意义上讲，输入和输出都是人机对话。这里讲的人机对话，是指人通过屏幕、键盘等设备与计算机进行信息交换，控制系统运行。因此，人机对话设计也称为屏幕设计。待人友好的用户界面是信息系统成功的条件之一。

人机对话设计的基本原则是为用户操作着想，而不应从设计人员设计方便的角度来考虑。因此，对话设计应注意以下几点：

(1) 对话要清楚、简单，用词要符合用户观点和习惯。

(2) 对话要适应不同操作水平的用户，便于维护和修改。

这是衡量对话设计好坏的重要标准。用户开始使用时，要让操作人员觉得系统在教他如何使用，鼓励他使用。随着用户对系统的熟悉，又会觉得太详细的说明，复杂的屏幕格式太啰嗦，这时就需要适应不同水平的用户，使得操作界面可以由用户选择或进行个性化设置。

(3) 错误信息的设计要有建设性。

用户界面是否友好，使用者的第一个印象往往来自当错误发生时系统有什么样的反应。一个好的错误信息设计，用词应当友善，简洁清楚，并要有建设性，即尽可能告知使用者产生错误的可能原因。

(4) 关键操作要强调和警告。

对某些要害操作，无论是不是操作人员的误操作，系统应进一步确认，进行强制发问，甚至警告，而不能一接到命令立即处理，以至造成恶劣的后果。这种警告，由于能预防错误，更有积极意义。

4. 处理过程的设计

概要设计将系统分解成许多模块，并决定了每个模块的外部特征：功能和界面。信息系统处理过程的设计则要确定每个模块的内部特征，即内部的执行过程，包括局部的数据组织、控制流、每一步的具体加工要求及种种实施细节。通过这样的设计，为编写程序制订一个周密的计划。当然，对于一些功能比较简单的模块，也可以直接编写程序。

处理过程设计的关键是用一种合适的表达方法来描述每个模块的执行过程。这种表示方法应该简明、精确，并由此能直接导出用编程语言表示的程序。日常用的描述方式有图形、语言和表格 3 类，如传统的框图、各种程序语言和判定表等。

6.4 系统实施

6.4.1 系统实施阶段的任务

系统实施是开发信息系统的最后一个阶段。这个阶段的任务,是实现系统设计阶段提出的物理模型,按实施方案完成一个可以实际运行的信息系统,交付用户使用。系统设计说明书详细规定了系统的结构,规定了各个模块的功能、输入和输出,规定了数据库的物理结构。这是系统实施的出发点。如果说开发信息系统是盖一幢大楼,那么系统分析与设计就是根据盖楼的要求画出各种蓝图,而系统实施则是调集各种人员、设备和材料,在盖楼的现场,根据图纸按开发方案的要求把大楼盖起来。具体讲,这一阶段的任务包括以下几个方面。

1. 硬件准备

硬件设备包括计算机主机、输入输出设备、存储设备、辅助设备(稳压电源、空调设备等)和通信设备等。购置、安装和调试这些设备要花费大量的人力、物力,持续相当长的时间。

2. 软件准备

软件包括系统软件、数据库管理系统以及一些应用程序。这些软件有些需要购买,有些需要组织人力编写,也需要相当多的人力、物力和时间。编写程序和测试程序是这一阶段的主要任务。

3. 人员培训

主要指用户的培训,包括主管人员和业务人员。系统投入运行后,他们将在系统中工作。这些人多数来自现行系统,精通业务,但有的缺乏计算机知识。为保证系统调试和运行顺利进行,应根据他们的基础,提前进行培训,使他们适应并逐步熟悉新的业务流程和新的操作方法。有时,改变旧的工作习惯比软件的更换更为困难。

4. 数据准备

数据的收集、整理和录入是一项既烦琐,劳动量又大的工作。而没有一定基础数据的准备,系统调试就不能很好地进行。一般说来,确定数据库物理模型之后,就应进行数据的整理和录入。这样既分散了工作量,又可以为系统调试提供真实的数据。实践证明,这方面的工作往往容易被人忽视。因此,要特别强调这一点,不能把系统的实现仅仅归结为编程序或买机器。这几方面的任务是相互联系,彼此制约的。

与系统分析和系统设计阶段相比,系统实施阶段的特点是工作量大,投入的人力、物力多。因此,这一阶段的组织管理工作也很繁重。对于这样一个多工种多任务的综合项目,合理的调度安排就十分重要。

6.4.2 自顶向下的实现方法

系统的实施有许多工作要做。就程序的编写和数据库的实现而言事情也很多。结构图中有大大小小很多模块,先实现哪些模块呢?是先实现上层模块,还是先实现下层模块?下层模块执行具体功能,上层模块是控制性的。传统方法是先实现下层模块,实现一部分就调试一部分。这种方法往往造成返工。单个模块调试通过了,系统联调却不一定能通过,原因是模块之间的接口可能有问题。

结构化方法主张自顶向下实现,尽量先实现上层模块,逐步向下,最后实现下层最基本的模块。即首先调试整个系统的结构及各模块间的接口,确保系统结构和各模块接口的正确性。在实现上层模块时,与这些模块有直接调用关系的下层模块只作为"树桩"(stub)出现,即只保留它的名字及有关参数传递。这样,虽然这些"树桩"的内部功能还没有实现,但可以测试系统结构的正确性,保证接口的通畅。

系统开发完成以后,需要进行各种测试,测试合格的系统可以交付运行,进入运行和维护阶段。由于信息系统的测试和运行在后面的章节中有专门介绍,这里不再赘述。

6.5 原型法的基本思想

原型法(prototyping approach)产生于20世纪80年代中期。原型法又按照对原型结果的处理方式分为淘汰原型法(又叫试验原型法)和演化原型法(又叫演进原型法)。淘汰原型法只把原型当成与用户进行交流和分析需求的工具,用完以后就废弃掉,根据调研的结论做出新的系统。

如果没有作特别的说明,一般所说的原型法都是演化原型法。其基本思想是:在投入大量的人力、物力之前,在限定的时间内,用最经济的方法构造一个系统原型,使用户尽早看到未来系统的概貌,在系统原型的实际运行中与用户一起发现问题,提出修改意见,不断完善原型,使它逐步满足用户的要求。

6.5.1 原型法的基本步骤

用原型法开发信息系统可以分为以下4个步骤。

1. 明确用户基本信息需求

这一阶段不像结构化生命周期法那样要详细定义用户需求,而是要在几天或几个星期内分析用户的主要功能要求和实现这些要求的数据规范、报告格式和屏幕要求。这个阶段不产生对外的正式文件,但对规模较大的系统,应准备一个初步需求文件。

2. 建立初始原型

借助软件开发工具,在尽量短的时间内制作一个初始系统原型。只要求这个原型满足第一步提出的基本要求,是一个可以与用户进行交流的系统。有时为了更快地获得用户需求,甚至只是在纸上按照最终屏幕显示的假想效果画出相关界面,然后和用户在纸上修改完善系统界面的原型。

构造初始原型时要注意两个原则：

(1) 集成原则。尽可能用现成软件和模型来构成，这需要相应的工具。

(2) 最小系统原则。耗资一般不超过总投资的10%，但能反映系统的基本特性，并能扩充和完善。

3. 评价原型

用户在开发人员协助下，运行原型系统，评价系统的优点和不足，进一步明确用户要求，提出修改原型系统的具体意见。

4. 修改和完善原型

根据用户的意见，尽快修改原型系统，并交给用户运行。

上述工作流程如图6.21所示，后面两步是反复进行的，直到用户和开发人员满意为止。

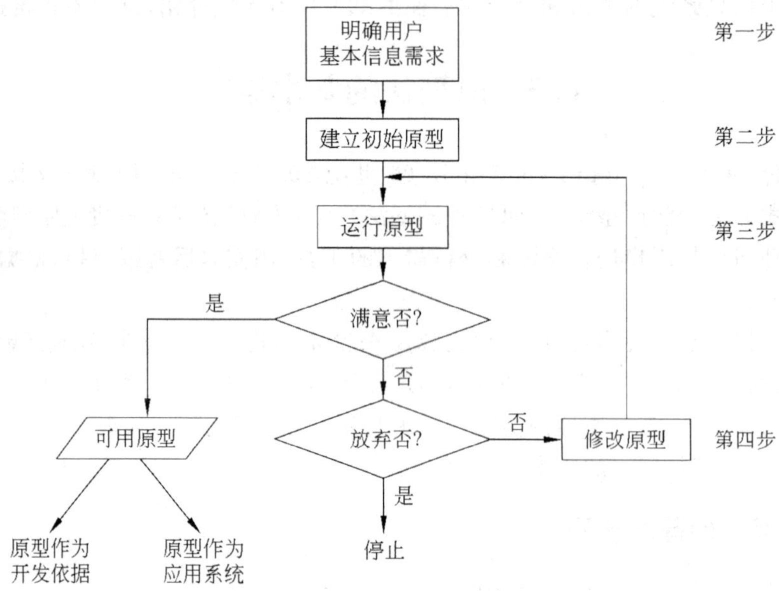

图6.21 原型法的工作流程

6.5.2 原型法的优缺点

原型法有以下优点。

(1) 增进用户与开发人员之间的沟通。

传统的开发方法中，用户主要靠阅读大量的技术文件了解未来的系统，然后向系统分析员表达他们对系统需求的意见。原型法展示给用户的是可以实际运行的原型系统或者原型界面，用户可以很早就“看得见，摸得着”，可以很清楚地把他们的意见告诉系统分析员。

(2) 用户在系统开发过程中起主导作用。

结构化生命周期法强调了面向用户的观点，但用户参与较多的是系统分析阶段。而采用原型法进行系统开发,用户在整个开发过程中起主导作用,随时提供现场的第一手资料,帮助开发者认识用户的真正需求。

(3) 辨认动态的用户需求。

系统分析的困难之一是用户与开发者之间的沟通,尤其对一些动态需求,不容易用语言文字来描述。可以实际运行的系统原型有助于开发者发掘和验证这类不易用一般语言来规范交谈的动态需求。

(4) 启迪衍生式的用户需求。

在系统投入运行之前,有些功能用户也无法预先知道。衍生式的需求是指当系统投入运行之后,用户有了使用经验而提出的需要。在整个开发过程中,原型系统可以启发用户的这些衍生的新需求,并把这些需求告诉开发者。决策支持系统就常有这类需求,适合用原型法进行开发。

(5) 缩短开发周期,降低开发风险。

原型法以用户为主导,更有效地辨认用户需求,不仅使系统分析的时间大为缩短,而且减少了开发人员对用户需求的误解,从而降低了系统开发的风险。

原型法也有不足之处。原型法不如结构化生命周期法成熟和便于管理控制。由于用户的大量参与,也会产生一些新的问题,如原型的评估标准是否完全合理。原型的开发者在修改过程中,容易偏离原型的目的,使用者在看到原型的功能逐步完备之后,以为原型可以联机使用了,而疏忽了原型对实际环境的适应性及系统的安全性、可靠性等要求,便直接将原型系统转换成最终产品。这种过早交付产品的结果,虽然缩短了系统开发时间,但损害了系统质量,增加了维护代价。

6.5.3 生命周期法与原型法的比较

由上面的分析可以看出,原型法的优点主要在于能更有效地辨认用户需求。对于分析层面难度大、技术层面难度不大的系统,适合于用原型法开发。而对于技术层面的困难远大于其分析层面的系统,则不宜用原型法。对于比较复杂的系统,也可以将原型法与结构化生命周期法结合起来使用,用原型法进行需求分析,将经过修改、确认的原型系统作为系统开发的依据,在此基础上完善系统分析说明书,当然,这时的原型法是淘汰式原型法。

与原型法相比较而言,结构化生命周期法更适合于以下的情况:用户需求定义可以明确;系统运行程序确定,结构化程度高;系统具有较长的使用寿命,环境变化不大;开发过程要求有严格的控制;开发人员对系统任务了解,且熟练程度较高;系统文档要求详而全;开发成果重复使用等场合(参见表 6.2)。

表 6.2 生命周期法与原型法的选择

有利于生命周期法开发的因素	有利于原型法开发的因素
① 用户需求定义可以明确	① 用户需求不明确
② 系统运行程序确定,结构化程度高	② 过程非结构化
③ 系统具有较长的使用寿命,环境变化不大	③ 用户环境易变
④ 开发过程要求有严格的控制	④ 系统具有短期寿命
⑤ 研制人员对系统任务了解,且熟练程度较高	⑤ 具有第四代语言工具
⑥ 系统文档要求详而全	⑥ 系统要求在短期内运行
⑦ 开发成果重复使用	⑦ 没有或很少可资借鉴的成果

思　考　题

1. 简述信息系统开发方法的分类。

2. 简述结构化生命周期法的指导思想。

3. 简述结构化方法各个开发阶段的任务。

4. 用业务流程改进的思想,对本章举例中的学籍管理系统的 DFD 图进行优化。

5. 为学校图书馆出纳台设计一个计算机管理系统。

(1) 进行业务调查,画出数据流图,写出数据字典。

(2) 概要设计,画出系统结构图。

(3) 详细设计。

6. 简述原型法的步骤和优缺点。

7. 简述选择结构化生命周期法与原型法须考虑的因素。

第7章　面向对象开发方法

人们在应用传统的结构化生命周期模型进行软件开发的过程中发现了许多难以克服的问题。例如，这种方法要求分析人员在现实世界中跟踪数据的流动，但许多系统不以数据流为主干，在这种情况下使用数据流图就不是十分有效。并且由于使用者的需求不断变化，即使在软件投入使用后，也常常需要对其做出修改。而对于用结构化生命周期方法开发的程序，这种修改往往是很困难的，并容易引入新的错误。在使用结构化生命周期模型进行的程序开发中，代码的重用率比较低。为提高软件系统的稳定性、可修改性和可重用性，人们在实践中逐渐创造出软件系统开发的一种新方法——面向对象开发方法。

面向对象思想涉及软件开发的各个方面，主要有面向对象的分析、面向对象的设计和面向对象的编程。由于面向对象编程牵涉到具体的语言，本章对面向对象编程和实现不作详细展开。

7.1　面向对象方法概述

系统分析和设计就是要认识客观世界，为之建模并转换为信息系统。面向对象(Object Oriented, OO)是一种认识(建模)方法论，强调了对现实世界的理解和模拟。面向对象开发方法的出发点和基本原则是尽可能模拟人类习惯的思维方式，使开发软件的方法与过程尽可能接近人类认识世界、解决问题的方法与过程，以减少现实世界到信息世界的转换工作。

7.1.1　面向对象方法的产生

面向对象方法起源于面向对象的编程语言(Object Oriented Programming Language, OOPL)。最早是在20世纪60年代中后期，Simula语言第一次提出了"对象"(object)的概念，使用了类，也支持继承。但真正的面向对象编程是由Smalltalk奠基的。Smalltalk语言诞生于20世纪70年代，于1980年推出商业化产品。Smalltalk作为第一个纯粹的面向对象编程语言，在系统设计中强调对象概念的统一，引入了对象、对象类、方法和实例等概念和术语，采用了动态联编和单继承机制。

Smalltalk对OO方法学的形成和发展起了重大作用，它使人们注意到OO方法所具有的模块化、信息封装、抽象性、继承性和多态性等独到之处。这些优点为解决大型软件管理，提高软件的可靠性、可重用性、可扩充性和可维护性提供了有效的手段与途径。在信息系统的分析与设计中引入OO方法是十分自然的事。由于分析、设计和编程之间的必然联系，把OO概念从面向对象编程(Object Oriented Programming, OOP)推广到面向对象分析(Object Oriented Analysis, OOA)和面向对象设计(Object Oriented Design, OOD)中，在方法和表示法上保持一致，减少了转换工作和语义差异。

20世纪90年代，对使用OO方法进行系统开发的研究十分活跃，涌现出许多面向对象的系统开发方法和建模方法，如 Booch 方法、Coad 和 Yourdon 方法、Rumbaugh 方法（即 OMT 方法）和 UML 建模语言等，这些内容将在 7.3 节进行介绍。

7.1.2 面向对象方法的基本概念

用计算机解决问题需要用程序设计语言对问题求解加以描述（即编程），实质上，信息系统软件也是问题求解的一种表述形式。假如软件能直接表现人求解问题的思维路径（即求解问题的方法），那么软件不仅容易被人理解，而且易于维护和修改，从而会保证软件的可靠性和可维护性。面向对象系统开发方法是按照人们通常的思维方式来建立问题域的模型，设计出尽可能自然地表现求解方法的软件。下面介绍面向对象的基本概念，理解这些概念是掌握 OO 方法的关键。

1. 对象（object）

客观事物都是由对象组成的，对象可以是要研究的任何事物。从一本书到一辆汽车，从一个整数到一个庞大的数据库，以及极其复杂的自动化工厂或航天飞机都可看作对象。任何复杂的事物都可以通过对象的组合构成。对象不仅能表示有形的实体（如书、汽车等），也能表示无形的（抽象的）规则、计划或事件。

对象是由一组数据（描述事物的属性）和作用于数据的操作（体现事物的行为，也称方法）构成的一个独立整体。例如，一辆汽车是一个对象，它包含描述汽车的数据（如颜色、型号和载重量等）及其操作（如启动、刹车、减速和加速等）。

对象之间的联系主要是通过传递**消息**（**message**）来实现的，当一个消息发送给某个对象时，包含要求接收对象去执行某些活动的信息；接收到消息的对象经过解释，然后予以响应。这种通信机制叫做消息传递，如图 7.1 所示。发送消息的对象不需要知道接收消息的对象如何对请求予以响应。

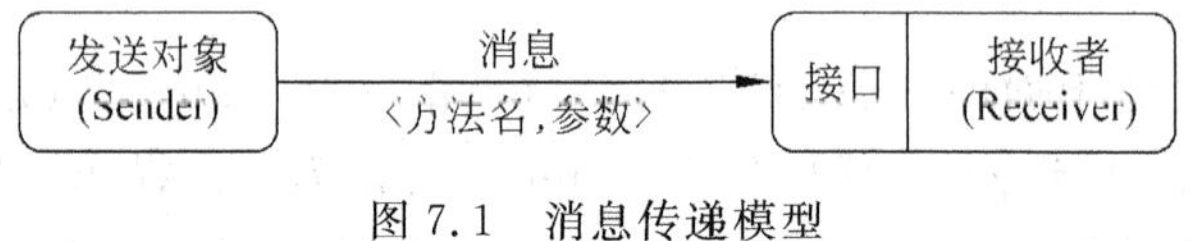

图 7.1　消息传递模型

2. 类（class）

与对象相关的一个概念是**对象类**（**object class**），简称**类**，是有相同属性和行为的多个对象的集合。类描述共性，而一个具体的对象则是其对应类的一个实例。例如“小李”、“小张”是具体的对象，他们属于一个共同的类——人。实际上类是建立对象时使用的“模板”，按照这个模板所建立的一个个具体的对象就是类的实际例子，通常称为**实例**（**instance**）。

类可以有子类和父类，形成层次结构。**继承**（**inheritance**）是父类和子类之间共享数据和方法的机制。在定义和实现一个类的时候，可以在一个已经存在的类上进行修改，如增加一些属性和方法或修改一些方法。我们把这个已经存在的类称为父类或超类，把新定义的类称为子类。每个子类可以继承其父类的特性，同时可以有与父类不同的地方，利用继承性，只要在原有类的基础上增加、删除或修改少量数据和方法就可以得到子类，父类发生变化，其变化也会体现在子类中，提高了软件开发的重用性和易维护性。

3. 方法(method)

方法是对象所能执行的操作，也就是类中所定义的服务。方法描述了对象执行操作的算法，以及响应消息的方法。例如，为了实现窗口的关闭，必须在窗口类中给出“关闭窗口”的定义。该方法是如何编写的内部细节，用户不用关心。方法是封装在具体对象中的，作为用户只需调用它，看到该方法实施的后果，这也体现了面向对象的**封装性(encapsulation)**。

7.1.3 面向对象方法的基本思想及特点

面向对象的基本思想是从现实世界中的客观事物出发来构造软件系统。在系统的构造中尽可能地运用人类的自然思维的方式，强调直接以问题域(现实世界)中的事物为中心来思考问题和认识问题，并根据这些事物的本质特点，把它们抽象地表示为系统中的对象，作为系统的基本构成单位。这可以使系统直接地映射问题域，保持问题域中事物及其相互关系的本来面貌。

面向对象方法有抽象性、封装性、继承性、多态性和易维护性等优点。

1. 抽象性(abstraction)

抽象是对复杂世界的简明表示。它强调了我们所关心的方面，而忽略了一些对我们来说不大重要的信息。例如，找出一些事物的相似和共性之处，然后将这些事物归为一个类，这个类只考虑这些事物的相似和共性之处，并且会忽略与当前主题和目标无关的那些方面，将注意力集中在与当前目标有关的方面。抽象包括行为抽象和状态抽象两个方面。例如，定义一个 Person(人)类，可包括姓名和年龄属性。人本来是很复杂的事物，有很多方面，但因为当前系统只需要了解人的姓名和年龄，所以上面定义的类中只包含姓名和年龄这两个属性，这就是一种抽象。使用抽象可以避免考虑一些与目标无关的细节。

对象具有对现实世界极强的抽象表达能力，对象不仅可表达结构化数据，而且可表达非结构化数据，如图形、声音和复杂的规则等。对象类则实现了抽象的数据类型，将数据结构上的抽象与功能上的抽象结合起来，实现了更高级的抽象。

2. 封装性(encapsulation)

封装性指不必让用户了解软件的内部实现，只给用户提供友好的界面。封装的目的在于把对象的设计者和对象的使用者分开，使用者不必知晓行为实现的细节，只须用设计者提供的接口来访问该对象。封装可将数据以及加在这些数据上的操作组织在一起，成为有独立意义的构件。外部无法直接访问这些封装的数据，从而保证了这些数据的相对独立性。如果这些数据发生了差错，也很容易定位错误是由哪个操作引起的。如果外部需要访问类中的数据，就必须通过接口(interface)进行访问。接口规定了可对一个特定的对象发出哪些请求。

封装是保证软件部件具有优良的模块性的基础，封装的目标就是要实现软件部件的“高内聚、低耦合”，防止程序的相互依赖性带来的变动影响。对象是封装良好的模块，这种模块更便于重用。

3. 继承性(inheritance)

继承性体现了 OO 方法的共享机制。在类层次中,每个子类都可以继承其父类的特性,包括状态和行为。同时子类也可以有与父类不同的地方,即子类可根据自身情况新增或修改父类的行为。继承性使得用户在开发新的应用系统时不必完全从零开始,可以继承原有的相似系统的功能或者从类库中选取需要的类,再派生出新的类以实现所需要的功能,所以,继承的机制提高了软件的可重用性和可扩展性,简化了对象和对象类的定义和创建,是信息组织与分类的行之有效的方法。

4. 多态性(polymorphism)

多态性又叫多形性,是指允许不同类的对象对同一消息作出响应,虽然消息相同,但各个对象做不同的相应处理。例如,发消息"打印个人基本信息"给教师类对象和学生类对象,教师类对象打印出姓名、年龄、职工号和月工资,而学生类对象则打印出姓名、学号、年龄、学分和成绩。再如,"计算面积"这一消息,圆形类对象收到信息则计算圆形面积,三角形类对象收到信息则计算三角形面积。同一消息发送给不同类或对象可引起不同的操作,使软件开发设计更便利,编码更灵活,易于理解。

5. 易维护性(maintainability)

面向对象的抽象封装使对象信息隐藏在局部,当对象进行修改或对象自身产生错误的时候,由此带来的影响仅局限在对象内部,这极大地方便了软件设计、实现和运行过程中的检错和修改。

面向对象的方法更易于人们理解并映射现实世界,还可以提高软件开发效率、可靠性及可维护性,从而提高系统开发的成功率。要注意的是,由于面向对象方法总体上是一种自底向上的系统开发方法,在大型管理信息系统开发中,若不经自顶向下的整体划分,往往会造成系统结构不合理、各部分关系失调等问题。在系统实践中,OO 方法和结构化生命周期方法在系统开发中相互依存、不可替代。

7.1.4 面向对象方法的开发过程

OO 方法开发过程分为 4 个阶段。

(1) 系统调查和需求分析:对系统面临的问题和用户的开发需求进行调查研究。

(2) 分析问题的性质和求解问题:在复杂的问题域中抽象识别出对象及其行为、结构、属性和方法。这个阶段一般称为面向对象分析,即 OOA。

(3) 整理问题:对分析的结果进一步抽象、归类整理最终以范式形式确定下来,即 OOD。

(4) 程序实现:使用面向对象的程序设计语言将其范式直接映射为应用程序软件,即 OOP。本章后续部分将介绍 OOA、OOD 和面向对象的主要开发方法,并用一个实例展现面向对象的分析和设计过程。

7.2 面向对象分析和设计

面向对象分析(OOA)要求把问题空间分解成一些类或对象,找出这些对象的特点(即属性和服务),以及对象间的关系(一般/特殊、整体/部分关系),并由此产生一个规格说明。面向对象设计(OOD)是将面向对象分析(OOA)阶段得到的需求转变成符合成本和质量要求的、抽象的系统实现方案的过程。从面向对象分析转到面向对象设计是一个累进的模型扩充过程。

7.2.1 面向对象分析

面向对象分析(OOA)强调运用面向对象方法,对问题域和系统责任进行分析和理解,找出描述问题域及系统责任所需的对象,并定义对象的属性、操作以及它们之间的关系,目标是建立一个符合问题域、满足用户功能需求的 OOA 模型。

OOA 过程分为领域分析和应用分析。领域分析建立大致的系统实现环境,应用分析则根据特定应用的需求进行领域分析。领域分析应当在应用分析之前进行,我们在了解问题之前应当对问题敞开思想加以考虑,考察问题领域内的一个较宽的范围,分析覆盖的范围应比直接要解决的问题更大。应用分析阶段是一个迭代的过程,它细化在领域分析阶段所开发出来的信息,并且把注意力集中于当前要解决的问题。

面向对象分析强调直接对问题领域中的各种事物建立 OOA 模型中的对象,用对象的属性和服务分别描述对象的静态特征和动态行为。同时,在 OOA 模型中保存了问题领域中各个事物之间的关系,把具有相同属性和相同服务的对象归于一类,用一般化 / 特殊化关系(分类结构)和整体 / 部分关系(组装结构)描述事物间的结构关系,用实例连接和消息连接描述事物之间的静态联系和动态联系,从而忠实地反映问题领域的原貌。

OOA 的目的是定义所有与待解决问题相关的类(包括类的操作和属性、类与类之间的关系以及它们表现出的行为)。为此,OOA 需完成的任务是:

(1) 软件工程师和用户必须充分沟通,以了解基本的用户需求。

(2) 必须标识类(即定义其属性和操作)。

(3) 必须定义类的层次。

(4) 应当表达对象与对象之间的关系(即对象的连接)。

(5) 必须模型化对象的行为。

(6) 反复地做任务(1)～(5),直到模型建成。

例如在 Coad 和 Yourdon 方法中,面向对象的分析由 5 个主要步骤构成:标识对象、标识结构(分类结构或组装结构)、定义属性及实例连接、定义服务及消息连接、定义主题(即模型的提炼和抽象)。其他面向对象方法所定义的 OOA 分析过程虽然略有不同,但完成的任务大体相似。

7.2.2 面向对象设计

分析是提取和整理用户需求并建立问题域精确模型的过程。设计则是把分析阶段得到的需求转变成符合成本和质量要求的、抽象的系统实现方案的过程。从面向对象分析到面向对象设计是一个逐渐扩充和细化模型的过程。

尽管分析和设计的定义有明显区别，但是在实际的软件开发过程中二者的界限是模糊的。许多分析结果可以直接映射成设计结果，而在设计过程中又往往会加深和补充对系统需求的理解，从而进一步完善分析结果。因此，分析和设计活动是一个多次反复迭代的过程。

1. 面向对象设计的原则

按照软件工程的理论，面向对象的设计要解决的核心问题就是可维护性和可复用性。尤其是可维护性，它是影响软件生命周期的重要因素，通常情况下，软件的维护成本远远大于初期开发成本。一般来说，一个好的系统设计应该具备可扩展性和灵活性。

自从 20 世纪 80 到 90 年代以来，很多业内专家不断探索面向对象的软件设计方法，陆续提出了一些设计原则。这些设计原则能够显著地提高系统的可维护性和可重用性，成为进行面向对象设计的指导原则。它们主要包括类设计原则和包设计原则。在进行类设计时要遵循如下 5 个原则。

(1) SRP(Single Responsibility Principle)，单一职责原则。一个类应该有且只有一个改变的理由，即单一职责就是指一个类应该专注于做一件事。如果一个类承担的职责过多，就等于把这些职责耦合到一起，一个职责的变化可能会影响这个类完成其他职责的能力。这种耦合会导致脆弱的设计，当变化发生的时候，会引起意想不到的破坏。

(2) OCP(Open Closed Principle)，开放封闭原则。一个模块在扩展性方面应该是开放的，而在更改性方面应该是封闭的。在类设计时应该能够不用修改原有类就能扩展这个类的行为，但在进行面向对象设计时要尽量考虑接口封装机制、抽象机制和多态技术。符合 OCP 原则的程序只通过增加代码来变化而不是通过更改现有代码来变化。

(3) LSP(Liskov Substitution Principle)，Liskov 替换原则。简单说就是子类应当可以替换父类并出现在父类能够出现的任何地方。这是 Liskov 于 1987 年提出的设计原则。仅当子类能完全替换父类时，我们才能放心地重用那些使用父类的函数和修改子类类型。

(4) DIP(Dependency Inversion Principle)，依赖倒置原则。即倒置接口的所有权，用依赖于接口和抽象类来替代依赖容易变化的具体类。这就是著名的好莱坞原则[①]："Don't call us，we'll call you."(此处的含义是"不要调用我们，我们会调用你。")低层模块实现了在高层模块中声明并被高层模块调用的接口。如果高层模块依赖于低层模块，那么在不同的上下文中重用高层模块就会变得非常困难。而如果高层模块独立于低层模块，高层模块就可以非常容易地被复用。

(5) ISP(Interface Segregation Principle)，接口隔离原则。客户只要关注他们所需的接口，即应当为客户提供尽可能小的接口，而不是提供大的接口。

---

① "不要给我们打电话，我们会给你打电话。"(Don't call us，we'll call you.)这是著名的好莱坞原则。在美国的影城好莱坞，演员把简历递交给演艺公司后就只有回家等待。由演艺公司对整个娱乐圈进行完全控制，演员只能被动地接受公司的差使，在需要的环节中完成自己的演出。

除了以上 5 个类设计原则外，还有几个关于包的设计原则，这里的包不是指 Java 或 C++ 中的命名空间，而是指二进制的可发布文件。关于包的内聚性的原则有 3 个，它们告诉我们该如何划分包。即 REP(Release Reuse Equivalency Principle，重用发布等价原则)、CCP(Common Closure Principle，共同闭包原则)和 CRP(Common Reuse Principle，共同重用原则)。

还有 3 个原则是关于包之间的耦合性的，它们也给出了评价系统中包结构优良与否的评判标准。这 3 个原则是 ADP(Acyclic Dependencies Principle，依赖无环原则)，SDP(Stable Dependency Principle，稳定依赖原则)和 SAP(Stable Abstractions Principle，稳定抽象原则)。

值得注意的是，在设计时不能死板地遵循这些原则。例如，单一职责原则的尺度如何掌握呢？我们怎么能知道一个类该拆分还是不应该拆分呢？原则很简单：由需求决定。例如，一个计算器应该看做是一个类还是将它分解成外观类和处理器类呢？如果你所需要的计算器，永远都没有外观和处理器变动的可能性，那么就应该把它抽象为一个整体的计算器；如果你所需要的计算器，外观和处理器都有可能发生变动，那么就必须把它拆离为外观和处理器两个类。这里单一职责原则就是只能有一个原因可能引起计算器的变化。单一职责原则实际上消除了对象之间的耦合，避免一个类承担过多的职责。

2. 面向对象设计的内容

面向对象设计主要分为 4 个层次：(1)总体设计，即确定系统的总体结构和风格，构造系统的物理模型，将系统划分成不同的子系统；(2)中层设计，对每个用例进行设计，规划实现用例功能的关键类，确定类之间的关系；(3)底层设计，对每个类进行详细设计，设计类的属性和操作，优化类之间的关系；(4)非功能类设计，补充实现非功能性需求所需要的类。具体来说，面向对象的设计活动主要有系统构架设计、用例设计、类设计、数据库设计和用户界面设计。

1) 总体设计

总体设计又叫系统构架设计，它的目的是要勾画出系统的总体结构，这项工作由经验丰富的构架设计师主持完成。系统构架设计是以用例模型和分析模型为输入，生成系统的物理构架、逻辑构架(子系统)及其接口、概要的设计类。

2) 中层设计

中层设计又叫用例设计，是根据分析阶段产生的高层类图和交互图，研究已有的类，并将它们分配到相应的用例中。检查每个用例功能，依靠当前的类能否实现，同时检查每个用例的特殊需求是否有合适的类来实现。细化每个用例的类图，描述实现用例的类及其类之间的相互关系，其中的通用类和关键类可重点突出，这些类将作为项目经理检查项目时的重点。

3) 底层设计

底层设计又叫类设计，是详细设计每个类的属性、方法和关系。

4) 非功能类设计

非功能类设计主要是补充非功能性需求所需的类，如数据管理和用户界面设计等非功能性的辅助类。目前许多信息系统开发都需数据库管理系统的支持，面向对象设计中一般也包含数据库设计，如选择了什么类型的数据库管理系统，就要设计相应的类完成与数据库的连接和对数据库的操纵等功能。用户界面设计是设计用户界面类，完成用户界面功能。

本节介绍的是面向对象分析和面向对象设计的主要内容和任务，在实践中，很多面向对象开发方法都有各自独特的面向对象分析和设计过程和表示范式。在接下来的 7.3 节中介绍几种主要的面向对象分析和设计方法，7.4 节以一个简单应用系统为例，展现基于 UML 的面向对象分析和设计过程。

7.3 面向对象开发的主要方法

20 世纪 90 年代初，进入了利用面向对象技术进行系统开发的繁荣期，涌现出许多面向对象的系统开发方法和建模方法。本节介绍比较常用的 Booch 方法、Coad 和 Yourdon 方法、Rumbaugh 方法和统一建模语言(Unified Modeling Language, UML)。

7.3.1 Booch 方法

Grady Booch 是最早的面向对象方法倡导者之一。Booch 方法最大的特色是提供了丰富的符号体系，将几类不同的图表有机地结合起来，以反映系统的各个方面是如何相互联系而又相互作用的。这些图包括类图(类结构、静态视图)、对象图(对象结构、静态视图)、状态转移图(类结构、动态视图)、时序图(对象结构、动态视图)、模块图(模块体系结构)和进程图(进程体系结构)等。用于类和对象建模的符号体系使用注释和不同的图符(如不同的箭头)表达详细的信息。符号体系由大量的图符组成，但其语法和语义并没有严格地定义，有较大的灵活性。

在 Booch 提出的方法中，其分析与设计过程包括以下 4 个过程：

(1) 在给定的抽象层次上识别类和对象。包括找出问题空间中关键的抽象和产生动态行为的重要机制。

(2) 识别这些对象和类的语义。主要是明确前一阶段所识别出的类和对象的含义，开发人员确定类的行为(即方法)和类及对象之间的互相作用(即行为的规范描述)。该阶段利用状态转移图描述对象状态的模型，利用时序图(系统中的时态约束)和对象图(对象之间的互相作用)描述行为模型。

(3) 识别这些类和对象之间的关系。描述静态和动态关系模型，这些关系包括封装、实例化、继承、关联和聚集等。

(4) 实现类和对象。该阶段要考虑如何用选定的编程语言实现，如何将类和对象组织成模块。

Booch 认为，软件开发是一个螺旋上升的过程，这 4 种活动不仅仅是一个简单的步骤序列，而是对系统逻辑和物理视图不断细化的迭代和渐增的过程。

Booch 方法可分为逻辑设计和物理设计，其中逻辑设计包含类图文件和对象图文件，物理设计包含模块图文件和进程图文件，用以描述软件系统结构。首先，从逻辑设计转向物理实现的开发过程中，有类图和对象图描述逻辑设计中最关键的抽象及含义，模块图和进程图从物理实现来描述具体的硬软件结构。Booch 方法也可划分为静态模型和动态模型，其中静态模型表示系统的构成和结构，动态模型表示系统执行的行为，动态模型包含时序图和状态转移图。

7.3.2 Coad 和 Yourdon 方法

Coad 和 Yourdon 方法是早于 UML 的一种面向对象方法，分为面向对象分析(OOA)和面向对象设计(OOD)两部分。在 OOA 中，建立了概念模型，由类与对象、结构、属性、服务和主题等 5 个分析层次组成。

(1) 确定类与对象。从问题域出发，寻找并且标识系统中的类与对象。

(2) 确定结构。标识类间层次结构，包括分类结构和组装结构。分类结构指一般-特殊结构，表示类的一般-特殊关系；组装结构指整体与部分结构，表示事物的组成结构。

(3) 定义属性。属性包括对象属性以及实例联系(即对象之间的依赖关系)。

(4) 定义服务。定义操作和方法，如检索、维护、计算、事件响应、状态改变和消息传送等这样一类操作和具体采用的某一种算法。OOA 模型不仅定义了对象间的联系，而且也定义了对象间消息的传递路径。

(5) 定义主题。每个主题相当于一个子模型或子系统。可以依据子论域、子系统，甚至组织或地域区分主题。对于非常庞大与复杂的系统，可以建立多级主题，在主题中可以包含另一主题，形成一个层次结构。

与 OOA 模型一样，Coad 和 Yourdon 方法的 OOD 模型也采用了 5 层结构，用来描述 OOD 模型的 4 个组成部分：问题论域、用户界面、任务管理和数据管理。事实上，在 OOA 阶段建立概念模型时已涉及问题论域部分，其他 3 个部分是在 OOD 阶段加进来的。问题论域部分包括了与应用问题直接有关的所有类和对象，识别和定义这些类和对象的工作在 OOA 中已经开始，这里只是对它们做进一步的细化。在其他的 3 个部分中，将识别和定义新的类和对象。这些类和对象形成问题论域部分与用户、与外部系统和专用设备，以及与磁盘文件和数据库管理系统的界面。Coad 与 Yourdon 强调这 3 部分的作用主要是保证系统基本功能的相对独立，以加强软件的可复用性。假如外部的通信系统更新了，相应的通信协议也应有所变化。在这种情况下，只需修改任务管理部分中的某些类和对象，而不必对其他几个部分做任何修改。

Coad 和 Yourdon 方法是一种循序渐进的方法，该方法通过标识类与对象、结构继承和组合、属性、服务以及主题构成面向对象的系统模型，进一步在系统设计阶段将问题论域、用户界面、任务管理和数据管理区分开，增加系统基本功能的相对独立性。该方法实用且相对简单，模型容易构造，但对系统动态特征表述不充分，且反映系统整体功能特征的能力较差。尽管有上述不足，但该方法反映的系统结构完整，模型一致性好，易于完成开发系统，因而是一种好用的方法。

7.3.3 Rumbaugh 方法(OMT 方法)

Rumbaugh 等人提出的对象模型化技术(Object Modeling Technique，OMT，也称面向对象技术)可用于系统分析、设计和对象级设计。

该方法在 OOA 阶段建立 3 个模型：对象模型（描述对象、类、层次和关系）、动态模型（描述对象和系统的行为）、功能模型（描述系统的信息流）。功能模型指出发生了什么，动态模型确定什么时候发生，而对象模型确定发生的客体。

(1) 对象模型：表示了静态的、结构化的系统数据性质。该模型描述了系统的静态结构，它是从客观世界实体的对象关系角度来描述，表现了对象的相互关系。该模型主要关心系统中对象的结构、属性和操作，使用对象图作为描述工具。

(2) 动态模型：是与时间和变化有关的系统性质。该模型描述了系统的控制结构，它表示了瞬时的、行为化的系统控制性质。它从对象的事件和状态的角度出发，表现了对象的相互行为。该模型描述的系统属性是触发事件、事件序列、事件状态以及事件与状态的组织，使用状态图作为描述工具，涉及事件、状态及操作等重要概念。

(3) 功能模型：描述了系统的所有计算，说明对象模型中操作的含义、动态模型中动作的意义以及对象模型中约束的意义。功能模型表明一个计算如何从输入值得到输出值，而不考虑所计算的次序。功能模型由多张数据流图组成，数据流图说明数据流是如何从外部输入，经过操作和内部存储输出到外部的。此外，功能模型也包括对象模型中值的约束条件。

Rumbaugh 等人提出的 OMT 技术也包含了 OOD 阶段的活动，它把设计工作分为两个抽象层次：系统设计和对象设计。系统设计是将分析模型划分为若干子系统，标识由问题所指定的并发性，为各子系统分配处理器和任务，选择实现数据管理的基本策略，标识全局资源和访问它们的控制机制，设计系统执行的控制机制，考虑边界条件的处理方式，评审并进行适当的权衡。对象设计是从分析模型中选择操作，为每一个操作定义实现算法，选择适用于算法的数据结构，定义内部类，修改类的组织方式以优化对数据的存取并改进计算效率，设计类的属性。进一步，对象设计要实现在系统设计中定义的控制机制，修改类结构以调整类的继承性，设计消息序列以实现对象间的关联，然后将类和关联包装为模块。

7.3.4 UML 建模语言

统一建模语言（Unified Modeling Language，UML）是一种组合了多种模型的语言，Booch、Rumbaugh 和 Jacobson 等大师联合起来，组成设计小组，根据应用特点，将各自独立的 OOA 和 OOD 方法中最优秀的特色组合成一个统一的方法，完成了 UML 的设计。

从原则上讲，任何方法都应由建模语言和建模过程两部分构成。建模语言提供了用于表示设计的符号（通常是图形符号），建模过程描述了进行设计时所需遵循的步骤。UML 则统一了面向对象建模的基本概念、术语及其图形符号，建立了便于交流的通用语言。1997 年 11 月，对象管理组织（Object Management Group，OMG）正式采纳 UML 1.1 作为建模语言规范，UML 成为一个面向对象软件的标准。

UML 提供了一组面向对象的概念和图形符号，以及组织这些符号的规则，可以利用这些概念和符号来定义和描述问题域中的术语和概念。UML 2.4 定义了 17 种图（参见图 7.2），其中 14 个图是 UML 2.2 中定义的，3 个图是派生图，规范中没有形式化描述（在图中用楷体字表示），从不同角度描述系统。这些图可分为两大类：结构图和行为图。其中，结构图包括类图、对象图、包图、模型图、复合结构图、构件图、表现图、部署图、网络架构图和剖面图；行为图包括用例图、活动图、状态图、顺序图、通信图、时序图和交互概览图。其中顺序图、通信图、时序图和交互概览图属于交互图（因“交互图”是类别名，所以用灰底框表示）。

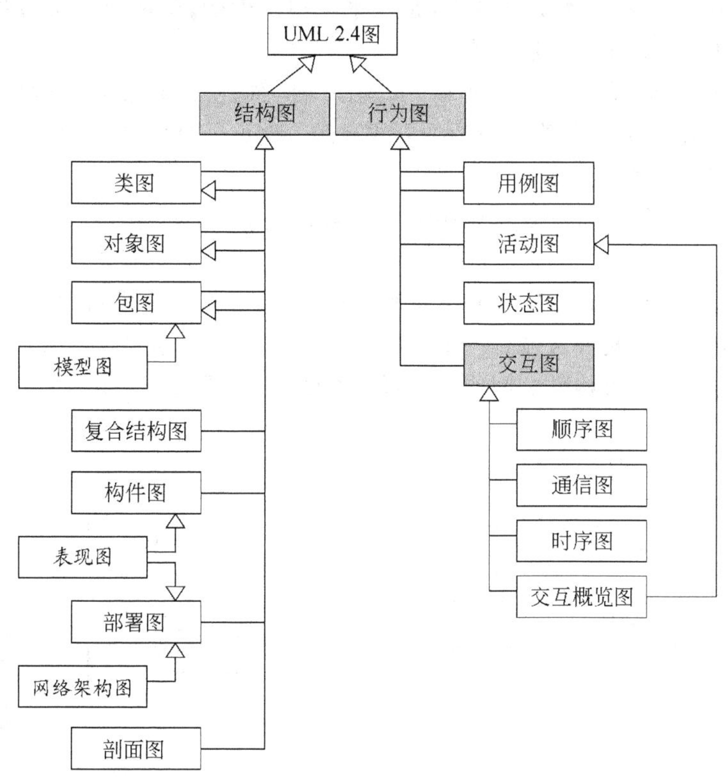

图 7.2　UML 2.4 图形总览

1. 结构图（structure diagram）

结构图强调系统建模中必须呈现的事物。结构图所表示的结构广泛用于软件系统中的文档化软件架构。结构图包括：

（1）类图（class diagram）：描述系统中类的静态结构，在它的定义中不仅包括系统中的类，表示类中的联系，如关联、依赖、聚合等，也包括类的内部结构（类的属性和操作），类图描述的是一种静态关系（参见图 7.3(a)），它在系统的整个生命周期中都有效。

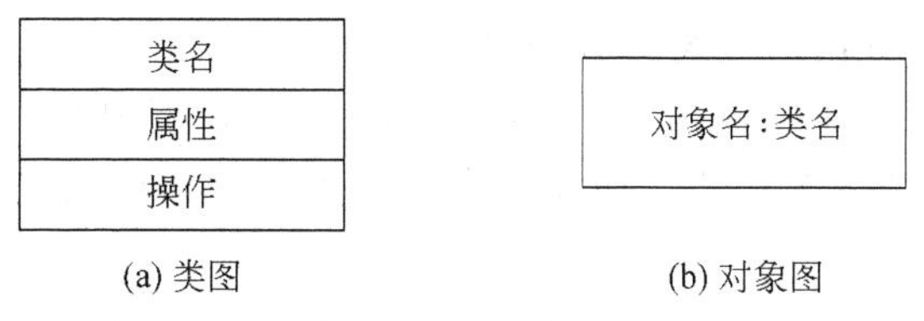

(a) 类图　　(b) 对象图

图 7.3　类图和对象图

(2) 对象图(object diagram)：是类图的实例，几乎使用与类图完全相同的标识(参见图 7.3(b))。一个对象图是类图的一个实例。由于对象存在生命周期，因此对象图只能在系统某一时间段存在。

(3) 包图(package diagram)：描述系统在逻辑上的分组以及各分组之间的依赖关系。包可直接理解为命名空间，类似文件夹，是用来组织文件的，包图表示包与包之间的关系。包图可用于描述功能系统的分层结构。

(4) 模型图(model diagram)：是 UML 辅助结构图，它是系统的一些抽象或某一视图，用来描述系统架构、逻辑或行为方面的抽象或视图。例如，它可以用来描述一个多层应用的架构——多层应用模型。

(5) 复合结构图(composite structure diagram)：描述一个类的内部结构及其所带来的可能协作。

(6) 构件图(component diagram)：也称组件图，用来描述组成软件系统的构件和各构件间的依赖关系。一个构件可能是一个资源代码构件、一个二进制构件或一个可执行文件。构件图有助于分析和理解构件之间的相互影响程度(参见图 7.4(a))。

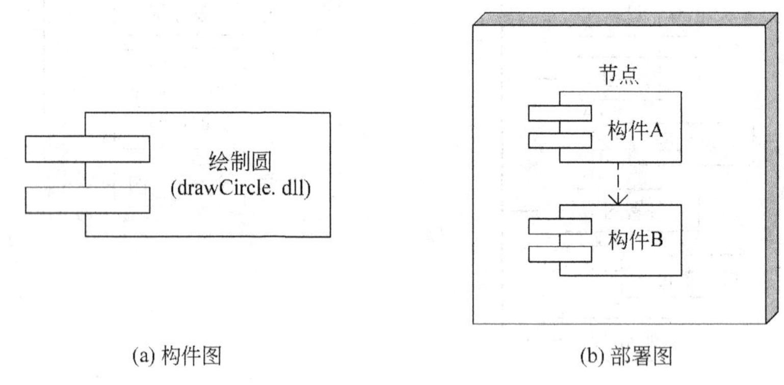

图 7.4　构件图和部署图

(7) 表现图(manifestation diagram)：是介于构件图和部署图之间层次的图。构件图描述系统构件以及各构件之间的关系，部署图描述从部署物件(artifacts)到部署目标。表现图可通过物件来描述构件的表现(实施)以及物件之间的内部结构。由于 UML 2.4 没有定义表现图的规范，各构件通过物件表现的表现图可使用构件图或部署图规范描述。

(8) 部署图(deployment diagram)：描述系统实施和执行环境中所使用的硬件和硬件上部署的软件。它可以显示实际的计算机和设备(用节点表示)以及它们之间的连接关系，也可以表示连接的设备类型和构件之间的依赖性。在节点内部放置可执行构件和对象以显示节点与可执行软件单元的对应关系(参见图 7.4(b))。

(9) 网络架构图(network architecture diagram)：是部署图的一种，主要用来展现系统的逻辑网络架构或物理网络架构。这类部署图也没有在 UML 2.4 规范中进行形式化定义。

(10) 剖面图(profile diagram)：运用于元模型层，可对 UML 进行图形符号扩充。这是一个辅助的 UML 图，可自定义版型(stereotypes)、标签化值以及约束。

2. 行为图(behavioral diagram)

行为图表示系统中对象的动态行为,可用来描述系统随时间所发生的变化。行为图包括用例图、状态图、活动图和交互图。其中交互图又分为顺序图、通信图、交互概览图(interaction overview diagram)和时序图。

(1) 用例图(use case diagram):从用户的角度描述系统功能。它将系统功能划分为对用户有意义的事务,这些事务被称为用例(use case),用户被称为角色(actor),用例图也就是描述角色在各个用例中的参与情况,用例图的主要目的是帮助开发团队以一种可视化的方式理解系统的功能需求,包括基于基本流程的"角色"(actors,也就是与系统交互的其他实体)关系,以及系统内用例之间的关系。用例图上的用例用椭圆表示,将用例的名称放在椭圆的中心或椭圆下面的中间位置。用例图上的角色(表示一个系统用户),可绘制一个人形符号。角色和用例之间的关系使用简单的线段来描述。

图 7.5 中的用例图表示的是一个新闻发布管理系统的用例图,管理员只需要一个,登录后可以在后台做发布新闻等操作。任何人可以浏览新闻,浏览者可以注册成为系统会员,注册后可对新闻进行评论。管理员在后台可以对新闻、评论、注册会员进行管理,如修改、删除等。

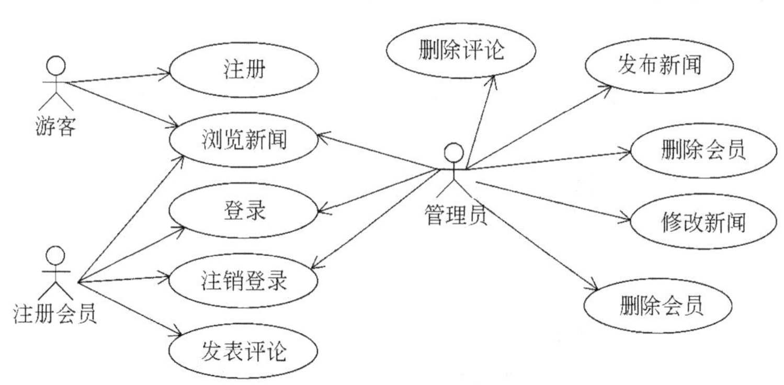

图 7.5　一个新闻管理系统的用例图

(2) 状态图(也称为状态机图,state machine diagram):用有限状态变化对离散行为进行建模。可描述类的对象所有可能的状态以及事件发生时状态的转移条件(参见图 7.6(a))。通常,状态图是对类图的补充。在使用上并不需要为所有的类图画状态图,仅为那些有多个状态、其行为受外界环境的影响并且发生改变的类画状态图。

(3) 活动图(activity diagram):描述满足用例要求所要进行的活动以及活动间的约束关系,有利于识别并行活动。活动图的状态代表了运算执行的状态,而非一般对象的状态(参见图 7.6(b))。活动图和流程图很相似,也可支持并行活动,常被称做控制流和对象流模型。

(4) 顺序图(sequence diagram):顺序图是最常见的交互图类型,着重关注一组生命线间的信息交换。顺序图强调对象之间消息发送的时间顺序,展示了对象的生命线,显示对象间的动态合作关系和对象之间的交互(参见图 7.7(a))。

(5) 通信图(communication diagram):在 UML 1. x 版中又称为协作图(collaboration

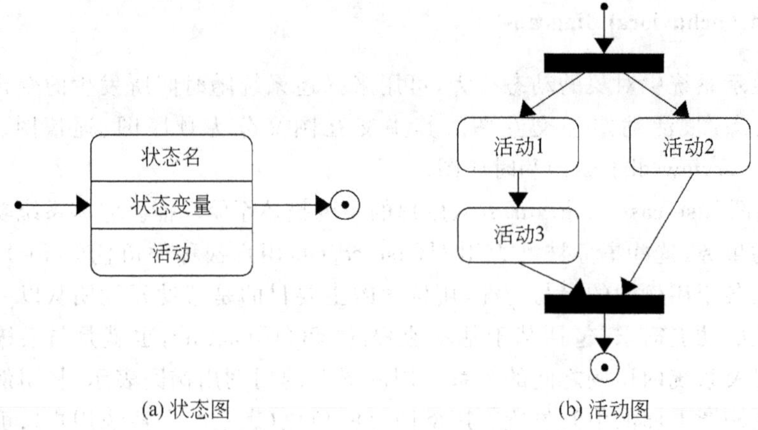

图 7.6　状态图和活动图

diagram)，描述对象间的协作关系，它与顺序图相似，显示对象间的动态合作关系。但通信图关注生命线间的交互，特别是内部结构的架构以及其所对应的信息传递(参见图 7.7(b))。如果强调时间和顺序，则偏向使用顺序图；如果强调通信关系，则偏向使用通信图。

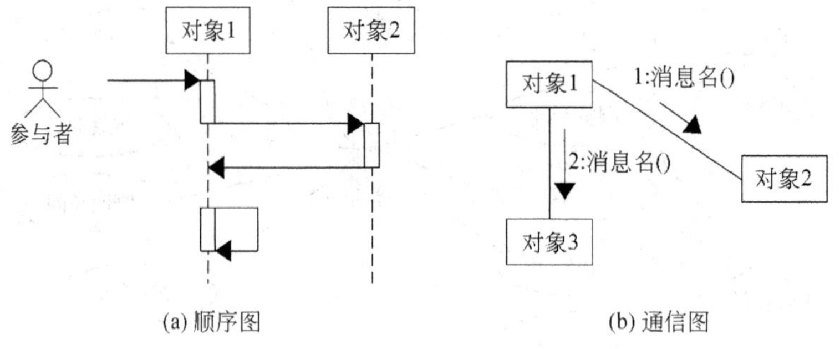

图 7.7　顺序图和通信图

(6) 交互概览图(interaction overview diagram)：通过一组活动图定义交互，通过这种方式加强了解控制流的概览。由于交互概览图关注于控制流的概览，因此其节点是交互或者交互用例，生命线和消息不在概览层出现。

(7) 时序图(timing diagram)：也叫时间图，用来显示交互行为，该类图形的主要目的是推理交互时间是否合理。时序图关注沿着线性时间轴生命线内和生命线间的条件变化。时序图和顺序图、通信图、交互概览图又一起合称为交互图。

简而言之，UML 是一种构建信息系统和文档的通用可视化建模语言，它能与所有的开发方法一同使用，可用于信息系统开发的整个生命周期。这里介绍的 UML 中的各种图并没有绑定到软件开发的各个阶段。

在需求分析阶段，可以用用例图来捕获用户需求。通过用例建模，描述对系统感兴趣的外部角色及其对系统(用例)的功能要求。分析阶段主要关心问题域中的主要概念(如抽象、类和对象等)和机制，需要识别这些类以及它们相互间的关系，并用 UML 类图来描述。为实现用例，类之间需要协作，这可以用 UML 动态模型来描述。在系统分析阶段，只对问题域的对象(现实世界的概念)建模,而不考虑定义软件系统中技术细节的类(如处理用户接口、数据库、通信和并行性等问题的类)。这些技术细节将在设计阶段引入,因此设计阶段为编程实施阶段提供更详细的规格说明。到了设计阶段可以对类进行进一步抽象细化,运用顺序图和时序图等描述动态模型,对变化的部分进行设计。

编程(实施)是一个独立的阶段,其任务是用面向对象编程语言将来自设计阶段的类转换成实际的代码。在用 UML 建立分析和设计模型时,应尽量避免考虑把模型转换成某种特定的编程语言。因为在早期阶段,模型仅仅是理解和分析系统结构的工具,过早考虑编码问题十分不利于建立简单正确的模型。

UML 模型还可作为测试阶段的依据。系统通常需要经过单元测试、集成测试、确认测试、系统测试和验收测试。不同的测试小组使用不同的 UML 图作为测试依据：单元测试使用类图和类规格说明;集成测试使用构件图和通信图;确认测试使用用例图来验证系统的行为;系统测试是将已经确认的软件和硬件在网络环境下一起进行的联合测试,可以用部署图来验证系统的行为;验收测试由用户进行,以验证系统测试的结果是否满足在分析阶段确定的需求。

UML 能表达系统的静态结构和动态信息,并能管理复杂的系统模型,便于项目团队之间的合作开发。它提出了一套 IT 专业人员期待多年的统一的标准建模符号,通过使用 UML,这些人员能够阅读和交流系统架构和设计规划——就像建筑工人多年来所使用的建筑设计图一样。虽然 UML 不是一种编程语言,但支持 UML 的工具可以提供从 UML 到各种编程语言的代码生成(如 Java,C++),也可以提供从现有程序逆向构建 UML 模型。目前支持 UML 的典型工具是 Rational Rose。

以上简单介绍了三种比较常见的面向对象开发方法和 UML 建模语言,其实面向对象开发方法还有 Jacobson 方法(也称面向对象软件工程,即 Object Oriented Software Engineering, OOSE)、GOOD(General Object Oriented Design,一般面向对象设计)和 Wirfs-Brock 方法等,由于篇幅限制,这里不再介绍。

7.4 基于 UML 的面向对象分析与设计案例

从 7.3 节的介绍可以看出,选用不同的面向对象开发方法,分析和设计过程有所不同。本节以比较流行的 UML 为基础,以一个小案例来展示如何使用 UML 进行面向对象系统的分析和设计。前面讲到 UML 提供了为系统进行面向对象建模的机制,但没有指定应用 UML 的过程和方法。Rational 统一过程(Rational Unified Process, RUP)是 Rational 公司开发的过程产品,是将用户需求转化为软件系统所需活动的集合,它是一个通用的过程框架,使用 UML 来制订软件系统蓝图。UML 也可和其他软件开发过程结合使用,使用者在进行系统分析和设计时可自行选择合适的开发过程。

7.4.1 案例需求描述

为了易于理解,这里选择图书馆借阅管理系统作为分析案例。具体需求描述如下。

借阅者(有借书证)来图书馆借书,可先查询书库的图书记录,查询可以按书名、作者、图书编号和关键字查询。如果查到则记下书号,交给工作人员,然后等候办理借书手续;如果该书已被全部借出,则做借书登记,等待有书时通知;如果一次借书的数量超过规定,则提示

"借书数量超限,不能继续借阅"。工作人员登记借阅人信息、借阅的图书信息、借出时间和应还书时间。系统自动修改书库的图书记录、借阅者库信息。

还书时,工作人员根据图书证编号或图书编号,找到借阅者借书信息,查看是否超期,如果已经超期,则进行超期处罚;如果图书有破损、丢失,则进行破损处罚;否则清除借阅记录。系统自动查看是否有等待借阅登记,如果有则发出通知,修改书库记录,将该书设置为已预订状态,否则设置为可借状态。

借书登记是当想借的书被借空后,读者自愿选择的一种操作,它应该记录读者姓名和联系方式,一旦有书即可通知读者。

到书通知是指当读者预订的书来到之后,按照读者给出的联系方式发出通知。

7.4.2 图书馆图书借阅管理系统分析

1. 从需求到业务用例图

首先要识别出系统的参与者,在图书借阅系统中,可以划分出两种参与者:借阅者和图书管理员。对于复杂系统,借阅者和图书管理员都还可进一步细分,在这里不做细分。因此,我们从系统需求中识别出两类角色,再对需求进一步分析,获得每个角色的使用用例。借阅者可以查询图书、借书、还书、预订借阅、查询借阅情况,还可取消预订;图书管理员可以维护图书信息(物理图书的基本信息)、维护书目信息,还可以对借书和还书进行处理,即添加、编辑、删除借阅,即维护借阅记录,其中还书还包括逾期罚款和到书通知的判定,图书馆管理员还可以创建、修改和删除借阅者的信息和查询借阅情况。通过进一步对系统进行分析,可以得到如下用例:借书、还书、办卡、预订、取消预订、书籍查询、借阅者信息维护、物理图书信息维护、书目信息维护、借阅记录信息维护和登录等。图 7.8 和图 7.9 分别展现了借阅者的业务用例图和图书管理员业务用例图草图。

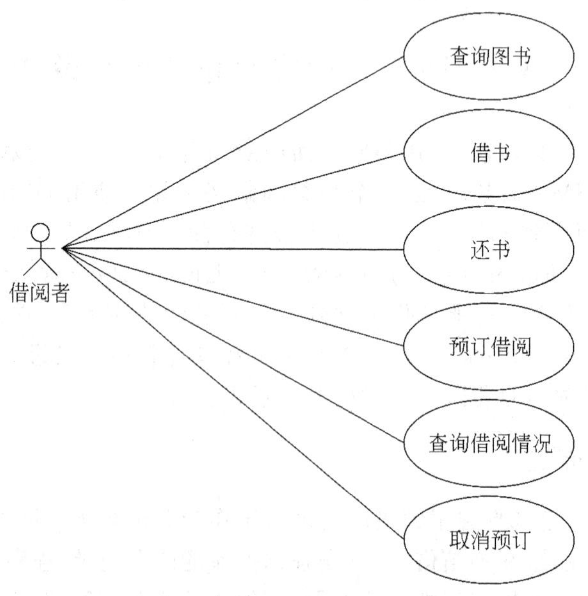

图 7.8　借阅者业务用例图草图

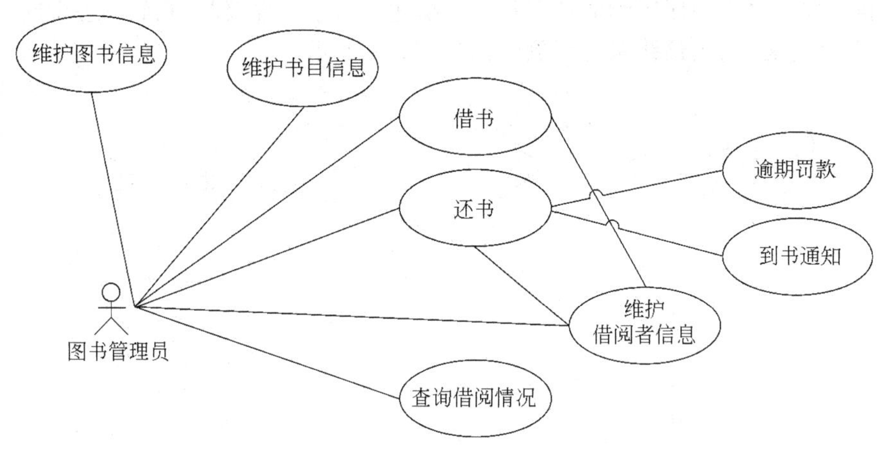

图 7.9　图书管理员业务用例图草图

业务用例图是仅从系统业务角度关注的用例，而不是具体系统的用例。它描述的是"该实现什么业务"，而不是"系统提供什么操作"。例如，在实际系统中"登录"也是一个用例，而用户所关注的业务不包含"登录"。业务用例仅包含客户"感兴趣"的内容。完成了业务用例图草图后，可以将这些图形和用户进行交流讨论，在形成共识的基础上，修改草图得到正式的业务用例图。

2. 从业务用例图到活动图

完成了业务用例图后，要为每个业务用例绘制一幅活动图。活动图描述了这个业务用例中用户可能会进行的操作序列。建立活动图可以从业务用例分析出系统用例。例如，图 7.10 就是"借阅者还书"的活动图。

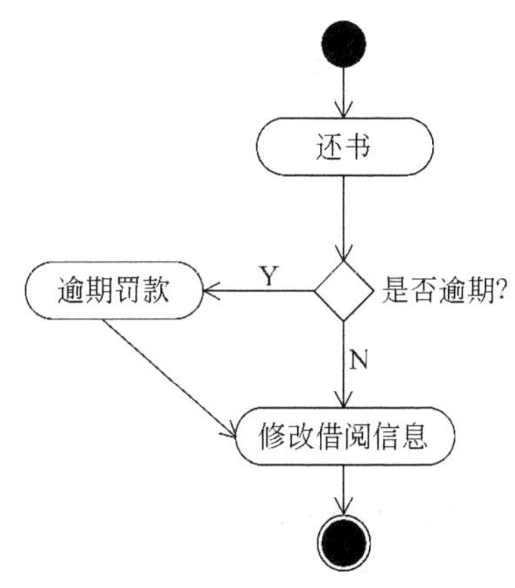

图 7.10　借阅者还书活动图

这样，将每个业务用例都绘制出相应的活动图，再将其中的"活动整合"，就得出所有备选系统用例。

3. 从活动图到系统用例图

找出所有的备选系统用例后，要对它们进行合并和筛选。合并就是将相同用例合并成一个，筛选就是将不符合系统用例条件的备选用例去掉。一个系统用例应该是实际使用系统的用户所进行的一个操作，它与业务用例图不同。例如，"借书"和"还书"这两个用例是借阅者的业务用例，在借阅者业务用例图中出现，但在系统中借阅者不直接操纵"借书"和"还书"系统功能，借阅者向图书管理员提供填写好的借阅信息卡或要还的图书(借阅者和图书管理员之间有条虚线，表示传递信息)，而"借书"和"还书"这两个系统的功能是由图书管理员具体操作的。因此，在系统用例图中，"借书"和"还书"是图书管理员的用例，而不是借阅者的用例。此外，系统用例图也没给出功能间的先后顺序，例如管理员需要先登录才能维护图书信息，这些执行顺序可由顺序图和活动图等进行描述。由于篇幅限制，我们略去中间合并和分析用例的具体过程，给出最终系统用例图，如图 7.11 所示。

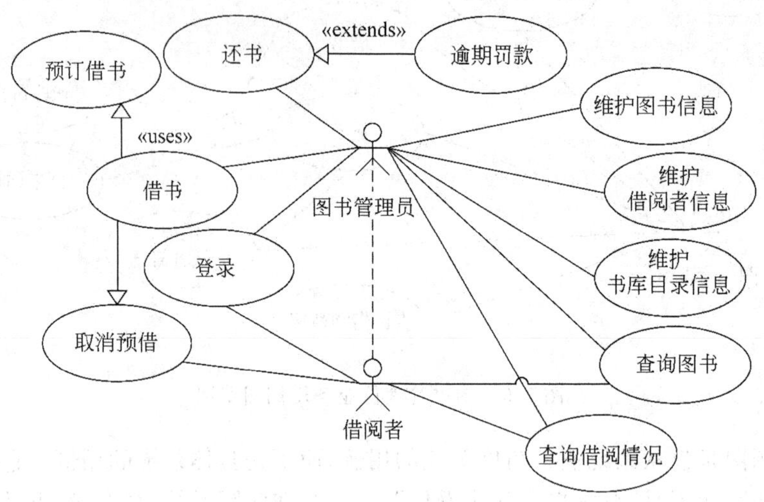

图 7.11　系统用例图

4. 从系统用例图到用例规约

得出系统用例图后，应对每一个系统用例给出用例规约。关于用例规约，没有一个通用的格式，大家可以按照习惯的格式进行编写。对用例规约唯一的要求就是“清晰易懂”。下面给出“查询图书”这个系统用例的一个规约。

用例 UC1：查询图书

范围：图书管理系统应用

级别：用户

主要参与者：用户(指所有使用图书借阅管理系统的用户)

成功保证：存储图书信息

主要成功场景：

(1) 用户访问图书管理系统首页。

(2) 用户单击查询页面的网络链接。

(3) 系统显示图书查询界面。

(4) 用户在图书信息中填写一种或多种图书的相关信息(比如图书的书名、作者、出版社等)，然后单击查询按钮。

(5) 系统根据用户填写的信息访问后台数据库，查询相应的图书信息，如果查询成功，显示查询到的图书信息，否则提示查询失败。

用户可以重复第(4)、(5)步，直到停止查询。

(6) 用户可以单击进入其他页面或者退出图书管理系统。

5. 业务领域类图

完成了上面几步，下面应该是绘制业务领域类图了。所谓业务领域类图要描述：系统中有哪些实体，这些实体能做什么操作，以及实体间的关系。根据上面所画的用例图和系统需求，识别出系统中存在的实体（也称系统对象），抽象成业务领域中的实体类。一般来说实体类的识别可以通过寻找域描述和需求描述中的名词来进行。本例中，假设识别出的实体有借阅者（Borrower）、书目（BookCatalog）、图书（Book）、借阅记录（BorrowRecord）和预订记录（BookReservation）5 个。在此基础上，给出这些实体上的操作。例如，借阅者（Borrower）上的操作有增加、删除和修改。进一步，分析出这 5 个实体类间的关系，见图 7.12。

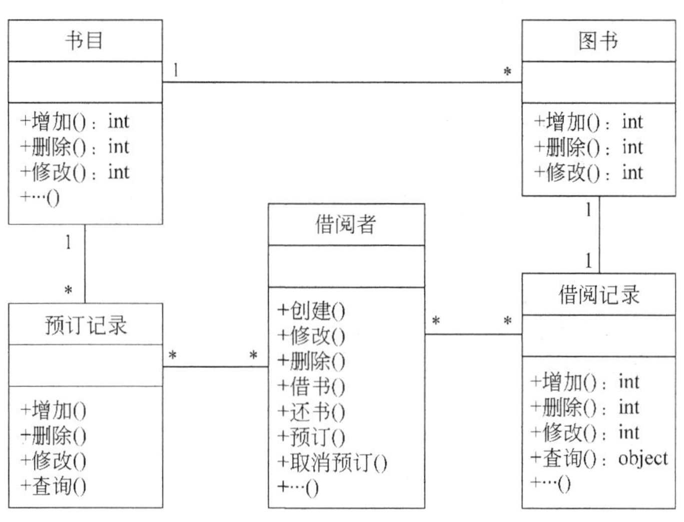

图 7.12　实体类间的关系图

注意：这里没有给出每个实体的属性。其实在领域分析阶段，实体的属性并不重要，重要的是找出实体的操作。至此分析部分基本完成，但是分析和设计是一个不断的迭代过程，分析和设计阶段不是一个严格的区分。

7.4.3　图书馆图书借阅管理系统设计

设计没有分析那么好描述，因为分析是"客户面"，它只关心系统本身的功能和业务，而不关心任何和计算机有关的东西。但是，设计和平台、语言、开发模型等内容关系紧密，因而比较难找出一个一致的设计过程。

1. 实现类图

实现类图和领域类图不一样，它描述的是真正系统的静态结构，是和最后的代码完全一致的。因此，它和平台关系密切，必须准确给出系统中的实体类、控制类、界面类和接口等元素以及其中的关系。因此，实现类图是很复杂的，而且是与平台技术有关的。

一般来说，实现类图包括界面类、数据库类和实体类。例如，如果选用 Java 语言和 MySQL 数据库，用 JDBC（Java DataBase Connectivity，Java 数据库连接）进行数据库连接，那么就要设计 GUI（Graphical User Interface，图形用户接口）界面类，如设计登录窗口类和查询窗口类等。因为要和数据库连接，要设计相应的数据库类。此外，在分析阶段，对于设计的实体类要进一步细化，补充实体属性，进而画出实体类图以及类之间的关系图。根据所选平台技术还可以画出包图,比如说该系统用局域网上以 Java 语言开发的 C/S(Client/Server,客户机/服务器)结构,其系统部署图有 4 个节点:Library Server(图书管理系统服务器)、DB Server(数据库服务器)、PC(图书管理系统客户端 PC)和 Printer(打印机),如图 7.13 所示。从逻辑上类可分为 3 个包:数据库包(DB)、图书借阅管理包(Library)以及界面包(GUI)。系统包图见图 7.14。

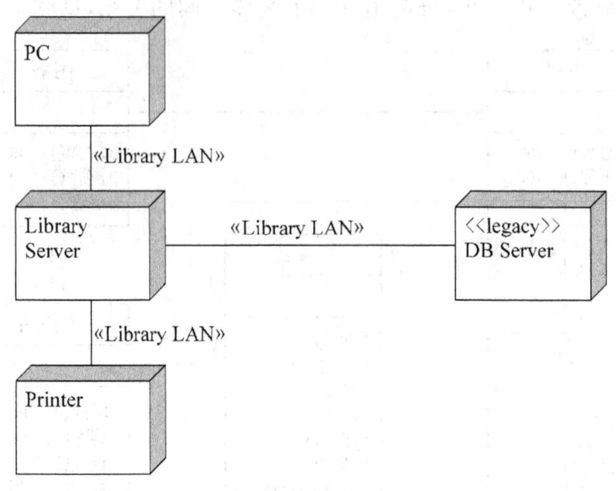

图 7.13　系统部署图

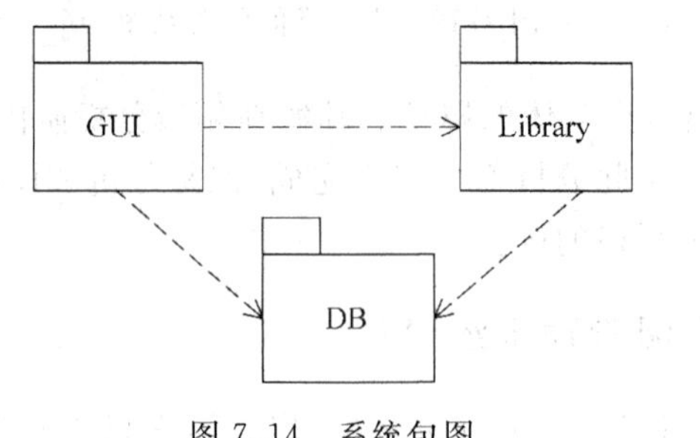

图 7.14　系统包图

2. 动态行为

系统的动态行为模型一般由顺序图和通信图、状态图和活动图来描述。这里使用顺序图描述用例的主要场景,使用状态图描述对象的动态行为。图 7.15 展现了一个预定书刊的顺序图,这里 Title 指书刊目录,RsvDialog 指预定窗口的界面类。首先图书管理员调用预定 reserve()方法启动序列,然后序列按图中所示的步骤执行。

顺序图在实际中的使用是很多的,几乎每个类方法都配有相应的顺序图。除了顺序图外,还可以建立状态图,例如图书对象的状态图,图书(Book)对象有两个状态,借出状态(Borrowed)和未借出状态(Available)。对象 Book 开始处于 Available 状态,当事件 borrow()发生时,对象变为 Borrowed 状态,同时执行动作 borrowRecord.add()将借阅记录存储到数据库中。如果对象处于 Borrowed 状态,还书事件 returnbook() 发生,对象 Book 返回

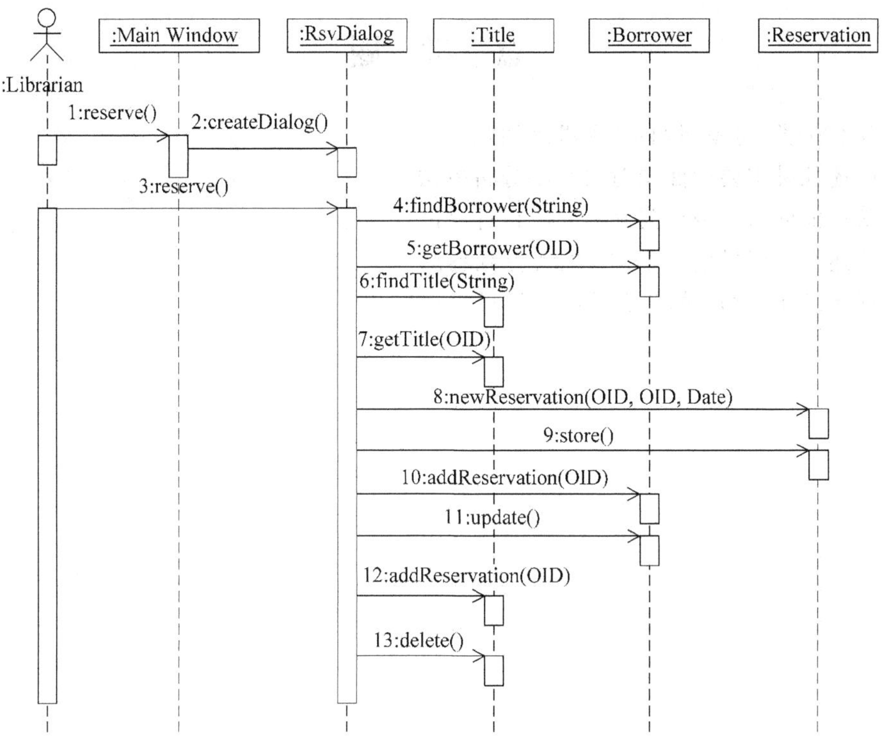

图 7.15 预定书刊的顺序图

Available 状态,同时执行动作 borrowRecord. delete()从数据库中删除借阅记录。图书的状态图参见图 7.16。

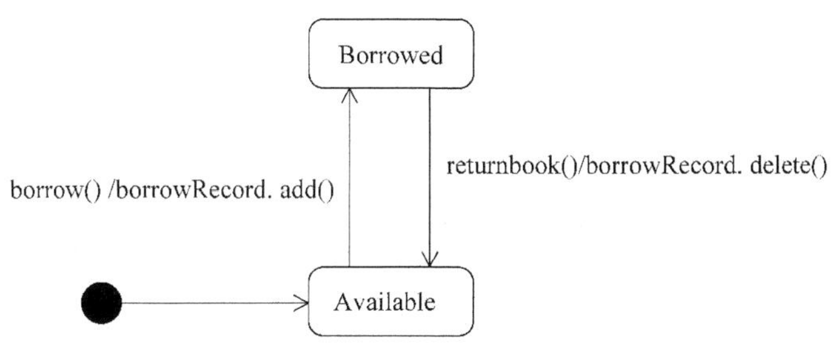

图 7.16 图书的状态图

在完成了一系列的上述设计过程后,就可以进行编码、调试和测试等工作了。

本节以图书馆借阅管理系统为例,给出了使用 UML 进行面向对象分析和设计的大致过程。当然,由于示例较小和篇幅所限,并未给出所有分析和设计的步骤和详细文档资料。这里,旨在让读者了解使用 UML 进行分析和设计所做的大致工作内容和流程。软件分析设计是一个没有固定模式的过程,随着系统的不同,分析和设计过程也会有变化。至于实际的分析设计,还需要更深入地学习和实践的积累。

思 考 题

1. 什么是类、对象、封装性和继承性？
2. 简述几种主要的面向对象系统分析方法。
3. 简述面向对象分析与面向对象设计之间的关系。
4. 简述统一建模语言 UML 的各种视图。
5. 简述基于 UML 的信息系统开发过程。

第 4 部分

信息系统的开发管理

第 8 章　信息系统建设的项目管理

信息系统的建设是一类项目，可以用项目管理的思想来指导。另一方面，项目管理可以由信息系统来支持，比如项目管理信息系统。由于本书专门讨论信息系统的开发与管理，所以，本章重点介绍如何用项目管理的思想来指导信息系统的建设。

8.1　信息系统与项目管理

8.1.1　项目与项目管理

通俗地讲，项目就是在一定的资源约束下完成既定目标的一次性任务。这个定义包含3层意思：一定资源约束、一定目标、一次性任务。这里的资源包括时间资源、经费资源、人力资源和物质资源（如工具、设备）等。

项目管理是通过项目经理和项目组织的努力，运用系统理论和方法对项目及其资源进行计划、组织、指挥、协调和控制，旨在实现项目的特定目标的管理方法体系。

如果将时间从资源中单列出来，称做进度，而将其他资源都看作可以通过采购获得从而表现为费用或成本的话，那么我们就可以给项目下这么一个定义：在一定的进度和成本约束下，为实现既定的任务，并达到一定的质量，所进行的一次性工作任务。

一般来讲，目标、成本和进度三者是互相制约的，其关系如图 8.1 所示。其中目标包括完成的任务范围以及完成的质量要求，其坐标轴的箭头方向表示任务多、质量好；进度坐标轴的箭头方向表示进度慢。当进度要求不变时，质量要求越高或者任务要求越多，则成本越高；当成本不变时，质量要求越高或任务要求越多，则进度越慢；当质量和任务的要求都不变时，进度过快或过慢都会导致成本的增加。项目管理的目的是谋求（任务）多、（进度）快、（质量）好、（成本）省的有机统一。

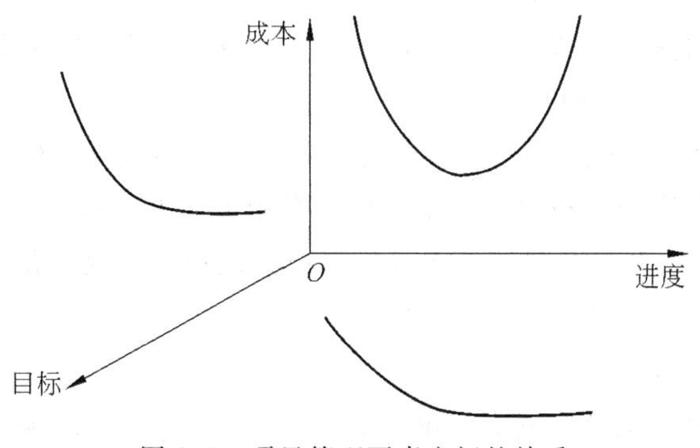

图 8.1　项目管理要素之间的关系

当然，对于一个确定的项目，其任务的范围是确定的。那么项目管理就演变为在一定的任务范围下如何处理好质量、进度与成本三者关系的问题，也就是要处理好“好中求快”、“好中求省”的问题。

项目管理既是一门科学又是一门艺术。其之所以被看作一门科学，是因为项目管理是以各种图表、数学计算以及其他技术手段为依据的；但是项目管理也受到人际关系因素以及组织因素的制约，因而相互沟通、协商谈判及解决矛盾等即为项目管理的“艺术”。

8.1.2 信息系统项目的特点

信息系统的建设是一类项目。因为信息系统的建设符合项目的几个特点：首先，信息系统的建设是一次性的任务，有一定的任务范围和质量要求，有时间或进度的要求，有经费或资源的限制；其次，信息系统具有生命周期，这与项目具有生命周期也是一致的。所以信息系统的建设也是一类项目的建设过程，可以用项目管理的思想和方法来指导信息系统的建设。

在第 4 章里讲到，信息系统的生命周期包括系统规划、系统分析、系统设计、系统实施、系统运行和维护 5 个阶段。显然，信息系统项目也可按照上述 5 个阶段进行管理，依次制订各阶段的任务范围、进度、费用安排以及质量要求。

从具体构成来看，信息系统项目又可分为客户需求分析、应用软件开发、网络规划与设计、设备采购、系统调试与集成等多项内容，在上述几项内容中，首先是客户需求分析，在此基础上进行应用软件开发和网络规划设计，最后才是设备采购和系统调试与集成。

在对信息系统项目进行基本分析之后，我们来看看信息系统项目的特点：

(1) 信息系统项目的目标是不精确的，任务的边界是模糊的，质量要求更多是由项目团队来定义的。

对于信息系统的开发，在许多情况下，客户一开始只有一些初步的功能要求，给不出明确的想法，提不出确切的要求。信息系统项目的任务范围很大程度上取决于项目组所做的系统规划和需求分析。由于客户方对信息技术的各种性能指标并不熟悉，所以，信息系统项目所应达到的质量要求——各种技术指标更多地由项目组来定义，而客户更多的是尽可能地审查。为了更好地定义或审查信息系统项目的任务范围和质量要求，客户方可以聘请第三方的信息系统监理，有关这方面的详细内容将在第 10 章里专门阐述。

(2) 信息系统项目进行过程中，客户的需求会不断被激发，被不断地进一步明确，导致项目的进度和费用等计划不断更改。

尽管已经做好了系统规划和可行性研究，签订了较明确的技术合同，然而随着系统分析、系统设计和系统实施的进行，客户的需求会不断被激发，被不断地进一步明确，导致程序、界面以及与其相关的文档经常需要修改。在修改的过程中又可能产生新的问题，并且这些问题很可能在过了相当长的时间以后才会被发现。这样，就要求项目经理要不断监控和调整项目的计划执行情况。

(3) 信息系统项目既是智力密集型的项目，又是劳动密集型的项目，受人力资源影响最大，项目成员的结构、责任心、能力和稳定性对信息系统项目的质量以及是否成功有决定性的影响。

信息系统项目工作的技术性很强，充满了大量高强度的脑力劳动，尽管信息系统辅助开发工具应用越来越多，但是项目的各个阶段还是渗透了大量的手工劳动，这些劳动十分细致、复杂且容易出错，因而信息系统项目既是智力密集型项目，又是劳动密集型项目。

并且，由于信息系统开发的核心成果——应用软件是不可见的逻辑实体，如果人员发生流动，对于不深入掌握软件知识或缺乏信息系统开发实践经验的人员，是不可能在短时间里做到无缝承接信息系统的后续开发工作的。

另外，信息系统的开发特别是软件的开发渗透了人的因素，带有较强的个人风格。为高质量地完成项目，项目负责人必须充分发掘项目成员的智力才能和创造精神，不仅要求项目成员具有一定的技术水平和工作经验，而且还要求他们具有良好的心理素质和责任心。与其他行业相比，信息系统项目人力资源的这一特点十分突出，必须给予足够的重视。因而在信息系统项目的管理过程中，要将人力资源放到与进度和成本一样高的地位上来对待。

与其他项目的管理一样，信息系统项目的管理也涉及项目的范围、进度、费用、质量、人力资源、沟通、风险、采购和整体共 9 个方面的管理内容。鉴于信息系统项目的上述 3 个特点，在以下的内容中，重点就信息系统项目的费用与进度管理、人员管理和质量管理做重点分析，并对信息系统的各种变更进行一定的讨论。

8.2 信息系统项目的费用与进度管理

“凡事预则立，不预则废。”信息系统项目应事先编制好各方面的计划，比如范围管理计划、进度管理计划、费用管理计划、质量管理计划和人力资源管理计划等。除这些与项目密切相关的实质性计划外，为了信息系统建设的顺利进行，还要编制一些保证性计划，比如沟通管理计划、风险管理计划、采购管理计划和整体管理计划等。

信息系统项目的计划是用来指导组织、实施、协调和控制信息系统建设的文件，制订一个良好的计划有诸多好处，比如可以将计划的假设与前提写成书面文件，以备发生变更时查考；有助于项目成员之间的交流沟通，有助于大家统一认识；可以作为测量项目进展、对项目进行控制和考核工作业绩的基准。

信息系统的项目计划可以是全过程计划（即整体管理计划），也可以是阶段性计划或子系统计划。为了使项目团队富有成效地开展工作，项目的全过程计划应该尽可能制订得留有一定余量和弹性，而阶段性计划和子系统计划则可以按照近期精细、远期概略的原则展开。这样，随着项目的开展，后期客户的要求和期望会越来越具体、越来越明确，阶段性计划和子系统计划可以随之精细化，而全过程计划则能保持大体上的稳定。当然，有时根据需要也要对项目的全过程计划进行修改。

本节首先对信息系统项目的成本与规模进行估计，据此制订出项目的费用计划和进度计划，然后对信息系统建设过程中因费用超出预算或进度超出计划的情况进行分析，给出进度计划和费用计划发生变更时的一些处理思路和解决办法。

8.2.1 信息系统项目成本的构成及测算的一般过程

信息系统项目的成本随着系统的类型及功能要求的不同而异。但是，可以从信息系统生命周期的各阶段出发将项目成本划分为开发成本与运行维护成本两大类，在各类中又根据费用的目的进行逐级细分，如图 8.2 所示。其中，系统开发成本又可分为系统分析与设计费用、系统实施费用和管理费用，或者从构成上分为软件开发成本、硬件成本和其他成本三大类。

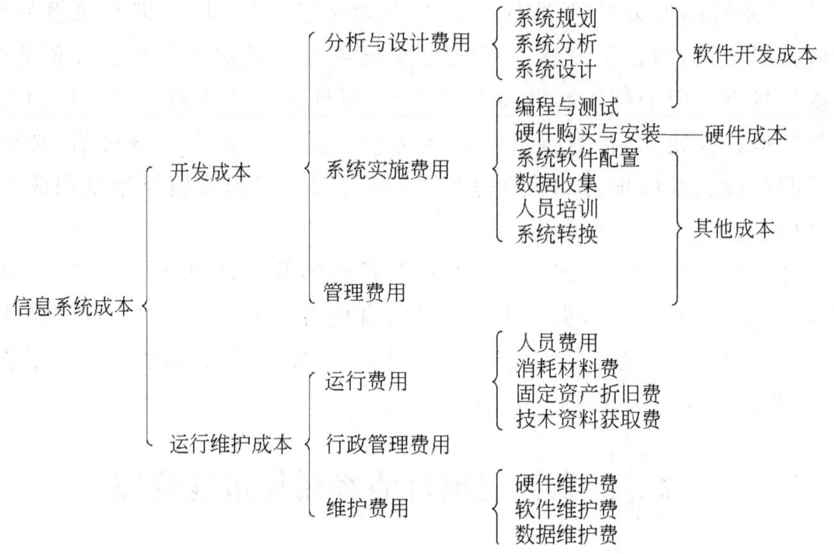

图 8.2 信息系统项目成本构成

信息系统项目的成本测算[①]，就是根据待开发的信息系统的成本特征以及当前能够获得的有关数据和情况，运用定量和定性分析方法对信息系统生命周期各阶段的成本水平和变动趋势做出尽可能科学的估计。

在图 8.2 中，最难确定的是信息系统开发成本中的软件开发成本，而硬件成本和其他成本相对容易估算出来。至于运行维护成本，则可以在测算出信息系统的开发成本后，根据开发成本与运行维护成本比值的经验数据来计算。并且，对于信息系统项目的用户来讲，项目开发成本的不确定性因素较大，而项目的运行维护成本由于多次发生，且在自身的使用中发生，相对来讲容易控制一些。所以信息系统项目成本测算的重点是软件开发成本。

图 8.3 给出了软件开发成本测算的一般过程。从图中可以看出，软件开发成本测算首先应该建立在对过去项目成本情况进行数据分析的基础上，历史的经验和教训对于成本测算的各个阶段均有参考价值；其次，进行系统及用户方面（培训、数据收集和系统转换等）对成本影响的测算，这是因为它们对软件成本的分析有着一定的影响，比如开发人员对所采用

① 关于信息系统成本测算方法，张剑平在《信息经济学教程》（陈禹主编，清华大学出版社，1998）一书中专门作了比较，并指出了成本测算有如下 3 个原则：真实性与预见性原则、透明性与适应性原则、方便性与稳定性原则。

的硬件或数据库系统的使用经验将明显影响软件生产率，从而影响软件成本，对此先作测算可以减少软件成本测算中的不确定因素。然后是软件成本测算，通常分两步走：第一步，测算软件的规模或程序量；第二步，利用有关的经验参数模型测算出该种规模的软件成本。当然，也可运用专家判定等方法将上述两步合并直接测算成本。

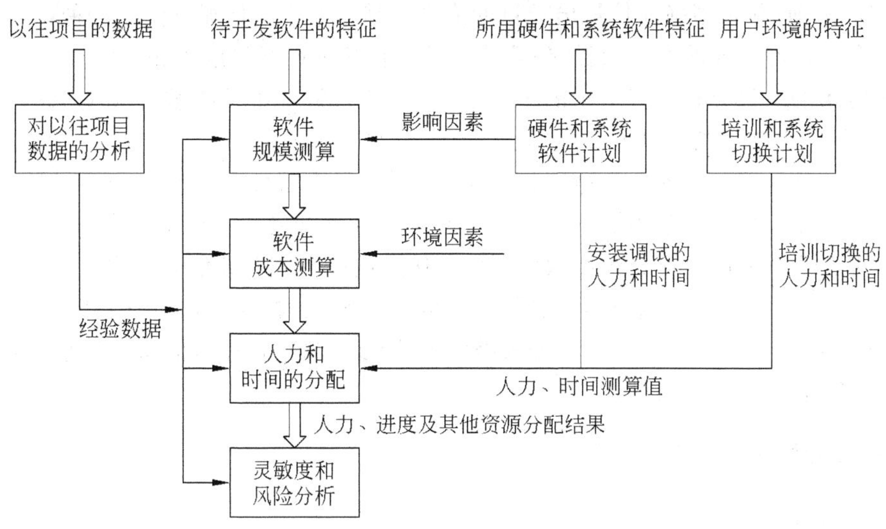

图 8.3　软件开发成本测算的一般过程

在测算软件开发成本、硬件成本和其他成本的同时，对各种任务所需的人力、时间等资源也作出安排，即为人力资源管理计划和进度管理计划。

软件开发成本测算出来以后，与硬件成本和其他成本累加则构成信息系统项目的开发成本，在此基础上，根据运行维护成本与开发成本之间比值的经验系数导出信息系统的运行维护成本。开发成本与运行维护成本之和即为信息系统项目的总成本。

比如，有的信息系统开发商对于上述经验系数做了如下的内部规定，建议在与用户签订信息系统项目的时候予以参考：

(1) 如果信息系统的运行维护期是 3 年，建议信息系统的开发成本与运行维护成本的费用比例应安排为 7∶3。

(2) 如果信息系统的运行维护期是 4 年，建议信息系统的开发成本与运行维护成本的费用比例应安排为 6∶4。

(3) 如果信息系统的运行维护期是 5 年，建议信息系统的开发成本与运行维护成本的费用比例应安排为 5∶5。

(4) 如果信息系统属于完全定制化开发，建议软件开发成本、硬件成本与其他成本的费用比例应安排为 2∶1∶1。

(5) 如果信息系统属于套装软件(如 ERP)的实施，建议软件开发成本、硬件成本与其他成本(主要是实施费用)的费用比例应安排为 1∶1∶1，等等。

显然，信息系统项目成本的测算重点在于软件开发成本的测算，软件开发成本的测算又离不开软件规模的测算。所以，下面就对软件的规模与成本估算的方法予以讨论。

8.2.2 软件开发规模与成本估算的方法

在信息系统项目立项和项目管理工作中，客户和项目经理都十分重视软件开发成本的估算。然而，由于软件是逻辑产品，成本估算涉及人、技术、环境和政策等多种因素。因此，在项目完成之前，很难精确地估算出项目的成本开销。常用的估算方法有 4 种：

(1) 参照已经完成的类似项目，估算待开发项目的软件开发成本和工作量。

(2) 将大的项目分解成若干小的子系统，在估算出每个子系统软件开发成本和工作量之后，再估算整个项目的软件开发成本。

(3) 将软件按信息系统的生命周期分解，分别估算出软件开发在各个阶段的工作量和成本，然后再把这些工作量和成本汇总，估算出整个软件开发的工作量和成本。

(4) 根据实验或历史数据给出软件开发工作量或成本的经验估算公式。

上述 4 种方法可以单独或组合使用，以便取长补短、互相参考，提高软件开发成本估算的精度和可靠性。要注意的是，采用分解技术自底向上估算时应考虑系统集成时需要的工作量，否则会低估软件开发成本。

1. 软件度量的两种典型方式

1) 软件代码行的方式

用软件的代码行(LOC)数表示软件开发的规模是十分自然和直观的。代码行数可以用人工或软件工具直接测量。利用代码行数不仅能度量软件的规模，而且还可以度量软件开发的生产率、开发每行代码的平均成本、每千行代码存在的软件错误个数(即千行代码缺陷率)等。

软件开发的生产率计算公式如下：

$$P_l = L/E \tag{8.1}$$

其中，L 是应用软件的总代码行数；

E 是应用软件的工作量，用人月(PM)度量；

P_l 是软件开发的生产率，用每人月完成的代码行数(LOC/PM)度量。

每行代码的平均成本为

$$C_l = C/L \tag{8.2}$$

其中，C 是软件开发的总成本，用人民币元或美元度量；

C_l 是软件项目每行代码的平均成本，用人民币元(或美元)/代码行度量。

用软件代码行数估算软件的开发规模简单易行，但其缺点也有不少：

(1) 代码行数的估算依赖于程序设计语言的功能和表达能力。

(2) 采用代码行估算方法会对设计精巧的软件开发产生不利的影响。

(3) 在软件开发前或开发初期估算它的代码行数十分困难。

(4) 代码行估算只适用于过程式程序设计语言，对非过程式的程序设计语言不太适用，等等。

2) 软件功能点的方式

面向功能的软件功能点度量与统计代码行数的直接度量方式不同，是涉及多种因素的间接度量方式。它是根据软件拟实现的基本功能定义的，因此在系统分析初期就能够估算出软件开发的规模。

这种方法用 6 个信息量[①]的“加权和”CT 和 14 个因素的“复杂性调节值”$F_i(i=1,2,\cdots,14)$计算功能点 FP：

$$FP = CT\left[0.65 + 0.01\sum_{i=1}^{14} F_i\right] \tag{8.3}$$

其中，CT 为表 8.1 所列各测量参数值分别乘以各自的权重计算出总加权和，F_i 由表 8.2 给出，F_i 取值为 0，1，…，5，表示 F_i 在 FP 中起作用的程度。当 $F_i=0$ 时，表示否定或 F_i 不起作用；当 $F_i=5$ 时，表示肯定或 F_i 作用最大。

表 8.1　功能点计算中 CT 的测量参数及权重

测量参数	权重	测量参数	权重
用户输入数	4	文件数	7
用户输出数	5	外部界面数	7
用户查询数	4	算法	3

与用代码行定义软件的开发效率和成本等度量一样，用功能点也可以定义相应的概念。

软件开发的生产率为

$$P_f = FP/E \tag{8.4}$$

其中，P_f 表示每人月完成的功能点数。

每功能点的平均开发成本为

$$C_f = C/FP \tag{8.5}$$

其中，C_f 表示每功能点的平均开发成本（人民币元或美元）。

采用功能点度量的优点主要有两条：第一，与程序设计语言无关，它不仅适用于过程式语言，也适用于非过程式的语言，这对于面向对象的开发方式尤为有用；第二，由于在信息系统项目启动时就能基本上确定系统的输入、输出等参数，所以功能点度量能用于软件开发成本在初期的预估。

这种方法的缺点主要是它涉及的主观因素比较多，如 F_i 的选取与评估人的经验和态度有较大的关系，并且 FP 的值没有直观的物理意义。

实际上，现在有许多开发商在应用功能点估算模式时，对 CT 和 F_i 的选取指标已经做了调整，在此基础上，根据以往成功项目的历史数据，进行回归分析，然后将式(8.3)中的系数（即 0.65 和 0.01）也根据公司的具体执行情况做了相应的调整，以适应目前不同类型的信息系统项目（如基于 Web 方式的信息系统）建设。

---

① 面向功能的软件功能点度量是 Albrecht 于 1979 年提出的，他用 5 个信息量的“加权和”CT 和 14 个因素的“复杂性调节值”F_i 计算功能点 FP。1986 年 Jones 推广了功能点的概念，把软件项目中的算法复杂性因素引入到功能点“加权和”的计算中来，成为第 6 个加权信息。为了避免混淆，我们把 Albrecht 定义的功能称为简单功能点，用 FP_s 表示，把 Jones 推广的功能点称为功能点，用 FP 表示。本处即为 Jones 推广的功能点含义。更详细的介绍可以参考齐治昌等人的著作《软件工程》（高等教育出版社，1997）一书。

表 8.2 F_i 定值表

序号 i	问　题	F_i 取值
1	系统需要可靠的备份和复原吗?	0,1,2,3,4,5
2	系统需要数据通信吗?	
3	系统有分布处理功能吗?	
4	性能是临界状况吗?	
5	系统是否在一个现存的实用的操作环境下运行?	
6	系统需要联机(online)数据入口吗?	
7	联机数据入口需要用输入信息建造复杂的界面或操作吗?	
8	系统需要联机更新主文件吗?	
9	系统的输入、输出、文件和查询复杂吗?	
10	系统的内部处理复杂吗?	
11	代码设计可重用吗?	
12	设计中包括转换和安装吗?	
13	系统的设计支持不同组织的多次安装吗?	
14	系统的设计有利于用户的修改和使用吗?	

软件开发的规模是影响软件开发成本和工作量的重要因素。应用软件代码行和功能点估算是成本和工作量估算的基础。

管理水平达到一定程度的开发商,会积累实际项目的数据。有了以前做过的项目的实际代码行数或功能点数、实际开发的人月数和实际的软件开发成本数,就可以根据式(8.1)和式(8.2)分别得到软件开发平均生产率 P_l 和每行代码的单位成本 C_l,或根据式(8.4)和式(8.5)得到软件开发平均生产率 P_f 和每功能点的单位成本 C_f。

在此基础上,开发商就可以对新系统的规模和费用进行估计了。开发商首先估算出新的信息系统或其各子系统的 L 或 FP 的乐观值 a、悲观值 b 和一般值 m,然后根据下列加权公式计算出期望值:

$$e = (a + 4m + b)/6 \tag{8.6}$$

当新系统 L 或 FP 的期望值估算出来之后,根据以前开发软件的软件开发平均生产率、每行代码或每功能点的开发成本,就可以计算出新系统的规模和费用。

比如,某信息系统待开发的软件按功能点估算得到期望值为 310 个功能点,假设已知以前完成项目的软件开发平均生产率为 5.5FP/PM,每功能点的开发成本为 0.2 万元,于是,工作量根据式(8.4)可以估算为

$$E = \mathrm{FP}/P_f = 310/5.5 = 56(\text{人月}) \tag{8.7}$$

软件开发成本根据式(8.5)可以估算为

$$C = \mathrm{FP} \times C_f = 310 \times 0.2 = 62(\text{万元}) \tag{8.8}$$

如果当前估算的软件子项目比以前完成的项目复杂,那么所用的生产率值可以低于平

均生产率，反之也可以高于平均生产率。有了 P_l 或 P_f、C_l 或 C_f 的历史数据，就可以实现对软件开发工作量的快速估算和快速报价。

2. 软件的自动估算工具

现在市场上也有一些自动估算工具(如 Gordon 集团的 BYL，即 Before You Leap)，这些自动估算工具使得管理或计划人员能够估算待开发软件项目的成本和工作量，还可以对人员配置和交付日期等进行估计。它们需要以下一种或多种数据：

(1) 定量估算软件项目规模，如用总代码行数或者用功能点数据。

(2) 定性地说明项目的特性，诸如复杂性、需要的可靠性或事件的关键性。

(3) 开发人员和开发环境的描述。

根据这些数据，由自动估算工具实现的模型就能给出完成软件项目所需的工作量、成本、人员配备、某些情况下的开发进度和相应风险的估算。国外有学者曾对部分自动估算工具做过一个比较，他把各种工具都用于同一个项目，发现估算结果中出现了比较大的偏差，而且预测值有时与实际值相比存在明显的不同。

显然，不管估算是采用代码行的方式，还是采用功能点的方式，也不管是否采用自动估算工具，都离不开掺杂在其中的许多主观判断。这是由于软件开发规模测算过程中不确定因素太多，必须要采用定性与定量方式结合起来的方法才能测定。

到此就讨论完了软件规模、成本、开发时间和人力投入的测算过程。在此基础上，就可以根据测算出的软件开发成本、硬件成本和信息系统开发期间的其他成本计算出信息系统的开发成本，再根据信息系统开发成本占信息系统总成本比例的经验数据得出信息系统项目的总成本。相应地，也可以根据软件开发时间或人力投入占信息系统项目总时间或总人力比例的经验数据得出信息系统项目建设所需要的总时间和总人力。

8.2.3 信息系统项目的进度和成本计划①

根据 8.2.2 节的测算，能估测出信息系统项目所需要的工作量、总的项目建设时间和项目成本。现在假设项目经理已经和客户在上述测算的基础上经过讨价还价，基本达成了一致，并签订了开发合同。

那么，项目经理就要开始组织队伍形成项目团队，绘制项目团队的知识地图，建立一个项目的工作分解结构(Work Breakdown Structure，WBS)，并在此基础上建立项目组成员的职责分配矩阵。

所谓工作分解结构(WBS)是指将一个信息系统项目分解成易于管理的几部分或几个细目，细目再展开成子细目，任何分支最底层的细目叫工作包。比如对于一个待建系统可以

① 关于信息系统项目的进度与成本计划一节，主要参考了《成功的项目管理》(杰克·吉多等著，张金成等译，机械工业出版社，1999)一书。本节选用了该书中不少案例的数据，比如客户信息系统项目的数据和个人理财信息系统的数据都取材于该书。在参考该书的基础上，我们为了更加适应信息系统项目的管理，对上述案例的名称、结构、内容与概念都做了较大幅度的调整与修改。

先按照生命周期的各阶段展开，然后按照子系统或系统功能点展开。至于项目团队的知识地图和项目组成员的职责分配矩阵，在第5章5.2.1节已有讲解(参见表5.3和表5.4)，这里不再赘述。

1. 信息系统项目工期和预算的分摊估计

职责分配矩阵一旦建立，就可以进行项目各建设活动的工期估计和预算分摊估计。工期估计和预算分摊估计各有两种办法：一种是自上而下法，即在项目建设总时间和总成本之内按照每一工作包的相关工作范围来考察，以项目总时间或总成本的一定比例分摊到各个工作包中；另一种方法是自下而上法，它是由每一工作包的具体负责人来做估计的方法。

经验表明，让某项工作的具体负责人进行估计(即自下而上法)是较好的方法，因为这样做既可以得到该负责人的承诺，对他(她)产生有效的参与激励，又可以减少由项目经理一个人进行所有活动的工期估计时所产生的偏差。当然，某些情况下，如对一个需花费数年时间、由几百个人来做不同工作才能完成的大型信息系统项目来说，让每个人在项目开始时就做出其所要完成活动的各项估计是不实际的。

在上述估计的基础上，项目经理对分摊预算进行累计，得到项目的预计总成本；找出项目的关键路径，将关键路径上的工期进行累计，得到项目的预计总工期，然后分别与合同规定的项目总建设时间和总成本比较，根据一定的规则进行调整。

例如，现在某企业准备开发一个客户关系管理(Customer Relationship Management，CRM)的信息系统，合同双方将系统交付使用作为项目终结的依据，双方同意维护期间费用另行支付。合同规定，项目总开发时间为50周，项目的总成本(包括软件开发成本、硬件成本和开发中的其他成本)是100万元人民币。

项目团队制订了该项目的工作分解结构(WBS)，第1层为项目名称，第2层按照信息系统的生命周期将该项目划分为6个子项目，分别是系统规划、系统分析、系统设计、系统实现、系统测试和系统转换，第3层是分别对这6个子项目进行分解，得到了22个工作包。该系统的工作分解结构(WBS)此处省略，WBS第2层和第3层的内容可以参见表8.3中的第1列和第2列。

项目经理带领各工作包负责人，集体讨论出各项工作包之间的顺序关系，在第3列中注明该工作包的紧前工作包的序号，估计出每项工作包的工期和预算分摊，估算的结果如表8.3所示。

表8.3 CRM项目工作包列表、紧前工序、工期估计和预算分摊估计

子项目	工作包	紧前工作	工期估计/周	预算分摊/万元	预算累计/万元
系统规划	① 收集数据	—	3	1.5	1.5
	② 可行性研究	—	4	2	3.5
	③ 准备系统规划报告	1,2	1	0.5	4

续表

子项目	工　作　包	紧前工作	工期估计/周	预算分摊/万元	预算累计/万元
系统分析	④ 与业务人员沟通	3	5	3	7
	⑤ 研究现有系统	3	8	4	11
	⑥ 明确用户需求	4	5	2	13
	⑦ 准备系统分析报告	5,6	1	1	14
系统设计	⑧ 分析数据输入和输出	7	8	4	18
	⑨ 处理数据和建数据库	7	10	4	22
	⑩ 审查数据字典	8,9	2	1	23
	⑪ 准备系统设计报告	10	2	2	25
系统实现	⑫ 开发软件	11	15	15	40
	⑬ 硬件规划与采购	11	10	38	78
	⑭ 网络实现	11	6	5.5	83.5
	⑮ 准备系统实现报告	12,13,14	2	1.5	85
系统测试	⑯ 测试软件	15	6	6	91
	⑰ 测试硬件	15	4	1.5	92.5
	⑱ 测试网络	15	4	1.5	94
	⑲ 准备系统测试报告	16,17,18	1	1	95
系统转换	⑳ 人员培训	19	4	2	97
	㉑ 系统转换	19	2	4	101
	㉒ 准备系统转换报告	20,21	1	1	102

从表 8.3 中可以看到项目各活动的预算分摊累计的最后结果是 102 万元，而不是合同规定的 100 万元。除非严重超过合同款项或者说合同中的预算被严重低估，否则，合同双方很难再就合同款项进行谈判。比如本例中仅超过 2 万元，占合同总价款的 2%，就只能在项目团队成本的内部控制上下工夫。这时，项目经理需要对各工作包的预算分摊进行适当的调整，主要是对预算估计比较大或工期比较长的工作包进行调整，使总的预算不超过合同金额。

2. 信息系统项目进度计划的制订

在表 8.3 的基础上，可以画出该项目的**网络图**，如图 8.4 所示。到此为止，已经估计出该项目中每项工作包的工期，为了确定这些工作包是否能在要求的时间内完成，必须制订出一个项目进度计划，为每项工作包的执行提供一个时间表，这个时间表主要解决以下两个内容：

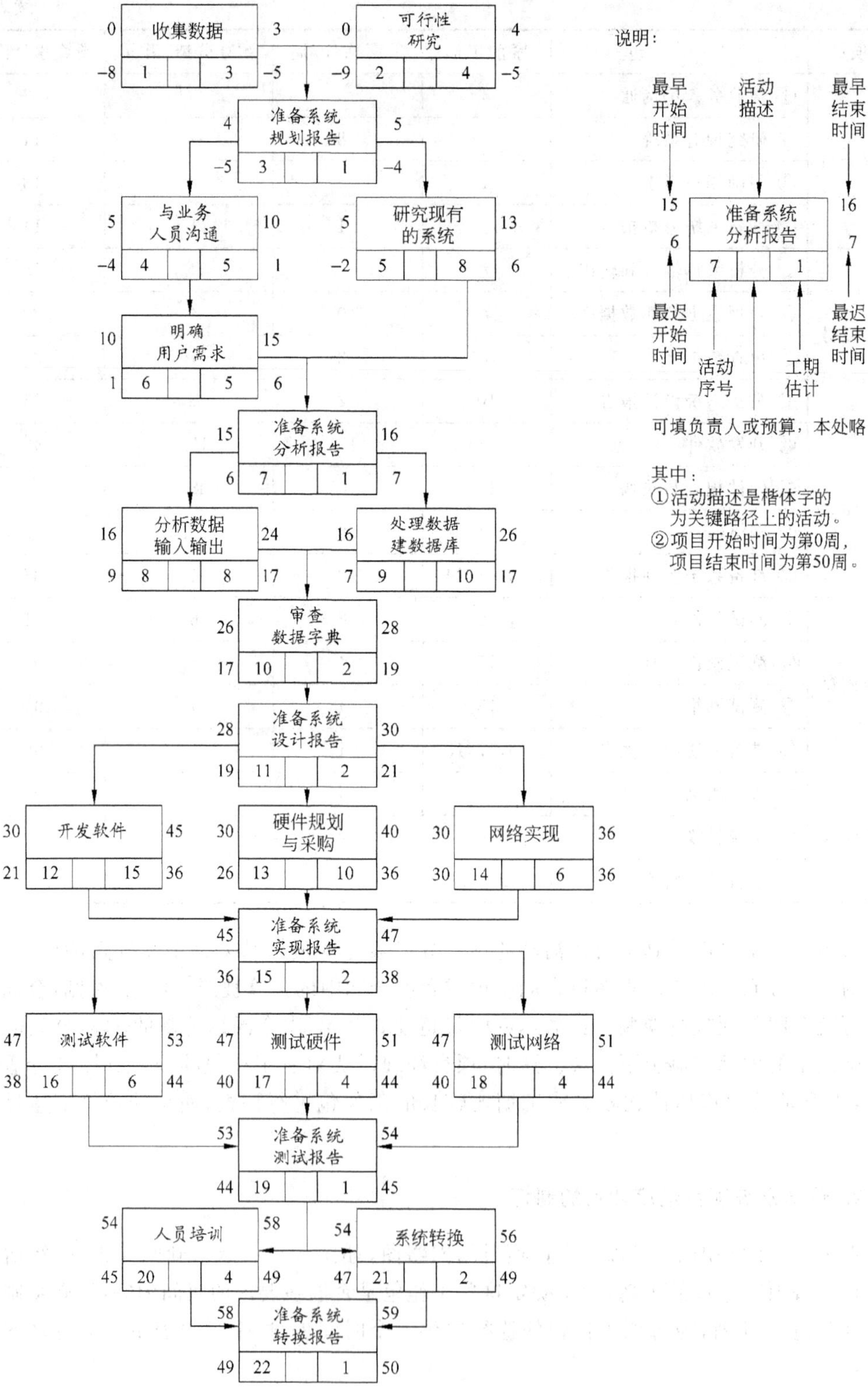

活动序号	活动描述	最早开始时间	最早结束时间	最迟开始时间	最迟结束时间	工期估计
1	收集数据	0	3	−8	−5	3
2	可行性研究	0	4	−9	−5	4
3	准备系统规划报告	4	5	−5	−4	1
4	与业务人员沟通	5	10	−4	1	5
5	研究现有的系统	5	13	−2	6	8
6	明确用户需求	10	15	1	6	5
7	准备系统分析报告	15	16	6	7	1
8	分析数据输入输出	16	24	9	17	8
9	处理数据建数据库	16	26	7	17	10
10	审查数据字典	26	28	17	19	2
11	准备系统设计报告	28	30	19	21	2
12	开发软件	30	45	21	36	15
13	硬件规划与采购	30	40	26	36	10
14	网络实现	30	36	30	36	6
15	准备系统实现报告	45	47	36	38	2
16	测试软件	47	53	38	44	6
17	测试硬件	47	51	40	44	4
18	测试网络	47	51	40	44	4
19	准备系统测试报告	53	54	44	45	1
20	人员培训	54	58	45	49	4
21	系统转换	54	56	47	49	2
22	准备系统转换报告	58	59	49	50	1

说明:

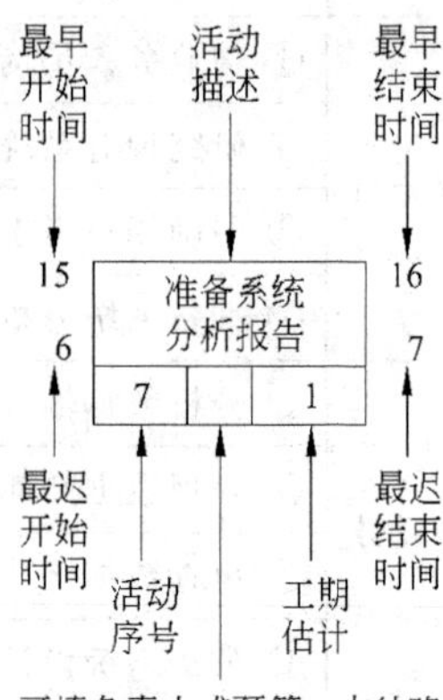

其中：

①活动描述是楷体字的为关键路径上的活动。

②项目开始时间为第0周，项目结束时间为第50周。

图 8.4　CRM 项目网络图

1）最早开始时间和最早结束时间

最早开始时间（the earliest start time，ES）和**最早结束时间**（the earliest finish time，EF）是指在项目合同开始时间的基础上，每项活动能够开始和完成的最早时间。ES 和 EF 是通过网络图的正向计算得到的，即从项目开始沿网络图到项目完成进行计算。

在进行这些正向计算时，必须遵守一条规则：某项活动的最早开始时间（ES）必须相同或晚于直接指向这项活动的所有活动的最早结束时间（EF）中的最晚时间。

最早结束时间（EF）则可以在这项活动最早开始时间的基础上加上这项活动的工期估计计算出来，即：EF＝ES＋工期估计。

2）最迟开始时间和最迟结束时间

最迟开始时间（the latest start time，LS）和**最迟结束时间**（the latest finish time，LF）是指为了在项目合同要求完工时间内完成项目，每项活动必须开始和完成的最迟时间。LF 和 LS 可以通过网络图的反向推算得出，即从项目完成沿网络图到项目的开始进行推算。

在进行这类反向计算时，必须遵守一条规则：某项活动的最迟结束时间（LF）必须相同或早于该活动直接指向的所有活动最迟开始时间（LS）的最早时间。

最迟开始时间（LS）则可以在这项活动最迟结束时间（LF）的基础上减去这项活动的工期估计计算出来，即：LS＝LF－工期估计。

在以上 4 个时间分别用正推法和反推法推导的基础上，可以绘制出附有开始时间和结束时间的进度时间表，如表 8.4 所示。在网络图中也可标出每项活动的上述 4 个时间，参照图 8.4 中每个活动描述框的 4 个角上的数据。要注意表 8.4 中，最后一个工作包的最早结束时间是项目团队认为自己能够完成项目的时间，即团队内部认可的项目总工期；而最后一个工作包的最迟结束时间则一般是客户要求完成项目的时间。

表 8.4 CRM 项目进度表

工作包	工期估计/周	最早时间/周		最迟时间/周		时差/周
		开始时间	结束时间	开始时间	结束时间	
① 收集数据	3	0	3	−8	−5	−8
② 可行性研究	4	0	4	−9	−5	−9
③ 准备系统规划报告	1	4	5	−5	−4	−9
④ 与业务人员沟通	5	5	10	−4	1	−9
⑤ 研究现有系统	8	5	13	−2	6	−7
⑥ 明确用户需求	5	10	15	1	6	−9
⑦ 准备系统分析报告	1	15	16	6	7	−9
⑧ 分析数据输入和输出	8	16	24	9	17	−7
⑨ 处理数据和建数据库	10	16	26	7	17	−9
⑩ 审查数据字典	2	26	28	17	19	−9
⑪ 准备系统设计报告	2	28	30	19	21	−9

续表

工　作　包	工期估计/周	最早时间/周		最迟时间/周		时差/周
		开始时间	结束时间	开始时间	结束时间	
⑫ 开发软件	15	30	45	21	36	－9
⑬ 硬件规划与采购	10	30	40	26	36	－4
⑭ 网络实现	6	30	36	30	36	0
⑮ 准备系统实现报告	2	45	47	36	38	－9
⑯ 测试软件	6	47	53	38	44	－9
⑰ 测试硬件	4	47	51	40	44	－7
⑱ 测试网络	4	47	51	40	44	－7
⑲ 准备系统测试报告	1	53	54	44	45	－9
⑳ 人员培训	4	54	58	45	49	－9
㉑ 系统转换	2	54	56	47	49	－7
㉒ 准备系统转换报告	1	58	59	49	50	－9

在这个 CRM 项目中,表 8.4 中最后一项活动"准备系统转换报告"的最早结束时间和项目的要求完工时间之间有一个 9 周的差距,这个差距叫做**总时差**,有时也叫浮动量。也就是说,团队内部认可的项目总工期为 59 周,与客户要求完成项目的时间 50 周相差 9 周,换算成百分比是相差 18%,接近 20%。

一般来讲,一个信息系统项目的进度如果延后了预计工期的 20%以上,那么这个项目属于高风险项目,有可能失败。在这种情况下,项目经理应该拿着上述的图表,一方面与客户沟通,争取延长项目的工期;一方面与公司的管理层沟通,争取追加资源;还要积极调整那些工期估算大的工作包,使工作能够细分,并行进行或采用新的方法。通过以上 3 种方法,最终使得团队内部认可完工的时间与合同要求的时间一致。

假设项目经理与客户沟通的结果是客户同意延长到 59 周,那么就可以直接将图 8.4 转化为**甘特图**,得到该 CRM 项目的进度计划,参见图 8.5。该图是用微软公司的 Microsoft Project 软件生成的。甘特图的上方给出了日历(假设 2013 年 1 月 1 日开始该项目),左侧给出了工作包名称,带下三角形的条形图的左右两端表示了每个子项目的开始和结束时间,矩形的条形图的左右两端表示了每个工作包的开始和结束时间。为了在一张图片中展示,图中日历用的单位是月,如果单位用周,则可以看到详细的日期信息。

3. 信息系统项目的关键路径

还可以求出每个工作包的时差(又叫机动时间或松闲时间)。时差可以用每项活动的最迟结束(开始)时间减去它的最早结束(开始)时间算出,即

$$时差 = LF - EF \quad 或 \quad 时差 = LS - ES$$

如果某项活动的时差为正值,表明该项活动花费的时间总量可以适当延长,而不必担心

会出现在要求完工时间内活动无法完成的窘况。反之,如果时差为负值或零,则表明该项活动要加速完成以减少花费的时间。在本例中,项目的总时差为负值(参见表 8.4),表明完成这个项目缺少时间余量。

要对项目的进度做到较好的控制,必须找到项目网络图中的关键路径。一个大的网络图从开始到完成可以有很多条路径。一些路径可以有正的时差,另一些可能有负的时差。时差为零或负值,且耗时最长的路径被称为**关键路径**,其他路径一般被称为非关键路径。在表 8.4 中时差为一9 的工作包是该项目关键路径上的活动。

上面提到的预算分摊、进度表、网络图、甘特图以及关键路径,不但可以在项目这一层次进行,对于每个工作包的负责人来讲,他(她)也可以将自己负责的工作包进一步分解,在自己工作包内部使用上述计划的方法。

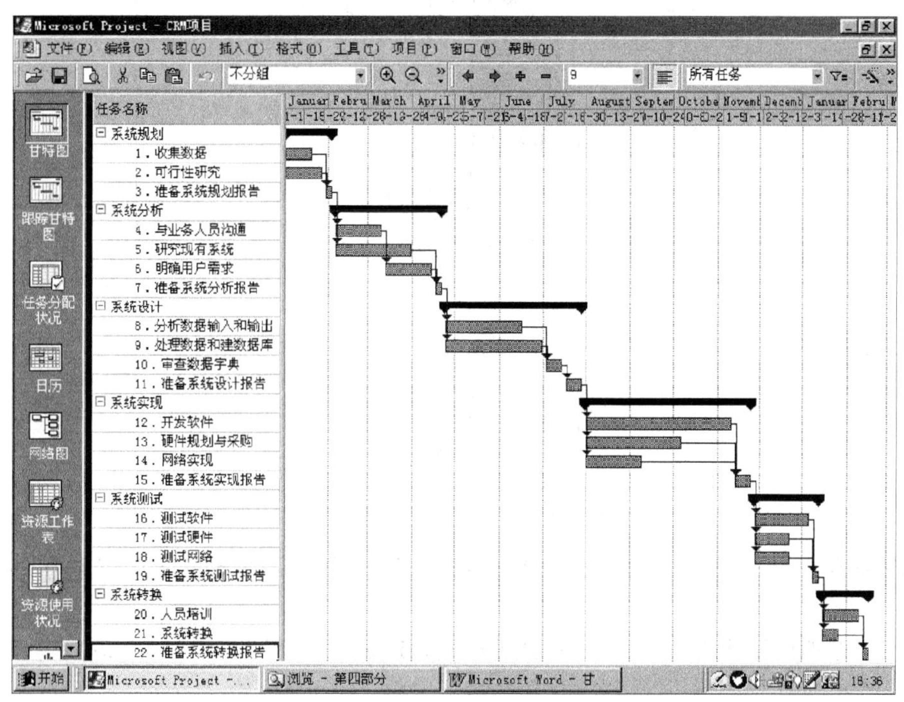

图 8.5 CRM 项目的甘特图

8.2.4 信息系统项目计划的变更和控制

信息系统项目计划的变更管理也就是信息系统项目的控制过程。8.2.3 节举的例子中,合同规定项目建设时间为 50 周,总费用是 100 万元,而项目团队内部估计的工期是 59 周,分摊预算累计的结果是 102 万元。如果项目的委托方坚持不修改进度和成本,那么,项目经理必须修改相应的进度计划和成本计划。这是项目启动之初的计划变更。

项目执行过程中,也会经常出现到某一个项目的里程碑或报告期时,项目的进度早于或晚于计划进度,已经发生的实际成本低于或高于计划成本,这时都需要对相应的计划进行调整。项目计划的控制或调整的过程如图 8.6 所示。

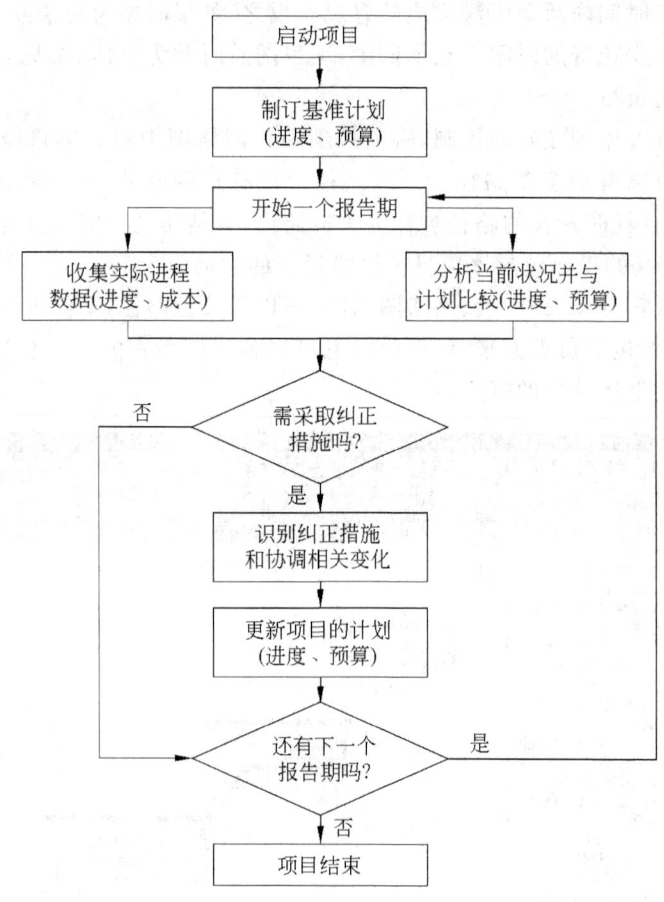

图 8.6　信息系统项目计划变更与监控

如果发现项目的进度落后或预算超支需要调整，那么，调整的重点应放在如下三个方面：

(1) 对近期内即将发生的工作包加强控制，积极挽回时间和成本，这是因为早控制早主动。

(2) 工期估计最长或预算估计最大的工作包应进一步审核预估依据，并做好该工作包压缩时间和费用的准备工作，因为估计值越大的工作包越有压缩的可能。

(3) 将某些可以再分的工作包进一步细分，研究细分后的活动之间并行工作或知识重用的可行性，如可行，则可以有效地压缩时间和费用。

关于信息系统项目计划调整的方法，下面详细讲解比较重要的一种即时间-成本平衡法。这种方法的意思是在一定条件下，既可以考虑通过增加成本的方式来压缩工期，也可以反过来考虑是否可以用适当延长工期的做法来压缩项目成本。

1. 时间-成本平衡法

时间与成本之间在一定的范围内有一定的替代性(参见图 8.1)。时间-成本平衡法就是一种用最低的相关成本的增加来缩短项目工期的方法。该方法基于以下假设：

(1) 每项活动有两组工期和成本估计：正常的和应急的。

正常时间是指在正常条件下完成某项活动需要的估计时间，正常成本是指在正常时间内完成某项活动的预计成本。应急时间是指按质量完成某项活动的最短估计时间，应急成本是指在应急时间内完成某项活动的预计成本。

在图 8.7 中，4 个活动均有一组正常时间和正常成本估计，一组应急时间和应急成本估计。比如活动 A 的正常估计时间为 7 周，正常预计成本为 50 000 元；应急时间是 5 周，在此期间内完成活动的应急成本为 62 000 元。

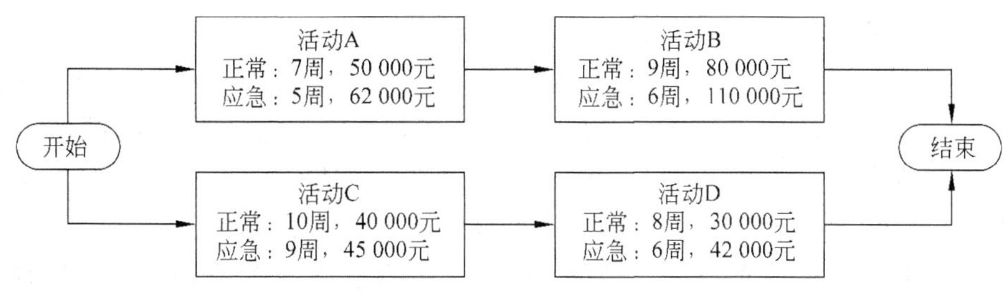

图 8.7 附有正常和应急时间及成本的网络图

(2) 一项活动的工期可以通过从正常时间减至应急时间得到有效的缩减。

这要靠投入更多的资源来实现——指派更多的人、使用更多的设备等。成本的增加是与加快活动进程相联系的。当需要将活动的预计工期从正常时间缩短至应急时间时，必须有足够的资源做保证。

(3) 应急时间是确保活动按质量完成的时间下限。

无论对一项活动投入多少额外的资源，也不可能在比应急时间短的时间内完成这项活动，否则，质量就不保了，就不再是时间与成本的平衡，而是时间与质量的平衡。例如，在确保质量的前提下，无论投入多少资源，无论花费多少成本，也不能在少于 5 周的时间内完成活动 A。

(4) 在活动的正常点和应急点之间，时间和成本的关系是线性的。为了将活动的工期从正常时间缩短至应急时间，每项活动都有自己的单位时间加急成本。缩短工期的**单位时间加急成本**可用如下公式计算：

$$单位时间加急成本 = \frac{应急成本 - 正常成本}{正常时间 - 应急时间} \tag{8.9}$$

例如，在图 8.7 中，将活动 A 的工期从正常时间缩短至应急时间，在缩短的这段时间内的每周的成本为

$$活动\ A\ 每周加急成本 = \frac{62\,000 - 50\,000}{7 - 5} = 6000(元/周)$$

图 8.7 的网络图从开始到完成有两条路径：路径 A—B 和路径 C—D。如果我们仅考虑正常工期估计，路径 A—B 需要 16 周完成，而路径 C—D 需要 18 周完成。因此，根据以上这些时间估计可知，该项目的最早结束时间为 18 周，即由 C 和 D 构成的关键路径的时间长度。根据正常时间内完成活动的成本，可计算出正常情况下项目总成本为

$$50\,000 + 80\,000 + 40\,000 + 30\,000 = 200\,000(元)$$

时间-成本平衡法的目标是通过压缩那些使总成本增加最少的活动的工期，来确定项目最短完成时间。为了实现这个目标，应压缩关键路径上那些有最低单位时间加急成本的活动。

在图8.7上，根据正常时间和成本估计，首先确定项目的最早结束时间为18周(由关键路径C—D决定)，项目的总成本是200 000元，每项活动的每周加急成本可根据式(8.9)分别计算出来：

活动A：6000元/周　　　　　活动B：10 000元/周

活动C：5000元/周　　　　　活动D：6000元/周

为了将项目的工期从18周减至17周，首先必须找出关键路径C—D。然后，才能确定关键路径上哪项活动能以最低的每周加急成本被加速。加速活动C的进程每周需要5000元，加速活动D的进程每周需要6000元。如果将活动C缩短1周，项目总工期可从18周缩短至17周，但项目总成本增加了5000元(C的每周加急成本)，达205 000元。

为了再缩短一个时间段，从17周缩短至16周，必须再次找出关键路径，两路径的工期分别是：A—B为16周，C—D为17周，因此关键路径仍是C—D，它必须再次被减少。观察一下关键路径C—D，我们意识到尽管活动C比活动D每周加急成本低，却不能再加速活动C的进程了，因为当将项目的工期从18周减至17周时，活动C已达到它的应急时间——9周了。因此，仅有的选择是加速活动D的进程，使其工期减少1周，从8周减至7周。这就将关键路径C—D的工期减至16周了，但总项目成本却增加了6000元，从205 000元增至211 000元。

再次将项目工期缩短1周，从16周降至15周。观察两条路径，会发现它们现在有相同的工期——16周。因此，现在有两条关键路径。为了将项目总工期从16周减至15周，必须将每个路径都加速1周。观察路径C—D，可发现只有活动D仍有剩余时间可以被压缩，它还可以再压缩1周，从7周降至6周，同时增加6000元成本。为了使路径A—B加速1周，可以压缩活动A或活动B。加速活动A每周增加6000元，而活动B的每周加急成本为10 000元，显然压缩活动A是合适的。因此，为了将项目总工期从16周缩短至15周，需将活动A和活动D各压缩1周。这使项目成本增加了12 000元，从211 000元增至223 000元。

再次尽力将项目总工期缩短1周，从15周降至14周。又一次有两条相同的关键路径。因此，必须将两条路径同时加速1周。然而，观察路径C—D，发现两项活动均已达到它们的应急时间——分别为9周和6周，不能再进一步加速这两个活动的进程了。

这时加速路径A—B的进程会毫无意义，因为这只能增加项目的总成本，却不能缩短项目的总工期。我们缩短项目总工期的能力由于路径C—D的工期不能再进一步缩短而受到限制。

显然，缩短全部活动的工期通常是不必要的，甚至是没有好处的。这是因为关键路径的工期决定着项目的总工期。换句话说，加速非关键路径上活动的进展不会缩短项目的完成时间，却会增加项目的总成本。上述推演过程参见表8.5。

表 8.5 时间-成本平衡法的举例

加速前后的项目工期/周	加速前的关键路径	被加速的活动	增加的成本/元	加速后的总成本/元	备　　注
18	C—D			200 000	正常估计
18→17	C—D	C	5000	205 000	C已到应急时间
17→16	C—D	D	6000	211 000	
16→15	A—B,C—D	A,D	12 000	223 000	D已到应急时间
15→15	A—B,C—D	A,B	36 000	259 000	加速 A、B,只能增加总成本,不能再缩减工期

表 8.5 表明,项目总工期减少 1 周,项目总成本将增加 5000 元;项目工期减少 2 周,项目总成本将累计增加 11 000 元;项目工期减少 3 周,项目总成本将累计增加 23 000 元。很显然,总成本增加的速度远远大于工期的缩短速度。

如果 4 项活动均达到应急时间,项目总成本将达到 259 000 元,而项目的完成时间仍不会少于 15 周。用时间-成本平衡法,可以通过压缩关键路径上有最低单位时间加急成本的活动,用增加 23 000 元的加急成本将项目的工期从 18 周降至 15 周。由于项目总工期不会少于 15 周,如果硬要压缩全部活动至应急时间将会浪费 36 000 元。

上述推演给我们如下启示：不是所有的进度都可以压缩的,达到了应急时间的活动就不能再压缩了,除非降低质量;只有压缩关键路径上的任务,才能缩短项目的工期;关键路径可能有多条,其他路径随着时间的推移可能成为关键路径;对一个项目而言,压缩工期与费用的关系不是线性增长的;对于信息系统项目的管理,需要类似网络图这样的工具作为支持,否则,拍脑袋决策压缩哪个活动可能是不正确的。

2. 项目计划的执行与控制：挣值分析法

信息系统项目的合同总价款制定以后,各工作包的负责人还应该将分摊到本工作包的预算再分摊到每个报告期中去。在项目执行的过程中,总会有因各种因素引起的变动,为了对计划进行监控,需要选取若干指标进行考察。下面介绍挣值分析法,即利用项目的预算、实际成本和挣值 3 个值监控计划执行的方法。

假设现有一个小型信息系统项目——个人理财信息系统需要开发,合同总价款为 10 万元人民币,拟在 12 周内开发成功。项目采用原型法方式开发,为了简单起见,将该项目分为 3 个大的工作包：需求分析与原型制作、原型改造与系统实现、系统测试与转换。

1) 预算(Planned Value,PV)

假设该项目的项目经理会同各工作包负责人一起商定,3 个工作包的预算分摊分别为：需求分析与原型制作 2.4 万元,原型改造与系统实现 6 万元,系统测试与转换 1.6 万元。各工作包每周分摊的预算如表 8.6 所示。

那么,预算累计量就是从项目启动到某期之间所有每期预算成本的加总。本例中到第 8 周为止预算累计量为 6.4 万元。

表 8.6 个人理财信息系统的每周分摊预算与预算累计表 （单位：千元）

	周												分活动小计
	1	2	3	4	5	6	7	8	9	10	11	12	
需求分析与原型制作	4	4	8	8									24
原型改造与系统实现					8	8	12	12	10	10			60
系统测试与转换											8	8	16
每周预算小计	4	4	8	8	8	8	12	12	10	10	8	8	100
从项目开始预算累计	4	8	16	24	32	40	52	**64**	74	84	92	100	

2) 实际成本(Actual Cost,AC)

项目经理要求各工作包负责人将各自负责的工作包在每周发生的实际成本记录下来。假设现在项目进行到第 8 周,前 8 周的实际发生成本信息参见表 8.7。

表 8.7 个人理财信息系统的每周实际成本与实际成本累计表 （单位：千元）

	周												分活动小计
	1	2	3	4	5	6	7	8	9	10	11	12	
需求分析与原型制作	2	5	9	5	1								22
原型改造与系统实现				2	8	10	14	12					46
系统测试与转换													0
每周实际成本小计	2	5	9	7	9	10	14	12					68
从项目开始累计成本	2	7	16	23	32	42	56	**68**					

那么,实际成本累计量就是从项目启动到某期之间所有每期实际发生成本的累加和。本例中到第 8 周为止实际成本累计量为 6.8 万元。

3) 挣值(Earned Value,EV)

挣值(在较早的书籍中又译做称盈余量)也可称绩效量,是用来衡量实际工作价值的一个重要参数,意思是已经发生的累计实际成本所完成工作的价值。这里用每个报告期收集的工作包的完工比率来确定挣值。

这就要求既要将每周发生的实际成本记录下来,还要将每个活动在每周的完成情况记录下来,用百分比表示,比如第 3 周时需求分析与原型制作活动已完成该活动总工作量的 80%,如表 8.8 所示。

表 8.8 个人理财信息系统的每周累计完成比率 （单位：%）

	周												分活动小计
	1	2	3	4	5	6	7	8	9	10	11	12	
需求分析与原型制作	10	25	80	90	100	100	100	100					100
原型改造与系统实现	0	0	0	5	15	25	40	50					50
系统测试与转换	0	0	0	0	0	0	0	0					0

累计挣值被定义为完工比率与该工作包总的分摊预算的乘积。

比如，需求分析与原型制作工作包的分摊预算是2.4万元（参见表8.6的最右列），第3周时其完工比率为80%（参见表8.8的第4列），那么，该工作包的挣值等于80%与2.4万元的乘积，为1.92万元，参见表8.9的第4列（注意表8.9中的单位是千元，因而数值是19.2）。

由于需求分析与原型制作工作包的分摊预算是2.4万元，也就是说，大家认为该工作包全干完了就值2.4万元；那么，第3周时需求分析与原型制作工作包完成了80%，那就值1.92万元，即累计挣值为1.92万元。

那么，挣值累计量就是从项目启动到某期之间所有每期实际发生挣值的累计和。它的含义是截止到某个报告期时，所有发生实际成本所完成工作的真正有效价值。本例中到第8周为止挣值累计量为5.4万元，参见表8.9。

表8.9　个人理财信息系统的每周累计挣值量表　　（单位：千元）

	周												分活动小计
	1	2	3	4	5	6	7	8	9	10	11	12	
需求分析与原型制作	2.4	6	19.2	21.6	24	24	24	24					24
原型改造与系统实现				3	9	15	24	30					30
系统测试与转换													0
从开始累计挣值量	2.4	6	19.2	24.6	33	39	48	**54**					

在对预算累计、实际成本累计和挣值累计量这样3个指标一一计算出来之后，可以将它们填入表8.10中进行比较。

表8.10　个人理财信息系统3个累计量的比较表　　（单位：千元）

	周												分活动小计
	1	2	3	4	5	6	7	8	9	10	11	12	
分摊预算累计(PV)	4	8	16	24	32	40	52	**64**	74	84	92	100	
实际成本累计(AC)	2	7	16	23	32	42	56	**68**					
挣值量累计(EV)	2.4	6	19.2	24.6	33	39	48	**54**					

为了便于比较3个累计量之间的关系，将本例中的3个值用3条曲线标出，参见图8.8。其中，横坐标是周数，纵坐标是费用。

有了这3个值，就可以计算成本差（Cost Variance，CV）、进度差（Schedule Variance，SV）、成本绩效指数（又叫成本效率，Cost Performance Index，CPI）和进度绩效指数（又叫进度效率，Schedule Performance Index，SPI）。计算公式如下：

$$\text{成本差(CV)} = \text{累计挣值(EV)} - \text{累计成本(AC)} \tag{8.10}$$

$$\text{进度差(SV)} = \text{累计挣值(EV)} - \text{累计预算(PV)} \tag{8.11}$$

$$\text{成本效率(CPI)} = \text{累计挣值(EV)} / \text{累计成本(AC)} \tag{8.12}$$

$$进度效率(SPI) = 累计挣值(EV)/ 累计预算(PV) \tag{8.13}$$

根据上述4个公式,可以计算上例到第8周时上述的4个指标:

$$CV = EV - AC = 5.4 - 6.8 = -1.4(万元)$$

$$SV = EV - PV = 5.4 - 6.4 = -1.0(万元)$$

$$CPI = EV/AC = 5.4/6.8 = 0.794$$

$$SPI = EV/PV = 5.4/6.4 = 0.844$$

通过上述4个指标的结果,可以知道该项目到第8周时的成本差是−1.4万元,也就是超支了1.4万元;进度差是−1.0万元,也就是进度落后了1.0万元的工作量(这里是用货币量来表示进度的偏差);成本效率是0.794,意味着每投入1元钱的实际成本,只得到了0.794元的实际工作价值;进度效率是0.844,也就是只干了预计工作的84.4%。显然,这个项目执行得不够好。

一般来讲,成本差和进度差都是正值(或者成本效率和进度效率都大于1)的项目执行得要好于成本差和进度差都是负值(或者成本效率和进度效率都小于1)的项目。项目经理通过对不同时期、不同工作包上述4个指标的监控,就可以清楚地了解项目的执行情况,并据此采取相应的措施。

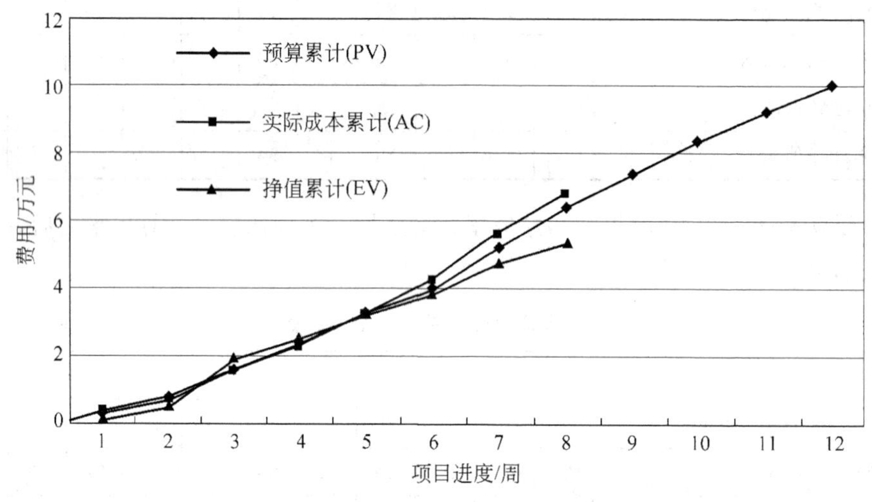

图8.8 个人理财信息系统3个累计量的比较

8.3 信息系统项目的人员管理

信息系统项目是智力密集、劳动密集型的项目,受人力资源影响最大,项目成员的结构、责任心、能力和稳定性对信息系统项目的质量以及是否成功有决定性的影响。

人在信息系统项目中既是成本,又是资本。人力成本通常都是信息系统项目成本构成中最大的一块,这就要求我们对人力资源从成本上去衡量,尽量使人力资源的投入最小;对人力资源从资本角度考虑,就要尽量去发挥资本的价值,使人力资源的产出最大。因而,本节主要从人力资源平衡和项目团队激励这样两个方面去讨论信息系统项目的人员管理问题。

8.3.1 信息系统项目的人力资源平衡

信息系统项目的人力计划，主要基于前面说到的工作量和进度预估，工作量（人月）与项目总时间（月）的比值就是理论上所需的平均人力数。当然，这些人力不一定在项目期内是均衡的，有的阶段需要的人多一些，有的阶段需要的人少一些。至于人力具体如何选取与分配，有许多学者从软件工程的角度提出了一些思路，比如人员-进度权衡定律等，信息系统项目可以此为参照，从项目管理的角度分析人力资源的平衡情况。

1. 两个重要定律

1）人员-进度权衡定律

软件工程专家 Putnam 在对大型软件项目工作量（一般在 30 人年以上）估算研究基础上，得到以下公式：

$$E = L^3/(C_k^3 t_d^4)$$

该模型以大型软件项目的实测数据为基础，描述了开发工作量、开发时间和软件代码行数之间的关系。其中：

L 表示源程序代码行数；

E 表示工作量（以人年计，包括维护）；

t_d 表示开发时间（以年计）；

C_k 表示技术状态常数，它反映出"妨碍程序员进展的限制"，并因开发环境而异，其典型值的选取如表 8.11 所示。

表 8.11 技术状态常数 C_k 的取值

C_k 的典型值	开发环境	开发环境举例
2000	差	没有系统的开发方法，缺乏文档和复审，批处理方式
8000	好	有合适的系统开发方法，有充分的文档和复审，交互执行方式
11 000	优	有自动开发工具和技术

从这个公式可知开发软件项目的工作量（E）与交付时间（t_d）的 4 次方成反比，将 $0.9t_d$ 代替公式中的 t_d 计算 E，我们发现，提前 10％的时间要增加 52％的工作量，显然是降低了软件开发生产率。因此，软件开发过程中人员与时间的折中是一个十分重要的问题。Putnam 将这一结论称为"软件开发的权衡定律"。

我们知道，信息系统项目的建设时间主要决定于应用软件的开发时间，因而，信息系统项目中也表现出这种人员与进度的非线性替代关系。这种人员与进度之间的非线性替代关系称为人员-进度权衡定律。

2）Brooks 定律

曾担任 IBM 公司操作系统项目经理的 F. Brooks 从大量的软件开发实践中得出了另一条结论："向一个已经拖延的项目追加开发人员，可能使它完成得更晚。"鉴于这一发现的重要性，该结论被称为 Brooks 定律。这里，Brooks 从另一个角度说明了"时间与人员不能线性互换"这一原则。

上述两个定律的合理解释是，当开发人员以算术级数增长时，人员之间的通信将以几何级数增长，从而可能导致“得不偿失”的结果。一般说来，由 N 个开发人员组成的小组，要完成既定的工作，相互之间的通信路径总数为 $C_N^2=N(N-1)/2$，而通信是需要时间的。所以，当新的开发人员加入项目组之后，原有的开发人员必须向新来的成员详细讲解某个活动或工作包的来龙去脉。并且由于信息系统开发具有较强的个人风格，所以交流沟通的时间更容易拉长，而后来者还不一定能达到原来开发人员的工作质量。

2. 用作人力计划的 Rayleigh-Norden 曲线

以 Rayleigh 的名字命名的曲线，本来是用来解释某些科学现象的。1985 年，Norden 发现这一曲线可用来说明科研及开发项目在实施期间所需要的人力。1986 年，Putnam 又把这一曲线与软件开发联系起来，发现在软件生存期内各个阶段需要的人力成本具有与 Rayleigh 曲线十分相似的形状。图 8.9 是软件项目不同开发阶段的人力分配经验模型。

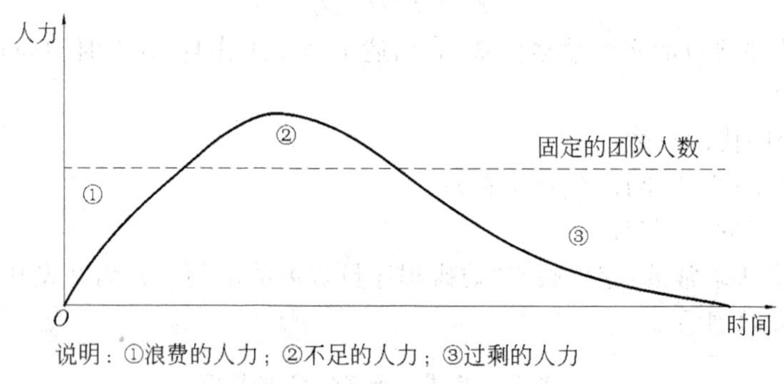

图 8.9 用作人力计划的 Rayleigh-Norden 曲线

图 8.9 中以横坐标表示距开发起点的时间，纵坐标代表在不同时间点需要的人力，用虚线画出固定的团队人数。该图显示了平均使用人力所造成的问题：开始阶段人力过剩，造成浪费（图中①）；到开发期需要大量人力时，又显得人手不足（图中②）；进入收尾阶段以后，又出现了过剩的人力（图中③）。

3. 人力资源计划的平衡

经验表明，信息系统项目的人力分配也大致符合 Rayleigh-Norden 曲线的分布，呈现出前后用人少、中间用人多的不稳定人员需求情况。但是，信息系统开发人员作为技术工种，可不是一旦需要就马上找得到的，那么在制订人力资源计划时，就要在基本按照上述曲线配备人力的同时，尽量使某个阶段的人力稳定，并且确保整个项目期人员的波动不要太大。换句话说，尽可能使人力资源的供给与对人力资源的需求平衡，这样的过程称为人力资源计划的平衡。

人力资源平衡法是制订使人力资源需求波动最小化的进度计划的一种方法。这种平衡人力资源的方法是为了尽可能均衡地利用人力资源并满足项目要求完成的进度。人力资源平衡是在不延长项目完工时间的情况下建立人力资源均衡利用的进度计划。

为了说明人力资源计划平衡的方法，下面举例具体说明。现有一个学籍信息管理系统已经立项，由于系统较小，准备采用原型法开发，并拟定了一个带有活动工期和人力需求的网络图，如图 8.10 所示。为了讨论的方便，假设参加这个项目的所有成员都是多面手，也就是说，项目成员之间是可以相互替代的。

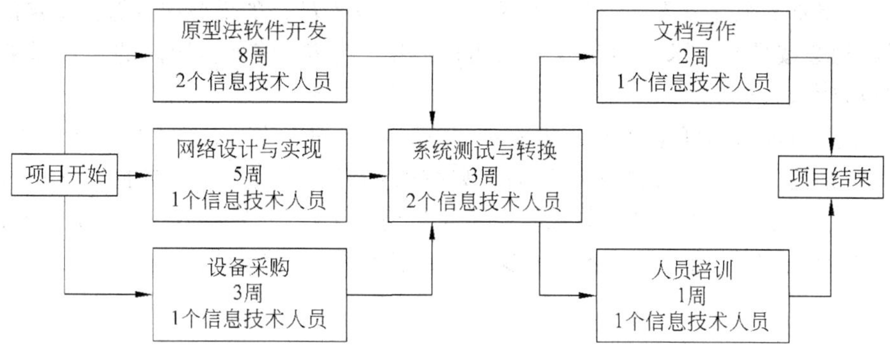

图 8.10　反映学籍信息管理系统项目人力资源需求的网络图

如果不采用项目管理的思想，一般人们都会希望各项活动尽可能早开始，尽可能早结束。现在就假设网络图中每一活动在其最早开始时间执行，基于此，可以绘制带人力资源分配的甘特图（如图 8.11 所示）。

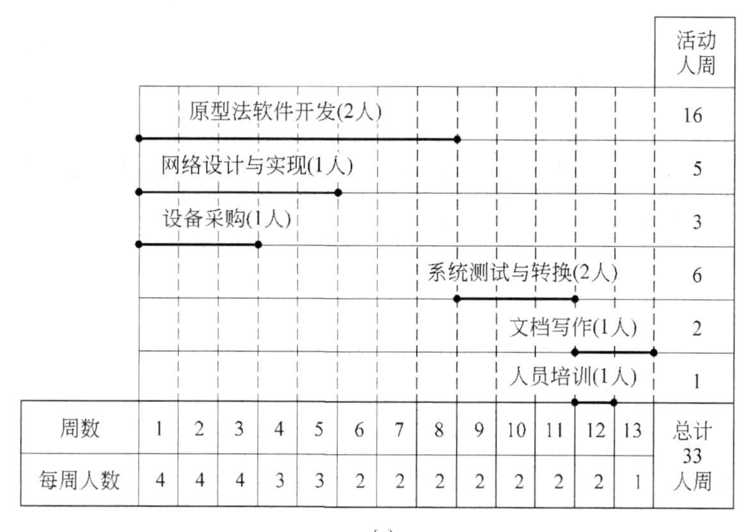

(a)

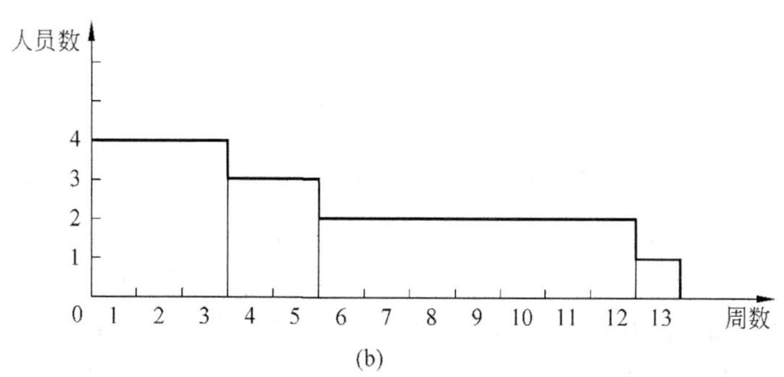

(b)

图 8.11　基于活动最早开始时间的人力资源计划图

从图 8.11(a)中可以看出，学籍信息系统项目总共需要 13 周的时间，总的工作量为 33 人周；从图 8.11(b)中可以看出，前 3 周需要 4 个开发人员，第 4、5 周需要 3 个开发人员，第 6～12 周需要 2 个开发人员，第 13 周需要 1 个开发人员。如果该团队保持稳定的人数的话，项目经理会按最大需求数申请 4 个人组成团队。这样，该项目团队的人力需求波动较大，浪费也较大。

为了使人力资源尽可能地平衡，我们来考察该项目的网络图，从图 8.10 中可以看出，该项目的关键路径(即工期最长的路径)是原型法软件开发、系统测试与转换和文档写作 3 个活动。而其他 3 个活动处于非关键路径上。可以将非关键路径上的设备采购活动推迟在第 6 周开始，这样，得到调整后的带人力资源分配的甘特图，如图 8.12 所示。

(a)

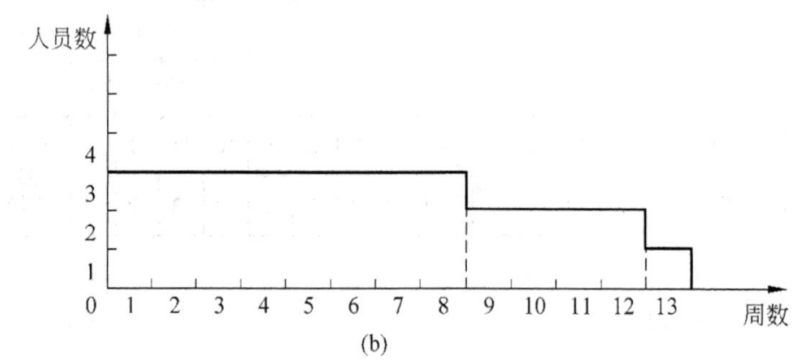

(b)

图 8.12 基于资源平衡的人力计划图

从图 8.12(a)中可以看出，学籍信息系统项目总共需要 13 周的时间，总的工作量为 33 人周，也就是说，虽然调整了人力资源的分配，但并未影响进度；从图 8.12(b)中可以看出，前 8 周需要 3 个开发人员，第 9～12 周需要 2 个开发人员，第 13 周需要 1 个开发人员。如果该团队保持稳定的人数的话，项目经理会按最大需求数申请 3 个人组成团队。显然，相对图 8.11(b)来讲，调整后该项目的人力需求波动较小，团队工作效率较高。

大家可以发现，上述很简单的一个调整，由 4 个人的需求变为了 3 个人的需求，为整个项目节省了25%的人力，如果项目成本以人力成本为主的话，那么就为整个项目节省了近25%的成本。所以，采用正确的项目管理方法，能够有效地节约成本，提高人力资源的效率。

有人会说上述这个题目出得比较巧妙，另两个非关键路径上的活动(即网络设计与实现、设备采购)工期相加刚好等于关键路径上的活动(原型法软件开发)的工期，所以能够作上述调整。但在实际工作中，一个网络图通常有10项以上甚至更多的活动，总是能找到可以调整的空间。这个案例只有6个活动，所以有意设计得巧妙一些。

实际上，不管网络图多么复杂，人力资源平衡的机理就是通过将非关键路径上的活动在最早结束时间和最迟结束时间之间调整，使非关键路径上需要的资源在时间上进行调整，从而使项目总的人力资源需求保持大体上的稳定。

这里要解释的是，由于采用原型法开发该项目，系统调研、原型制作和原型改造都在项目前期进行，用的人力较多，所以是直接从Rayleigh-Norden曲线分布的中部开始，从这个意义上说，本项目的人力使用也基本符合上述曲线的分布。

8.3.2 信息系统项目的团队建设

关于信息系统项目团队的组织，在第5章的5.2节中有所涉及，谈到了项目小组可以按职能式、项目式以及矩阵式等多种模式组织。下面主要谈谈项目团队的具体人员构成以及团队成长过程中一些有效的激励方式。

1. 项目小组的具体构成形式

这里的项目小组是指项目团队的基层单位，比如一个项目团队可以分为若干个项目小组，那么，这里的项目小组就是项目团队的基层单位，是本节中讨论的项目小组。

前面说过，每个项目小组的人数不能太多，否则组员间彼此通信的时间将占系统建设时间的一个很大比重。此外，通常不能把一个信息系统划分成大量独立的单元模块或子系统。这是因为，如果项目独立单元模块数或子系统太多，则这些单元模块或子系统之间的接口将是复杂的，不仅出现接口错误的可能性增加，而且系统测试将既困难又费时间。

一般说来，每个项目小组的规模应该比较小，以2～7名成员为宜。如果项目属于大中型规模，建设时间较长，那么就必须考虑项目建设人员因各种原因发生变动的情况。这时项目小组推荐的具体构成是这样的：一个高级系统开发人员带两个中级开发人员，每个中级人员再带两个初级开发人员，参见图8.13。这里的系统开发人员既可以是程序员，也可以是测试员等。

采用这种按技术水平分层的具体构成模式，主要基于两点考虑：第一，信息系统的建设工作中既有创造性很强的事务，也有经验性很强的事务，还有照葫芦画瓢的简单性事务，如果所有活动都让高级人员去完成，那么成本很高，是人力资源的极大浪费，还会引起高级人员的不满，而上述3类活动刚好适合3类人员去完成，做到人尽其能；第二，由于项目建设时间太长，容易发生人员更替，并且由于信息系统开发技术主要是“干中学”的知识，中级和初级开发人员在系统建设的过程中会成长起来，如果一旦发生上一层次人员的变动，下层人员由于一直参与项目的研发，基本上可以“无缝”地把工作承接起来。

如果项目小组成员不发生人员更替，那更好，项目小组的整体素质将会随着时间的推移而提高得很快，从而使项目的进度加快。初、中、高级人员最初的薪水水平可以按类似0.3∶0.7∶1.0的比例定位。当然，随着初中级人员技术水平的提高，他们的薪水也应该不断提高，因为他们在同等的时间可以完成更多更复杂的工作，并且会有更好的质量。

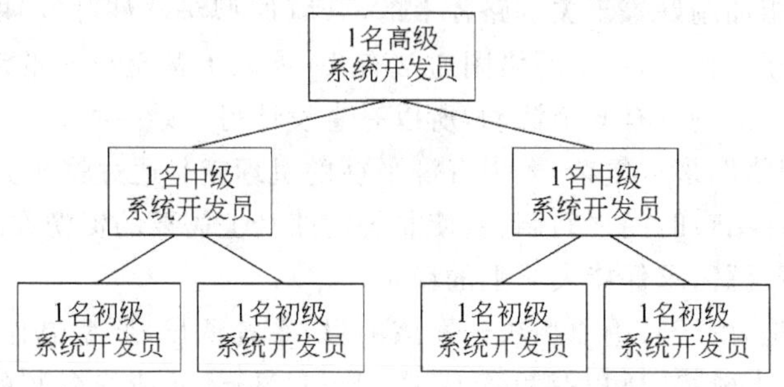

图 8.13　大型信息系统项目基层项目小组的具体构成举例

2. 项目团队的成长与激励

信息系统项目团队的成长与其他项目一样，一般需要经过如下4个阶段①。

1）形成(forming)阶段

形成阶段又叫组建阶段，该阶段促使个体成员转变为团队成员。每个人在这一阶段都有许多疑问：我们的目的是什么？其他团队成员的技术、人品都怎么样？每个人急于知道他们能否与其他成员合得来，自己能否被接受。成员还会怀疑他们的付出是否会得到承认，担心他们在项目中的角色是否会与他们的个人兴趣及职业发展规划相一致。

为使项目团队明确方向，项目经理一定要向团队说明项目目标，并设想出项目成功的美好前景以及成功所产生的益处，公布有关项目的工作范围、质量标准、预算及进度计划的标准和限制。项目经理要讨论项目团队的组成、选择团队成员的原因、他们的互补能力和专门知识，以及每个人为协助完成项目目标所充当的角色。项目经理在这一阶段还要进行组织构建工作，包括确立团队工作的初始操作规程，规范诸如沟通渠道、审批及文件记录工作。这一阶段，项目经理要让团队参与制订项目计划。

所以在这个阶段，对于项目成员采取的激励方式主要为预期激励、信息激励和参与激励。

2）震荡(storming)阶段

这一阶段又叫磨合阶段，成员们开始运用技能着手执行分配到的任务，开始缓慢推进工作。现实也许会与个人当初的设想不一致。例如，任务比预计的更繁重或更困难，成本或进度计划的限制可能比预计的更紧张。成员们可能不满意项目经理的指导或命令。

震荡阶段的特点是人们有挫折、愤怨或者对立的情绪。工作过程中，每个成员根据其他成员的情况，对自己的角色及职责产生更多的疑问。这一阶段士气很低，成员们可能会抵制形成团队。

在这个阶段，项目经理要对每个人的职责及团队成员相互间的行为进行明确和分类，还

① 项目团队成长的4个阶段参考的是《成功的项目管理》(杰克·吉多等著，张金成等译，机械工业出版社，1999)一书。

要使团队参与一道解决问题，共同做出决策。项目经理要接受及容忍团队成员的不满，更要允许成员表达他们所关注的问题。项目经理要做导向工作，致力于解决矛盾，决不能希望通过压制来使其自行消失。如果不满不能得到解决，它会不断集聚，导致团队人员流失甚至是集体辞职，将项目的成功置于危险之中。

在这个阶段，对于项目成员采取的激励方式主要有参与激励、责任激励和信息激励。

3) 正规(norming)阶段

经受了震荡阶段的考验后，项目团队就进入了发展的正规阶段。团队成员之间、团队与项目经理之间的关系已确立好了。项目团队逐渐接受了现有的工作环境，项目规程也得以改进和规范化。控制及决策权从项目经理移交给了各工作包的负责人，团队的凝聚力开始形成，每个人觉得他是团队的一员，他们也接受其他成员作为团队的一部分。

这一阶段，随着成员之间开始相互信任，团队内大量地交流信息、观点和感情，合作意识增强，团队成员互相交换看法，并感觉到他们可以自由地、建设性地表达他们的情绪及评论意见。团队经过这个社会化的过程后，建立了忠诚和友谊，也有可能建立超出工作范围的友谊。

在正规阶段，项目经理采取的激励方式除参与激励外，还有两个重要方式：一是发掘每个成员的自我成就感和责任意识，诱导员工进行自我激励；二是尽可能多地创造团队成员之间互相沟通、学习的好环境，以及从项目外部聘请专家讲解与项目有关的新知识、新技术，给员工充分的知识激励。

4) 表现(performing)阶段

团队成长的第 4 个阶段是表现阶段。这时，项目团队积极工作，急于实现项目目标。这一阶段的工作绩效很高，团队有集体感和荣誉感，信心十足。项目团队能开放、坦诚、及时地进行沟通。团队相互依赖度高，他们经常合作，并在自己的工作任务外尽力相互帮助。团队能感觉到高度授权，如果出现技术难题，就由适当的团队成员组成临时攻关小组，解决问题后再将有关的知识或技巧在团队内部快速共享。随着工作的进展并得到表扬，团队获得满足感。个体成员会意识到为项目工作的结果正在使他们获得职业上的发展。

这一阶段，项目经理集中注意关于预算、进度计划、工作范围及计划方面的项目业绩。如果实际进程落后于计划进程，项目经理的任务就是协助支持纠正措施的制订与执行，因而这一阶段激励的主要方式是危机激励、目标激励和知识激励。

信息系统项目成长阶段与激励的关系示意图参见图 8.14。上述 4 个阶段分别列举的激励方式都是该阶段的主要方式，其他阶段的激励方式也可以同时被很好地采用。要强调的是，对于信息系统建设人才，要更多地引导他们进行自我激励，要更多地对他们进行知识激励。当然，足够的物质激励是不言而喻的、自始至终的、最有效的激励。

激励的结果是使参与信息系统的所有成员组织成一个工作富有成效的项目团队。有成效的项目团队具有如下特点：(1)能清晰理解项目的目标；(2)每位成员的角色和职责有明确的期望；(3)以项目的目标为行为的导向；(4)项目成员之间高度信任，高度地合作互助等。

团队的发展除了上述 4 个阶段之外，还有最后一个阶段是解散阶段。由于本节重点讨论团队的建设，所以对最后一个阶段不再赘述。

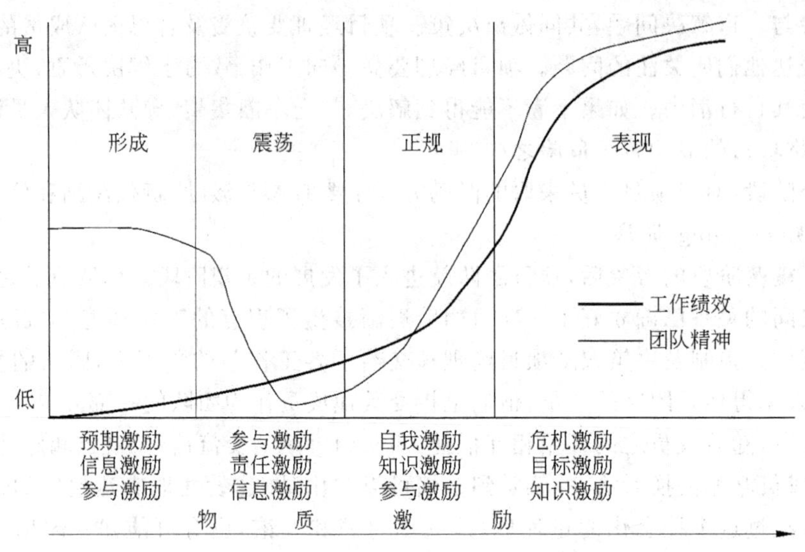

图 8.14 信息系统项目团队的成长与激励

8.4 信息系统建设的质量管理

目前人们对信息系统项目提出的要求,往往只强调系统必须完成的功能、应该遵循的进度计划以及建设这个系统花费的成本,却很少注意在整个生命周期中信息系统应该具备的质量标准。这种做法的后果是,许多系统的维护费用非常高,为了把系统移植到另外的环境中,或者使系统和其他系统配合使用,都必须付出很高代价。

前面多次讲过,信息系统项目建设的目的是在一定的时间和一定的费用下完成一定的任务,并且这些任务必须达到一定的质量要求。因而信息系统项目管理的一个很重要的方面就是信息系统建设的质量管理。从另外一个意义上说,信息系统也是一个产品,而质量是产品的生命。因而必须重视信息系统建设的质量管理。

8.4.1 信息系统建设需要全面质量控制

信息系统的质量管理不仅仅是项目开发完成后的最终评价,而是在信息系统开发过程中的全面质量控制。也就是说,不仅包括系统实现时的质量控制,也包括系统分析和系统设计时的质量控制;不仅包括对系统实现时软件的质量控制,而且还包括对文档、开发人员和用户培训的质量控制。

之所以对信息系统采取全面质量控制,是因为在信息系统生命周期的各个阶段,对上一阶段的理解和本阶段的设计与实现上都存在着这样或那样的问题,如图 8.15 所示,在该图中阶段之间的接口至少存在列出来的 9 个问题,要想每一个问题都能顺利解决并不太容易。

并且,根据一些软件公司的统计资料,在后期引入一个变动比在早期引入相同的变动所需付出的代价高 1～3 个数量级。图 8.16 定性地描绘了在不同时期引入一个变动所需付出

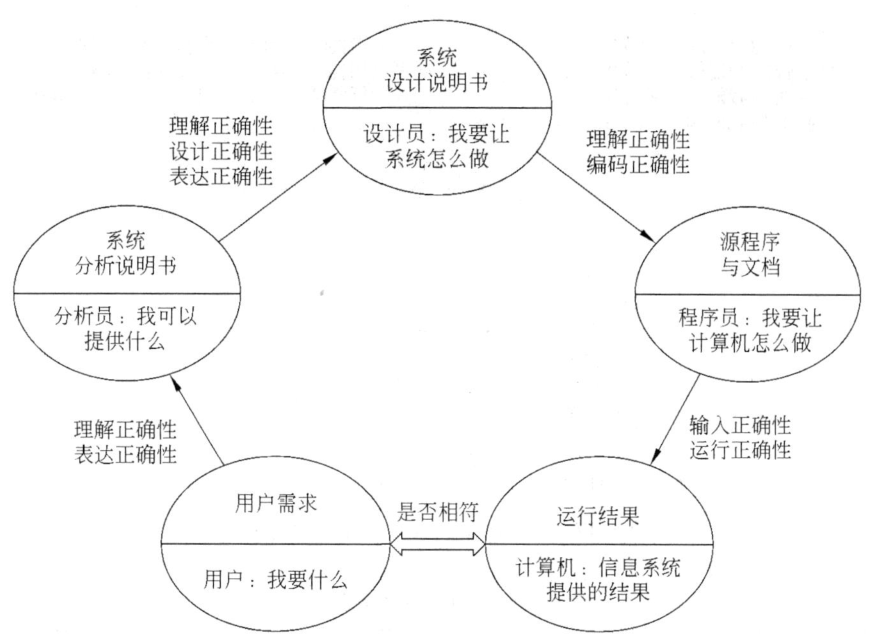

图 8.15　信息系统生命周期各阶段之间的关系

代价的变化趋势。因此要从信息系统开发的一开始就进行质量控制，以便尽量在早期发现错误，及早更正。

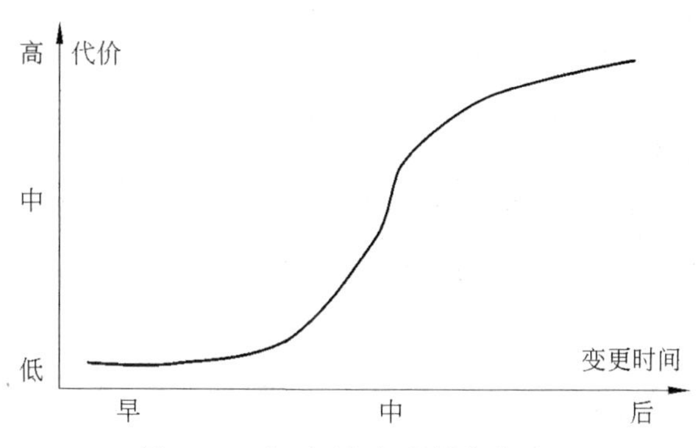

图 8.16　变更时间与所付代价关系

8.4.2　信息系统质量的指标体系

信息系统的质量是比较难管理的。难管理的重要原因之一是信息系统的质量指标难以定义，即使能够定义，也较难度量。由于信息系统的核心是其中运行的应用软件，而软件质量的指标及其度量有较多的研究成果，这里介绍一种从管理角度对软件质量的度量。

在图 8.17 中把影响软件质量的因素分成 3 组，分别反映用户在使用软件产品时的 3 种不同倾向或观点。这 3 种倾向是产品运行、产品修改和产品转移。表 8.12 列出了软件质量因素的简明定义。信息系统作为一个产品，也可以参照这 3 种倾向来定义。

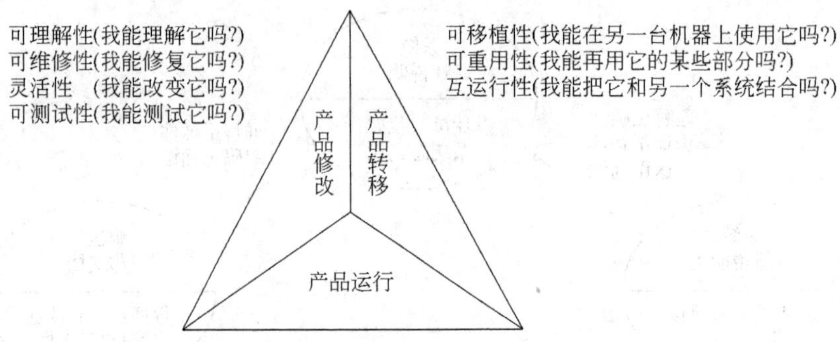

图 8.17 软件质量因素与产品活动的关系

表 8.12 软件质量因素的定义

质量因素		定义
产品修改	可理解性	理解和使用该系统的容易程度
	可维修性	诊断和改正在运行现场发现的错误所需要的工作量的大小
	灵活性(适应性)	修改或改进正在运行的系统需要的工作量的多少
	可测试性	软件容易测试的程度
产品转移	可移植性	把程序从一种硬件配置和(或)软件系统环境转移到另一种配置和环境时需要的工作量多少
	可重用性	在其他应用中该程序可以被再次使用的程度(或范围)
	互运行性	把该系统和另一个系统结合起来需要的工作量的多少
产品运行	正确性	系统在预定环境下能正确地完成预期功能的程度
	健壮性	在硬件发生故障、输入的数据无效或操作错误等意外环境下,系统能做出适当响应的程度
	效率	为了完成预定的功能,系统需要的计算机资源的多少
	完整性(安全性)	对未经授权的人使用软件或数据的企图,系统能够控制(禁止)的程度
	可用性	系统在完成预定应该完成的功能时令人满意的程度
	风险性	按预定的成本和进度把系统开发出来,并且为用户所满意的概率

8.4.3 信息系统实施全面质量控制的办法

为了在信息系统的建设过程中实施全面质量控制,主要采取下述措施。

(1) 实行工程化的开发方法。

信息系统特别是复杂信息系统的开发,是一项系统工程,必须建立严格的工程控制方法，要求开发组的每一个人都要遵守工程规范。

(2) 实行阶段性冻结与改动控制。

信息系统具有生命周期，这就为划分项目的阶段提供了参考。一个大的项目可分成若干阶段，每个阶段有各自的任务和成果。这样一方面便于管理和控制工程进度，另一方面可以增强开发人员和用户的信心。

在每个阶段末要“冻结”已经取得的成果，作为下个阶段开发的基础。冻结之后不是不能修改，而是其修改要经过一定的审批程序，并且涉及项目计划的调整。

(3) 实行里程碑式审查与版本管理。

里程碑式审查就是在信息系统生命周期的每个阶段结束之前，都正式使用验收的标准对该阶段的冻结成果进行严格的技术审查。这样，如果发现问题，可在阶段内部解决。

版本管理是保证项目小组顺利工作的重要技术。版本管理的含义是通过给文档和程序文件编上版本号，记录每次的修改信息，使项目组的所有成员都了解文档和程序的修改过程。广义的版本管理技术称为软件配制管理(software configuration management)，并已有功能完善的软件工具支持，如 PVCS 和 Microsoft Visual SourceSafe。

(4) 实行面向用户参与的系统开发。

在需求分析与确认、界面开发与交互设计以及系统测试等各阶段，如果可能的话，尽可能地请用户参与。用户参与得越早，可以越早发现系统的偏差或存在的问题；用户参与得越深入，可以更细微地捕捉用户的需求，激发用户新的需求，从而改善系统的质量，提升用户的满意度。

(5) 强化项目管理，引入外部监理与审计。

要重视信息系统的项目管理，特别是项目人力资源的管理，因为项目成员的素质和能力以及积极性是项目成败、好坏的关键。

同时还要重视第三方的监理和审计的引入，通过第三方的审查和监督来确保项目质量。

(6) 尽量采用面向对象和基于构件的方法进行系统开发。

面向对象的方法强调类、封装和继承，能提高软件的可重用性，能将错误和缺陷局部化，同时还有利于用户的参与，这些对提高信息系统的质量都大有好处。

基于构件的开发，又称“即插即用编程”(plug and play programming)方法，是从计算机硬件设计中吸收过来的优秀方法。这种编程方法是将编制好的软件“构件”(component)插在已做好的框架(framework)上，从而形成一个大型软件。构件是可重用的软件部分，构件可以自己开发，可以使用其他项目的开发成果，也可以向软件供应商购买。当我们发现某个构件不符合要求时，可对其进行修改而不会影响其他构件，也不会影响实现和测试，这就好像整修一座大楼中的一个房间，不会影响其他房间的使用。

(7) 按照 CMM 持续改善的要求管理软件的开发过程。

软件能力成熟度模型(Capability Maturity Model for Software，SW-CMM)为软件企业的过程能力提供了一个阶梯式的进化框架，阶梯共有 5 级，分别是初始级、可重复级、定义级、管理级和优化级。信息系统的开发方应不断提高自己的级别，本着持续改善的原则不断优化软件的开发过程。

(8) 进行全面测试。

要采用适当的手段，对开发的信息系统进行全面测试。由于测试在第 11 章专门阐述，此处就不再展开。

思 考 题

1. 给出项目的定义并说明项目管理各要素之间的关系。

2. 说说信息系统项目的特点，并谈谈你对这些特点的理解。

3. 用图表形式给出信息系统的成本构成及其测算的一般过程。

4. 软件有哪两种度量方式？各有什么优缺点？

5. 在表 8.4 中，如果工期预估不变，项目委托方同意将开发时间延长至 59 周，请你重新填制该表，并找出关键路径。

6. 说说时间-成本平衡法的假设条件，举例说明其操作过程。

7. 假设一个项目总预算为 50 万，进展到现在，累计预算、累计实际成本和累计挣值分别是 24 万、26 万和 28 万。请分别计算成本差 CV、进度差 SV、资金效率 CPI 和进度效率 SPI，并判断这个项目目前执行的情况。

8. 软件开发项目人力资源有哪两个重要定律？你怎么看待这两个定律在信息系统项目中的应用？

9. 信息系统项目进行人力资源平衡的机理是什么？

10. 项目团队有哪几个发展阶段？对于信息系统项目在不同阶段各应采取哪些激励方式？

11. 信息系统建设为什么需要全面质量控制？如何实行全面质量控制？

第9章 信息系统建设的文档管理

信息系统的文档,是系统建设过程的“痕迹”,是系统维护人员的指南,是开发人员与用户交流的工具。规范的文档意味着系统是按照工程化的方式开发的,意味着信息系统的质量有了形式上的保障。文档的欠缺、文档的随意性和文档的不规范极有可能导致原来的开发人员流动以后,系统不能维护、不能升级,变成一个没有扩展性、没有生命力的系统。所以,为了建设一个良好的信息系统,不仅要充分利用各种现代化信息技术和正确的系统开发方法,同时还要做好文档的管理工作。

9.1 信息系统文档的作用与类型

信息系统的文档是系统开发过程中留下来的“痕迹”,是项目成员之间沟通的主要工具。本节从文档产生与使用的主体出发,先分析信息系统文档的作用,然后列出信息系统文档的各种类型。

9.1.1 信息系统文档的作用

在信息系统建设中,除了有一定的硬设备(如计算机等)之外,它的“原材料”、“工具”、“半成品”和“成品”全是信息,是一种人脑的思维活动,体现在一些书面文字资料和计算机程序中,这些书面形式的文字资料即为文档。

在软件工程的学科领域里,文档和程序加在一起被合称为软件。文档与程序的区别在于前者是人可读的,后者主要是机器用来执行的。如果将源程序加上注释,也可称为文档的一部分。

这里所说的信息系统的文档,不但包括应用软件开发过程中产生的文档,还包括硬件采购和网络设计中形成的文档;不但包括上述有一定格式要求的规范文档,也包括系统建设过程中的各种来往文件、会议纪要和会计单据等资料形成的不规范文档,后者是建设各方谈判甚至索赔的重要依据。显然,文档的含义在信息系统学科领域里是较软件工程学科宽泛的。

所以,文档是软件的一部分,更是信息系统的一部分。没有文档的软件,不成其为合格的软件;没有文档的信息系统,不成其为完整的信息系统。

文档在系统开发人员、项目管理人员、系统维护人员、系统评价人员以及用户之间的多种桥梁作用可从图9.1中看出。图9.1中列出了文档在信息系统建设和运行过程的7种典型沟通作用。

(1) 用户与系统分析人员在系统规划和系统分析阶段通过文档进行沟通。这里的文档主要有可行性研究报告、总体规划报告、系统开发合同和系统分析说明书等。有了文档,用户就能依此对系统分析员是否正确理解了组织的需求进行评价,如不正确,可以在已有文档基础上进行修正。

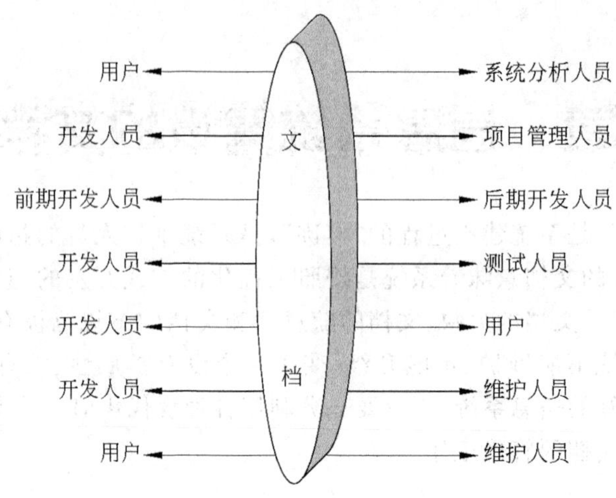

图 9.1　信息系统文档的沟通作用图

(2) 系统开发人员与项目管理人员通过文档在项目期内进行沟通。这里的文档主要有系统开发计划(包括工作分解结构、网络图、甘特图和预算分配表等)、系统开发月报以及系统开发总结报告等项目管理文件。有了这些文档,每个项目成员就会明确自己的目标、可用的资源和约束,项目管理人员也有了管理和考评的依据。

(3) 前期开发人员与后期开发人员通过书面文档的沟通。这里的文档主要有系统开发各阶段的文档,如系统分析说明书和系统设计说明书等。有了这些文档,不同阶段之间的开发人员就可以顺利地进行工作衔接,同时还能将因为人员流动带来的风险降低,因为接替人员可以根据文档理解前面人员的设计思路或开发思路。

(4) 系统测试人员与系统开发人员通过文档的沟通。系统测试人员可以根据系统分析说明书、系统开发合同、系统设计说明书和测试计划等文档对系统开发人员所开发的系统进行测试。系统测试人员再将评价结果撰写成系统测试报告。

(5) 系统开发人员与用户在系统运行期间的沟通。用户通过系统开发人员撰写的文档来帮助运行系统。这里的文档主要是用户手册和操作手册。

(6) 系统开发人员与系统维护人员通过文档进行沟通。这里的文档主要有系统设计说明书和系统开发总结报告。有的开发总结报告写得很详细,分为研制报告、技术报告和技术手册 3 个文档,其中的技术手册记录了系统开发过程中的各种主要技术细节。这样,即使系统维护人员不是原来的开发人员,也可以在这些文档的基础上进行系统的维护与升级。

(7) 用户与维护人员在运行维护期间的沟通。用户在使用信息系统过程中,将运行过程中的问题进行记载,形成系统运行报告和维护修改建议。系统维护人员根据维护修改建议以及系统开发人员留下的技术手册等文档,对系统进行维护和升级。

上述 7 个方面是文档在沟通方面的主要作用,其实,文档还可以作为监理和审计的对象,作为开发其他信息系统的参照。

如果发生合同纠纷,文档还能体现出证据的作用。因为每份文档都是项目建设中有关成员的一种书面承诺。绝大多数文档都是需要签名的,而签名就表示对自己所签署的那部分文档内容的认可并承担责任。特别是用户提出并签署的需求变更申请书必须妥善保管,这些文件在发生纠纷时往往能成为保护自己甚至索赔的重要依据。

综上所述,文档可以用来统一思想,防止遗忘和误解,是信息系统项目团队内各类人员之间及团队内外的通信依据,同时也是观察、控制和协调信息系统开发过程的依据。文档可以用在各个方面,如表达用户需求、制订总体方案、进行系统分析与设计、管理建设过程、支持系统运行维护甚至谈判等方面。信息系统的各个层次和各开发阶段都要有相应的文档。

显然,文档的编制在信息系统的开发工作中占有突出的地位和相当的工作量。高效率、高质量地写作、分发、管理和维护文档对于充分发挥信息系统的效益有着重要意义。

9.1.2 信息系统文档的类型

信息系统的文档有许多种分类方法。

(1) 按照产生的频率分为一次性文档和非一次性文档,前者如系统分析说明书和系统设计说明书等,后者如开发过程中用户提交的需求变更申请书;非一次性文档还可以分为频率固定文档和频率不固定文档,频率固定文档有项目组月度开发报告、信息系统运行日志和运行月报等,频率不固定文档有会计单据、需求变更申请书和维护修改建议书等。

一次性文档和频率固定的文档一般都有较固定的内容和格式,而频率不固定的文档由于发生的随机性,导致文档记录人员在撰写文档时的随意性。为了管理好这些频率不固定的文档,需要对这些文档予以编号,并尽可能地统一格式,以便做到规范管理。

(2) 按照信息系统生命周期的阶段不同,可以划分为:①系统规划阶段的文档,如系统设计任务书和项目开发计划书等;②系统分析阶段的文档,如系统分析说明书等;③系统设计阶段的文档,如系统设计说明书和需求变更申请书等;④系统实现阶段的文档,如程序设计报告、系统测试报告和系统开发总结报告等;⑤系统运行与维护阶段的文档,如用户手册、操作手册[①]与维护修改建议书等。

9.2 节基本上是按照生命周期的不同阶段来讨论信息系统各类型文档内容的。另外,本书最后的附录——国家标准《计算机软件产品开发文件编制指南》也基本是按照软件的生命周期进行讲解的,可以作为信息系统文档的参照。

(3) 按照文档不同的服务目的,可以将信息系统的文档分为 3 类:用户文档、开发文档与管理文档。用户文档主要是为用户服务的,开发文档主要是为开发人员服务的,管理文档主要是为项目管理人员服务的。上述 3 种文档的内容参见图 9.2。

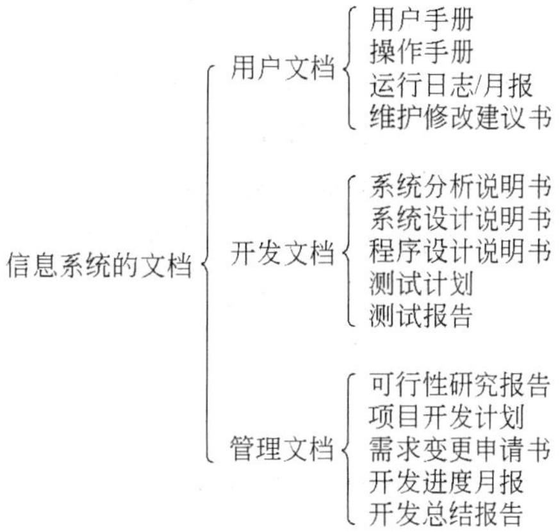

- 信息系统的文档
  - 用户文档
    - 用户手册
    - 操作手册
    - 运行日志/月报
    - 维护修改建议书
  - 开发文档
    - 系统分析说明书
    - 系统设计说明书
    - 程序设计说明书
    - 测试计划
    - 测试报告
  - 管理文档
    - 可行性研究报告
    - 项目开发计划
    - 需求变更申请书
    - 开发进度月报
    - 开发总结报告

图 9.2 按照服务目的不同划分的文档类型

当然,图中的分类不是绝对的,比如项目开发计划对于开发人员来讲很重要;测试计划和测试报告对于管理人员来讲也很重要。

这里要强调项目管理文档的重要性。项目管理文档是对项目的范围、进度、费用、质量、人力资源、风险和采购等问题进行监督的管理手段和项目建设过程进行记录的工具。这能使各

---

① 注意,这里的用户手册与操作手册应该在系统实现阶段就完成了。

级管理部门对项目的进展保持预见性,以便能及时发现和处理系统开发及维护过程中的问题。

9.2 信息系统各类文档的内容

尽管对于文档的重要性大家都大体上知道,但在实际工作中,文档的编制和使用仍然存在着许多问题,有待于解决。系统开发人员中较普遍地存在着对编制文档不感兴趣的现象。从用户方面看,他们又常常抱怨:文档售价太高,文档不够完整,文档编写得不好,文档已经陈旧或是文档太多,难以使用,等等。各类文档究竟应该写哪些内容以及说明什么问题?下面将大体按照信息系统生命周期的阶段逐一介绍上面提到的各种文档。由于信息系统的分析与设计在信息系统的建设过程中非常重要,所以在对所有文档分别进行简单介绍后,专门给出了系统分析说明书和系统设计说明书的内容与参考格式[①]。

9.2.1 系统各类文档的内容简介

信息系统建设过程中的主要文档[②]有可行性研究报告、系统开发立项报告、系统开发计划书、系统分析说明书、系统设计说明书、程序设计报告、系统测试计划与测试报告、系统使用与维护手册、系统评价报告、系统开发月报与系统开发总结报告。

1. 可行性研究报告

可行性研究阶段的文档是可行性研究报告。在可行性研究报告中要说明待开发项目在技术上、经济上和社会因素上的可行性,评述为了合理地达到开发目标可供选择的各种可能实施的方案,说明并论证所选定实施方案的理由。可行性研究报告主要包括以下内容:

(1) 概述。

(2) 新系统的目标、要求和约束。

(3) 可行性研究的基本准则。

(4) 现行系统描述及现行系统存在的主要问题。

(5) 新系统对现行系统的影响。

(6) 投资和效益分析。

(7) 其他可选方案及与国内外同类方案的比较。

(8) 有关建议。

2. 系统开发立项报告

在待开发的信息系统通过可行性分析确认可行后,用户单位必须提出对要开发的新系统的目标、功能、费用、时间以及对组织机构的影响等方面的要求。如果是本单位独立开发或联合开发,这些内容形成的文档称为立项报告,用于向领导申请经费及支持等;如果是委

---

① 后面给出的《系统分析说明书编写指南》和《系统设计说明书编写指南》取材于甘仞初教授的著作《信息系统开发》(经济科学出版社,1996)。

② 以下各文档参考了李宇红等编著的《管理信息系统原理及解决方案》(电子工业出版社,1999)一书。

托开发，则以任务委托书或开发协议（合同）的方式进行说明。立项报告主要包括以下内容：

（1）概述。概述现行系统的组织结构、功能、业务流程以及存在的主要问题。

（2）新系统的目标。开发新系统的意义和新系统实现后的功能、技术指标、安全和保密性、新系统运行环境等。

（3）经费预算和经费来源。

（4）项目进度和完成期限。

（5）验收标准和方法。

（6）移交的文档资料。

（7）开始可行性研究的组织队伍、机构与预算。

（8）其他有关需要说明的问题。

3. 系统开发计划书

新的信息系统立项后及在系统开发之前，需要拟订一份较为详细的系统开发计划，以保证系统开发工作按计划保质保量按时完成。在开发计划书中，应该说明各任务的负责人员、开发的进度、开发经费的预算、所需的硬件及软件资源等。开发计划书应得到该项目重要干系人的确认，并提供给项目管理人员作为开发阶段评审的参考。对于项目计划的管理，可以采用 Microsoft Project 等项目管理软件进行辅助管理。系统开发计划书的主要内容如下：

（1）概述。主要包括系统开发主要目标、基本方针、参加人员、工作阶段和内容等。

（2）开发计划。系统开发各工作阶段或子项目的任务、分工、负责人、计划时间（开始及结束时间）、人力与资金及设备消耗以及实际执行情况等。可用工作分解结构（WBS）、网络图和甘特图等工具辅助管理。

（3）验收标准。每项工作完成后验收的标准（时间、资金和质量等）。

（4）协调方法。信息系统开发中各个单位、部门以及阶段之间的衔接、协调方法、负责人和权限等。

4. 系统分析说明书

系统分析是系统开发中最重要的工作，其工作成果就是系统分析说明书（或叫系统分析报告）。系统分析工作的好坏决定了新系统的成败。系统分析说明书的主要内容参见 9.2.2 节。

5. 系统设计说明书

在系统分析的基础上，根据系统分析说明书进行新系统的物理设计，并完成系统设计说明书（或叫系统设计报告）的撰写。系统设计说明书的主要内容参见 9.2.3 节。

6. 程序设计报告

依据系统设计报告进行程序设计工作。程序设计经调试通过后，应完成程序设计报告，以便为系统调试和系统维护工作提供依据。有了程序设计报告，就可以避免因程序员的流动造成系统维护工作的困难。程序设计报告的主要内容如下：

（1）概述。

(2) 程序结构图。

(3) 程序控制图。

(4) 算法。

(5) 程序流程图。

(6) 源程序。

(7) 程序注释说明。

7. 系统测试计划与测试报告

系统测试是系统实施阶段的重要工作。为做好测试工作，需为如何组织测试制订实施计划。测试计划应包括测试的内容、进度、条件、人员、测试用例的选取原则以及测试结果允许的偏差范围等。

测试工作完成以后，应提交测试计划执行情况的说明，并对测试结果加以分析，提出测试的结论意见。系统测试报告主要内容如下：

(1) 概述。说明系统测试的目的。

(2) 测试环境。有关软硬件、通信、数据库和人员等情况。

(3) 测试内容。系统、子系统、模块的名称和性能技术指标等。

(4) 测试方案。测试的方法、测试数据、测试步骤和测试中故障的解决方案等。

(5) 测试结果。测试的实际情况和结果等。

(6) 结论。系统功能评价、性能技术指标评价和结论。

8. 系统使用与维护手册

系统使用与维护手册是为用户准备的文档。有的系统比较大，将使用手册与维护手册分开。其中，系统使用手册(或叫操作手册)一般是面向业务人员的，他们是系统的最终使用者。系统维护手册(或叫技术手册)是供具有一定信息技术专业知识的系统维护人员使用的。系统使用与系统维护手册的主要内容如下：

(1) 概述。主要包括系统功能、系统运行(软、硬件)环境和系统安装等内容。

(2) 使用说明。系统操作使用说明较为详细地说明了操作的目的、过程、方式、输入输出的数据等。最好将系统操作的界面图放入说明书中，这样便于使用者学习与操作。

(3) 问题解释。解释了系统使用中可能出现的问题及解决办法，如非常规操作命令、系统恢复过程及意外情况及与开发单位的联系方式等。

信息系统运行过程中，用户还需要记录运行日志，在发现需要对系统修正、更改的问题时，应将存在的问题、修改的考虑以及修改的影响估计作详细的描述，写成维护修改建议书(或称为维护修改申请书)，提交审批。维护修改建议书也是系统运行维护期间的重要文档。

9. 系统评价报告

系统评价报告主要是根据系统开发立项报告、系统分析说明书和系统设计说明书所确定的新系统的目标、功能、性能、计划执行情况以及新系统实现后的经济效益和社会效益等给予评价。系统评价报告主要包括：

(1) 概述。

(2) 系统构成。

(3) 系统达到设计目标和管理目标的情况。

(4) 系统的可靠性、安全性、保密性和可维护性等状况。

(5) 系统的经济效益与社会效益的评价。

(6) 总结性评价。

有的项目聘请了相应的监理方与审计机构,那么还需要有相应的系统监理报告和系统审计报告,这两种报告的内容大体与系统评价报告相同。

10. 系统开发月报与系统开发总结报告

信息系统项目的建设开始以后,各任务的负责人应该按月向管理部门提交相应的项目进展情况报告。报告应包括实际执行情况与项目计划的比较、阶段成果、遇到的问题和解决的办法以及下个月的打算等。

在整个信息系统项目开发已经完成,并且系统正式运行一段时间以后,系统开发人员应与项目实施计划对照,总结实际执行的情况,对项目的全部开发工作做出评价,总结出经验和教训,形成系统开发总结报告。系统开发总结报告包括以下内容:

(1) 概述。包括信息系统的提出者、开发者和用户;系统开发的主要依据;系统开发的目的;系统开发的可行性分析等。

(2) 信息系统项目的完成情况。包括系统构成与主要功能;系统性能与技术指标;计划与实际进度对比;费用预算与实际费用的对比等。

(3) 系统评价。系统的主要特点;采用的技术方法与评价;系统工作效率与质量;存在的问题与原因;用户的评价与反馈意见。

(4) 经验与教训。系统开发过程中的经验与教训;对今后工作的建议;如果可能,还可以撰写对外发表的经验交流文章。

总而言之,信息系统的文档是系统建设中的重要组成部分,对于信息系统的成功开发和信息系统的正常维护起着保证和支持作用。对各阶段产生的文档要参照国家软件开发规范进行填写并按照统一的格式进行编号(本书最后的附录中详细介绍了国家标准《计算机软件产品开发文件编制指南》)。

文档的多少、大小和复杂程度与所开发的信息系统的大小和复杂程度成正比。另外,信息系统的文档还因开发方法的不同而有所差异。项目经理有责任也有权利根据实际情况确定信息系统开发的文档种类和内容。文档要尽可能地简单明了,便于阅读,并且尽量使用图、表进行说明。

9.2.2 系统分析说明书编写指南

1. 引言

1) 摘要

说明所建议开发系统的名称、目标和功能。

2) 背景

(1) 项目的承担者。

(2) 用户。

(3) 本系统和其他系统或机构的关系和联系。

3) 参考和引用资料

(1) 本项目的经核准的计划任务书或合同、上级机关的批文。

(2) 属于本项目的其他已发表的文件。

(3) 本文件中各处引用的文件资料：列出文件资料的标题、编号、发表日期和制订单位，说明这些文件资料的来源。

4) 专门术语定义

列出本文件所用到的术语。

2. 项目概述

1) 项目的主要工作内容

简要地说明本项目在开发中须进行的各项主要工作，这些工作是建立新系统逻辑模型的必要条件，而逻辑模型是书写系统分析说明书的基础。

2) 系统需求说明

新系统是在现行系统的基础上建立起来的。在新系统设计工作开展之前，必须对系统调查清楚，掌握现行系统的真实情况，了解用户的新要求和问题所在。

(1) 现行系统的现状调查说明：列出现行系统的目标、主要功能和用户要求等，并简要指出问题所在。

(2) 业务流程说明：简要说明现行系统的业务流程概况。若需要反映这些业务流程的业务流程图，可以另附。

3) 系统功能说明

在现行系统现状调查的基础上，进一步通过具体工作，分析组织内信息、数据流动的路径和过程，真正弄清用户要解决什么问题，明确系统的功能要求。

数据流图是系统需求的高度概括，是调查研究的重要产物，它源于现行系统，又高于现行系统。这里主要通过数据流图概况说明系统的功能要求。

(1) 新系统的目标：从对新系统数据流图的分析中说明新系统有哪些目标。

(2) 新系统的功能要求：列出新系统的主要功能。

(3) 验收：简要说明验收的要求。

4) 系统的数据要求说明

利用数据流图和数据字典分析逻辑数据结构，标识每个数据结构中的每个数据项、记录和文件的长度以及它们之间的关系。

(1) 系统的数据要求：这里的数据是指静态数据，即在运行过程中主要作为参考的数据，它们在很长一段时间内不会变化，一般不随运行而改变。

① 数据项定义：说明数据项定义中出现的例外情况，列出作为控制或参考的主要数据项。

② 容量：本系统所有数据项的总长度。

③ 用户。

④ 验收：指出验收的要求。

(2) 粗略估算系统在运行过程中动态数据的内容和容量。

3. 实施总计划

1) 工作任务的分解

对于项目开发中应完成的各项工作，按系统功能(或职能)划分，指定专人(或小组)分工完成，指明每项任务的负责人。

2) 进度

给出每项工作任务的预定开始日期和完成日期，规定各项工作任务完成的先后顺序以及每项工作任务完成的界面。

3) 预算

逐项列出本开发项目所需要的劳务(包括工作量和人力需求)以及经费的预算(包括办公费、差旅费和资料费等)。

9.2.3 系统设计说明书内容指南

1. 引言

1) 摘要

说明所设计的系统的名称、目标和功能。

2) 背景

(1) 项目的承担者。

(2) 用户。

(3) 本项目和其他系统或机构的关系和联系。

3) 工作条件/限制

说明本项目开发中所具备的工作条件和受到的限制。

(1) 硬件/软件/运行环境方面的限制。

(2) 保密和安全的限制。

(3) 有关部门业务人员提供的确切的数据及其定义。

(4) 有关系统软件文本。

(5) 网络协议标准文本。

(6) 国家安全保密条例。

4) 参考和引用资料

(1) 本项目已核准的计划任务书或合同、上级机关的批文。

(2) 属于本项目的其他已发表的文件。

(3) 本文件中引用的文件资料：列出文件资料的标题、编号、发表日期和制订单位，说明这些文件资料的来源。

5）专门术语定义

列出本文件所用到的术语。

2. 系统总体技术方案

1）模块设计

模块设计阶段中，在系统内部划分成各个基础部分——模块结构，确定系统的总体结构。总体结构与各个分层模块结构的关系是程序实施的重要依据。模块结构采用模块结构图来表示。

（1）名称：列出系统中各主要功能的结构图名称和它们之间的关系。

（2）功能：用文字简单说明主要模块结构图应具有的功能。

（3）功能说明：说明是用伪码形式还是用结构英语形式，或者其他自然语言形式描述模块构图的。

（4）评价。

（5）验收：指设计人员验收的决定和处理情况。

2）代码设计

代码设计是信息系统所必需的前提条件，是不可缺少的重要的内容，它是进行信息分类、校对、总计和检查的关键，它也用于指定数据的处理方法，区别数据类型，并指定计算机处理的内容。

（1）代码的方式和种类：简单说明代码的方式和种类。

（2）功能：从编码的原则要求（如单义性、可读性等）简单说明代码所体现的功能。

（3）评价：从识别信息、信息标准化、节省存储单元、提高运算速度、节省计算机的处理费用以及代码的特性等方面去进行评价。

（4）验收。

3）输入设计

输入设计担负着将系统外的数据以一定的格式送入计算机的任务，它直接影响到人工系统和机器系统的工作质量。输入设计的基点是确保向信息系统提供正确的信息。输入，必须有必要的介质和设备。

（1）输入项目：说明本系统主要的输入项目。

（2）输入的承担者：说明对数据输入工作的承担者的安排，并指出操作人员、维护人员的教育水平和技术专长。如果输入数据同某一接口软件有关，应说明该接口软件的来源。

（3）主要功能要求：从满足正确、迅速、简单、经济、方便使用者方面的要求去说明。

（4）输入要求：简单说明各主要输入数据类型和来源及所用的设备、介质、格式、数值范围和精度等。

（5）输入校验：简述所用的数据校验法和效果。

（6）评价。

（7）验收。

4）输出设计

输出的含义是，把计算机处理加工的结果按一定的格式提供给用户。输出不仅有一定的格式要求，而且还必须有必要的介质和设备。

（1）输出项目：说明本系统的主要输出项目。

（2）输出接受者：说明输出主要项目的数据的接受者。

（3）主要功能。

（4）输出要求：说明输出数据类型及所用的设备介质、格式、数值范围和精度等。

（5）评价。

（6）验收。

5）数据库设计说明

数据库设计是指数据库应用系统的设计，编制数据库设计说明书的目的是为了对设计中的数据结构的所有标识、逻辑结构和物理结构做出具体的设计规定。编写提纲和内容要求如下。

（1）概述。

① 目标：说明开发的意图、应用目标、作用范围以及有关数据库开发的背景材料。

② 主要功能：简要说明数据库系统的主要功能。

③ 用户情况：说明操作人员、数据管理人员和维护人员的水平。

（2）性能需求规定。

① 精度：简述对数据精度的要求。

② 有效性：说明对数据库存取数据的有效性要求。

③ 时间要求：如响应时间、数据的转换和传送时间等。

④ 其他专门要求。

（3）运行环境要求。

① 设备：简述运行数据库系统的硬件设备及其专门功能。

② 支撑软件：列出支撑软件并说明测试用的软件。

③ 安全保密：说明在安全保密方面的全部要求。

④ 其他要求。

（4）设计考虑。

① 逻辑结构设计：简要说明本系统（或子系统）内所使用的数据结构中有关数据项、记录、文件的标识、定义、长度及它们之间的相互关系。

② 物理结构设计：简要说明本系统内所使用的数据结构中有关数据库的存储要求、访问方法、存取单位、存取的物理关系（索引、设备、存储区域）、设计考虑和保密处理。

（5）评价：简要说明对时间、空间效率、维护代价和各种用户要求进行权衡所产生的方案性能情况。

（6）验收。

6）人机界面及人机交互设计

应在详细了解用户需求的基础上，设计人机交互友好的界面和处理过程。

7）网络设计

系统的网络结构和功能的设计。

8）安全保密设计

9）实施方案说明书

系统总体结构设计完成以后就要确定系统实施方案，书写实施方案说明书，信息系统的研制工作就从系统设计阶段转入实施阶段。实施方案说明书就作为系统实施阶段的依据和出发点。

（1）实施方案说明。

① 项目的说明：指对系统名称、子系统名称、程序名称、程序语言和使用的设备等逐项说明。

② 数据项目的说明：指对数据长度、文件名称和形式编号、构成记录的各项目名称和内容等逐项说明。

③ 处理内容的说明：指对进行程序设计的处理内容进行详细说明。

（2）实施的总计划。

① 工作任务的分解：对于项目开发中须完成的各项工作，包括文件编制、审批、打印、用户培训工作以及使用设备的安排工作等，按层次进行分解，指明每项任务的要求。

② 进度：给出每项工作任务（包括文件编制）的预定开始日期和完成日期，规定各项工作任务完成的先后顺序以及每项工作任务完成的标志。

③ 预算：逐项列出本开发项目所需要的劳务费用，包括办公费、差旅费、机时费、资料费、通信设备和专用设备的租金等。

（3）实施方案的审批。

① 参与审议人员：除用户、系统研制人员、程序员和操作员等以外，还包括邀请的专家和管理人员等。

② 审批的实施方案：说明经审批的实施方案概况并提供审批人员名单。

9.3 信息系统文档的编制与管理

影响文档质量的原因有 9.2 节讲到的是否规范的问题，也有认识上的问题，还有编写技术上的问题以及评价标准的问题。而上述问题的解决都离不开对信息系统文档的管理。因而，本节首先介绍信息系统文档编制的要求与方法，然后介绍信息系统文档的管理问题。

9.3.1 信息系统文档编制的要求与方法

为了使信息系统的文档能起到前面所提到的多种沟通作用，使它有助于程序员编制程序，有助于管理人员监督和管理软件开发，有助于用户了解信息系统的工作方式和应做的操作，有助于维护人员进行有效的修改和扩充，就必然要求文档的编制要保证一定的质量。

1. 文档质量差的原因

质量差的文档不仅使读者难于理解，给使用者造成许多不便，而且会削弱对信息系统的开发管理（管理人员难以确认和评价开发工作的进展），增加信息系统的开发成本（一些工作可能被迫返工），甚至造成更加有害的后果（如误操作等）。

造成信息系统文档质量不高的原因主要有 4 个。

(1) 认识上的问题：不重视文档编写工作。

(2) 规范上的问题：不按各类文档的规范写作，文档的编写具有很大的随意性。

(3) 技术上的问题：缺乏编写文档的实践经验，对文档编写工作的安排不恰当。

(4) 评价上的问题：缺乏评价文档质量的标准。

首先是认识上的问题。信息系统建设过程在很大程度上是应用软件的开发过程，就软件的两大部分——程序和文档而言，程序相对来说是“硬件”，是必须最终完成的，作为开发者往往认为只要最终程序正确，能够满足系统需求就达到了系统要求；而文档是“软件”，有一些是必须完成，而有些则无严格要求，并且也可以事后补充。因而，为了追求开发进度，一些文档资料常常被忽略。另外，文档经常是给别人看的，文档的作用很多是在事后才能体现出来的，使得系统开发人员缺乏书写文档的动力和自觉性。于是在程序工作完成以后，不得不应付一下，把要求提供的文档赶写出来。这样的做法不可能得到高质量的文档。

实际上，要得到真正高质量的文档并不容易，除去应在认识上对文档工作给予足够的重视外，还要将本章的 9.2 节以及本书附录作为撰写文档时的参考，从而规范文档的写作。高质量的文档一般都需要经过编写初稿，听取意见进行修改，甚至要经过重新改写的过程。

2. 高质量文档的要求

高质量的文档应当体现在以下一些方面。

(1) 针对性：文档编制之前应分清读者对象，按不同的类型、不同层次的读者，决定怎样适应他们的需要。例如，管理文档主要是面向管理人员的，用户文档主要是面向用户的，这两类文档不应像开发文档(面向开发人员)那样过多地使用信息技术的专业术语。

(2) 精确性与统一性：文档的行文应当十分确切，不能出现多义性的描述。同一项目的不同文档在描述同一内容时应该协调一致，应是没有矛盾的。

(3) 清晰性：文档编写应力求简明，如有可能，配以适当的图表，以增强其清晰性。

(4) 完整性：任何一个文档都应当是完整的、独立的，它应自成体系。例如，前言部分应作一般性介绍，正文给出中心内容，必要时还有附录，列出参考资料等。同一项目的几个文档之间可能有些部分相同，这些重复是必要的。例如，同一项目的用户手册和操作手册中关于本项目功能、性能、实现环境等方面的描述是没有差别的。特别要避免在文档中出现转引其他文档内容的情况。比如，一些段落并未具体描述，而用“见××文档××节”的方式，这将给读者的查阅带来许多不便。

(5) 灵活性：各个不同的信息系统项目，其规模和复杂程度有着许多实际差别，不能一律看待。9.2 节中所列文档是针对中等规模及以上的软件而言的。对于较小的或比较简单的项目，所用的文档可由项目负责人做适当调整或裁减。

(6) 可追溯性：由于各开发阶段编制的文档与各阶段完成的工作有着紧密的关系，前后两个阶段生成的文档，随着开发工作的逐步扩展，具有一定的继承关系。在一个项目各开发阶段之间提供的文档必定存在着可追溯的关系。例如，某一项功能需求，必定在系统设计说明书、测试计划以至用户手册中有所体现。必要时应能做到跟踪追查。

(7) 易检索性：无论是发生频率固定的文档，还是频率不固定的文档，在结构的安排和文件的装订上都必须能使查阅者以最快的速度进行检索。

3. 高质量文档的编制技术

为了得到高质量的文档,除认识上予以重视,采用一定的格式外,文档的编写技术非常重要。

1) 编写原则

(1) 立足于读者。

(2) 立足于实际需要。

(3) 文字准确、简单明了。

2) 编排原则

(1) 所有文档都应该编排得便于迅速查到所需要的内容。

(2) 采用由一般到具体的层次结构法。

(3) 对于在系统中的文档,还可以采用词汇之间互相链接的方式提供相关内容的查阅。

(4) 在可能情况下,应使图表放在它所解释的文字附近,以便在阅读正文的同时也能看到图表。

(5) 适当使用不同的字体版面安排能增加一段正文的明晰度。

3) 装订原则

(1) 如果文档需要修改,宜采用活页装订,以便可以随时去掉某页面。发行时应采用使各页面易于分开的装订方法。

(2) 页面编号中间用横线连接的 3 组数字组成;第一组数字指卷次,第二组数字指卷内的章次,第三组数字指该章中的页次。

(3) 在修改文档页码时,要加页码的第一部分与前一页的页码相同,第二部分用一个小数点后跟页号组成。例如,要在 4-29 和 4-30 之间插入一页,那么其编号应为 4-29.1。

(4) 为了便于查阅,在每页的页眉上标以出版日期、系统名称和节名称。

4) 词汇与索引

(1) 技术术语的使用应该适当控制。

(2) 使用技术术语前,要准确定义每个术语,使用也要恰如其分。

(3) 不同地方对同一内容应采用同一术语。

(4) 避免滥用术语。

(5) 每种用户文档均应有一个词汇表和索引。索引可以与词汇表结合起来。

(6) 词汇表与索引的编排必须重视如何让读者快速查到该功能。

9.3.2 信息系统文档的管理

信息系统的文档与其他类型的文档一样,也具有它自身的生命周期:创建期、处理期、存储期、使用期和销毁期。每种文档都处于生命周期中的某一时期。当然周期的划分也不是绝对的,各周期有时是不能截然分开的。

要强调的是,由于在整个信息系统的生存期中,各种文档作为半成品或是最终成品,会不断地生成、修改或补充。同时,这些信息系统的文档还会成为新一代系统研制时的参考和依据。因而,信息系统文档的生命周期普遍要比信息系统的生命周期长。也就是说,绝大多数信息系统的文档要在相应的信息系统淘汰 3～5 年后才能销毁。

为了最终得到高质量的信息系统文档，达到 9.3.1 节提出的质量要求，在信息系统的建设过程中必须加强对文档的管理。文档管理应从以下几个方面着手进行。

1. 文档管理需要制度化

必须形成一整套的文档管理制度，其内容可以包含文档的标准、修改文档和发布文档的条件、开发人员在系统建设不同时期就其文档建立工作应承担的责任和任务。根据这一套完善的制度来最终协调、控制系统开发工作，并以此对每一个开发成员的工作进行评价。

2. 文档需要标准化、规范化

在系统开发前必须首先选择或制订文档标准，在统一标准制约下，开发人员负责建立所承担任务的文档资料。对于已有参考格式和内容的文档，如 9.2 节中提到的系统分析说明书，应尽量按相应规范撰写文档；对于没有参考格式的文档，如需求变更申请书，应该在项目团队内部出台相应的规范和格式。表 9.1 是某个项目团队制订的内部使用的需求变更申请书格式。

表 9.1　需求变更申请书的参考格式

<table>
<tr><td>申请日期</td><td colspan="2"></td><td colspan="2">需求变更内容的关键词</td><td colspan="3"></td></tr>
<tr><td>申请人</td><td colspan="2"></td><td colspan="2">归属子系统</td><td colspan="3"></td></tr>
<tr><td colspan="8">变更内容</td></tr>
<tr><td colspan="8">变更理由</td></tr>
<tr><td colspan="8">对其他子系统的影响及所需资源</td></tr>
<tr><td colspan="4">申请人评估</td><td colspan="4">负责人评估</td></tr>
<tr><td colspan="8">若不变更，负责人批复意见</td></tr>
<tr><td colspan="8">若变更，那么</td></tr>
<tr><td>优先级</td><td></td><td>编号</td><td></td><td>执行人</td><td></td><td>结束时间</td><td></td></tr>
<tr><td>负责人</td><td colspan="2"></td><td colspan="2">负责人签发日期</td><td colspan="3"></td></tr>
</table>

3. 文档管理需要人员保证

项目团队应设文档组或至少一位文档保管人员，负责集中保管本项目已有文档的两套主文本。两套文本内容应完全一致。其中的一套可按一定手续办理借阅。

4. 需要维护文档的一致性

信息系统开发建设过程是一个不断变化的动态过程，一旦需要对某一文档进行修改时，要及时、准确地修改与之相关联的文档。否则将会引起系统开发工作的混乱。而这一过程又必须有相应的制度来保证。

(1) 项目成员可根据工作需要在自己手中保存一些个人文档。这些个人文档一般都应是主文本的复制件，并注意和主文本保持一致，在作必要的修改时，也应先修改主文本。要注意，项目成员个人一般只保存着主文本中与其工作相关的部分文档。

(2) 项目开发结束时，文档管理人员应收回开发人员的个人文档。发现个人文档与主文本有差别时，应立即着手解决。这常常是未及时修订主文本造成的。

(3) 在新文档取代了旧文档时，文档管理人员应及时注销旧文档。在文档内容有更动时，管理人员应随时修订主文本，使其及时反映更新了的内容。

(4) 主文本的修改必须特别谨慎。修改以前要充分估计修改可能带来的影响，并且要按照提议、评议、审核、批准和实施等步骤加以严格的控制。

5. 需要维持文档的可追踪性

由于信息系统开发的动态性，系统的某种修改是否最终有效，要经过一段时间的检验，因此文档要分版本来实现。而各版本的发布时机及要求也要有相应的制度。

以上是系统开发过程中文档管理需注意的问题，至于运行过程中的文档管理，与开发过程中的文档管理方法大同小异，这里就不再赘述。

撰写文档的目的是为了指导信息系统的开发、维护和帮助用户的使用，前面讲到的都是如何提高文档本身的质量，下面要讲到的是文档的使用者如何快速地从文档中得到所需内容，所以文档管理的另一个重要问题是：如何在需要的时候将它们迅速、准确、全面地检索出来？

信息系统的文档大部分都是在计算机上完成的，它们基本具备电子文档的性质。但是要将这些电子文档实现快速检索就不仅仅是建几个子目录、建几层子目录的问题了。这涉及与待建项目相对应的文档管理信息系统的建立。

信息系统的文档一般是按文件级管理，即以文件作为管理对象的基本单位，那么反映一份文件各个方面属性的集合就构成一条记录，一般应包括文档名、责任者、时间、密级、保管期限、分类号和关键词等内容。

这样，通过适当的数据结构，使文档按内容分类，建立相应的文档管理信息系统，就能做到对信息系统的文档做快速的检索了。

在文档管理信息系统中，还可设置一些检索的约束。可以把它们视作两个条件：前置条件和后置条件。前置条件意味着在使用该文档之前要首先检验的条件。例如，阅读文档的用户级别——只允许项目经理查阅的文档，不是经理就不能访问该文档。后置条件意味着将该文档归档之前必须满足的条件，比如必须填写的文档项，如负责人的签字。

从上述文档管理的内容可以看出，如果采用手工方式来建立这些文档资料，很难适应这种不断修改、不断完善的客观需求。因此,信息系统文档的建立应当充分利用现有的辅助开发工具及一些字处理软件等,目前已经有相应的CASE工具能够自动生成信息系统的某些文档①,有些工具还能辅助进行文档的检索管理,这些工具的使用能够有利于提高信息系统文档的质量,从而最终提高信息系统的开发质量和运行质量。

思　考　题

1. 详细说明信息系统文档的作用。

2. 信息系统的文档有哪几种分类方法?各有哪些类型?

3. 讨论不同的开发方法在编写文档时的区别。

4. 你认为对于小型的信息系统应该撰写哪些文档?

5. 文档在信息系统开发中没有受到足够重视的原因是什么?你有什么好办法激励开发人员写好文档?

6. 高质量的文档应该具有哪些特性?如何编写高质量的文档?

7. 信息系统文档的管理应从哪几方面着手?

8. 请你设计信息系统项目的文档检索信息系统的功能。

9. 有兴趣的同学可以试着开发一个文档管理信息系统。

---

① 比如BP-Win和S_Designer等系统分析软件就能自动生成相应的文档,又比如Lotus Notes就能开发出很好的文档管理信息系统。

第10章　信息系统的监理、审计与评价

在本章里，首先考虑一种监理的机制，通过监理的引入，使开发方和用户方的信息和信息处理能力尽量对称；另一方面，为了保证信息系统能够保护资产的安全、数据的完整、有效地实现组织目标并有效率的利用组织资源，引入信息系统审计的概念。在本章的最后，对信息系统的评价进行探讨。

10.1　咨询和监理存在的经济学依据

按照利益主体的不同，可以将信息系统项目的实施双方简单地称为用户方（由业务人员组成）和开发方（由系统开发人员组成），并且在这两方之间存在一个合同关系，这时可以发现，信息系统建设的双方是一对委托人-代理人的关系。由于双方在技术和业务上的信息互不对称，就很有可能发生通过损害对方使自己受益的事情。作为委托人的用户方要改变自己对有关信息系统建设的信息不对称的地位，需要设计一套机制和合同来激励或约束作为代理人的开发方，聘请咨询和监理就是委托人可以采取的对策。

10.1.1　委托人-代理人理论

委托人-代理人关系事实上就是居于信息优势与处于信息劣势的活动参加者之间的相互关系。简单地说，只要在建立或签订某种合同或约定前后，活动参加者双方所掌握的信息不对称，这种相互关系都可以被认为属于委托人-代理人关系。具体地讲，政府与垄断企业、企业雇主与雇员、股东与经理、证券投资者与经纪人、保险公司与投保人、学校与教师、家长与学生等，都可以构成委托人-代理人关系。

我们将委托人与代理人之间达成的合同称为均衡合同，并且认为，均衡合同必须满足以下3个条件：

（1）代理人以行动效用最大化原则选择具体的操作行动，在代理人获得预期效用最大化的同时，也保证使委托人预期收益最大化，即所谓刺激一致性或**激励相容条件**。

（2）代理人履行合同责任后所获收益不能低于某个预期的收益额，是为**参与条件**。

（3）在代理人执行这个合同后，委托人所获收益最大化，采用其他合同都不能使委托人的收益超过或等于执行该合同所取得的效用，是为**收益最大化条件**。

对于委托人来说，只有使代理人行动效用最大化，才能获得其自身效用最大化的收益，然而，要使代理人采取效用最大化行为，首先是必须有足够的信息，其次是必须对代理人的工作进行有效的刺激。前者成为开发信息系统的经济学理由，后者则使委托人与代理人之间的利益协调问题转化为信息刺激机制或激励机制的设计问题。

1. 不利选择

不利选择是指在建立委托人-代理人关系之前,代理人已经掌握某些委托人不了解的信息,而这些信息有可能是对委托人不利的。代理人利用这些有可能对委托人不利的信息签订对自己有利的合同,而委托人则由于信息劣势而处于对己不利的选择位置上,即为不利选择。例如,经理与资本家签订合同时,经理对于自身能力的了解一般要比资本家更为全面和具体。也就是说,比如是否有真才实学等,这样,资本家就处于不利的战略选择地位。

2. 道德风险

道德风险指代理人在使其自身效用最大化的同时损害委托人或其他代理人效用的行为。在这种情况下,代理人并不承担他们行为的全部结果。这是因为,建立委托人-代理人关系后,委托人无法观察到代理人的某些私人信息,特别是有关代理人努力程度方面的信息,在这种环境下,代理人可能会利用其私人信息采取某些损害委托人利益的行为,比如偷懒。道德风险的一个常见例子是代理人(如雇员)工作的努力程度,因为委托人(如雇主)不能无成本地观察或管理这种不确定性。

3. 激励机制

激励就是委托人如何使代理人从自身效用最大化出发,自愿地或不得不选择与委托人标准或目标相一致的行动。由于每个经济模型都是一个机制,因此,设计激励机制必然要求既定模型应符合参与约束和激励相容约束,这也是设计任何激励机制应满足的两个原则。通俗地讲,激励机制的核心就是"我怎样使某人为我做某事"。

委托人设计激励机制的目标(参见表 10.1)分别是:首先,针对代理人的隐蔽信息而面临的不利选择地位,激励的目标是如何使代理人"自觉地"显示他们的私人信息或真实偏好,即所谓的"如何让人说真话"。其次,针对代理人的隐蔽行动而可能面临的道德风险问题,激励的目标就是如何使代理人"自动自觉地"尽最大努力工作,诱使代理人不采取道德风险行动,即所谓的"如何让人不偷懒"。

表 10.1　激励机制的对象与目标

对策行动	机　制	激励目标
隐蔽信息(不利选择)	激励机制	如何让人说"真话"
隐蔽行动(道德风险)		如何让人不"偷懒"

为了获得隐蔽信息,委托人可以让代理人出示有关的市场信号,比如文凭、专利以及资格证书等,也可以采用投标的方式,还可以采用技术支持即开发信息系统收集信息等。

10.1.2　信息系统建设的风险

学者们曾在用户方(甲方)与开发方(乙方)的配合上做了很多研究,提出了一系列可操作办法,如:信息系统建设双方的领导必须重视,最好能自始至终参与;开发员与业务员必须经常互相沟通、交流或者是培训，使开发员的技术用语与用户的业务术语在项目含义上基本一致；干部队伍、开发队伍和用户队伍最好能在项目实施期内保持稳定；以与组织生产实际需求和发展目标相适应为依据，制订组织信息系统的建设规划；系统目标要与组织目标相一致，紧密与组织实际问题相结合；一定要选好合作伙伴；信息系统建设应与组织创新、制度创新、市场创新和管理创新协调一致，等等。

在提出上述操作方法时，暗含了这样 3 个假设：

(1) 甲方对乙方的公司背景、技术专长和产品专长等信息的了解是充分的，也就是说甲方对与项目有关的背景知识有一定的**信息量**支持。

(2) 甲方对建设信息系统的方法、技术和步骤基本是了解的，能够对信息产品的选择和技术方案的选定做出正确的评价，也就是说甲方对于已经获得的、与该信息系统项目有关的信息内容有很好的**信息处理能力**。

(3) 乙方是诚实的、勤奋的、有信誉的。

然而上述 3 个假设都不能完全成立。

1. 开发方可能不说“真话”

在许多正在进行信息系统建设的业主单位中，由于了解信息技术的人员不多，特别是由于信息技术更新换代快，新技术层出不穷，一般组织的技术人员很难掌握最新的信息技术和信息设备，这就使得甲方与乙方在信息系统的实际建设中信息严重不对称。

由于乙方拥有甲方所难以观察到的隐蔽信息，如是否真正在技术上领先，是否真正做过一些成功的项目，是否使以前的用户真正从信息系统建设中获得了效益等，这样，就使甲方在与乙方签合同时处于极为不利的对策地位，即由于乙方存在隐蔽信息，甲方处于“不利选择”的地位。当然，有实力的乙方为了解决市场失灵的问题，或者聪明的甲方为了改变自己的对策地位，会促使乙方提供有关做过其他项目的证明，特别是成功的证明。

然而，类似“证明”这样的市场信号在中国目前的信息系统市场上发挥的作用却很有限。因为，现在很多的鉴定都是走过场，并不一定能代表乙方的真实信息。有经验的甲方往往是要乙方提供完成过项目的文档和演示相应软件。即使这样，这里面还有问题，一是技术性先进的产品不一定就真正发挥了作用；二是甲方不一定能评价这些材料和软件的优劣。

2. 用户方可能听不懂“真话”

委托人-代理人理论中设计解决“不利选择”的激励机制的目标是如何让人说“真话”，但在信息系统项目这样一个环境里，乙方可以说“真话”，但甲方却不一定能“理解”或“明白”乙方的真话。

这里面有一个真话或信息的适用性问题。技术或产品确实很先进，乙方确实很有实力，但未必就一定能开发出适合于甲方的信息系统。还有，甲方可以搞项目招标，可以获得许多标书，假定这些标书都说了真话，在一般的对策模型里，这时对策双方信息已经对称(因为一般的模型只考虑**信息量**对策双方对称)，但甲方并不一定就能找到最适合本单位的开发方和最优的技术方案。这是因为现阶段的中国，许多甲方对于计算机、软件、网络和数据库等信息技术的知识依然欠缺，对投标方提供的有关上述信息技术的信息缺乏处理能力，也就是说，对策双方的**信息处理能力**严重不对称。

这就是说，引起委托人处于不利选择地位的原因有两个，一是信息量的不对称，一是信息处理能力的不对称。

3. 开发方不一定能“占便宜”

对策双方的信息量和信息处理能力严重不对称，不但表现在有关信息产品和信息技术的知识上，还表现在对策双方对甲方的业务上。由于乙方对甲方的业务术语理解不一定全面和准确，有可能在乙方看来含义非常简单的一个业务功能，在甲方所据的经典著作或国家标准中含义非常丰富，需要做大量的工作。这样，乙方按照自己的理解与甲方签了协议，但真正实施时却必须按甲方的国家标准去实施，这种扯皮的事在项目实施过程中也经常存在。因而在信息系统项目的对策模型中，很难说乙方就一定能在合同中处于优势，或者说开发方不一定能“占便宜”。

4. 开发方可能“偷懒”

由于信息化热潮的影响，许多公司纷纷进入信息系统建设的市场，这些公司中难免有不少是属于鱼目混珠一类的，他们可以在报价中拼命压低价格赢得标书，但在实际建设中却以各种手段欺骗用户，使用户蒙受巨大损失。还有一些很有名气的院校和公司承接信息系统建设业务之后，由于各种业务量太大，对其中一些中小项目投入精力不够，雇请一些新手作项目，囫囵吞枣，出了问题要么说用户当时没有说清楚，要么说用户水平太低不会用。

上述现象的描述将我们引入了委托人-代理人对策模型的另一类问题，即合同签订之后乙方利用甲方难以观察到的隐蔽行动获得对策的优势地位，如简化功能模块、忽视信息安全、模拟管理现状、雇用新手开发等行为，由于甲方很难观察到乙方是否勤奋的信息，所以面临着“道德风险”的问题。

5. 开发方可能“南辕北辙”

然而，即使乙方很勤奋，将方案作得很先进、很完美，充分考虑各模块的设置，也重视信息安全等问题，仍有可能因为乙方对甲方业务知识的信息处理能力不够，而使得乙方的方案和产品偏离甲方的真实需求。这就是说，对于甲方来讲，不但存在着因乙方“偷懒”造成的“道德风险”，还有乙方对甲方业务知识的信息处理能力不足造成的风险。

6. 用户方管理的不配套

在信息系统项目的对策模型中，还存在着一种其他项目中没有的风险，这就是信息系统的建设不但是一项信息系统工程，还是一项管理工程。前面都是讲因为它是信息系统工程而存在风险。信息系统项目作为一项管理工程，对甲乙双方来讲都存在巨大风险。

这是因为，**信息系统是先进生产力的代表，它必然要求有先进的生产关系与其相适应**。一个信息系统要建设成功，必须要求业主单位积极调整管理体制、运作机制和业务流程，而这必然会触及某些部门或某部分人的利益，而这往往是甲乙双方在签合同之初没有充分考虑到的。这样，信息系统项目在实施之后，就会由于甲方改革不力或与信息系统的实施步调不一致而导致信息系统迁就现有体制、模拟现有体制，从而导致新的信息系统不能发挥应有效益，甚至失败。这是因甲方引起，对甲乙方都极为不利的项目风险。

有许多组织讲，若一个信息系统的建设失败了，将不仅仅是经济上的损失，更是时间上的损失和心理上的打击，因为现在竞争太激烈了，若我们没有在技术创新上占据领先地位，反而打击了员工的士气，我们就有可能被竞争对手所击败。

综上所述，信息系统的建设不但存在着因信息量不对称引发的风险，还存在着因对策双方信息处理能力不对称引起的风险；不但有信息系统工程的特殊性引发的风险，还有信息系统的建设同时又是管理工程引发的风险；不但有经济风险，还有时间风险和心理风险等。因而，需要探索一种激励机制来回避这些风险。

10.1.3 咨询和监理有助于降低风险

咨询的引入有助于降低上述风险。因为，好的咨询机构既能为甲方提供有关信息技术等信息的信息量的支持，又能提供信息处理能力的支持。从而大大降低信息系统建设的风险。本书将咨询看作是监理的一种形式，一种最简单的形式，所以，本书主要探讨监理问题。

1. 信息系统监理的含义

依据工业和信息化部发布的《信息系统工程监理暂行规定》①，信息系统工程监理是指依法设立且具备相应资质的信息系统工程监理单位，受业主单位委托，依据国家有关法律法规、技术标准和信息系统工程监理合同，对信息系统工程项目实施的监督管理。

所以，信息系统监理，是指具备相应资质的第三方(丙方)，根据信息系统的开发规律以及国家法律法规、开发合同和监理合同的要求，对信息系统开发过程中的行为、事件和文档进行审查和监督，为用户方提供与项目有关的信息和信息处理能力的支持，以确保信息系统建设成功。

监理方的监理与开发方的项目管理有联系，但更主要的是区别。它们的联系是都按照信息系统的开发规律与项目管理的思想进行管理。它们的区别是主体不一样，项目管理是由开发方实施的，在成本、进度和质量三者中主要考虑前两者，特别是成本，并且项目管理涉及信息系统建设的各个环节；而监理是由第三方即监理方实施的，在成本、进度和质量三者中主要考虑的是质量，其次是进度，最后才是成本，并且监理的内容主要取决于监理方与用户方签订的监理合同，不一定涉及信息系统建设的各方面。

2. 信息系统监理单位与人员

在工业和信息化部发布的《信息系统工程监理暂行规定》的第十八条至第二十条对监理单位的权利和义务、监理工程师的权利和义务作了详细的规定。

第十八条　监理单位的权利和义务：

(一) 应按照“守法、公平、公正、独立”的原则，开展信息系统工程监理工作，维护业主单

---

① 参见工业和信息化部网站上软件服务业司的政策法规信息，由原信息产业部发布(信部信[2002]570号)http://www.miit.gov.cn/n11293472/n11505629/n11506501/n11966984/n11967435/n11967540/12102634.html。

位与承建单位的合法权益；

（二）按照监理合同取得监理收入；

（三）不得承包信息系统工程；

（四）不得与被监理项目的承建单位存在隶属关系和利益关系，不得作为其投资者或合伙经营者；

（五）不得以任何形式侵害业主单位和承建单位的知识产权；

（六）在监理过程中因违犯国家法律、法规，造成重大质量、安全事故的，应承担相应的经济责任和法律责任。

第十九条　信息系统工程监理工程师应当是经培训考试合格、并取得《信息系统工程监理工程师资格证书》的专业技术人员。

第二十条　监理工程师的权利和义务：

（一）根据监理合同独立执行工程监理义务；

（二）保守承建单位的技术秘密和商业秘密；

（三）不得同时从事与被监理项目相关的技术和业务。

我国的信息系统监理事业正在发展之中，每个监理单位，甚至每一个监理人员能否遵守"守法、公平、公正、独立"的原则，都会对这一事业造成一定的影响，尤其对监理单位、对监理人员自己的声誉带来很大的影响。所以我们提倡，作为监理人员，应像爱护自己的眼睛一样爱护自己的形象和事业。

3. 信息系统监理可以降低风险

显然，对信息系统监理单位及其人员的要求是很严格的。我们认为，只有至少具备以下3个基本素质，监理人员才能真正胜任信息系统的监理工作：

(1) 公正、独立，有很强的责任感。

(2) 非常熟悉信息技术和信息产品，又非常熟悉管理工作。

(3) 有丰富的、成功的信息系统建设经验。

具备这3个基本素质的监理人员，就能极大地降低信息系统的建设风险。首先，监理非常熟悉信息技术和信息产品，有丰富的、成功的信息系统建设经验，就能向甲方提供大量关于信息产品和信息技术的信息量和信息处理能力的支持，就能对信息产品、信息技术和信息系统建设方案进行正确评价和选择，并能对乙方提供的各种证明材料和演示软件等市场信号进行辨析，从而改变在与乙方对策过程中的不利选择地位，降低因乙方隐蔽信息而造成的风险。

其次，在信息系统的建设过程中，监理方可以根据自己的经验判明乙方是否偏离了甲方的实际需求，是否简化了系统的功能模块，是否采用了性能较低的配置或质量较差的产品，是否隐含了安全问题或系统的缺陷，等等。这时，监理方可以为甲方提供信息量和信息处理能力的支持，使甲方能了解乙方是否有"偷懒"行为或"偷工减料"行为，从而改变甲方在与乙方对策中的地位，降低因乙方存在隐蔽行动而造成的"道德风险"。

除上述两种主要由乙方形成的风险外，监理方还能大大降低由于甲方因管理改革不到位或不及时造成的风险。监理方有丰富的管理知识和成功的信息系统建设经验，他能在开发合同签订之初,指出甲方为了建设该信息系统需要调整的业务流程或管理体制,制订出一个详细的改革计划,并在系统建设过程中不断督促甲方按计划排除阻力进行调整,从而降低信息系统建设中因生产关系不能及时调整适应新的生产力的风险。

所以,**监理方不仅仅对乙方有约束,对甲方也有约束。对乙方而言,是监督和管理,重在监督;对甲方而言,是督促和助理,重在助理。**

监理作为信息系统项目的第三方而存在,但只与甲方签订监理合同,主要为甲方提供信息量和信息处理能力的支持。这样,三方之间构成一个修正了的对策模型,如图 10.1 所示。图中的虚线分别构成相互的信息约束,图中的实线分别构成甲乙、甲丙的合同约束。

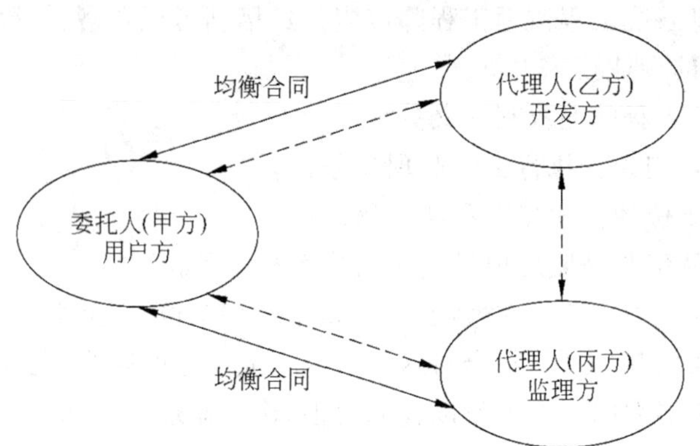

图 10.1　监理机制下的信息系统对策模型

我们在几何学中知道,三点决定一个平面,三方如果能形成一种制衡机制,那么系统风险是最小的。监理制度正是为了降低信息系统建设的各种风险而设计的。

其实,除了用户方非常希望有个第三方在他们建立信息系统时帮助把好质量、进度和成本三大关,有实力的乙方也希望有个第三方对其提供的信息系统方案及工程实施结果给予公正、恰当和权威的评价。

10.2　信息系统监理的具体内容

10.1 节用微观信息经济学原理分析了监理存在的理由,本节对信息系统监理的具体模式、监理在信息系统生命周期各个阶段的工作要点、监理的工作准则和监理费用的计价方式等监理的具体内容作详细的分析。

10.2.1　信息系统监理的模式

信息系统监理的模式按照监理内容的程度不同,可以粗略地分为如下 3 种:咨询式监理、里程碑式监理和全程式监理。

1. 咨询式监理

所谓**咨询式监理**,是其中最简单的一种,只对用户方就系统建设过程中提出的问题进行解答,其性质类似于业务咨询或方案咨询。这种方式费用最少,监理方的责任最轻,适合于对信息系统有较好的把握、技术力量较强的用户方采用。

2. 里程碑式监理

所谓**里程碑式监理**，是指按照信息系统的开发规律，将信息系统的建设划分为若干个阶段，在每一个阶段结束时都设置一个里程碑，在里程碑到来时通知监理方进行审查或测试。一般来讲，这种方式比咨询式监理的费用要多，当然，监理方也要承担一定的责任。不过，里程碑的确定需要乙方的参与，或者说监理合同的确立需要开发方的参与，否则就会因对里程碑的界定不同而互相扯皮。

3. 全程式监理

所谓**全程式监理**，显然是最复杂的一种，不但要求对系统建设过程中的里程碑进行审查，还应该派相应人员全程现场跟踪、收集系统开发过程中的信息，不断评估开发方的开发质量和效率。这种方式费用最高，监理方的责任也最大，适合那些对信息系统的开发不太了解、技术力量偏弱的用户方采用。

为了更深入地研究信息系统的监理，下面选择全程式监理进行讨论。并且，如果没有特别说明，以下的讨论都是针对全程式监理的方式。

10.2.2 信息系统监理的内容

信息系统建设监理是监理单位受用户方的委托，对信息系统建设实施的监督管理。监理的主要内容是对信息系统工程的质量、进度和投资进行监督，对项目合同和文档资料进行管理，协调有关单位间的工作关系。笼统地说，其主要职能有以下几项或其中的一部分：

(1) 协助用户方组织信息系统建设的招标、评标活动。

(2) 协助用户方与中标单位签订信息系统的开发合同。

(3) 根据用户方的授权，监督管理开发合同的履行。

(4) 根据监理合同的要求，为用户方提供技术服务。

(5) 监理合同终止后，向用户方提交监理工作报告。

开发方承担用户方的信息系统开发工作，需要完成包括系统规划和可行性研究、系统分析、系统设计、系统实现和运行维护等各项工作。监理方的工作实际上也是贯穿系统建设全部过程的，下面就详细地进行分析各阶段监理的要点。

1. 系统规划和可行性研究阶段

(1) 为用户方的高层讲解信息化的意义，协助用户方根据组织的战略目标制订信息系统的战略规划。

(2) 对用户方现有信息资源、信息处理能力、技术基础、环境条件和资金设备等资料进行分析。

(3) 协助组织确定信息系统的开发方式。

(4) 协助制订开发信息系统的技术路线和接口规范。

(5) 组织招标和评标活动。

(6) 协助组织做好投资风险分析，提出可靠的经济效益分析表，突出信息系统建设的竞争驱动和效益驱动原则。在此基础上，根据资金筹措的情况列出分期工程的实施计划。协助撰写可行性研究报告或对可行性研究报告进行审查。

2. 系统分析阶段

(1) 协助用户方明确新系统的具体任务、目标、作用和地位。

(2) 与开发方分工培训用户方的业务支持人员，使他们对信息系统的开发有初步的了解。

(3) 协助用户方规范业务流程，并能形式化表达。

(4) 提出与新系统相适应的管理改进方案，并列出时间表。

(5) 协助用户方审核开发方提交的系统分析报告。

3. 系统设计阶段

(1) 协助用户方设计并制订现有业务流程的改进方案。

(2) 协助用户方审核开发方提交的信息编码体系设计方案。

(3) 协助用户方审核开发方提交的详细设计报告。

(4) 协助用户方审核开发方提交的产品和设备的购置计划。

(5) 对组织的管理人员开展有针对性的培训。

4. 系统实现阶段

(1) 抽样审查程序设计说明书。

(2) 按开发合同和详细设计报告检查各子系统的质量和进度是否按计划执行。

(3) 督促用户单位按照既定时间表调整业务流程和组织机构。

(4) 协助用户方审查开发方的测试大纲和详细测试计划。

(5) 对用户单位的业务支持人员进行系统测试方面的培训，协助用户方准备测试用例。

(6) 协助用户方对开发方交付的子系统或整个系统进行测试，撰写测试报告。

(7) 审查开发方提交的技术报告、用户手册等相关文档。

5. 系统运行与维护阶段

(1) 督促开发方与用户方相互配合，培训相关的操作人员和系统管理员。

(2) 监督新老系统交替期间数据有序转换，监督用户单位的员工执行新的业务流程和操作规程，并在执行中加以改进。

(3) 对出现的软件、系统接口等方面的技术问题，根据开发合同督促开发方进行修正。

(4) 监督用户单位认真做好各审计点的数据记录及分析，进行新旧系统的生产效率、产品质量、成本效益及设备运行状态的对比分析。

(5) 协助项目审计工作，根据审计结果对新系统进行综合评价。

10.2.3 信息系统监理的程序和计划

在工业和信息化部发布的《信息系统工程监理暂行规定》的第十四条规定,信息系统工程实行总监理工程师负责制。总监理工程师行使合同赋予监理单位的权限,全面负责受委托的监理工作。第十五条规定信息系统工程监理按下列程序进行:

(1) 组建信息系统工程监理机构。监理机构由总监理工程师、监理工程师和其他监理人员组成。

(2) 编制监理计划,并与业主单位协商确认。

(3) 编制工程阶段监理细则。

(4) 实施监理。

(5) 参与工程验收并签署监理意见。

(6) 监理业务完成后,向业主单位提交最终监理档案资料。

监理计划应在签订监理合同后开始编制,完成后,需要经过总监理工程师的审核批准,并应该分别报送到信息系统的用户方和开发方。

监理计划是以被监理的信息系统项目为对象而编制的,是根据监理合同和业主单位的具体要求,由项目总监理工程师主持,专业监理工程师参加,综合项目的具体情况,制订指导其整个项目监理工作的技术管理性文件。

10.2.4 信息系统监理的费用和收益

1. 信息系统监理的费用

实行信息系统建设的监理制,其中一个很重要的问题是如何对监理提供的服务定价。理论上监理费的构成应该是指监理单位在信息系统建设监理活动中所需要的全部成本,再加上应交纳的税金和合理的利润。参照国家对工程建设监理的有关规定,信息系统的监理费可以从信息系统建设工程的概算中列支。

监理费的计算方法一般由用户方与监理方协商确定。对于信息系统监理费的确定,可以参照以下 6 种模式中的一种计算。

1) 按时计算法

这种方法是根据监理所实际使用的时间(计算时间的单位可以是小时,也可以是工作日或按月计算)的补偿费再加上一定数额的补贴来计算监理费的总额。单位时间的补偿费用一般是以监理单位职员的基本工资为基础,加上一定的管理费和利润(税前利润)。采用这种方法时,监理人员的差旅费、通信费、资料费、试验和检验费、交通和住宿费等均由用户单位另行支付。

这种计算方法主要适用于临时性的、短期的监理业务活动,比如咨询式监理业务。由于这种方法在一定程度上限制了监理单位潜在效益的增加,因而,单位时间内监理费的标准比监理单位内部实际的标准要高得多。

2) 工资加一定比例的其他费用计算法

这种方法实际上是按时计算监理费形式的变换。即按参加监理工作的人员的实际工资的基数乘上一个系数。这个系数包括了应有的间接成本和税金、利润等。除了监理人员的工资之外，其他各项直接费用等均由用户单位另行支付。一般情况下，较少采用这种方法，尤其是在核定监理人员数量和监理人员的实际工资方面，用户方与监理方之间难以取得完全一致的意见，导致用户方觉得旧的烦恼（来自开发方的）没去掉，新的烦恼又产生了。

3）监理成本加一定比例的其他费用计算法

监理成本是指监理单位在信息系统监理项目上花费的直接成本，其他费用是指直接费用之外的费用。各监理单位的直接费与其他费用的比例是不同的，但是，一个监理单位的监理直接费用与其他费用之比大体上可以确定一个比例。这样，只要估算出某工程项目的监理成本，那么，整个监理费也就可以确定了。问题是，在商谈监理合同时，往往难以较准确地确定监理成本，这就为商签监理合同带来较大的阻力。所以，这种计算方法也用得很少。

4）固定价格计算法

这种方法适用于小型或中等规模的信息系统监理费的计算，尤其是监理内容比较明确的信息系统监理。用户单位和监理单位都不会承担较大的风险，经协商一致，就采用固定价格法。即在明确监理工作内容的基础上，以一笔监理总价包死，工作量有所增减变化，一般也不调整监理费；或者按规模大小分为若干档，每档定一个系数，不同规模的监理费可以等于固定价格乘以相应系数。这种方法适用于程序比较规范的里程碑式监理业务。

5）按信息系统建设成本的百分比计算法

这种方法是按照信息系统规模大小和所委托的监理工作的繁简，以项目总投资的一定的百分比来计算。一般情况下，系统规模越大，建设投资越多，计算监理费的百分比越小。这种方法比较简便，颇受用户单位和监理单位双方的欢迎。采用这种方法的关键一环是确定计算监理费的百分比，一般是根据经验和监理的范围确定这个百分比。

6）按减少的项目风险计价

最后一种定价方式是服务的价格参照监理方的服务减少信息系统建设风险的多少而定。风险与用户单位的信息量和信息处理能力有关。前面所说的各类风险，在不同的用户单位其风险等级是不相同的。对不同的信息产品，风险也不一样。比如，对于大多数用户单位来讲，关于计算机产品、网络产品、软件产品和数据库产品的信息量和信息处理能力是不一样的。

对监理服务的定价是以用户方与开发方签订的总标的为基数，再乘以一定取费系数计算。根据风险等级不同，取费系数可以相应浮动。举例来说，对于一个计算机、网络、软件、数据库和集成等知识不确定性渐增的业主单位，可以将硬件的取费系数定为 2%，网络为 3%，软件为 4%，数据库为 5%，应用集成为 6%。将项目总标的划分为上述若干部分，即可得出监理服务价格。

2. 信息系统监理的收益

薛华成教授曾讲过，“当时（根据上下文推测，大概是指 20 世纪 80 年代末。作者注）有两个 80%的估计，即 80%的系统失败了，或没有达到设计要求；80%的原因在于管理。”[①]随

① 参见薛华成教授的著作《管理信息系统》（第 3 版）第 382 页，清华大学出版社，1999。

着信息系统的广泛应用，信息系统的成功率有所提高，中国企业目前信息系统的成功率大概能达到30%，管理水平高的大型企业有的能超过40%。当然，也有的学者认为严格意义的成功率①仍然不到20%。当然，对于什么是成功也有不同的理解。

为了推测监理的效益，作如下假设：

(1) 成功信息系统项目的投入产出比为 m 倍，即信息系统运行后发挥的效益是信息系统项目各方面投入的 m 倍。

(2) 无监理状况下信息系统建设成功率为40%。

(3) 有监理状况下信息系统建设成功率提高到90%。

(4) 监理的取费系数为5%，即监理的费用为总标的5%。

那么对于甲方来讲，对于总标的为 A 的项目，采用监理的效益为

$$
\begin{aligned}
\text{监理的期望效益} &= \text{监理后的收益} - \text{监理前的收益} - \text{监理的成本} \\
&= A \times m \times 90\% - A \times m \times 40\% - A \times 5\% \\
&= A(50\% \times m - 5\%)
\end{aligned}
$$

以 m 为2倍计(一般成功的项目远高于2倍)，则监理的期望效益为 $0.95A$，监理的成本只占监理前后收益之差的5%(即0.05/1.0)，所以，与聘用监理获得的收益相比，花费的成本是非常低的，只有5%左右。聘用监理非常有利于信息系统建设的成功，有助于甲方的利益。

10.3 信息系统的审计

相比于信息系统监理已有的大量实践来说，信息系统审计是个比较新的事物，在国内还处于探索和发展阶段。在本节里，先讨论信息系统审计的由来与发展，然后列举信息系统审计的基本内容，最后就信息系统审计师这一职业做一简单介绍。

10.3.1 信息系统审计的由来与发展

1. 审计的含义和分类

审计从字面意义上讲，“审”是审查的意思，“计”是会计的意思，而会计的概念是核算与监督，那么，“审”与“计”联在一起，就是审查与监督的意思。可以概括地说，审计是由独立的专门机构和专门人员对被审计单位的会计记录、财务事项及其他经济资料所反映的经济活动的真实性、合法性、合理性和效益性进行审查、评价和鉴证的一项独立的经济监督活动。随着时代的发展，审计的对象和范围也在不断扩大，除以会计记录和财务收支继续作为审计对象外，以经济效益、经济责任和信息系统等为对象的审计也得到了较大的发展。

审计有许多种分类方法。按审计目的和内容的不同可划分为财务审计、经济效益审计、财经法纪审计、经济责任审计和信息系统审计等类型；按审计的主体分类即按审计的执行者

---

① 指“符合合同要求的功能和质量、不拖期、不超支、团队满意、客户满意”这些条件一起满足的项目才是真正意义上的成功。

分类，可分为国家审计、内部审计和社会审计 3 种类型；按审计实施时期的不同可分为事前审计、事中审计和事后审计；按审计执行地点分类，可分为就地审计、送达审计和委托审计；按审计范围分类，可分为全部审计和局部审计；按审计动机分类，可分为强制审计和请求审计，等等。

2. 计算机审计

信息系统审计最早称为计算机审计，国内有的学者称为电算系统审计，是随着计算机在财务会计领域的应用而产生的。早期的计算机应用比较简单，相应地，计算机审计业务主要关注对被审计单位电子数据的取得、分析、计算等数据处理业务，还称不上信息系统审计。从财务报表审计的角度来看，这一阶段的主要业务内容是对交易金额和账户、报表余额进行检查，审查其真实性和准确性。

随着计算机技术应用范围的不断扩展，计算机对被审计单位各个业务环节的影响越来越大，计算机审计所关注的内容也从单纯的对电子的处理延伸到对信息系统的可靠性和安全性进行了解和评价。

随着风险基础的审计模式的采用以及信息技术在被审计单位的各个领域的广泛应用，信息系统的安全性、可靠性与其所服务组织所面临的各种风险的联系越来越紧密，并且直接或间接地影响到财务报表的真实、公允。在这种情况下，对被审计单位风险的评估必须将信息系统纳入考虑范围。发展到这一阶段，计算机审计的业务范围已经覆盖了一项审计业务的全过程，而不仅仅是对电子数据做审计了，显然，计算机审计这一概念已经不能反映这一业务的全部内涵，信息系统审计的概念随之出现。

3. 信息系统审计

计算机审计在发展的初期，还只是传统财务审计业务的一种辅助工具，对客户的电子化会计数据进行处理和分析，为财务报表审计人员提供服务。如今的信息系统审计的业务已经超出了为财务报表审计提供服务的范围，在很多大型会计公司内部，信息系统审计部门已经成为一个独立地对外提供多种服务的部门。尤其是互联网和电子商务的兴起，更是为信息系统审计业务带来了无尽的商机。为财务报表审计提供服务只占信息系统审计部门业务内容很小的一部分。与信息安全相关的防火墙审计、安全诊断和信息技术认证等新型业务也不断涌现。“未来审计行业和审计技术的发展动力将主要来自信息系统审计的发展”，这一观点已经逐渐成为国外会计、审计界的一个共识。会计公司以及整个社会对信息系统审计师的需求量将随之成倍地增长，信息系统审计师的地位也在不断提高。

所以，从信息系统审计的发展来看，信息系统审计包含 3 层含义。

首先是用计算机和信息系统做工具，辅助一般的财务审计工作，市场上有专门的审计软件包出售，可以简称为**计算机审计**。

其次是对信息系统支持的业务信息或业务数据审计，检验其正确性和真实性，可以简称为**信息系统运行审计**。

最后是对信息系统的开发过程进行审计，可以简称为**信息系统开发审计**。

据此可知，审计软件包为信息系统的开发提供了新的领域，而信息系统运行审计和信息系统开发审计是本节讨论的主要内容。

10.3.2 信息系统审计的基本内容

信息系统审计的内容是根据审计的目的而确定的，具体包括数据文件审计、应用程序审计、处理系统综合审计、内部控制制度审计和信息系统开发审计等。其中数据文件审计主要属于计算机审计的领域，应用程序审计、处理系统综合审计、内部控制制度审计主要属于信息系统运行审计的领域。

1. 数据文件审计

数据文件审计包括由计算机打印出来的数据文件和存储在各种介质之上的数据文件的审计。存储在介质上的文件，包括会计凭证、会计账簿和会计报表，需要用信息技术进行测试。测试方法主要包括3个方面：一是测试信息系统数据文件安全控制的有效性，主要是检查文件存取的控制；二是测试数据文件的控制功能的可靠性，可以用实际数据和模拟数据进行测试；三是测试数据文件内容的真实性和准确性，可以挑选重要文件或重要项目打印输出后进行检查，也可以利用审计软件包进行检查。

2. 应用程序审计

计算机应用程序的审计是信息系统审计的重要内容，这是因为组织处理日常业务的目的、原则和方法都体现在计算机程序之中，它们是否执行国家的方针政策，是否执行财经纪律和管理制度也往往在应用程序中体现出来。所以计算机应用程序的审计内容主要是检查计算机的程序控制功能是否可靠，处理日常业务的程序和方法是否准确。

对计算机程序的审计可以分为对程序进行直接检查和通过数据在程序上的运行进行间接检查两种。对程序进行直接检查包括直接对程序进行逐句审查，或借助流程图作为工具，用标准的图形、符号等来反映程序的控制功能和数据处理的逻辑。对程序进行间接检查是利用实际数据或模拟数据进行检查，即根据被审单位的实际数据或用模拟数据在程序上进行处理，然后将处理结果与正确的结果进行比较。

3. 处理系统综合审计

处理系统的综合审计是对信息系统中的硬件功能、输入数据、程序和文件4个因素进行综合的审计，以确定其可靠性和准确性。主要程序是先对硬件功能进行检查后，分别对输入数据的准确性、每个重要程序的准确性和每个重要文件的准确性进行测试，在此基础上对整个信息系统的处理功能进行综合评价。

4. 内部控制制度审计

为了使信息系统能够安全可靠地运行，严格内部控制制度是十分必要的，它可以保证数据功能所产生的信息具有正确性、完整性、及时性和有效性，并纠正可能产生的舞弊和犯罪行为。信息系统的内部控制系统包括两个子系统：一是一般控制系统，包括组织和操作控制、硬件和软件控制、安全控制和文件资料控制等；二是应用控制系统，包括输入控制、处理控制和输出控制。

内部控制制度的审计程序包括 4 个阶段：一是初步审核和评价阶段，即对控制的目标、构成系统的基本要素、主要环境控制措施、应用系统和应用项目的基本情况等的了解；二是详细审核和评价阶段，即在初步审核的基础上确定控制领域、控制点、控制目标和必要的内部控制措施；三是符合性测试阶段，即对控制措施的实施情况及遵守情况进行测试，以便对内部控制制度的强弱和可靠性做出最后的结论；四是最后评价阶段。

5. 信息系统开发审计

信息系统开发审计是指对信息系统开发过程进行的审计。审计的目的一是要检查开发的方法、程序是否科学合理，是否受到恰当的控制；二是要检查开发过程中产生的资料和文档是否符合规范。

由以上信息系统审计的内容可知，信息系统审计与信息系统监理、信息系统测试和信息系统评价各有不同。

(1) 信息系统监理重在对系统规划与开发过程进行监督和管理，而信息系统审计不但要对开发过程审计，还要对运行过程审计，如内部控制制度审计等。

(2) 信息系统测试主要是测试系统是否实现了设计的逻辑模型，并且主要是从技术上进行测试，而信息系统审计更重要的是测试系统是否忠实于组织的实际运作原型，是否符合国家的法律法规，如应用程序审计等。

(3) 信息系统的评价是信息系统审计的延伸，信息系统的评价更带有主观性，与评价指标的选取有关，而信息系统的审计相比于前者更客观，强调的是数据的真实性和系统性能的客观性，如处理系统的综合审计。

信息系统审计与其他审计一样，具有监督、评价和鉴证 3 个职能。审计的结果以审计报告的形式表现出来。审计报告一般包括审计概况、审计范围、审计过程中发现的问题和审计结论等内容。

10.3.3 信息系统审计师及相关组织

1. 信息系统审计的专业组织

随着信息技术在财务会计和管理领域应用程度的不断提高，信息系统审计业务也逐渐受到职业会计师行业的重视。在我国，信息系统审计业务的开展还处于探索阶段。其实，信息系统审计在国外已经有了一个相当长时期的发展，而且也产生了相应的专业组织和专业资格。

信息系统审计与控制协会(Information Systems Audit and Control Association, ISACA)成立于 1969 年，最初称为 EDP(电子数据处理)审计师联合会，总部在美国的芝加哥。目前该组织设有 190 多个分会，会员遍布世界上 180 多个国家，它是从事信息系统审计的专业人员唯一的国际性组织，信息系统审计师资格(Certified Information System Auditor, CISA)也是这一领域的唯一职业资格。

获取信息系统审计师资格(CISA)的人员被称为信息系统审计师，也称 IT 审计师或 IS

审计师，是指既通晓信息系统的软件、硬件、开发、运营、维护、管理和安全，又熟悉经济管理的思想，能够利用规范和先进的审计技术，对信息系统的安全性、稳定性和有效性进行审计、检查和评价的专家级人士。

ISACA 通过制订和颁布信息系统审计准则、实务指南等专业标准来规范和指导信息系统审计师的工作。它还设立了信息系统审计与控制基金会，从事相关领域的研究工作，以使该组织的成员能够享用其最新研究成果。该组织通过在世界各地举办各种形式的研讨会、培训班等活动，增进国际间同业人员的交流。它每年还举办 CISA 资格考试，通过考试的人员可以申请 CISA 资格，符合 ISACA 规定的工作经验及其他相关要求的申请人会被授予 CISA 资格。

2. 信息系统审计师①

信息系统审计师资格(CISA)在国际上享有广泛的认可，一般来讲，在发达国家的政府审计机关、国际知名的会计师事务所、大型企业和金融机构都有信息系统审计师在其中工作。

信息系统审计师目前已经成为全球范围最抢手的高级人才之一，这些人才一般都具备全面的计算机软硬件知识，对网络和系统安全有独特的敏感性，并且对财务会计和单位内部控制有深刻的理解。随着信息技术在管理中的广泛运用，传统的审计技术受到巨大的挑战，国际会计公司、专业咨询公司和高级管理顾问都将控制风险、特别是控制计算机环境风险和信息系统运行风险作为管理咨询和服务的重点。几乎所有的大型跨国公司，由于普遍使用大型管理信息系统，都非常重视对信息系统安全和稳定性的控制，常常高薪聘请信息系统审计师进行内部审计。

我国的信息系统审计工作目前还处于探索阶段，还没有形成一套成形的专业规范。发展我们自己的信息系统审计人才队伍已经是当务之急。

10.4 信息系统的评价

事实上，目前仍有不少组织不太重视对信息系统的评价，分析起来可能有这么几个原因：

(1) 自己对实施结果不满意，担心分析和评价会暴露出更多的问题，影响有关人员的业绩。

(2) 时间已经严重超期，上上下下已经把信息系统的开发看作是陷阱，希望早些结束项目实施，早日摆脱出来。

(3) 比较公正和有经验的分析评判者不多，评判的结果不一定科学。

(4) 一般的分析和评判对组织的形象没有直接的好处，可能还要花不少钱。

然而，从项目管理的角度出发，对信息系统的实施结果进行分析和评价是必要的，因为

---

① 大家可以登录信息系统审计与控制协会网站 http://www.isaca.org/查阅有关信息系统审计师资格考试的相关信息。

进行分析和评价的目的是要使用户组织和系统建设人员知道以下几点：

(1) 整个系统实施工作和计划目标的吻合程度。

(2) 系统的实施效果。

(3) 系统还需要提高的方面。

(4) 如果可能,还可从中总结出一套适合本单位建设信息系统的经验教训。

基于以上 4 点原因,信息系统的建设需要科学地进行评价。本节就围绕评价的指标与方法展开讨论。

10.4.1 信息系统的广义评价与狭义评价

信息系统的评价分为广义和狭义两种。广义的信息系统评价是指从系统开发的一开始到结束的每一阶段都需要进行评价。狭义的信息系统评价则是指在系统建成并投入运行之后所进行的全面、综合的评价。

一个典型的信息系统建设项目要经过这样一些发展阶段,即系统规划、系统分析、系统设计和系统实施,直至最后投入运行。项目在生命周期的每一阶段都面临着决策,这一决策要以给定的条件和相应的分析评价为基础。当某一决策将项目推进一步,评价活动也就跟着需要更进一步地开展。可以说,伴随着系统开发的各主要阶段,都有相应的评价活动,如表 10.2 所示。

表 10.2 信息系统生命周期各阶段对应的评价活动

	系统规划	系统分析	系统设计	系统实施	系统运行
评价目的	确定系统项目的范围以及是否是有益和可行的	逻辑设计是否达到系统目标要求	物理设计是否实现逻辑模型目标	功能和性能是否满足要求	全面、综合评价
评价方法或标准	成本-效益分析,多指标评估法等	逻辑设计标准	详细设计标准	编程标准、测试标准	成本-效益分析,多指标评估法等

按评价的时间与信息系统所处阶段的关系,又可从总体上把广义的信息系统评价分成立项评价、中期评价和结项评价 3 种类型。

1. 立项评价

立项评价是指信息系统方案在系统开发前的预评价,即系统规划阶段中的可行性研究。评价的目的是决定是否立项进行开发,评价的内容是分析当前开发新系统的条件是否具备,明确新系统目标实现的重要性和可能性,主要包括技术上的可行性、经济上的可行性、管理上的可行性和开发环境的可行性等方面。由于事前评价所用的参数大都是不确定的,都是预测的结果,所以评价的结论具有一定的风险性。

2. 中期评价

中期评价包含两种含义,一是指项目方案在实施过程中,因外部环境出现重大变化,比如市场需求变化、竞争性技术或更完美的替代系统的出现,或者发现原先设计有重大失误等，需要对项目的方案进行重新评价，以决定继续执行还是中止该方案；另一种含义也可称为阶段评价，是指在信息系统正常开发情况下，对系统分析、系统设计和系统实施阶段的阶段性成果进行评价，由于一般都将阶段性成果提交的时点视为信息系统建设的里程碑，所以，阶段评价又可叫里程碑式评价。

3. 结项评价

信息系统的建设是一个项目，是项目就需要有终结时间。结项评价是指项目准备结束时对系统的评价，一般是指在信息系统投入一段时间的试运行后，为了了解系统是否达到预期目的和要求而对系统运行的实际效果进行的综合评价。所以，结项评价又是狭义的信息系统评价。信息系统项目的鉴定是结项评价的一种正规的形式。结项评价的主要内容包括系统性能评价、系统的经济效益评价以及组织管理效率提高、管理水平改善、管理人员劳动强度减轻等间接效果。通过结项评价，用户可以了解系统的质量和效果，检查系统是否符合预期的目标和要求；开发人员可以总结开发工作的经验、教训，这对今后的工作将是十分有益的。

信息系统监理贯穿于立项评价、中期评价和结项评价之中，监理的过程也是不断评价的过程。如果信息系统的审计也贯穿始终的话，那么，每一步评价都需要以审计的结果为基础。显然，信息系统监理、信息系统审计和信息系统评价密不可分。

10.4.2 信息系统的综合评价

信息系统的综合评价，即前面提到的狭义的信息系统评价，一直是信息系统与信息管理学科中的重要研究问题，世界各国采用了多种方法，从各个角度对此进行研究。

但是，信息系统是一个复杂的社会系统，它所追求的不仅仅是单一的经济性目标。除了从费用、经济效益和财务方面的考虑外，它还涉及技术先进性、可靠性、适用性、易维护性和用户界面友好性等技术性能方面的要求，以及改善员工劳动强度和组织运营环境，增强组织竞争力等社会效益或组织文化方面的目标。上述目标的多重性产生了对信息系统进行多指标综合评价的必要性。

多指标综合评价的理论和方法研究是一个正在发展的领域，有关它在信息系统评价中的应用研究则更有待人们的努力。这里所谓的信息系统多指标综合评价是指对信息系统所进行的一种全方位的考核或判断，它具备以下特征：

(1) 它的评价包含了多个独立指标。

(2) 这些指标分别体现着信息系统的不同方面，通常具有不同的量纲。

(3) 综合评价的目的是对信息系统作出一个整体性的判断，并用一个总评价值来反映信息系统的一般水平。

一般说来，信息系统多指标综合评价工作主要包括 3 方面的内容：一是综合评价指标体系及其评价标准的建立，这是整个评价工作的前提；二是用定性或定量的方法(包括审计的方法)确定各指标的具体数值，即指标评价值；三是各评价值的综合，包括综合算法和权重的确定、总评价值的计算等。

根据信息系统的特点和综合评价指标体系的构成原则，这里给出一个较为完整的信息系统综合评价指标体系的理论框架，无论是宏观还是微观信息系统的建设，一般都能从该框架中找到相应的指标集并将其具体化。事实上，理论框架建立过程的本身就是一项综合评价工作。该框架的具体构成如图10.2所示。

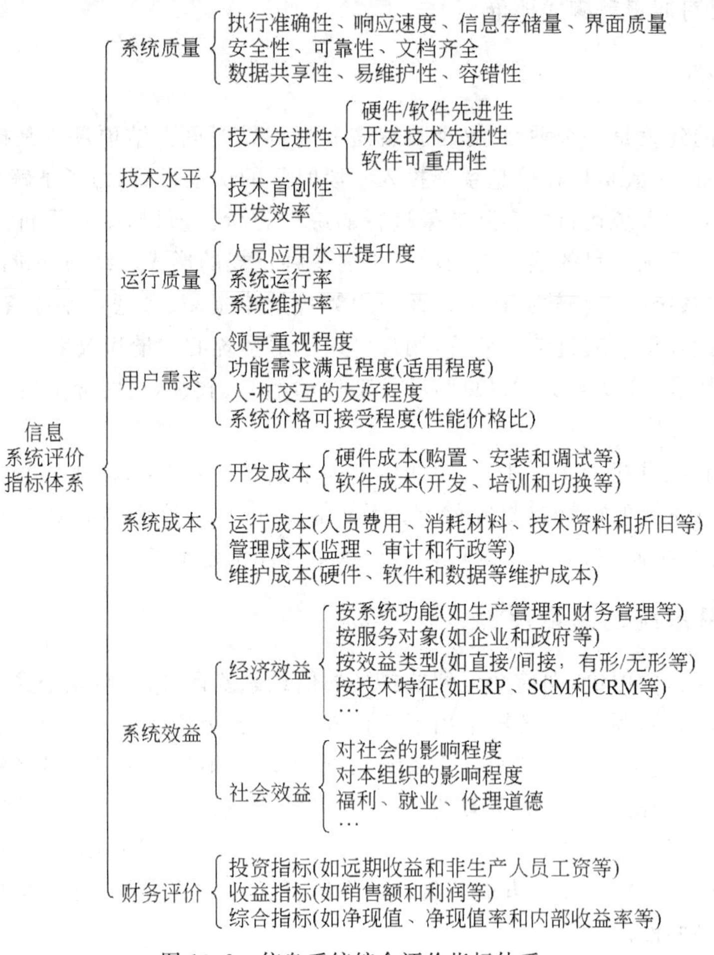

图10.2 信息系统综合评价指标体系

图10.2是从以下3个方面出发，进行综合考虑而建立起指标体系理论框架的。

(1) 从信息系统的组成部分出发，信息系统是一个由“人-机”共同组成的系统，故可按人——运行质量、用户需求；机——系统质量、技术水平这两条线索构造指标。

(2) 从信息系统的评价对象出发，对于开发方来说，他们所关心的是系统质量和技术水平；对于用户方而言，则关心用户需求和运行质量；系统外部环境则主要通过社会效益指标来反映。

(3) 从经济学角度出发，分别按系统成本、系统效益和财务指标3条线索建立指标。

图10.2所列的7项二级指标已基本包含信息系统综合评价的主要方面，但是第三、四级指标则需根据待评价信息系统的目标和范围进行有重点的细化，尤其是经济效益评价指标的设立，不仅与待评价系统的目标、特点和类型有关，也与系统所处的层次和看问题的角度有关，必须视具体情况而定。

在确定指标以后，再确定各指标的权重，并用审计结果结合定性分析给各指标打分，最后确定该系统的总分和等级，总结建设该系统的经验教训，指出下一步的发展方向。

思 考 题

1. 说说信息系统建设过程中存在哪些风险。

2. 试述信息系统监理的作用。

3. 信息系统监理有哪些模式？你觉得哪种模式比较好？

4. 信息系统监理在生命周期的不同阶段各有什么工作内容？

5. 信息系统监理的费用如何计算？你觉得哪种方式比较好？

6. 你觉得如何能使大家重视监理的作用，并且聘用监理？

7. 讲一讲信息系统审计的由来及其含义。

8. 信息系统审计有哪些具体内容？

9. 试着提出一套信息系统综合评价的指标体系。

10. 请你谈一谈信息系统咨询、信息系统监理、信息系统审计和信息系统评价之间的关系。

第5部分

信息系统的测试与运行

第11章　信息系统的测试

信息系统测试是信息系统开发过程中非常重要而漫长的阶段。其重要性表现在它是保证系统质量和可靠性的关键步骤，是最有效的排除和防止系统缺陷与故障的手段。虽然在开发过程中，人们采用了许多保证信息系统的质量和可靠性的方法来分析、设计和实现信息系统，但免不了在工作中会犯错误，这样在所开发的系统中就会隐藏一些错误和缺陷。如果这些缺陷不在系统正式运行之前的测试阶段被纠正，问题迟早会在运行期间暴露出来，这时要纠正错误就会付出更高的代价，甚至造成生命和财产的重大损失。

目前，信息系统测试在整个信息系统的开发周期中所占的比例日益上升，许多项目开发组织已将开发资源的40%用于测试中。而对于一些特别重要的甚至是人命关天的大型系统，如飞行控制、军事武器系统、核反应堆控制和金融应用系统等，其测试的工作量和成本更大，甚至超过系统开发其他阶段总和的3～5倍。

本章重点讲述信息系统测试的基本概念、测试目标、测试过程和测试步骤，并对基于Web系统的测试理论与方法进行相应介绍，最后对自动化测试的概念和使用场合、测试工具进行简要说明。

11.1　信息系统测试概述

从表面上看，测试阶段的目的和其他阶段的目的是相反的，测试之前的所有开发活动都是在积极地构造系统，如软件工程师根据系统设计说明书用一种适当的程序设计语言编写出可以实现某些功能的程序代码，即从事所谓的“建设性”活动；但测试人员却是努力找出软件、系统中的错误。事实上，查找错误也就是为了纠正错误。测试阶段发现的错误越多，后期的纠错和维护工作越少。所以他们的目的都是一样的，都是为了开发出高质量、高可靠性的系统。

11.1.1　测试的基本概念、目标和原则

1. 测试的基本概念和目标

什么是测试？测试的目标是什么？Grenford J. Myers对测试的目标进行了归纳：

(1) 测试是为了发现错误而执行程序的过程。

(2) 好的测试方案是能够发现迄今尚未发现的错误的测试方案。

(3) 成功的测试是发现了至今尚未发现的错误的测试。

测试的目标就是希望能以最少的人力和时间发现潜在的各种错误和缺陷。通俗地说，测试是根据开发各阶段的需求、设计等文档或程序的内部结构精心设计的一批测试用例(即输入数据及其预期的输出结果)，并利用这些测试用例来运行程序，以便发现错误的过程。

信息系统测试应包括软件测试、硬件测试和网络测试。硬件测试和网络测试可以根据具体的性能指标来进行，而信息系统的开发工作主要集中在软件上。所以我们所说的测试更多地是指软件测试。

正确认识测试的目标是非常重要的，这关系到人们的心理作用。如果测试的目标是为了证明程序没有错误，在设计测试用例时就会引用一些不易暴露错误的数据；相反，如果测试是为了发现程序中的错误，就会力求设计出容易暴露错误的测试方案。所谓“好”与“坏”、“成功”与“失败”的测试方案，也同样存在着心理学的问题。所以 Myers 把测试目标定义为“发现错误”、“发现迄今为止尚未发现的错误”以及“发现了至今尚未发现的错误的测试”。

2. 测试的原则

根据测试的概念和目标，在进行信息系统测试时应遵循以下基本原则。

(1) 应尽早并及时地进行测试。

有的人认为“测试是在应用系统开发完之后才进行”，这种想法用于测试是非常危险的。开发的各个阶段都有可能出现错误，有的时候表现在程序中的错误，并不一定是由于编码产生的，很有可能是设计阶段，甚至是需求分析阶段的问题所引起的，而且开发各阶段是连续的，早期出现的小问题到后面就会扩散，最后需要花费不必要的人力和物力来修改错误。尽早进行测试，可以尽快地发现问题，将错误的影响缩小到最小范围，因此，测试应贯穿在开发的各阶段，坚持各阶段的技术评审，这样才能尽早发现和纠正错误，提高整个系统的开发质量。

(2) 测试工作应避免由原开发软件的人或小组来承担(单元测试除外)。

从心理上来讲，人们由于各种原因都不愿否定自己的工作，总认为自己开发的软件没有错误或错误不大，而测试的目的就是为了发现错误；另一方面，开发人员对功能理解的错误很难由本人测试出来，而且在设计测试方案时，很容易受制于自己的编程思路，具有局限性。所以测试工作由不是该项目开发人员的人或其他测试机构来进行会更客观、更有效。

(3) 在设计测试方案时，不仅要确定输入数据，而且要确定输出结果。

把预期的输出结果作为测试方案的一部分可以提高测试的效率，在测试时按照测试方案输入测试数据，其输出结果与预期结果相比较就能发现测试对象是否正确，也能避免由于粗心而把一些似是而非的结果当成正确结果，出现失误。

(4) 测试用例不仅要有合理、有效的输入条件，也要有不合理、失效的输入条件。

在测试中人们往往习惯按照合理的、正常的情况进行测试，而忽略了对异常、不合理的、意想不到的情况进行测试，而这些正好是隐患，如果没有排除，在今后的正式运行中就有可能暴露出来。所以利用不合理的输入条件比用合理的输入条件更能发现错误。例如，在测试学生成绩录入功能时，也应该将负数作为输入数据进行测试。

(5) 不仅要检测程序是否做了该做的事，还要检测是否做了不该做的事。

多余的工作会带来相应的副作用，会影响程序的效率，有时会带来潜在的危害或错误。例如，在测试生成职工工资单这一功能时，程序是否在产生在职职工工资的同时，也把已经调离的职工工资产生出来，这样就错了。

(6) 充分重视测试中的群集现象。

经验表明，测试后软件中仍存在的错误概率与已经发现的错误数成正比。这个事实可以用米中含沙来比喻，如果我们随便从米袋中抓一把米，而米里含有沙时，决不能说沙只有这些。往往是手中的沙越多，说明米袋中的沙含量就越高。根据这一规律，应该对出现错误多的程序段进行重点测试，以提高测试效率。

(7) 严格按照测试计划来进行，避免测试的随意性。

测试计划应包括测试内容、进度安排、人员安排、测试环境、测试工具和测试资料等。严格地按照测试计划可以保证进度，使各方面都得以协调进行。

(8) 妥善保存测试用例，作为文档的组成部分，为维护提供方便。

测试用例都是精心设计出来的，可为重新测试或追加测试提供方便。当纠正错误、系统功能扩充后，都需要重新开始测试，而这些工作重复的可能性很大，可以利用以前的测试用例或在其基础上修改、扩充测试用例。

11.1.2 测试对象与测试信息流

1. 测试的对象

在信息系统中，作为整体，不仅要对硬件系统和网络系统进行测试，还需要对软件系统进行测试。由于系统的开发任务很大程度上是软件系统的开发，因此测试的对象除了硬件部分和网络部分以外，更主要的是软件(在后面所说的测试中，非特别注明，通常是指软件测试)。但是，在软件的测试过程中是否仅局限于程序测试，而置其他阶段的工作于不顾呢？

据美国一家公司的统计表明，在查找出来的软件错误中，属于需求分析和软件设计的错误约占 64%，属于程序编写的错误仅占 36%。因此在软件测试时，应该把各阶段的文档加上源程序进行测试，即：软件测试对象＝文档＋程序。

2. 测试信息流

由于测试的对象主要是软件，所以在测试阶段的信息流主要分析软件方面的信息流程，其流程如图 11.1 所示。输入信息分成软件配置、测试配置和测试工具 3 类。软件配置由系统分析说明书、系统设计说明书和源程序等组成。测试配置由测试计划和测试方案组成。

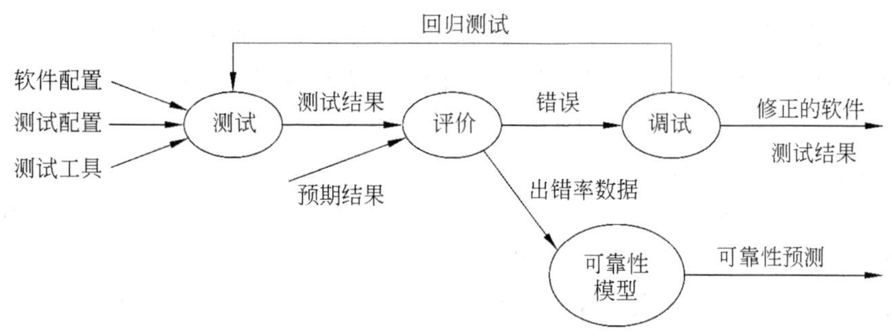

图 11.1 测试阶段的信息流

测试方案不仅仅是测试时使用的输入数据(称为测试用例),还包括每组输入数据要检测的功能和预期的输出结果。在软件配置包含所有文档情况下,可以把测试配置看成是软件配置的一个子集。测试工具不是必需的输入项,利用它来进行测试工作主要是为了提高测试效率,实现自动化测试。

测试人员利用测试工具或根据提交的软件配置和测试配置进行测试,每组输入数据都有对应的测试结果,测试结果和预期的输出结果相比较,如果不一致,说明程序有错,此时可以用排错技术定位错误并改正。与测试不同的是,排错需要程序的编写人员来完成。

通过对测试结果的收集和评价,系统开发质量和可靠性的一些定性和定量指标就可以逐步地确定下来。显然,在测试过程中如果经常出现严重错误,则说明开发的质量和可靠性一定不高,更需要多加测试。反之,如果软件的功能看起来完成得很正常,遇到的错误也比较容易修改,则存在着两种可能性:一是软件的质量和可靠性是令人满意的,二是所作的测试还不够全面,不够充分,未能发现隐藏着的错误。如果是后一种情况,则很有可能是测试配置选择不恰当,导致问题不能够充分暴露出来,这些潜伏着的问题最终会被发现,如果在维护阶段来纠正,其代价将比开发时期高出许多倍。

对测试结果的积累可用于构造可靠性模型,据此可估计出错的情况,并对软件的可靠性进行预测。

11.2 软件测试方法

软件测试的方法和技术是多种多样的。对于软件测试方法,可以从不同的角度加以分类:

(1) 按照是否需要执行被测软件来划分,有静态测试和动态测试。

(2) 按照是否针对系统的内部结构和实现算法来划分,有黑盒测试和白盒测试。

(3) 按照软件测试方法来划分,有手工测试和自动测试。

(4) 按照开发过程来划分,有单元测试、集成测试、确认测试和系统测试等。

11.2.1 静态测试与动态测试

1. 静态测试

静态测试不实际运行被测程序,主要对被测程序的编程格式和结构等方面进行评估。其内容包括:检查代码和设计是否一致;检查代码逻辑表达是否正确和完整;检查代码结构是否合理,等等。经验表明,使用这种方法可以有效地发现 30%～70%的逻辑设计和编码错误。静态测试主要有 3 种方法。

(1) **桌前检查**:指程序员本人在程序通过编译之后,进行单元测试之前,对源程序代码进行分析和检验,发现程序中的错误并补充相关的文档。

(2) **走查**:通常由 3～5 人组成测试小组,测试人员应是没有参加该项目开发的有经验的程序设计员。在走查之前,应先阅读相关的文档和源程序,然后测试人员扮演计算机角色,将一批有代表性的测试数据沿程序的逻辑走一遍,监视程序的执行情况,随时记录程序的踪迹,发现程序中的错误。由于人工检测程序很慢,因此只能选择少量简单的用例来进行,通过"走"的进程来不断地发现程序中的错误。

(3) **会审**:测试人员的构成与走查类似,要求测试人员在会审之前应充分阅读有关的文档和源程序等,根据经验列出尽可能多的典型错误,然后把它们制成表格。根据这些错误清单(也叫检查表),提出一些问题,供会审时使用。在会审时,由编程人员逐句讲解程序,测试人员逐个审查、提问,讨论可能出现的错误。实践证明,编程人员在讲解、讨论的过程中能发现自己以前没有发现的错误,使问题暴露。会审后要将发现的错误登记、分析和归类,一份交给程序员,另一份妥善保管,以便再次组织会审之用。会审一般用在系统的核心模块的关键程序的测试中。

在代码复审时,需要注意两点:一是在代码审查时,必须要检查被测软件是否正确通过编译,只有正确了之后才进行代码审查;二是在代码复审期间,一定要保证有足够的时间让测试小组对问题进行充分的讨论,只有这样才能有效地提高测试效率,避免走弯路。

2. 动态测试

动态测试是指在计算机上直接用测试用例运行被测程序,检验程序的动态行为和运行结果的正确性。根据动态测试在软件开发过程中所处的阶段和作用,动态测试可分为单元测试、集成测试、确认测试、系统测试、验收测试和回归测试等几个步骤。

11.2.2 黑盒测试与白盒测试

1. 黑盒测试

黑盒测试也称为功能测试或数据驱动测试。将被测对象看成黑盒子,在完全不考虑其内部结构和特性的情况下,测试被测对象的外部特性。通常,根据系统分析说明书设计测试用例,通过输入和输出的特性检测是否满足指定的功能。所以测试只作用于程序的接口处,进行黑盒测试主要是为了发现以下几类错误:

(1) 是否有错误的功能或遗漏的功能?

(2) 界面是否有误?输入是否能够正确接受?输出是否正确?

(3) 是否有数据结构或外部数据库访问错误?

(4) 性能是否能够接受?

(5) 是否有初始化或终止性错误?

适合于黑盒测试的设计技术主要有等价类划分、边界值分析、错误推测法和因果图法等。黑盒测试可从用户的角度出发来进行测试,主要针对软件界面、软件功能和外部数据库访问等方面进行测试。黑盒测试的缺点主要是无法测试程序内部特定的部位。

2. 白盒测试

白盒测试也称为结构测试或逻辑驱动测试。白盒测试将被测对象看成透明的白盒,根据程序的内部结构和逻辑来设计测试用例,对程序的路径和过程进行测试,检查是否满足设计的需要。其原则是:

(1) 程序模块中的所有独立路径至少执行一次。

(2) 在所有的逻辑判断中,取"真"和取"假"的两种情况至少都能执行一次。

(3) 每个循环都应在边界条件和一般条件下各执行一次。

(4) 测试程序内部数据结构的有效性,等等。

适合于白盒测试的设计技术主要有逻辑覆盖法和基本路径测试等,用于软件验证。其中逻辑覆盖又可分为语句覆盖、判定覆盖、条件覆盖、判定/条件覆盖、多重覆盖和路径覆盖。

白盒测试可以对程序内部特定的部位进行覆盖测试,主要针对被测单元内部是如何进行工作的进行测试。白盒测试的缺点主要包括:

(1) 不能查出程序违反了设计规范,即程序本身是个错误的程序。

(2) 不可能查出程序中因遗漏路径而出错。

(3) 发现不了一些与数据相关的错误。

11.3 测试的过程和步骤

本节首先对信息系统的测试过程以及硬件系统、网络系统和软件系统中的测试步骤进行介绍,然后重点对软件测试中的单元测试、集成测试、确认测试、系统测试和验收测试的内容和要求加以说明。

11.3.1 测试过程

测试是开发过程中一个独立的、非常重要的阶段,也是保证开发质量的重要手段之一。测试过程基本上与开发过程平行进行。在测试过程中,需要对整个测试过程进行有效的管理,保证测试的质量和效率。一个规范化的测试过程通常包括以下基本的测试活动:拟定测试计划;编制测试大纲;设计和生成测试用例;实施测试;生成测试报告。

1. 拟定测试计划

测试计划是一个关键的管理功能,其目的是要为有组织地完成测试提供一个基础。在制定测试计划时,要充分考虑整个项目的开发进度,以及一些人为因素和客观条件等,使得测试计划是可行的。测试计划的内容主要有测试的内容、进度安排、测试所需的环境和条件(包括设备、被测项目和人员等)以及测试培训安排等。

2. 编制测试大纲

测试大纲是测试的依据。它明确、详尽地规定了在测试中针对系统的每一项功能或特性所必须完成的基本测试项目和测试完成的标准。无论是自动测试还是手工测试,都必须满足测试大纲的要求。

3. 设计和生成测试用例

根据测试大纲,设计和生成测试用例,产生测试设计说明文档,其内容主要有被测项目、输入数据、测试过程和预期输出结果等。

4. 实施测试

测试的实施阶段是由一系列的测试周期组成的。在每个测试周期中,测试人员和开发人员将依据预先编制好的测试大纲和准备好的测试用例,对被测软件或设备进行完整的测试。

5. 生成测试报告

测试完成后,要形成相应的测试报告,主要对测试进行概要说明,列出测试的结论,指出缺陷和错误,另外,给出一些建议,如可采用的修改方法、各项修改预计的工作量以及修改的负责人等。

通常,测试与纠错是反复交替进行的。如果使用专业测试人员,测试与纠错可以平行进行,从而节约总的开发时间。另外,由于专业测试人员有丰富的测试经验,采用系统化的测试方法,能全时地投入,而且独立于开发人员的思维,使得他们能够更有效地发现许多单靠开发人员很难发现的错误和问题。

11.3.2 测试步骤

由于每种测试所花费的成本不同,如果测试步骤安排得不合理,将造成为了寻找错误原因而浪费大量的时间以及重复测试。因此,合理安排测试步骤对于提高测试效率、降低测试成本有很大的作用。信息系统测试分别按硬件系统、网络系统和软件系统进行测试,最后对整个系统进行总的综合测试。测试的步骤如图 11.2 所示。

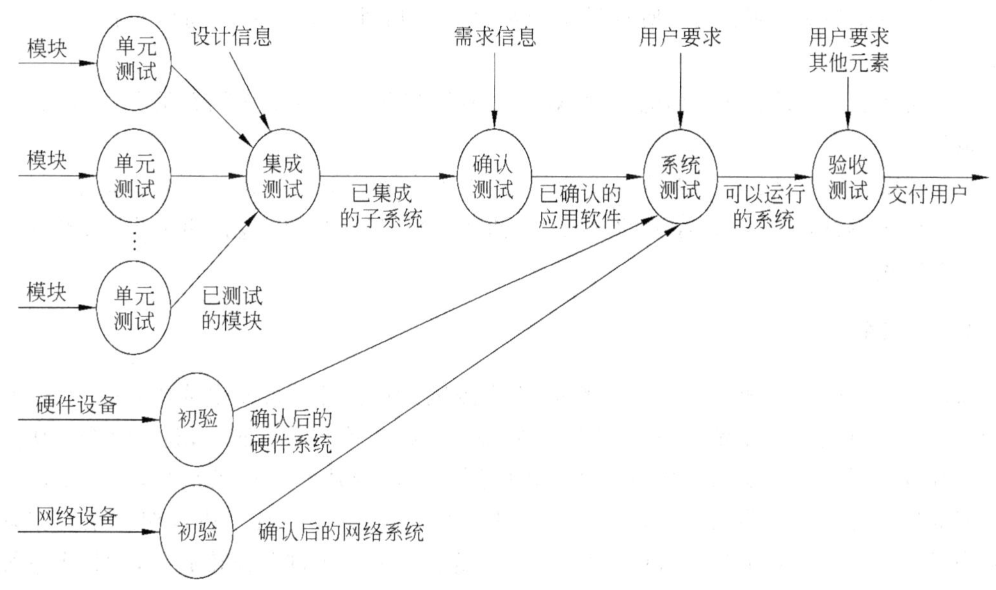

图 11.2　信息系统测试步骤

1. 硬件测试

在进行信息系统开发中，通常需要根据项目的情况选购硬件设备。在设备到货后，应在各个相关厂商配合下进行初验测试，初验通过后将与软件、网络等一起进行系统测试。初验测试所做的工作主要有以下几项。

(1) 配置检测：检测是否按合同提供了相应的配置。如系统软件、硬盘、内存和 CPU 等的配置情况。

(2) 硬件设备的外观检查：所有设备及配件开箱后外观有无明显划痕和损伤，包括计算机主机、工作站、磁带库、磁盘机柜和存储设备等。

(3) 硬件运行测试：首先进行加电检测，观看运行状态是否正常，有无报警，屏幕有无乱码提示和死机现象，是否能进入正常提示状态。然后进行操作检测，用一些常用的命令来检测机器是否能执行命令，结果是否正常，如文件复制、显示文件内容和建立目录等。最后检查是否提供了相关的工具，如帮助系统和系统管理工具等。

通过以上测试，要求形成相应的硬件测试报告，在测试报告中包含测试步骤、测试过程和测试的结论等。

2. 网络测试

如果信息系统不是单机，需要在局域网或广域网运行，按合同会选购网络设备。在网络设备到货后，应在各个相关厂商配合下进行初验测试，初验通过后将与软件、硬件等一起进行系统测试。初验测试所做的工作主要有以下几项。

(1) 配置检测：检测是否按合同提供了相应的配置。

(2) 网络设备的外观检查：所有设备及配件开箱后外观有无明显划痕和损伤，包括交换机和路由器等。

(3) 硬件运行测试：进行加电检测，观看交换机和路由器等工作状态是否正常，有无错误和报警。

(4) 网络连通测试：检测网络是否连通，可以用 ping、telnet 和 ftp 等命令来检查。

通过以上测试，要求形成相应的网络测试报告，在测试报告中包含测试步骤、测试过程和测试的结论等。

3. 软件测试

软件测试实际上分成 5 步：单元测试、集成测试、确认测试、系统测试和验收测试，它们按顺序进行。首先是单元测试，对源程序中的每一个程序单元进行测试，验证每个模块是否满足系统设计说明书的要求。集成测试是将已测试过的模块组合成子系统，重点测试各模块之间的接口和联系。确认测试是对整个软件进行验收，根据系统分析说明书来考察软件是否满足要求。系统测试是将软件、硬件和网络等系统的各个部分连接起来，对整个系统进行总的功能、性能等方面的测试。验收测试是以用户为主的测试，系统开发人员和质量保证人员也应参加。

11.3.3 单元测试

单元测试(unit testing)也称为模块测试。在模块编写完成,无编译错误后必须进行的测试工作。单元测试主要依据软件详细设计文档,其目的是发现在程序单元内部所有重要的控制路径中可能存在的各种错误。单元测试大多是从程序内部结构出发设计测试用例,即一般采用白盒测试法。多个模块可独立、同时进行。

1. 单元测试的内容

在单元测试中,主要从模块的5个特征进行检查:模块接口、局部数据结构、重要的执行路径、出错处理和边界条件。

模块测试通常由程序员本人来完成。但信息系统项目负责人应该注意测试结果,将这些测试资料妥善保存,为后续的测试工作打下良好的基础。

2. 单元测试的方法

由于模块不是独立运行的程序,各模块之间存在联系,即存在调用与被调用的关系。在对每个模块进行测试时,为模拟模块之间的联系,需要设置一些辅助测试模块。辅助测试模块主要有两种:

(1) **驱动模块**(driver):用来模拟被测模块的上一级模块。在单元测试中,驱动模块接收测试用例的数据,将这些数据送给被测模块,运行被测模块,输出测试结果。

(2) **桩模块**(stub):也称为存根模块,桩模块用来代替被测模块中所调用的子模块,其内可进行少量的数据处理,目的是为了检验入口,输出调用和返回的信息。

驱动模块和桩模块是测试用的软件,不是要交给用户的软件组成部分,但需要花费一定的开发费用。为了降低成本,对于一些不能用简单的测试软件进行充分测试的模块,可以用11.3.4节中介绍的增量式集成测试方法,在集成测试的同时完成对模块的详细测试。

提高模块的内聚度可以简化单元测试,如果每个模块只完成一种功能,对于具体模块来讲,所需的测试方案数目就会显著减少,而且更容易发现和预测模块中的错误。

11.3.4 集成测试

集成测试(integration testing)又叫组装测试,是指每个模块完成单元测试之后,需要按照设计时确定的结构图,将它们连接起来进行测试,确保程序单元或模块接口正确和软件结构合理。即使所有模块都通过了测试,但在连接之后,仍可能会出现如下问题:穿过模块的数据被丢失;一个模块的功能对其他模块造成有害的影响;各个模块连接起来后没有达到预期功能;全局数据结构出现问题;单个模块的误差可以接受,但模块集成后,可能会出现误差累积,最后到不能接受的程度,等等。所以需要集成测试。

通常,集成测试有非增量式集成和增量式集成两种方法。

1. 非增量式集成

分别测试各个模块,再把这些模块组合起来进行整体测试,这种方法称为非增量式集成。

非增量式集成可以对模块进行并行测试，能充分利用人力，加快工程进度。但这种方法容易混乱，出现错误不容易查找和定位。

2. 增量式集成

把下一个要测试的模块组合到已测试好的模块中，测试完后再将下一个需测试的模块组合进来测试，逐步把所有模块组合在一起，并完成测试，该方法称为增量式集成。

增量式集成的范围是一步步扩大的，所以错误容易定位，而且已测试的模块可在新的条件下进行测试，程序测试得更彻底。

增量式集成技术有自顶向下的增量方式和自底向上的增量方式两种测试方法。在对信息系统进行测试的过程中，通常将这两种方法结合起来使用，即对位于软件结构中较上层的模块使用自顶向下的方法，而对于较底层的模块使用自底向上的方法。

11.3.5 确认测试

经过集成测试之后，软件就被集成起来，接口方面的问题已排除，就可以进入确认测试(validation testing)环节。确认测试的任务是进一步验证软件的有效性，也就是说，检查软件的功能和性能是否与用户的要求一样。系统分析说明书描述了用户对软件的要求，所以是软件有效性验证的标准，也是确认测试的基础。

1. 有效性测试

有效性测试就是在模拟环境下，通过黑盒测试检验所开发的软件是否与系统分析说明书一致。为此，需要制定测试计划，规定要做的测试类型，设计测试用例，组织测试人员对已集成的软件进行测试。在设计测试用例时，除了检测软件的功能和性能之外，还需要对软件的容错性、维护性等其他方面进行检测。测试人员可由开发商的内部人员组成，但最好是没参加该项目的有经验的软件设计人员。在所有测试用例完成之后，测试结果有两种情况：

(1) 功能和性能等都满足需求，可以接受。

(2) 发现测试结果与预期的不符，这时要列出缺陷清单。在这个阶段才发现的严重错误一般很难在预定的时间内纠正，需要与用户协商，寻找妥善解决问题的办法。

2. 软件配置审查

确认测试的另一个环节是软件配置的审查，主要是检查软件(源程序和目标程序)和文档(包括面向开发人员的和面向用户的)是否齐全，分类是否有序。确保文档、资料的正确和完善以便维护阶段使用。

11.3.6 系统测试

系统测试(system testing)是将已经确认的软件、计算机硬件、外设和网络等其他元素相结合，进行信息系统的各种联合测试。其目的是通过与系统的需求相比较，发现所开发的系统与用户需求不符或矛盾的地方。系统测试是根据系统分析说明书来设计测试用例的，常见的系统测试主要有以下内容。

1. 恢复测试(recovery testing)

恢复测试是检测系统的容错能力。检测方法是采用各种方法让系统出现故障,检验系统是否按照要求能从故障中恢复过来,并在预定的时间内开始事务处理,而且不对系统造成任何损害。如果系统的恢复是自动的(由系统自动完成),需要验证重新初始化、检查点和数据恢复等是否正确。如果恢复需要人工干预,就要对恢复的平均时间进行评估并判断它是否在允许的范围内。

2. 安全性测试(security testing)

系统的安全性测试是检测系统的安全机制和保密措施是否完善、没有漏洞,主要是为了验证系统的防范能力。测试的方法是测试人员模拟非法入侵者,采用各种方法冲破防线。

例如,以系统的输入作为突破口,利用输入的容错性进行正面攻击;故意使系统出错,利用系统恢复的过程窃取口令或其他有用的信息;想方设法截取或破译口令;利用浏览非保密数据获取所需信息,等等。

从理论上说,只要时间和资源允许,没有进入不了的系统。所以,系统安全性设计准则是使非法入侵者所花费的代价比进入系统后所得到的好处要大,此时非法入侵已无利可图。

3. 强度测试(stress testing)

强度测试是对系统在异常情况下的承受能力的测试,是检查系统在极限状态下运行时性能下降的幅度是否在允许的范围内。因此,强度测试要求系统在非正常数量、频率或容量的情况下运行,例如,运行使系统处理超过设计能力的最大允许值的测试用例;设计测试用例,使系统传输超过设计最大能力的数据,包括内存的写入和读出以及外部设备等;对磁盘保留的数据,设计产生过度搜索的测试用例,等等。强度测试主要是为了发现在有效的输入数据中可能引起不稳定或不正确的数据组合。

4. 性能测试(performance testing)

性能测试是检查系统是否满足系统分析说明书对性能的要求。特别是实时系统或嵌入式系统,即使软件的功能满足需求,但性能达不到要求也是不行的。性能测试覆盖了软件测试的各阶段,而不是等到系统的各部分所有都组装之后才确定系统的真正性能。

性能测试通常与强度测试结合起来进行,并同时对软件、硬件进行测试。软件方面主要从响应时间、处理速度、吞吐量和处理精度等方面来检测。

5. 可靠性测试(reliability testing)

对于系统分析说明书中提出了可靠性要求时,要对系统的可靠性进行测试。通常使用平均失效间隔时间(Mean Time Between Failures,MTBF)和因故障而停机时间(Mean Time To Repairs,MTTR)等指标来衡量系统的可靠性。

6. 安装测试(installation testing)

在安装软件系统时会有多种选择。安装测试就是为了检测在安装过程中是否有误、是否易操作等。主要检测：系统的每一个部分是否齐全；硬件的配置是否合理；安装中需要产生的文件和数据库是否已产生，其内容是否正确；等等。

11.3.7 验收测试与回归测试

验收测试是以用户为主的测试。系统开发人员和质量保证人员也应参加。在验收测试之前，需要对用户进行培训，以便熟悉该系统。验收测试的测试用例由用户参与设计，主要验证系统的功能、性能、可移植性、兼容性和容错性等。测试时一般采用实际数据。

回归测试是在软件维护阶段对软件进行修改之后进行的测试。其目的是检验对软件进行的修改是否正确。这里，修改的正确性有两重含义：一是所作的修改达到了预定目的，如错误得到改正，能够适应新的运行环境，等等；二是不影响软件的其他功能的正确性。

最后，再强调一下，信息系统的开发过程通常分为系统分析、设计和编码实现等阶段，而每个阶段都有可能出现错误。测试过程正好与开发过程相反，其开发和测试的关系如图 11.3 所示。单元测试主要发现编码阶段的错误，集成测试主要发现设计阶段产生的错误，以此类推。如果在确认测试中发现系统分析有错误，这就需要重新修改系统分析、设计和编码。这说明越早犯的错误越到最后才能发现，因此要重视开发的前期工作。

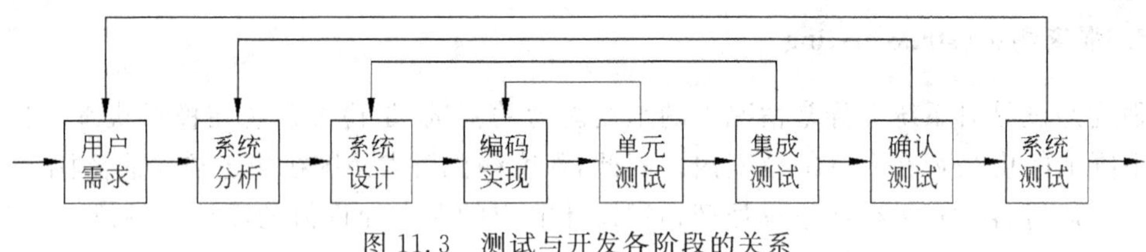

图 11.3 测试与开发各阶段的关系

11.3.8 调试

测试的目的是为了发现尽可能多的错误，而对于所暴露的错误最终需要改正。调试的任务就是根据测试时所发现的错误找出原因和具体的位置，并进行改正。

正如前面所讲的，单元测试通常由程序开发人员来进行，对于集成测试、确认测试可以由开发商组织的测试人员或第三方测试中心来进行，在系统测试和验收测试时需要用户参与共同完成。其原则是除单元测试以外，测试工作应避免由原开发人员来承担。但调试工作主要由程序开发人员来进行，也就是说，谁开发的程序一般由谁来进行调试。

1. 调试过程

调试的过程如图 11.4 所示。首先执行设计的测试用例，对测试结果进行分析，如果有错误，需要运用调试技术，找出错误原因和具体的位置。调试结果有两个：一是能确定错误原因并进行了纠正，为了保证错误已排除，需要重新执行暴露该错误的原测试用例以及某些回归测试(即重复一些以前做过的测试)；另一种是未找出错误原因，那么只能对错误原因进行假设，根据假设设计新的测试用例证实这种推测，若推测失败，需进行新的推测，直至找到错误并纠正。通常确定错误原因和具体的位置所需的工作量在调试过程中是非常大的，大约占调试总工作量的95%，而且花费的时间也不确定。

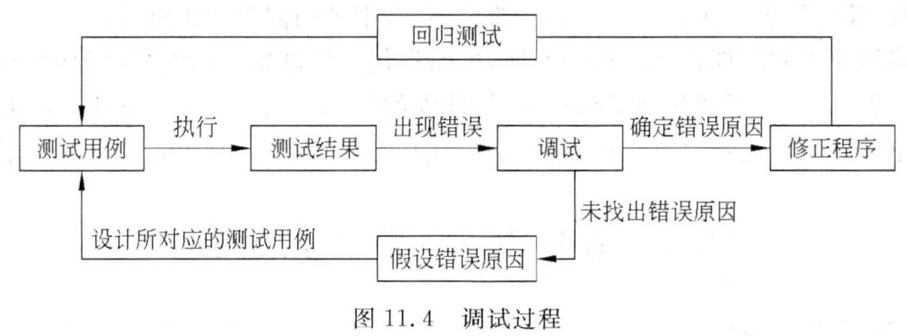

图 11.4 调试过程

2. 调试方法

无论哪种调试方法，其目的都是为了对错误进行定位。常用的调试方法有如下几种。

1）试探法

调试人员分析错误的症状，猜测问题的所在位置，利用在程序中设置输出语句，分析寄存器和存储器的内容等手段来获得错误的线索，一步步地试探并分析找到错误所在。这种方法效率很低、进展缓慢，适合于结构比较简单的程序。

2）回溯法

调试人员从发现错误症状的位置开始，人工沿着程序的控制流程往回跟踪程序代码，直到找出错误根源为止。这种方法适合于小型程序；对于大规模程序，由于其需要回溯的路径太多而变得不可操作。

3）对分查找法

这种方法主要用来缩小错误的范围。如果已经知道程序中的变量在若干位置的预期正确取值，可以在这些位置上用赋值语句或输入语句给这些变量以正确值，运行程序，观察输出结果，如果没有发现问题，则说明从给变量的正确值开始到输出结果之间的程序没有出错，问题可能在除此之外的程序中，否则在所考察的这部分程序中就有错误。对含有错误的程序段再使用这种方法，直到把故障范围缩小到比较容易诊断为止。

4）归纳法

归纳法就是从测试所暴露的错误出发，收集所有正确或不正确的数据，分析它们之间的关系，提出假想的错误原因，用这些数据来证明或反驳，从而查出错误所在。其步骤为：

(1) 收集关于程序做得对或不对的所有数据。

(2) 整理数据，找出规律，主要发现在什么条件下出现错误，什么条件下不出错。

(3) 提出一个或多个错误原因，如果提不出来，则说明收集的数据不够，需要设计和执行追加的测试用例来得到。如果提出了多个错误原因，则首先选择可能性最大的那个原因。

(4) 用假设来解释所有的原始测试结果，如果能解释这一切，则假设得以证实，也就找出错误。否则，要么是假设不完备或不成立，要么有多个错误同时存在，需要重新分析，提出新的假设，直到发现错误为止。

5）演绎法

根据对某类系统测试的一般原则，列出该类系统所有可能的错误原因。分析已有的测试数据，排除不可能、彼此矛盾的原因。对余下的原因，选择可能性最大的，利用已有的数据完善该假设，使假设更具体。运用归纳法的第(4)步来证明假设的正确性。

随着测试技术和软件开发环境的发展，可以提供功能越来越强的自动测试和调试工具，支持断点设置、单步运行和各种跟踪技术，为软件的调试提供了很大的方便。但无论哪种工具都代替不了开发人员对整个文档和程序代码的仔细研究和认真审查所起的作用。

11.4 基于 Web 的信息系统测试

当前，基于 Web 的信息系统应用得越来越广泛。由于 Web 信息系统有自己独特的特点，所以在对 Web 应用系统进行测试时，不仅要借用传统软件测试和系统测试的方法和技术，还需要研究测试和评估 Web 系统的新方法和新技术。

11.4.1 网页测试

在 Web 系统中，网页含有非常丰富的内容，对它的测试可以从以下几方面考虑。

1. 用户界面测试

用户界面测试主要包括：用户界面的色彩搭配、整体布局和样式是否统一，控件是否合理，提示信息和页面信息是否有语法错误，等等。用户界面测试包括的内容有如下几方面：

(1) 所有页面的样式风格是否统一。

(2) 背景颜色是否与字体颜色和前景颜色相搭配。

(3) 图形或动画是否都有明确的用途，是否是胡乱地堆放在一起。

(4) 所有图形或动画是否能正确地装载和显示。

(5) 每个页面的标题、栏目名称和文章内容等是否正确，同一级别的字体、大小和颜色是否统一。

(6) 日期、时间等类型的数据显示格式是否统一。

(7) 在调整浏览器窗口大小或屏幕刷新时，页面在窗口中的显示是否正确、美观。

除此之外，还可以通过走访和调查问卷等方式征求最终用户的意见，实现对整个 Web 应用系统的页面结构测试。

2. 链接测试

链接是 Web 应用系统的一个主要特征，它是在页面之间切换和指导用户去一些不知道地址的页面的主要手段。链接测试可分为 3 个方面：

(1) 测试所有链接是否按指示的那样确实链接到了该链接的页面。

(2) 测试所链接的页面是否存在。

(3) 保证 Web 应用系统上没有孤立的页面(所谓孤立页面是指没有链接指向该页面)。

链接测试可以自动进行，现在已经有许多工具可以采用，如 HTML Link Validator、Web Link Validator 和 Dreamweaver 等。链接测试必须在集成测试阶段完成，也就是说，在整个 Web 应用系统的所有页面开发完成之后应进行链接测试。

3. 表单测试

在网站上，表单是实现网页上数据传输的基础，其作用就是能实现访问者与网站或网站管理员之间的交互功能，如用户注册、登录和信息提交等。在这种情况下，必须测试提交操作的完整性，以校验提交给服务器的信息的正确性。例如填写的所属省份与所在城市是否匹配等。如果使用了默认值，还要检验默认值的正确性。如果表单只能接受指定的某些值，则也要进行测试。例如，只能接受某些字符，测试时可以跳过这些字符，看系统是否会报错。

4. 状态测试

在 Web 应用程序中，通常用 Cookie 和 Session 等来存储用户信息和用户在某应用系统中的操作。如果 Web 应用系统使用了 Session，需要测试 Session 失效的情况。

如果 Web 应用系统使用了 Cookie，就必须检查 Cookie 是否能正常工作并且对这些信息是否已经加密。测试的内容可包括 Cookie 是否起作用，是否按预定的时间进行保存，刷新对 Cookie 有什么影响等。

5. 导航测试

导航描述了用户在一个页面内操作的方式。导航测试在不同的链接页面之间，或在不同的用户接口控制之间（如按钮、对话框、列表和窗口等）层次是否清楚，是否符合用户的操作习惯。导航测试的内容主要包括：

(1) 导航是否直观。

(2) Web 系统的主要部分是否可以通过主页访问。

(3) Web 系统是否需要站点地图、搜索引擎或其他的导航器帮助。

Web 应用系统的层次一旦决定，就要着手测试用户导航功能，让最终用户参与这种测试，效果将更加明显。

6. 应用程序特定的功能测试

根据系统分析说明书和系统设计说明书，还需要对应用程序的特定功能和逻辑进行测试。测试的内容包括：

(1) 所有页面的搜索功能是否实现，是否能正确显示搜索结果，对异常情况能否报错。

(2) 前后台数据的交互是否正确（如网上书店能否实现图书、订单等信息的实时更新），数据传递是否正确。

(3) 如果有分页功能，需测试分页功能是否实现，能否正确跳转到指定的页数。

(4) 用户对页面的操作是否随着权限的变化而变化。

(5) 如果有上传或下载文件的功能，需测试上传或下载文件的功能是否实现。

11.4.2 网站测试

在网页测试的基础之上，还需要对整个网站进行测试。其内容主要包括以下几方面。

1. 数据库测试

在 Web 应用技术中，数据库起着重要的作用，数据库为 Web 应用系统的管理、运行、查询和实现用户对数据存储的请求等提供空间。对数据库相关方面的测试主要包括：

(1) 数据库的设计是否合理和完善。

(2) SQL 语句编写是否正确、高效。

(3) 当网站需要支持多种类型的数据库产品时，需进行 SQL 兼容性测试。

2. 服务器性能及负载测试

网站可能每日接受数十万、百万次的服务请求。如果 Web 系统响应时间太长，用户就会因没有耐心等待而离开。因此非常有必要对服务器性能进行测试。

负载测试是为了测量 Web 系统在某一负载级别上的性能，以保证 Web 系统在需求范围内能正常工作。负载级别可以是某个时刻同时访问 Web 系统的用户数量，也可以是在线数据处理的数量。

服务器性能及负载测试通常是通过模拟应用的方法来实现，也就是说，通过某种程序方法(或测试工具)模拟上万次的链接和下载来判断服务器的响应时间、并发访问数量和负载能力。

3. 安全性测试

现在的 Web 应用系统基本采用先注册、后登录的方式。因此，必须测试有效和无效的用户名和密码，要注意到是否对大小写敏感，可以试多少次的限制，是否可以不登录而直接浏览某个页面等。Web 应用系统是否有超时的限制，也就是说，用户登录后在一定时间内(例如 10 分钟)没有点击任何页面，是否需要重新登录才能正常使用。有些页面需要一定权限才能访问，是否屏蔽了直接输入 URL 的访问等。

为了保证 Web 应用系统的安全性，日志文件是至关重要的。需要测试相关信息是否写进了日志文件，是否可追踪。当使用了安全套接字时，还要测试加密是否正确，检查信息的完整性。服务器端的脚本常常构成安全漏洞，这些漏洞又常常被黑客利用，所以，还要测试没有经过授权，就不能在服务器端放置和编辑脚本的问题。

4. 客户端兼容性测试

客户端兼容性测试主要包括以下几方面。

1) 平台测试

市场上有不同类型的操作系统，最常见的有 Windows、UNIX、Macintosh 和 Linux 等。Web 应用系统的最终用户究竟使用哪一种操作系统，取决于用户系统的配置。这样，就可能会发生兼容性问题，同一个应用可能在某些操作系统下能正常运行，但在另外的操作系统下可能会运行失败。因此，在 Web 系统发布之前，需要在各种操作系统下对 Web 系统进行兼容性测试。

2）浏览器测试

浏览器测试，是指测试网页在不同浏览器和不同版本下的运行和显示状况。在实际工作中，用户会使用不同的浏览器登录互联网，框架和层次结构风格在不同的浏览器中有不同的显示，甚至根本不显示，不同的浏览器对安全性和 Java 的设置也不一样。通过此项测试和修改，可以保证网页在大多数的浏览器中都能正确显示。

3）分辨率测试

需要测试在不同分辨率下网页有哪些变化，是否能正常显示。

5. 接口测试

在很多情况下，Web 网站不是孤立的，它可能会与外部服务器通信，请求数据、验证数据等。因而，对于与 Web 网站有关的接口也应该一并进行测试。

11.5 自动化测试及其工具

以前对应用系统的测试大多采用手工的测试方法，或设计一些测试程序来进行测试，造成测试效率低、花费时间长，这种传统的手工测试已远远不能满足现实需求。为了提高软件测试效率，保证软件测试质量，提高软件测试的自动化水平是一个有效的解决方法。

11.5.1 自动化测试概述

通常，软件测试的工作量很大，但测试却是在整个开发过程中极有可能应用计算机代替测试人员的工作，其原因是测试的许多操作是重复性的、非智力性的和非创造性的、需要进行准确细致的工作。采用计算机自动化测试方式最适合完成这样的任务。

自动化测试是软件测试的一个重要组成部分，它利用软件测试工具自动实现全部或部分测试，从而达到提高测试质量和测试效率、减少测试过程中的重复劳动的目的。

1. 自动化测试的优缺点

与手工测试相比，自动化测试主要有以下优势：

(1) 测试流程自动化管理可以使得测试活动更加规范，测试也能在项目的早期开始并随着时间一直扩展。

(2) 在多个平台上的测试能够同时进行，更好地利用资源。

(3) 对程序的回归测试更方便。由于回归测试的用例和操作是预先设计好的，测试期望的结果也是可以预料的，因此，将回归测试自动运行从而缩短测试时间，减少不必要的人力浪费。

(4) 可以在较少的时间内运行更多的测试，提高测试效率。

(5) 可执行一些手工测试困难或不可能进行的测试。如对于在网络上运行的应用系统，在进行大量用户的测试时，不可能同时让足够多的测试人员同时进行测试，但可以通过自动化测试工具模拟产生许多用户，达到测试的目的。

(6) 测试是可复用的。由于自动化测试通常采用脚本技术，这样可以只需做少量的修改或不修改，就能在不同的测试过程中使用相同的测试用例。

当然，自动化测试也存在一些缺点，主要表现在：不能完全取代手工测试；手工测试可能比自动测试发现更多的意外缺陷；测试自动化没有创造力，不能灵活处理意外事件，等等。

2. 自动化测试的适用场合

应该根据具体情况选择采用手工测试还是自动化测试。通常，适合于自动化测试的场合主要有：

(1) 在软件开发项目中，某些模块的需求变动很大，而有些模块却相对稳定。对于那些相对稳定的模块可考虑采用自动化测试，而变动较大的模块仍需采用手工测试。

(2) 在手工测试困难或无法完成，需要投入大量时间与人力时也可以考虑采用自动化测试。例如压力测试、并发测试和强度测试等。

(3) 对于一些需要重复性测试工作的可以考虑采用自动化测试。例如，对新版本软件进行回归测试、对平台兼容性(不同的操作系统、不同的数据库以及不同的硬件配置等)的测试。

11.5.2 自动化测试工具的分类

随着软件测试的地位逐步提高，测试工具的应用已经成为了普遍的趋势。目前用于测试的工具很多，基本可以覆盖整个软件测试周期。按照这些测试工具的功能和作用，可以分成以下几大类：测试管理工具、测试用例设计工具、白盒测试工具、功能测试工具和性能测试工具等。

1. 测试管理工具

测试管理工具用于对测试进行管理。它贯穿了整个软件测试过程，包括制定测试计划、测试用例设计、测试实施和缺陷跟踪等。它管理整个测试过程中所产生的文档、数据统计和版本信息。

测试管理工具将测试过程流水化，让不同人员可以通过工具实时交换相关信息，随时了解测试进程、问题等，从而能够更加有效地组织管理整个软件的测试流程。测试管理工具的代表有 HP 公司的 Quality Center 和 IBM 公司的 Rational ClearQuest 等软件。

2. 测试用例设计工具

测试用例设计工具主要是用于测试用例的设计。它又具体分为两类：

(1) 基于需求说明的测试用例设计工具。

(2) 基于代码的测试用例设计工具。

基于需求说明的测试用例设计工具主要用于系统级别的测试，在使用中不受软件开发语言和平台的限制。在使用这类工具生成测试用例之前，需要事先手工将需求说明转化成工具所能理解的格式，由工具对转化后的需求说明进行分析，生成测试用例。用这类工具生成测试用例的质量直接取决于需求功能说明书的质量。

基于代码的测试用例设计工具主要用于单元测试中，它通过读入程序源文件，并对其中的代码结构进行分析，产生测试输入数据进行测试。由于这种工具与代码结合得很紧密，所以，一种工具只能对应一种或一类特定的语言，而且这类工具也只能产生测试的输入数据，不能产生输入数据后的预期结果。

3. 白盒测试工具

白盒测试工具一般是针对被测源程序进行的测试，测试中发现的缺陷可以定位到代码级。根据是否运行代码，白盒测试工具可进一步细分为静态测试工具和动态测试工具。

1）静态测试工具

静态测试工具在不执行程序的情况下直接对被测源程序进行分析。它一般根据预订定义的语法规则对代码进行扫描，找出不符合编码规范的地方。

静态测试工具的代表有 Telelogic 公司的 Logiscope、PR 公司的 PRQA 和 Microsoft 公司的 FxCop 等软件。

2）动态测试工具

动态测试工具就是通过选择适当的测试用例，运行测试程序，将测试结果和预期结果相比较，以发现错误。动态测试工具能使被测程序有控制地执行，监视和记录程序的运行情况。通常的方法是在被测程序所生成的可执行文件中插入一些监测代码，检测各语句、分支和路径的执行次数、运行结果等，以便统计各种覆盖情况。如果测试的覆盖率没有达到要求，则要设计新的测试用例来满足覆盖要求。除了覆盖分析之外，也常分析程序对资源的占用情况，帮助优化程序，提高系统性能。

目前，最流行的单元测试工具是 xUnit 系列框架。根据支持的语言环境不同可分为 JUnit(Java)、CppUnit(C++)、DUnit(Delphi)、NUnit(.net)、PhpUnit(Php)和 PerlUnit(Perl)等。

IBM 公司也推出了一系列的动态测试工具，如主要用来检查内存和资源泄露问题的测试工具 Rational Purify，又如对测试所达到的覆盖率进行统计、分析的测试工具 Rational PureCoverage 等。

4. 功能测试工具

功能测试工具(也称为功能测试自动化工具)是回归测试所主要用到的工具，其测试对象多为图形界面(GUI)的应用程序。它的一般原理是利用脚本的录制(Record)/回放(Playback)，模拟用户的操作，然后将被测程序的输出记录下来同预先给定的标准结果相比较。

使用功能测试自动化工具的主要过程就是“录制→修改参数并设定预期值→运行→检查操作结果是否正确→形成报表”。录制就是记录下人工对被测程序的全部操作过程(如单击某个按钮，在某个文本框中输入数据等)，形成了脚本(script)。

然后就是修改参数和预期值。这个过程是为了对应用程序进行反复的、不同数据的测试而对脚本进行一些修改和添加；同时，也要针对输入设定希望输出的结果，这样才能比较测试结果是否符合要求。

运行脚本，测试工具就会按照脚本中的内容，对被测程序进行操作。运行完脚本后，就会生成相应的测试报表，供测试人员分析问题。测试报表可以告诉测试人员非常详细的信息，如数据库中哪个表的哪一行有问题等。

这样，通过脚本录制和回放功能可以大大减轻测试人员的工作量。此外，在录制的脚本中可以设置检验点以便测试工具能够对操作结果的正确性进行检查，还可以根据具体的测试需要对脚本进行编程，使得脚本更加灵活。

典型的功能测试自动化工具有 IBM 公司的 Rational Functional Tester(RFT)和 HP 公司的 QuickTest Professional(QPT)等。

5. 性能测试工具

性能测试工具就是模拟应用程序实际工作中所可能产生的高并发、不稳定的网络带宽、有限的服务器资源等环境，对被测程序进行压力或响应时间的测试，通过测试结果来确认和发现问题，从而对系统性能进行优化，确保应用系统的成功部署。通常所说的压力测试、容量测试和强度测试都属于性能测试的范畴。通常进行的性能测试内容主要包括：系统的响应时间，系统能够承受多大程度的并发操作，在网络带宽不足、内存或处理器资源紧张的情况下是否能够正常工作，等等。

使用性能测试工具对应用系统的性能进行测试的主要过程如下：

(1) 录制手工操作被测系统的操作过程，以脚本的方式保存。

(2) 根据具体的测试要求，对脚本进行修改，并对脚本运行的过程进行设置(如设置并发的用户数)，使脚本的运行环境和实际要模拟的测试环境一样。

(3) 运行测试脚本。性能测试工具在模拟环境下执行预先录制的脚本，并实时显示与被测系统相关的各项性能数据。

性能测试工具的代表有 IBM 公司的 Rational Performance Tester 和 HP 公司的 LoadRunner 等。

11.5.3 开源测试工具解决方案

相对于商业测试软件，开源测试工具有免费、功能简单、轻便和有更好的扩展自由度等优点。从单元测试、功能测试、性能测试到测试管理都有相对应的开源软件测试工具。借助开源软件测试工具完全可以构造一个完整的测试解决方案。部分开源测试工具如表 11.1 所示。

表 11.1 开源测试工具一览

类型	代表的测试工具和说明	参考网站
测试平台	TestMaker：一个分布式的自动化测试平台，主要对应用程序的性能进行监控和管理。支持 Java、.NET、PHP、Ruby 和 Perl 等的功能测试以及负载和性能测试，主要适合 Web 和 SOA 等的应用	http://www.pushtotest.com
缺陷跟踪	Bugzilla：基于 Web 的产品缺陷记录及跟踪工具	http://www.bugzilla.org
	MantisBT：基于 Web 的软件缺陷管理工具，适合中小型软件开发团队	http://www.mantisbt.org/

续表

类型	代表的测试工具和说明	参考网站
测试用例管理	TestLink：基于 Web 的测试用例管理工具，主要功能是测试用例的创建、管理和执行，并且还提供了一些简单的统计功能	http://www. ltesting. net/ceshi/open/kycsglgj/testlink/
单元测试工具	针对各种语言进行的单元测试工具，如 JUint、PhpUnit 等	http://www. junit. org/
	针对各种对象（HTTP，Database）进行的单元测试，如 HttpUnit 和 DBUnit 等	http://c2. com/cgi/wiki? HttpUnit
功能测试工具	Selenium：基于 Web 应用的功能测试和验收测试	http://seleniumhq. org/
	Citrus：一个采用 Java 开发的测试框架。它为企业 SOA 应用程序和消息解决方案提供完全自动化的集成测试	http://www. citrusframework. org/
	MaxQ：一个开源的 Web 功能测试工具	http://maxq. tigris. org/
	Abbot：用来对 Java 的图形界面应用程序进行功能和单元测试的框架。主要功能包括模拟用户行为和检查组件状态，测试过程会被记录下来并可以进行回放	http://abbot. sourceforge. net
性能测试工具	Apache JMeter：用于对服务器或网络模拟繁重的负载来测试它们的强度或分析不同压力类型下的整体性能	http://jakarta. apache. org/jmeter/
	OpenSTA：专用于 B/S 结构的性能测试工具。可对测试脚本进行编辑，完成大规模的压力测试	http://portal. opensta. org/inde. php
	loadUI：一个企业级的负载测试工具，测试可分布式运行并可实时修改	http://www. loadui. org/
	Pylot：一款用以测试 Web Service 性能和扩展性的工具，它运行 HTTP 负载测试，这对于制定容量计划、确定基准点、分析系统瓶颈以及系统调优都非常有用	http://www. pylot. org
	DBMonster：可以生成随机数据，用来测试 SQL 数据库的压力测试工具	http://www. dbmonster. com/Default. aspx

思 考 题

1. 测试应遵循什么原则？为什么要遵循这些原则？

2. 软件测试的过程和步骤是什么？

3. 硬件测试和网络测试各包括哪些内容？

4. 系统测试的内容包含哪些？写出每一种测试的要点。

5. 测试与调试有什么区别？它们各有什么用途？

6. 试对某个规模较小的 Web 网站进行测试，先做出测试设计，然后用相应方法进行测试。

7. 简述自动化测试的优点和缺陷。

8. 选取一种本章所列的开源测试工具，自学相关内容，认识其主要功能并学习使用方法，尝试进行实例的测试。

第 12 章　信息系统的运行管理

信息系统的开发阶段结束以后，信息系统就要投入运行。在信息系统投入运行之前，需要做好两个保障工作，即制度保障和组织保障。有了制度和组织保障，才能保证信息系统比较顺畅地运行。制度保障是指建立和健全信息系统的运行制度；组织保障是指搭建合适的部门组织结构和制订岗位职责。

在系统投入运行之后，就要开始系统运行维护（简称运维）管理。系统运维管理，按照时间先后顺序，可以分为 3 方面的工作，首先，是新系统试运行以及新旧系统的切换；其次，是信息系统的日常运行管理，即收集系统在使用和维护过程中产生的信息，定期进行分析归纳，据此写出运行分析报告；最后，是系统升级，即根据系统的运行情况或用户要求，升级或更新系统。

随着信息化逐渐走向深入，信息系统领域的重心也逐渐从系统建设转移到系统运行方面。对于业务部门来讲，运行的信息系统可视为由 IT（Information Technology，信息技术）部门提供的计算服务，因此对信息系统的管理就是 IT 服务管理。现在，国际上已经有了许多从 IT 服务管理的角度研究信息系统运行的模型和框架。本章的最后介绍两个权威的 IT 服务管理的模型：COBIT 和 ITIL。

12.1　信息系统运行的制度建设

要做到信息系统的正确和安全运行，就必须建立和健全信息系统的运行制度和安全制度，不断提高各类人员的素质，有效地利用运行日志等信息对系统施行监督和控制。

这里，必须十分强调的是提高组织中各类用户的素质，防止员工因操作失误给组织带来损失。比如在销售订货系统的应用文件中输错了一种很受欢迎的产品的价格时，其结果要么由于价格输入得低而大大影响利润，要么由于价格输入得高而大大影响销售量；还有一个例子，一个被设计用来实施市场预测的表格产生了一个 360 万美元的错误预测，其原因是把所有小数都四舍五入成了整数，这样 1.04 的通货膨胀率就从计算中被排除了。

12.1.1　建立和健全信息系统的运行制度

管理任何一个规范的组织，其每一项具体的业务都应有一套科学的运行制度。信息系统也不例外，同样需要一套完善的管理制度以确保信息系统的正确和安全运行。信息系统的运行管理制度是对员工在信息处理方面的要求和约束，应该在信息系统的运行过程中不断完善。具体包括：

(1) 信息收集整理制度。在确定岗位职责时，应该明确每一个员工应该负责收集哪方面的信息，并对其进行分类整理，辨别真伪，保证其质量，将信息收集的质量放入考核体系之中。

(2) 信息录入制度。制度中要明确规定录入人员的权限和要求，包括正确性、及时性和可靠性，以及奖惩措施。

(3) 信息更新制度。组织根据自己的需要，设立专人或由人兼职对于组织中的已经过时的、失效的或者暂时没用的信息进行定期或不定期地更新，保证信息的有效性和一致性。

(4) 信息共享制度。信息系统最重要的目标是让组织员工能够更多地分享相关的信息，从而提高他们自我管理和决策的水平，因此组织应该明确规定信息共享的范围和程度，并建立相关的激励机制和考核措施保证这一制度的顺畅执行。

(5) 信息报告制度。信息报告制度是指组织的每一个员工都有责任将组织内在的隐患和竞争对手的新举措等报告给高层领导人，员工对公司发展的建议也有渠道上传给高层负责人，对于积极提出建议和报告的员工应有相应的奖励措施，以提升员工对组织事务的参与感。在信息系统建成之后，也可以设立员工信箱，在网上传递上述信息。对于员工的建议，高层应及时给予答复和反馈。

(6) 信息人才培养制度。组织要大力引进和培养既懂经营管理，又懂信息化的复合型管理人才。对在组织信息化建设中起重要作用的关键人才，要加大收入分配方面的激励。加强全员培训，提高全员信息化意识和运用信息技术的能力。

12.1.2 建立和健全信息系统的安全制度

信息系统的安全问题将在第 13 章中专门讨论，这里仅讨论信息系统运行期间的安全制度。信息系统的安全制度的作用主要表现为 3 个方面：首先，信息系统的物质形式必须处于安全监控之中，即计算服务器、存储服务器和网络设备等资源必须有安全保障；其次，信息系统的非物质形式必须处于安全监控之中，即软件、数据和信息等关键要素必须有安全保障；最后，信息系统的外围设施必须处于安全监控之中，例如人员、制度和外部支持等附加要素必须有安全保障。

1. 硬件资源的安全管理制度

(1) 参观中心机房必须经过审查、身份登记与验证出入，带入带出物品须经检查。

(2) 专人负责启动、关闭中央计算机系统。操作人员在指定的计算机或终端上操作，对操作内容按规定进行登记。不做与工作无关的操作，不运行来历不明的软件，不越权运行程序，不查阅无关参数。

(3) 对系统进行定期保养和维护；对系统运行状况进行监视，跟踪并详细记录运行信息。出现操作异常，立即报告。

2. 软件资源的安全管理制度

(1) 必须有重要的系统软件、应用软件管理制度，如要求系统软件的更新维护、应用软件的源程序与目标程序分离等。

(2) 必须有密码口令管理制度，做到口令专管专用，定期更改并在失密后立即报告。

(3) 必须有网络通信安全管理制度,实行网络电子公告系统的用户登记和对外信息交流的管理制度。

(4) 必须有病毒的防治管理制度。及时检测、清除计算机病毒,并备有检测、清除的记录。

3. 其他资源的安全管理制度

(1) 必须有人员调离的安全管理制度。例如,人员调离的同时马上收回钥匙、移交工作、更换口令、取消账号,并向被调离的工作人员申明其保密义务;人员的录用调入必须经人事组织技术部门的考核和接受相应的安全教育。

(2) 建立安全培训制度,进行计算机安全法律教育、职业道德教育和计算机安全技术教育。对关键岗位的人员进行定期考核。

(3) 建立合作制度。加强与相关单位的合作,及时获得必要的信息和技术支持。

除此之外,任何信息系统的运行都必须遵守国家的有关法律和法规,特别是关于计算机信息系统安全的法律法规。

12.2 信息系统运行的组织建设

信息系统要运行,首先要解决的问题是运行期间信息系统部门的组织问题。之所以说是运行期间,是因为开发阶段已经结束或告一段落,组织内的系统分析员、系统设计员和程序员要么去开发其他系统,要么他们的角色转变为系统维护人员。除某些高科技企业和实力雄厚的单位外,大部分组织都没有采取自行开发的方式,这样,组织内的信息系统部门更多地体现为系统维护人员和操作人员。下面就从系统运行和维护的意义上来讨论信息系统部门的组织问题、岗位设计与职责问题。

12.2.1 信息系统运行期间的部门组织

目前我国各组织中负责系统运行的大多是信息中心、计算中心或信息处等信息管理职能部门,从信息系统在组织中的地位来看,系统运行与维护部门的组织结构有 4 种形式,如图 12.1 所示。

1. 分散孤立型信息部门

图 12.1(a)是一种较低级的方式,信息系统为部门独自所有,不能成为组织的共享资源。有些组织虽然将某个业务信息系统交由某部门托管,但由于部门管理的局限性而制约了系统整体资源的调配与利用,使系统的效率和效益大受影响。

2. 与其他部门平级型信息部门

图 12.1(b)是一种将信息系统的管理机构与组织内部的其他部门平行看待,享有同等的权力。这种方式下信息系统的地位要比第一种方式高。尽管信息资源可以为整个组织共

享，但信息系统部门的决策能力较弱，与系统运行有关的协调和决策工作将受到影响。

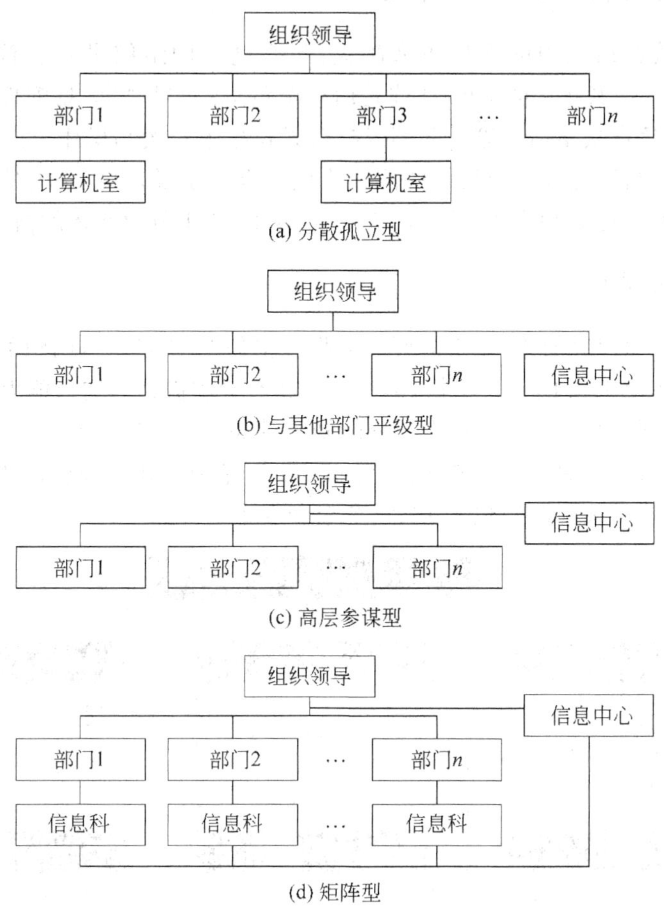

图 12.1　信息系统部门在组织中的地位

3. 高层参谋型信息部门

图 12.1(c)是一种由最高管理层直接领导，系统作为组织的信息中心和参谋中心而存在。这种方式有利于集中管理，资源共享，能充分发挥领导的指挥作用和系统向领导提供的决策支持作用；但容易造成脱离业务部门或服务较差的现象。

4. 矩阵型信息部门

图 12.1(d)是第 3 种方式的改进。由于目前计算机、网络和通信等各项技术的发展，信息系统部门不但以信息中心存在于各业务部门之上，同时，又在各业务部门设立信息科，或者信息科干脆与业务部门成为一个整体，只是规定专人负责该业务部门的信息系统业务，这个专人或信息科在业务上同时又归信息中心的领导。这样信息中心既能站在组织的高度研究信息系统的发展，又能深入了解并满足各业务部门的需要，有利于加强组织的信息资源管理。

12.2.2 首席信息官(CIO)及其职责

由于信息系统在组织中的作用越来越大,越来越多的组织设立了首席信息官(Chief Information Officer,CIO)一职,CIO往往是由一个负责组织战略信息管理活动的高层管理人员担任。当然,负责战略信息管理并不意味着无视战术层次和操作层次的信息管理,CIO实质是站在战略的高度统筹一个组织的信息管理。也就是说,组织中的信息管理不能仅仅只依赖于一个CIO。在CIO的统筹之下,还应设有12.2.1节中所述的信息系统管理部门。

1. CIO的知识体系

随着我国信息化建设的深入,将需要一大批合格的CIO来主持组织的信息化工作。而合格的CIO必须具备良好的知识结构,丰富的实践经验和极强的沟通能力。

图12.2是首席信息官(CIO)应该具备的知识体系①。整个知识体系共由初级、中级和高级3大模块、10个小模块、28个知识点组成。其中,企业CIO和政府CIO各需要了解25个知识点,初、中、高3级中分别包括10个、7个和8个知识点。

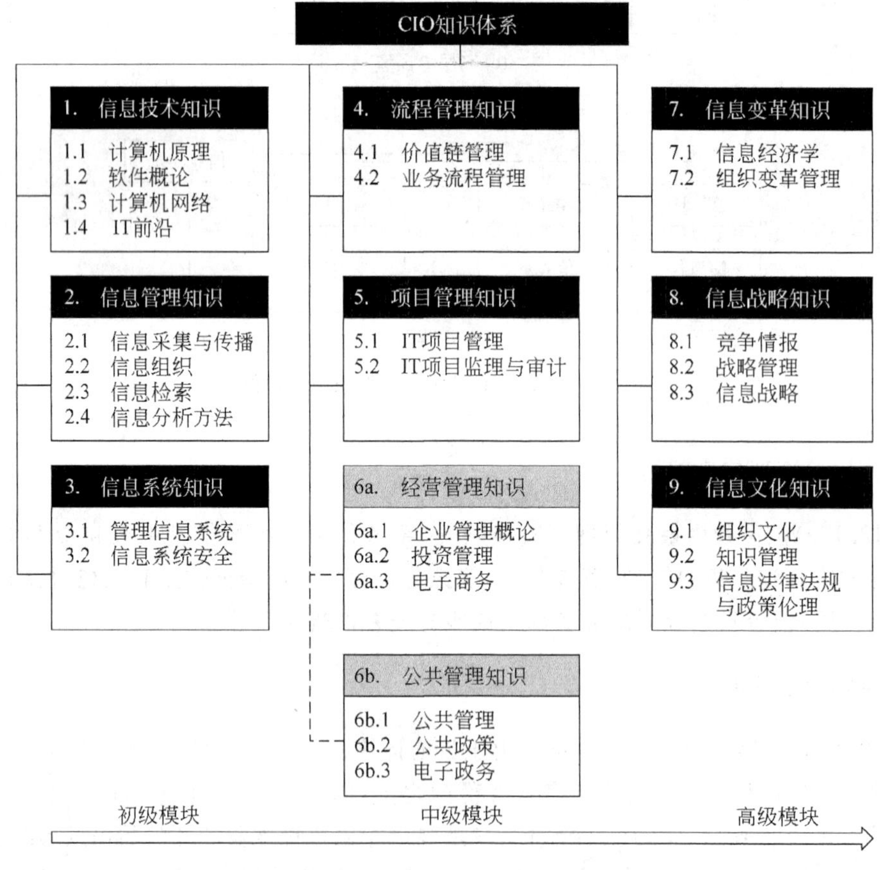

图12.2 首席信息官(CIO)应具备的知识体系

① 参见左美云主编《CIO必读教程(CIOBOK):CIO知识体系指南》(电子工业出版社,2004)。

2. CIO 的职责

以 CIO 为首的信息系统部门的工作责任主要包括以下 10 个方面：

（1）参与制订组织发展战略，领导组织信息战略的制订。

（2）确立信息处理和利用及其所需设备方面的政策、标准和程序，制订组织信息制度和信息政策。

（3）培育良好的信息文化。

（4）提升组织和员工的信息素质和信息能力。

（5）为高层管理者提供决策所需的信息支持和信息能力支持。

（6）进行信息系统项目规划，领导重要的信息系统项目的实施。

（7）监控所有信息系统项目的实施，监控现有信息系统的运行。

（8）领导组织内所有信息部门为操作部门和业务功能提供咨询或服务。

（9）与业务部门一道，考虑如何使信息和知识为产品或服务增值。

（10）将积累的经验和教训知识贡献给行业协会和社会。

12.2.3 信息系统运行部门的岗位设计

对于信息系统部门中工作人员的职责和分工设计也十分重要。信息系统领域著名学者戴维斯等人对信息系统部门中的职务进行了详细分类①，提出了 16 种职务，这些职务与工作内容如表 12.1 所示。职务设计给我们提供了一个很好的思路，使得在建设信息系统部门时有一个思考的起点。在一个管理混乱的信息中心，往往是“技术决定一切”，结果使得信息系统部门无法与组织的业务部门真正做到相互配合。信息系统部门的工作人员，特别是领导人员不仅要懂得技术，同时也应懂得管理。必须将许多技术手段与管理方法结合起来，相互作用，才能保证该部门在组织中发挥作用，保证组织的整体目标得以实现。

表 12.1 信息系统运行部门的岗位设计

工作职务	说明
用户联络员	在规划信息系统和进行新系统开发时，协调用户与系统分析员进行交流
信息分析人员	同用户一起进行信息分析，具有组织、管理和决策方面的知识
信息中心分析员	在解决用户问题方面，对用户提供分析和指导
系统分析师	可以兼任信息分析人员和系统设计师
系统设计师	设计信息系统的人员，需要懂得更多的技术知识
应用程序员	进行程序设计、编码和调试，并能编写技术文件
系统程序员	维护操作系统，精通软/硬件
程序库管理员	对程序库内容进行维护管理，当程序库内容发生变化时，要向管理部门书面报告
维护人员	维护现有的系统

① 转引自李东教授的《管理信息系统的理论与应用》(北京大学出版社，1998)一书。

续表

工作职务	说明
数据通信专家	数据通信和分布式处理方面的专家
数据库管理员	管理和控制公共数据库
数据控制管理员	对数据的输入进行检查、对系统的输出进行分发的人员
数据输入员	从事数据输入者
办公自动化协调员	需要有办公自动化各方面的软/硬件及专业知识
操作员	指主机操作人员
安全协调员	建立系统安全规程,监视系统安全情况,调查违章问题

组织的信息系统部门(如信息中心)应该设立信息系统开发、信息系统运行、信息资源管理和信息安全等下属部门或小组。其中,信息系统运行部门的内部人员大致可以分为三大类(参见图 12.3),即系统维护人员、管理人员和系统操作人员。其中,系统维护人员包括硬件维护员、网络维护员、软件维护员和数据库维护员等;管理人员包括耗材管理员、资料管理员、培训规划员和机房值班员等,其中培训规划员负责安排 3 类人员特别是系统维护人员和操作人员的培训工作,对于系统维护人员的培训主要依靠请专家进来和派骨干出去的办法,而操作人员的培训师资则主要依靠系统维护人员组成;最后一类是系统操作人员,这类人员数量最大,除少数在物理意义上的信息中心工作外,大多数都在各具体业务部门工作。因而,信息系统管理部门的主要成员由前两类人员组成。

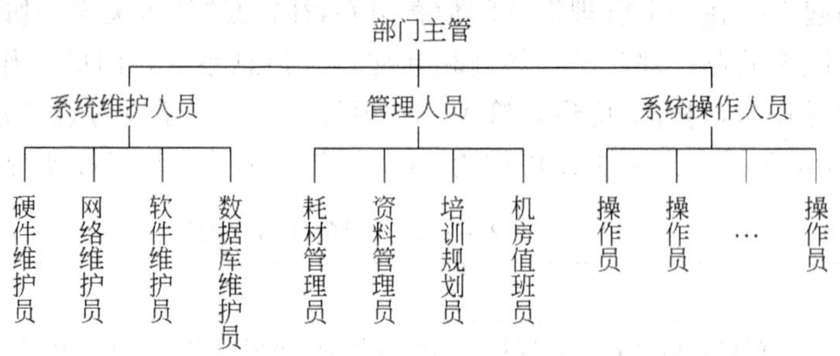

图 12.3　信息系统运行部门人员构成示意图

一般来说,中小型单位的信息系统部门中的人员较少,常常是一人身兼数职;而在大型组织中的信息系统管理部门的构成比较复杂,人员较多,分工也较细。其人员究竟是多少为好,主要还要视管理需求和信息系统的规模而定。

值得注意的是,随着信息技术外包市场的培育和蓬勃发展,将会有越来越多的组织将非关键业务信息系统的运行维护工作外包给专业的第三方 IT 服务提供商管理。

12.3　信息系统的转换、维护与升级

有了制度和组织的保障之后,信息系统就可以投入运行。系统运行的第一步是新系统试运行和新旧系统的转换。试运行成功之后即进入系统的运行与维护阶段。在本节中,将

试运行也列入广义的运行阶段。这样,本节首先讨论系统转换与试运行问题,然后讨论系统运行的日常管理、维护和升级。

12.3.1 试运行与系统转换

系统的试运行是系统调试工作的延续,一般来讲,用户对新系统的验收测试都在试运行成功之后。系统试运行阶段的工作主要包括:对系统进行初始化,输入各原始数据记录;记录系统运行的数据和状况;核对新系统输出和老系统(人工或计算机系统)输出的结果;对实际系统的输入方式进行考查(方便性、效率、安全可靠性和误操作保护等);对系统实际运行和响应速度(包括运算速度、传输速度、查询速度和输出速度等)进行实际测试。

新系统试运行成功之后,就可以在新系统和老系统之间互相转换。新老系统之间的转换方式有 3 种,分别是直接转换、并行转换和分段转换。

1. 直接转换

直接转换就是在确定新系统试运行准确无误时,立刻启用新系统,终止老系统运行。这种方式对人员和设备费用很节省,一般适用于一些处理过程不太复杂,数据不很重要的场合。直接转换方式参见图 12.4(a)。

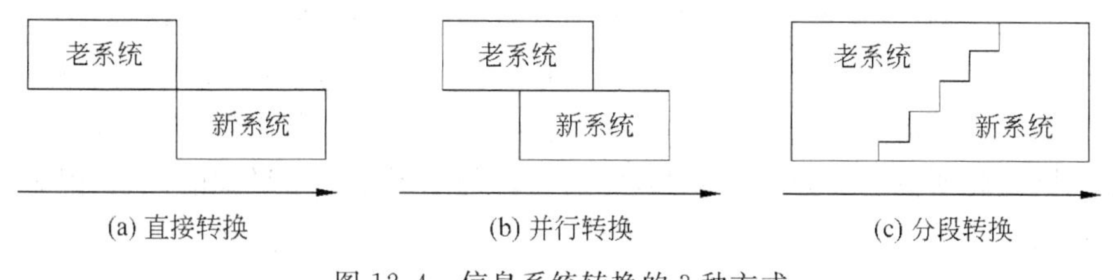

图 12.4 信息系统转换的 3 种方式

2. 并行转换

这种切换方式是新老系统并行工作一段时间,经过一段时间的考验以后,新系统正式替代老系统,参见图 12.4(b)。由于与老系统并行工作,消除了用户尚未认识新系统之前的惊慌与不安。在银行、财务和一些单位的核心系统中,这是一种经常使用的切换方式。它的主要特点是安全、可靠。但其费用和工作量都很大,因为在相当长时间内系统要两套班子并行工作。

3. 分段转换

分段转换又称逐步转换。这种切换方式实际上是以上两种转换方式的结合。在新系统全部正式运行前,一部分一部分地替代老系统,其示意图参见图 12.4(c)。那些在转换过程中还没有正式运行的部分,可以在一个模拟环境中继续试运行。这种方式既保证了可靠性,又不至于费用太大。但是这种分段转换要求子系统之间有一定的独立性,对系统的设计和实现都有一定的要求,否则无法实现这种分段转换的设想。

综上所述,第一种方式简单但风险大,万一新系统运行不起来,就会给工作造成混乱,这只在系统规模小,且不是支撑关键业务或对系统质量要求不高的情况下采用。第二种方式无论从工作安全上,还是从心理状态上均是较好的。这种方式的缺点就是费用大,所以系统太大时,费用开销更大。第三种方式是为克服第二种方式的缺点所采用的混合方式,因而在系统较大时使用较合适,当系统较小时不如用第二种方便。

12.3.2 信息系统运行的日常管理

试运行成功之后即进入系统运行的日常管理阶段。信息系统的日常运行管理是为了保证系统能长期有效地正常运转而进行的活动,具体有系统运行情况的记录、系统运行的日常维护等工作,后者在12.3.3节和12.3.4节中详细介绍。

对系统运行情况的记录应事先制订登记格式和登记要点,具体工作主要由使用人员完成。人工记录的系统运行情况和系统自动记录的运行信息都应作为基本的系统文档,按照规定的期限保管。这些文档既可以在系统出现问题时查清原因和责任,还能做系统维护的依据和参考。

1. 系统运行情况的记录

原则上讲,从每天计算机的打开、应用系统的进入、功能项的选择与执行,到下班前的数据备份、存档、关机等,都要就系统软硬件及数据等的运行情况做记录。运行情况有正常、不正常与无法运行3种情况,由于该项工作较烦琐,为了避免在实际工作中流于形式,一方面尽量在系统中设置自动记录功能;另一方面,可对正常情况不予记录,对于不正常情况和无法运行情况则应将所见的现象、发生的时间及可能的原因做尽量详细的记录,因为这些信息对系统问题的分析与解决有重要的参考价值。

2. 审计踪迹

审计踪迹(audit trail)就是指系统中设置了自动记录功能,能通过自动记录的信息发现或判明系统的问题和原因。这里的审计有两个特点,一是每日都进行,二是主要从技术方面审查。

在审计踪迹系统中,建立审计日志是一种基本的方法。通过日志,系统管理员可以了解到有哪些用户在什么时间、以什么样的身份登录到系统,也可以查到对特定文件和数据所进行的改动。

现在大多数的操作系统和数据库都提供了跟踪并自动记录的功能。例如,系统管理员可以观察到一天中对某个文件进行访问的所有用户,并分析在他们访问的前后该文件发生了什么变化。在一些数据库系统中还提供审计踪迹数据字典,使用者可以用预先定义的审计踪迹数据字典视图来观察审计踪迹数据。对于审计内容可以在3个层次上设定:

(1) 语句审计:语句审计是对于特定的数据库语句所进行的审计。例如,在一个系统文件中记录所有使用了Create命令的信息。

(2) 特权审计:指对于特定的权限使用所进行的审计。

(3) 对象审计:规定对特定的对象审计特定的语句。例如,可以审计在某个文件上进行了修改其内容的语句。

3. 审查应急措施的落实

为了减少意外事件引起的对信息系统的损害，首先要制订应付突发性事件的应急计划，然后每日要审查应急措施的落实情况。

应急计划主要针对一些突发性、灾害性的事件，例如火灾、水害等，因此，机房值班员每日都应仔细审查相应器材和设备是否良好，相应资源是否做好了备份。

资源备份包括两个方面的工作，即数据备份和设备备份，数据备份是必须要做的，在关键的领域，还必须进行设备备份。数据备份的方法有：

(1) 全盘备份。全部文件进行备份。

(2) 增量备份。对新增部分每次进行备份。

(3) 基本备份。对大量的不易实现的数据进行重点备份，同时也可以分类进行文件备份。

(4) 离开主机备份。即将备份文件复制到远离主机或文件中心的其他主机或者存储库中，等等。

无论是采用上述何种备份方法，都要保证备份文件存放在一次灾害和事件影响不到的地方，这样，才能确保事件之后可以依靠所做的备份恢复原系统。

4. 系统资源的管理

在维护信息系统正常运行过程中还有一个常见的问题，那就是如何管理系统的资源。例如，对计算机的使用及打印纸、墨粉的消耗等，都要制订合理的管理方法。

对不能充分满足用户需求的资源一般可采用收费的方法来控制。收费既要能使系统的效能发挥到最大，使得信息系统部门的利益和管理措施得到保证，又要做到业务部门愿意接受，不能妨碍业务部门的正常使用，因此，具体的收费模式可以采取先向业务部门调查，再采取类似听证会的形式决定。

12.3.3 信息系统的维护

系统运行过程中可能会出现各种问题，如因系统错误出现的问题、因需求变更出现的问题等，为了解决这些问题，使系统能正常进行，需要对系统进行相应的维护，为了使系统的性能更高或适应新的业务需求，还需要有计划地升级原有信息系统。后者在12.3.4节中详细介绍。

近30年来，系统维护的成本一直呈增加趋势。从人力资源的分布看，现在世界上90%的信息技术人员在从事系统的运行维护工作，开发新系统的人员仅占10%。这些统计数字说明系统维护任务是十分繁重的。重开发、轻维护是造成我国信息系统低水平重复开发的原因之一。

1. 硬件设备的维护

硬件的维护应有专职的硬件维护人员来负责，主要有两种类型的维护活动，一种是定期的设备保养性维护，保养周期可以是一周或一个月不等，维护的主要内容是进行例行的设备检查与保养、易耗品的更换与安装等;另一种是突发性的故障维修,即当设备出现突发性故障时,由专职的维修人员或请厂方的技术人员来排除故障,这种维修活动所花时间不能过长,以免影响系统的正常运行。

2. 应用软件的维护

软件维护主要是指根据需求变化或硬件环境的变化对应用程序进行部分或全部的修改。修改时应充分利用原程序,修改后要填写程序修改登记表,并在程序变更通知书上写明新老程序的不同之处。软件维护的内容一般有以下几个方面。

(1) 正确性维护。是指改正在系统开发阶段已发生而系统测试阶段尚未发现的错误。据统计这方面的维护工作量要占整个维护工作量的20%左右。所发现的错误有的不太重要,不影响系统正常运行,其维护工作可随时进行;而有的错误非常重要,甚至影响整个系统的正常运行,其维护工作必须制订计划,进行修改,并且要进行复查和控制。

(2) 适应性维护。是指使应用软件适应信息技术变化和管理需求变化而进行的修改。这方面的维护工作量占整个维护工作量的25%左右。由于目前计算机硬件价格的不断下降,各类系统软件层出不穷,人们常常为改善系统硬件环境和运行环境而产生系统更新换代的需求;组织的外部环境和管理需求的不断变化也使得各级管理人员不断提出新的信息需求;这些因素都将导致适应性维护工作的产生。进行这方面的维护工作也要像系统开发一样,有计划、有步骤地进行。

(3) 完善性维护。这是为扩充功能和改善性能而进行的修改。主要是指对已有的系统增加一些在系统分析和设计阶段中没有规定的功能与性能特征,这些功能对完善系统功能是非常必要的,另外还包括对处理效率和编写程序的改进。这方面的维护占整个维护工作的50%左右,比重较大,也是关系到系统开发质量的重要方面。这方面的维护除了要有计划、有步骤地完成外,还要注意将相关的文档资料加入到前面相应的文档中去。

(4) 预防性维护。为了改进应用软件的可靠性和可维护性,为了适应未来的软硬件环境的变化,主动增加预防性的新的功能,以使应用系统适应各类变化而不被淘汰。比如将专用报表功能改成通用报表生成功能,以适应将来报表格式的变化。这方面的维护工作量占整个维护工作量的5%左右。

3. 数据的维护

数据维护工作主要由数据库管理员来做,主要负责维护数据库的安全性和完整性以及进行并发性控制。数据库管理员还要负责维护数据库中的数据,当数据库中的数据类型和长度等发生变化时,或者需要添加某个数据项或数据库时,要负责修改相关的数据库、数据字典,并通知有关人员。另外,数据库管理员还要负责定期发布数据字典文件及一些其他的数据管理文件,以保留系统运行和修改的轨迹;当系统出现硬件故障并得到排除后要负责数据库的恢复工作。

数据维护中还有一项很重要的内容,那就是代码(如假设中国人民大学的单位编码为:100872)维护。不过代码维护发生的频率相对较小。代码的维护(如订正、添加、删除甚至重新设计)应由代码管理小组(由业务人员和计算机技术人员组成)进行。变更代码应经过详细讨论，确定之后应用书面写清贯彻。代码维护的困难往往不在代码本身变更，而在于新代码的贯彻。为此，除了成立专门的代码管理小组外，各业务部门要指定专人进行代码管理，通过他们贯彻、使用新代码。这样做的目的是要明确管理职责，有助于防止和订正错误。

4. 系统维护的管理

要强调的是，系统的修改往往会“牵一发而动全身”。程序、文件和代码的局部修改，都可能影响系统的其他部分。因此，系统的维护工作应有计划有步骤地统筹安排，按照维护任务的工作范围和严重程度等诸多因素确定优先顺序，制订出合理的维护计划，然后通过一定的批准手续实施对系统的修改和维护。

通常对系统的维护应执行以下步骤。

(1) 提出维护或修改要求。

操作人员或业务领导用书面形式向系统维护工作的主管人员提出对某项工作的修改要求。这种修改要求一般不能直接向程序员提出。

(2) 领导审查并做出答复，如修改则列入维护计划。

系统主管人员进行一定调查后，根据系统的情况和工作人员的情况，考虑这种修改是否必要、是否可行，做出是否修改、何时修改的答复。如果需要修改，则根据优先程度的不同列入系统维护计划。计划的内容应包括维护工作的范围、所需资源、确认的需求、维护费用、维修进度安排以及验收标准等。

(3) 领导分配任务，维护人员执行修改。

系统主管人员按照计划向有关的维护人员下达任务，说明修改的内容、要求和期限。维护人员在仔细了解原系统的设计和开发思路的情况下对系统进行修改。

(4) 验收维护成果，并登记修改信息。

系统主管人员组织技术人员对修改部分进行测试和验收。验收通过后，将修改的部分嵌入系统，取代旧的部分。维护人员登记所做的修改，更新相关的文档，并将新系统作为新的版本通报用户和操作人员，指明新的功能和修改的地方。

在进行系统维护过程中还要注意的问题是维护的副作用。维护的副作用包括两个方面，一是修改程序代码有时会发生灾难性的错误，造成原来运行比较正常的系统变得不能正常运行。为了避免这类错误，要在修改工作完成后进行测试，直至确认和复审无错为止。二是修改数据库中数据的副作用，当一些数据库中的数据发生变化时，可能导致某些应用软件不再适应这些已经变化了的数据而产生错误。为了避免这类错误，一是要有严密的数据描述文件即数据字典系统，二是要严格记录这些修改并进行修改后的测试工作。

总之，系统维护工作是信息系统运行阶段的重要工作内容，必须予以充分的重视。维护工作做得越好，信息系统的作用才能够得以充分地发挥，信息系统的寿命也就越长。

12.3.4 信息系统的升级

组织的环境处于不断变化之中，为适应外界环境，为求得生存与发展，组织也必然要做相应的变革，这样组织的管理需求就会发生变更或追加，组织的信息系统自然地也要做不断地改进与提高。

另一方面，随着硬件和系统软件、数据库等信息技术的换代或质的跃迁，为使系统能适应技术环境的变化，原有的系统也必须做调整、修改与扩充。

由于组织所面对的市场环境和技术环境这样两类环境的变化，信息系统必须升级。其实，升级与系统维护密切相关。系统适应性维护、完善性维护和预防性维护的结果可能就是升级的版本。

升级与维护的区别有两点，一是升级体现出更明确的计划性和目标性，而维护则更多地体现为应急性；二是升级更多地体现为里程碑性和质的飞跃，比如硬件升级或软件升级，而维护则更多地体现为日常性和量的积累。

系统在不断维护时会产生许多不同的软件版本，这些版本之间可能只有微小的差异，那么，在进行版本控制时可规定为一个大的版本，比如 12.0 版本，而将具有小差异的版本定义为第二级的版本，比如 12.1 版本，甚至是第三级的版本，比如 12.0.4 版本、12.0.5 版本。那么，可以将版本之间第一级的数字相同的修改和完善称为系统维护，而将版本之间第一级数字的增加规定为系统的升级。

显然，版本第一级数字的增加(比如由 3.0 跃迁到 4.0 版本)，系统的性能将会有明显提高，完成的功能会有显著的不同。而这些性能和功能要么是在做系统的总体规划时有所考虑的，要么就是随着市场环境和技术环境的改变而做出新的规划的，总之，具有很强的规划性和目标性。而版本第二级和第三级数字的不同则更多是为了区别每次的维护，也有的系统不在变动版本的数字上做文章，而是推出补丁程序，版本之间的微小差异以补丁程序的版本来区别。

由于升级具有质变性，因而信息系统在升级过程中应该慎重，最好参照前面所说的新老系统之间的系统转换进行。

强调升级的概念，可以突出系统维护的计划性，因为只有有计划才能区别出不同的版本；另一方面，可以使信息部门的主管未雨绸缪，提前就下一个大版本的性能与功能进行规划，并要求维护人员收集未来信息系统的需求信息。当然，下一个版本的开发还是要在信息系统生命周期的理论指导下进行。

12.4 IT 服务管理

在信息系统应用生命周期中，运行维护阶段通常有以下两个重要特点：一是通常时间跨度最长；二是业务对信息系统有较强的依赖性，并且将受到劣质信息系统服务质量的负面影响。如图 12.5 所示，一个信息系统从开发到上线实施可能只需要不多的时间，运行维护却要很长的时间。运行维护阶段是信息系统应用生命周期的关键阶段，如果在这个阶段中没有任何指南作为管理参考，就有可能造成投资的浪费、服务的不可靠、反应速度慢和质量低下。

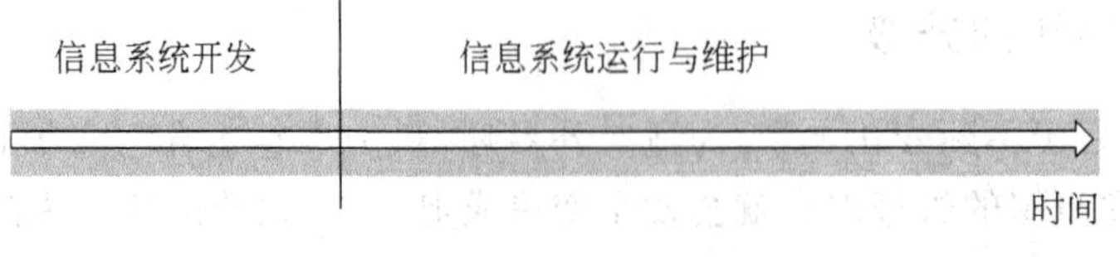

图 12.5 信息系统应用时间分布

在认识到信息系统等 IT 资源作为一种服务对组织业务运作的重大意义后，人们开始探索如何对 IT 服务进行有效的管理。20 世纪 80 年代，人们在总结以前 IT 管理的经验和教训的基础上，从提高 IT 服务品质和降低 IT 服务成本的原则出发，摸索出了 IT 服务管理的规范化方法。本节介绍两个权威的 IT 服务管理的模型：COBIT 和 ITIL。

12.4.1 COBIT（信息系统和技术控制目标）①

COBIT（control objectives for information and related technology，直译为信息和相关技术的控制目标，但一般都译为“信息系统和技术控制目标”）是美国信息系统审计与控制协会（Information System Audit and Control Association，ISACA）开发的。目前，COBIT 已经成为一个在国际上公认的、权威的信息技术管理和控制的标准。

1. COBIT 的变迁

COBIT 的最初版本 COBIT V1.0 在 1996 年发布，后来在 1998 年、2000 年、2005 年和 2007 年分别发布了第 2、3、4 和 4.1 版，目前已经更新至第 5 版（2012 年 4 月发布），参见图 12.6。

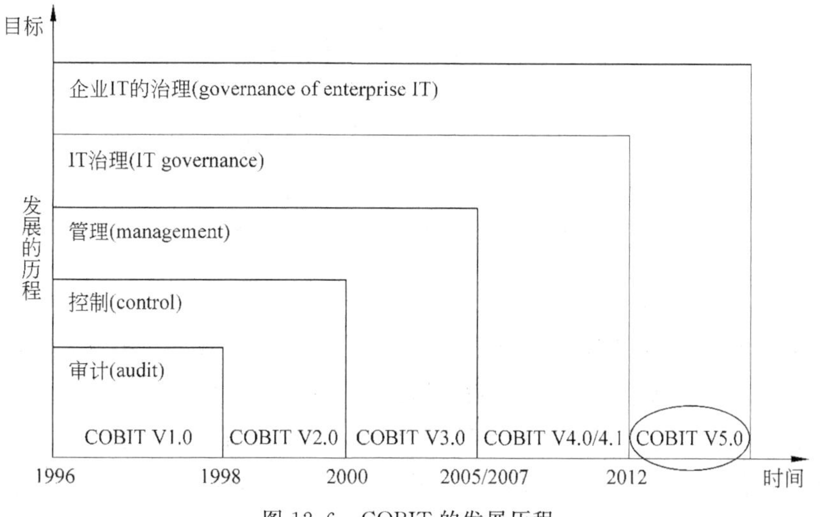

图 12.6 COBIT 的发展历程

最早版本 COBIT 的目的非常简单，就是 IT 部门的审计标准体系。后来的版本中逐渐加入了控制指标、管理体系和 IT 治理等方面，如图 12.6 所示。发展到现在 5.0 版本（下面称为 COBIT V5.0），COBIT 已经成为一个全新的、综合的、全企业的 IT 治理框架，内含 5 大原则（principles）和 7 大促成因素（enablers）。

COBIT V5.0 主要适用于企业或组织中那些利用相关的信息技术和数据的业务流程负责人。COBIT V5.0 保证了他们所管理的业务中信息及其相关技术的质量、可靠性和可控性。

---

① 本部分资料编译来源：信息系统审计与控制协会（ISACA）官方网站 www.isaca.org/cobit。

2. COBIT V5.0 的体系框架

COBIT V5.0 的目标是提供一个综合的框架来帮助企业实现治理和管理企业 IT 系统和资源，其手段是通过优化风险水平和平衡资源使用来达到信息系统和信息资源的最佳收益。COBIT V5.0 的优势是能够充分考虑内外部利益条件下，以一种整体的方式管理和控制信息技术对整个企业的、与 IT 功能相关的业务。COBIT V5.0 治理和管理企业信息系统的核心是 5 条关键原则，如图 12.7 所示，下面分别予以讨论。

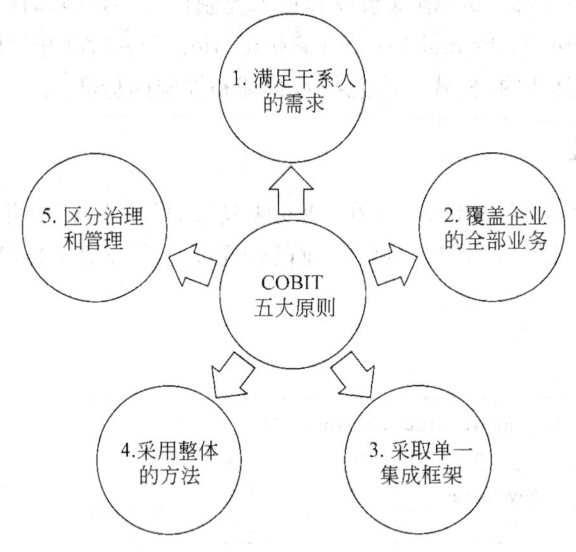

图 12.7　COBIT V5.0 的五大原则

1）满足干系人的需求

企业存在的根本目的是创造价值，使股东、员工、顾客或其他干系人（stakeholders）受益。价值创造就需要平衡资源优化、收益与风险之间的关系，如图 12.8 所示。不同企业的目标不同，通过 COBIT V5.0 的目标级联，企业可以根据情况自定义适当的目标体系，将企业战略目标（创造价值）转化成易管理的、与 IT 相关的具体目标，并将它们对应到具体的业务流程和实践中去。

2）覆盖企业的全部业务

COBIT V5.0 将 IT 治理融入到企业内全部的职能部门与业务流程中，而非仅仅盯住 IT 部门。COBIT V5.0 的管理体系不仅包括企业内部，也包括企业外部的干系人，一直到与企业 IT 管理相关的每个人和每件事，如图 12.9 所示。

3）采取单一集成框架

目前，存在很多 IT 相关标准和最佳实践，每一个标准均可提供一部分的 IT 活动的指导，COBIT V5.0 高度兼容其他相关标准，因此能够成为企业 IT 治理和管理的统一总体框架。COBIT V5.0 兼容的管理体系具体包括：

（1）企业管理框架：COSO、COSO ERM、ISO/IEC 9000 和 ISO/IEC 31000。

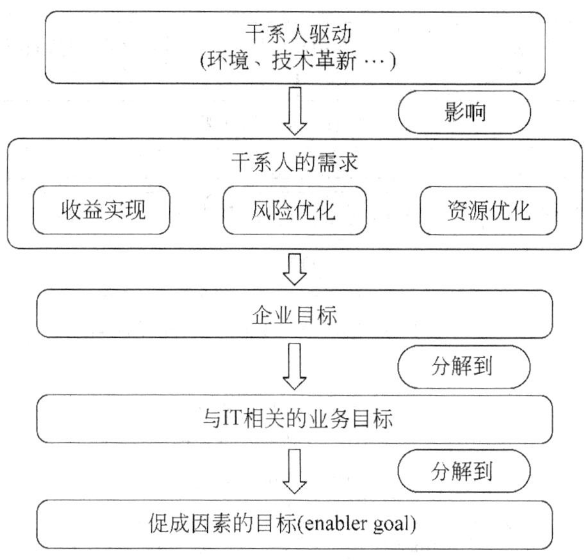

图 12.8　干系人(stakeholder)驱动需求的逐层落实

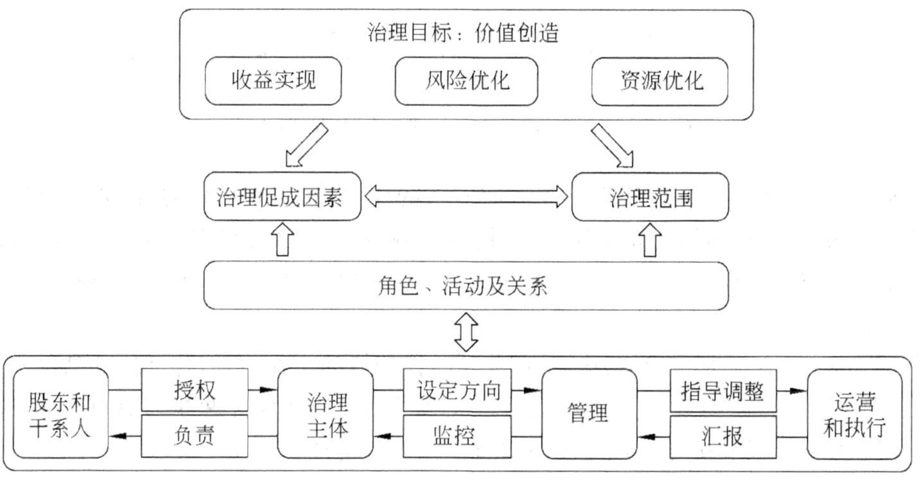

图 12.9　IT 治理业务的关键要素

(2) IT 管理标准：ISO/IEC 38500、ITIL、ISO/IEC 27000 series、TOGAF、PMBOK/PRINCE2 和 CMMI。

4) 采用整体的方法(enabling a holistic approach)

企业 IT 治理要考虑多个相互影响的部分，需要一种有效的整体方法来管理。因此，COBIT V5.0 定义了一系列促成因素，来支持企业 IT 综合治理的实施。所谓促成因素(enablers)是指任何能够实现企业目标的组件和资源，共包括 7 项，如图 12.10 所示。

5) 区分治理和管理

COBIT V5.0 区分了治理(governance)与管理(management)两个不同的概念，它们分别包含各种不同种类的活动，由不同的组织执行，为不同的目的服务，如图 12.11 所示。

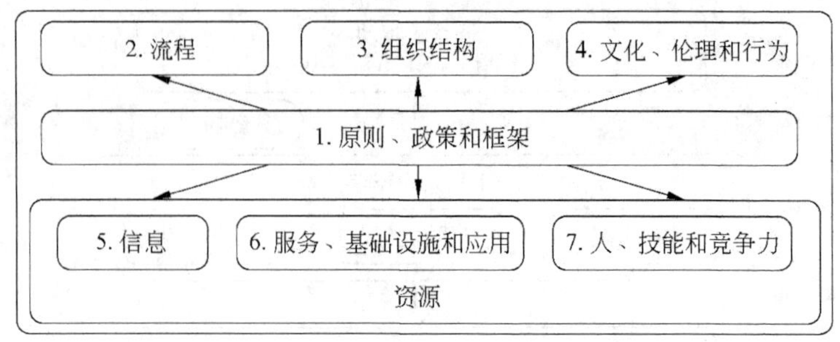

图 12.10 COBIT V5.0 的 7 项促成因素

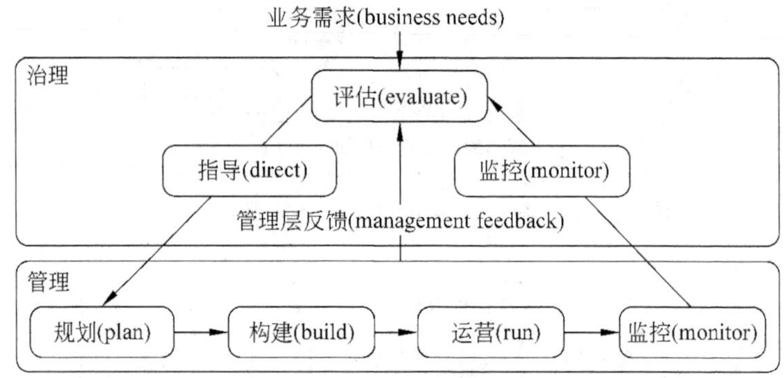

图 12.11 COBIT V5.0 治理和管理框架的关系

治理(governance)是指通过对干系人的需求的评估，以达成平衡的、协调一致的企业目标。然后，根据这些目标的优先次序，指导设定企业发展方向及其相关决策，并随时监控绩效与目标或方向是否相符。在大多数企业，治理是由董事会负责的，或者是委托专门的外部治理机构负责的。

管理(management)是指规划、构建、运营和监控相应的企业活动，保证这些活动与治理机构设定的方向一致，以实现企业战略目标。在大多数企业中，首席执行官(Chief Executive Officer，CEO)领导下的执行管理层应该担负的是管理责任。

12.4.2 ITIL(信息技术基础构架库)①

ITIL(Information Technology Infrastructure Library)，即信息技术基础构架库，是 20 世纪 80 年代英国商务部(Office of Government Commerce，OGC)为解决"IT 服务质量不佳"的问题而提出的一整套对 IT 服务的质量进行评估的方法体系。ITIL 的最早版本于 1986 年由 OGC 颁布，一开始是作为政府部门 IT 项目投资和运行管理的最佳实践指南，问世后不久便被推广到英国的私营企业。1999 年颁布了 ITIL V2.0 版本，其基于流程型的最佳实践指导方法大获成功，传遍欧洲，并随后开始在美国兴起，成为了 IT 服务管理领域全球广泛认可的最佳实践框架。目前的流行版本是 2007 年发布的 ITIL V3.0，它整合了前两

① 本部分资料编译来源：ITIL 官方网站 www.itil.org。

版的精华并融入了 IT 服务管理领域最新成果。

1. ITIL V3.0 的服务生命周期内容框架

ITIL V3.0 内容框架如图 12.12 所示，其架构是基于服务生命周期的。ITIL V3.0 共有五大部分：服务策略(Service Strategy，SS)、服务设计(Service Design，SD)、服务转换(Service Transition，ST)、服务运营(Service Operation，SO)和持续服务改进(Continual Service Improvement，CSI)。从内到外分为 3 个层次：核心层为服务策略，它是生命周期运转的轴心；中间层包括服务设计、服务转换和服务运营，它是服务策略的实施手段；最外层为持续服务改进，是指基于策略目标对服务的定位和有关流程的优化改进。

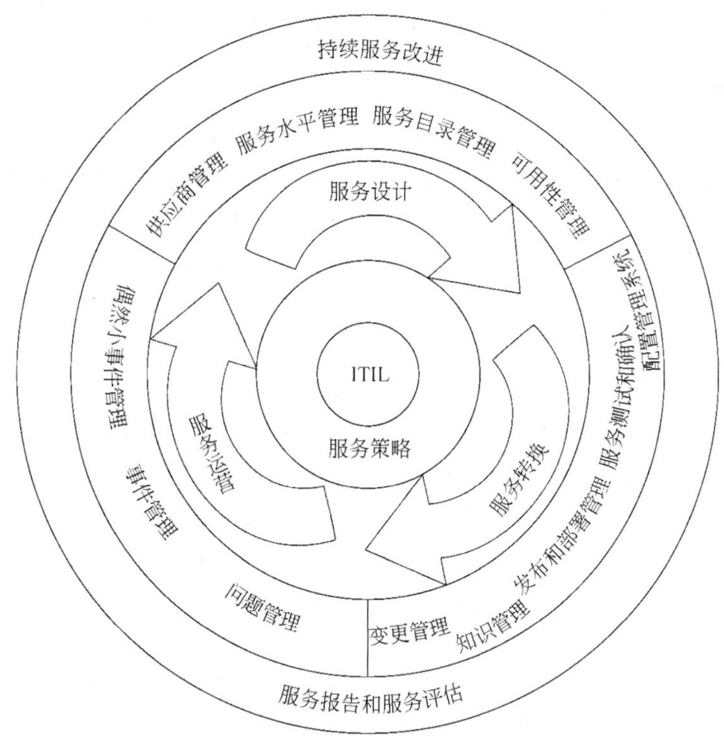

图 12.12 ITTL V3.0 内容框架

ITIL V3.0 的最大特点就是生命周期模型的引入，它改变了以前版本的 ITIL 中存在的模块之间相互割裂、独立实施的局面，形成了连贯的逻辑体系。从战略、战术和运作 3 个层面，ITIL V3.0 针对业务和技术的快速变化提出 IT 服务管理实践方法，以服务策略作为总纲，通过服务设计、服务转换和服务运作加以实施，并借助持续服务改进来不断完善整个过程，使 IT 服务管理的实施过程被有机整合为一个良性循环的整体。

2. ITIL V3.0 的核心内容

1) 服务策略

服务策略(SS)的目标是指从企业能力和战略资产两个战略角度，为企业在设计、开发和实施服务管理过程提供指导。IT 服务管理实践过程中，服务策略模块负责提出整个服务生命周期的政策、指南和流程，它是服务设计、服务转换、服务运营和服务改进的基础。服务策略的内容包括市场开发、内部和外部的服务提供、服务资产、服务目录以及策略的实施。

此外，服务策略的内容还包括了财务管理、投资组合管理和战略风险等重要课题。基于这些策略，企业可以设定面向客户的服务绩效目标、期望及市场定位，并能够很好地识别、选择和优化商业机会。服务策略制订的决策将对企业的运营产生深远的影响。

2）服务设计

服务设计（SD）的目标是对服务及其管理流程设计和开发的指导。服务设计的内容是将策略目标转变为服务组合和服务资产的原则和方法。服务设计的范围，既有新的服务，还有为保持和增加客户价值而实行的必要变更和改进。需要进行服务设计的内容包括供应商管理、服务水平管理、服务目录管理和服务的可用性管理。

3）服务转换

服务转换（ST）的目标是如何将新的或变更的服务转换到实际运营中，及其对这种转换能力的开发、改进的指导。服务策略需求通过服务设计进行编码，然后通过服务转换将这种编码有效地落实到现有的 IT 服务运营体系，与此同时，还要充分考虑并控制失败和服务中断的风险。服务转换的内容包括变更管理（change management）、知识管理、发布和部署管理、服务测试和确认以及配置管理系统。

4）服务运营

服务运营（SO）是对服务运营管理方面的实践指导，解答了如何满足服务支持和交付的效益和效率，如何确保客户与服务供应商的收益等相关问题。策略目标通过服务设计和转换，最终还是需要通过服务运营来实现。因此，服务运营是一种非常重要的能力。ITIL V3.0 的服务运营对在环境变化情况下如何保持服务运营稳定性提供了必要的指导，从流程、方法和工具使用上提供了主动、被动两种控制方式的指南。服务运营的内容包括偶然小事件管理（incident management）、事件管理（event management）和问题管理（problem management）。

此外，ITIL V3.0 的服务运营还为实践者如何利用知识管理，在对服务可用性、控制需求、优化能力、作业安排和故障修复等方面做出最优决策提供了指导。同时，对共享服务（shared service）、效用计算（utility computing）、网络服务（network service）和移动服务（mobile service）等新模型和架构的运营也提供了必要的指导。

5）持续服务改进

持续服务改进（CSI）的目标是为持续地改进和优化服务设计、导入和运营提供指导，以为干系人创造价值和保持价值。企业应学会在服务质量、运营效率和业务连续性方面具有不断提高和改进的意识。持续服务改进的内容结合了质量管理、变更管理和能力改进方面的原则、实践和方法。此外，ITIL V3.0 的服务改进还为改进后的成果如何与服务策略、服务设计和服务转换之间建立关联提供了指导。

3. ITIL V3.0 与 V2.0 的区别与联系

与 ITIL V2.0 强调流程管理不同，ITIL V3.0 将 IT 服务管理看作是一个巩固和提高的持续改进过程,体现了"当前最佳实践"的精髓。ITIL V3.0 的结构和内容来源于大量的专家、协会及行业管理者的意见,同时也囊括了 V2.0 中仍被广泛实践和运用的那部分内容。

另外,ITIL V3.0 增加了很多新的概念,最重要的是引入了"生命周期"这一概念。借助于这个概念,ITIL V3.0 将 V2.0 中的各个流程有机地整合在了一起,贯穿于整个生命周期。IT 服务从诞生到消亡的整个过程,就是服务管理的生命周期。当开展一项新的 IT 服务时,组织中不同的管理层和成员都参与到该服务的生命周期中,包括决策、计划、设计、开发、测试、发布、运行和改进等一系列的活动中。ITIL V2.0 与 ITIL V3.0 的比较见表 12.2。

表 12.2 ITIL V2.0 与 ITIL V3.0 的比较

ITIL V2.0 特征	ITIL V3.0 特征
主要关注流程,诸如服务台、事件、问题、变更、配置和风险管理的流程	主要关注服务,而将流程看作服务的附属物
关注业务与 IT 的结合	强调业务和 IT 的整合
关注价值链管理	强调价值网络的集成
关注线性的服务目录	强调动态的服务投资组合
关注流程一体化的集成	强调全面服务管理的生命周期

4. ITIL 的应用与发展

ITIL 虽然已经成为了 IT 管理领域的事实标准,但由于它没有说明如何来实施,因此以 ITIL 为核心,世界上的一些 IT 企业开发了自己的 IT 管理实施方法论。如微软公司针对所有的微软产品开发的"微软运作框架"(MOF)、惠普公司开发的 IT 服务管理的方法论"惠普 IT 服务管理参考模型"(HP ITSM Reference Model)等。

微软运作框架(MOF)和惠普 IT 服务管理参考模型(HP ITSM Reference Model)都是以 ITIL 为基础,一方面将 ITIL 中原有的核心流程按照生命周期的观点加以重组,形成特定的实施方案;另一方面对 ITIL 进行加强,增加一些 ITIL 中没有的重要流程,以使其更为完善。同时,许多公司也开始针对 IT 服务管理的实施开发相关的软件系统和解决方案,如 CA 公司的 Unicenter 服务管理解决方案也可以实现 ITIL 各核心流程的功能。

随着技术与应用的发展,ITIL 也处在不断革新变换的过程之中。ITIL 为组织的 IT 服务管理实践提供了一个客观、严谨、可量化的标准和规范,并在全球 IT 服务管理领域得到了广泛的认同和支持。

思 考 题

1. 谈一谈你对信息系统运行管理重要性的理解。
2. 请你设计一套信息系统的运行制度,确保信息系统正确、安全地运行。
3. 信息系统在运行期间有哪几种组织模式?各有什么特点?
4. 首席信息官应该具备怎样的知识结构?

5. 系统转换有哪几种方式，各有什么优缺点？

6. 系统维护包含哪些类型？

7. 请用图示的方式说明 COBIT V5.0 的五大原则。

8. 请列出 ITIL V3.0 的 5 个核心模块，并说明它们之间的关系。

9. 请上网查找资料，较深入地分析 ITIL V3.0 与 ITIL V2.0 的区别与联系。

第 6 部分

信息系统的热点内容

第13章 信息系统安全与伦理

随着网络的发展,越来越多的信息系统连接在Internet上,外部攻击和内部信息窃取事件层出不穷,信息系统安全问题引起了广泛的重视。然而,谈安全又不能仅仅是就安全谈安全,还涉及与信息系统有关人员的伦理道德。如果信息系统有关人员有好的职业素养和伦理道德,那么,信息系统安全问题会得到一定程度的缓解。因而本章专门讨论信息系统安全和信息系统伦理两个热点内容。

13.1 信息系统安全的含义及分析

许多国家已经发生了涉及信息系统安全的事件,例如,1994年,一名俄国黑客通过网络成功地从美国花旗银行的现金管理系统中窃取1000万美元。1998年6月4日,一名黑客闯入刚刚进行了核试验的印度核试验控制中心,控制了计算机系统,窃取了"最为重要的机密文件"。1999年2月28日,英国《星期日商业报》报道,数名黑客控制了英国一颗军事通信卫星,并向英国政府勒索巨额赎金。

再如,在线购物的时候可能会有心怀叵测的人通过某种方式获取你的信用卡账号及密码;在线广告商可能会在你不知不觉的情况下收集你的个人资料;提供电子商务服务的网站也可能会被竞争对手、恶意用户所攻击;商业间谍也可能通过企业内部网站获得企业机密数据。

类似的例子非常多,不用再一一列举。对于一个现代化的国家,其国防、经济、政治、文化乃至人民生活都深深地依赖于各类信息系统,信息系统是否安全可靠,对于信息社会有决定性的影响。安全问题导致的担心,在某种程度上还阻碍了信息系统的进一步深入使用。如何更好地管理好信息系统的安全,就成为一个需要认真研究的问题。

我们可以使用朴素易懂的话来描述信息系统安全工作的目的:

(1) 进不来:让非授权用户无法进入。

(2) 拿不走:让用户不能进行权限以外的操作。

(3) 看不懂:即使以上两项都被攻破,信息被窃取,也无法利用。

(4) 改不了:非法入侵者和非授权使用者无法对信息进行修改。

(5) 跑不掉:系统有详尽的日志,可以做到事后追查。

13.1.1 影响信息系统安全的因素

信息系统尽管功能强大,技术先进,但由于受到它自身的体系结构、设计思路以及运行机制等方面的限制,也隐含着许多不安全的因素。常见的影响因素有:数据的输入、输出、存取与备份;源程序以及应用软件、数据库、操作系统等的漏洞或缺陷;硬件、通信部分的漏洞、缺陷或遗失;电磁辐射、环境保障系统、组织内部人员的因素、软件的非法复制、黑客、计算机病毒和经济(信息)间谍等,它们的具体表现可以参见表13.1。这里仅以程序漏洞、硬件失窃、计算机病毒和信息间谍为例讲解信息系统安全的隐忧。

表 13.1 引发信息系统安全的各种可能因素

影响因素	具体表现
数据输入	数据容易被篡改或输入虚假数据，当然有时是误输入
数据输出	经过处理的数据通过各种设备输出，信息就有泄漏和被盗看的可能
数据存取与备份	不能完全将非法用户的侵入拒于系统之外，还可能因为没有备份而使系统难以恢复
源程序	用编程语言书写成的处理程序容易被修改和窃取，并且本身也许存在漏洞
应用软件	如果软件的源程序被修改或破坏，就会损坏系统的功能，进而导致系统的瘫痪；另外，文档的遗失将使得软件的升级与维护十分困难
数据库	数据库中存有大量的数据资源，而有些数据价值重大，如遭到破坏或失窃，其损失将是难以估计的
操作系统	操作系统是支持系统运行、保障数据安全、协调处理业务和联机运行的关键部分，如遭到攻击和破坏，将造成系统运行的崩溃
硬件	计算机硬件本身也有被破坏、盗窃的可能；此外，组成计算机的电子设备和元件存在偶然故障的可能，而且这种偶然故障可能是致命的
通信	信息和数据通过通信系统进行传输，有被窃听的危险
电磁辐射	计算机是用电脉冲工作的设备，信息是以脉冲来表示的，因此，计算机所处理的信息将以电磁波的形式向周围辐射，只要接收到这些电磁波，就能复现它的内容，造成信息的失密；同时，计算机也容易遭受外界电磁辐射的干扰
环境保障系统	信息系统需要一个良好的运行环境，周围环境的温度、湿度、清洁度以及一些自然灾害等都会对计算机硬、软件造成影响
组织内部人员的因素	低水平的安全管理、低下的安全素质、偶然的操作失误或故意的违法犯罪行为等都会成为影响信息系统安全的重要因素
软件的非法复制	除了会造成软件的失密外，还会给犯罪人员提供分析、入侵、盗取和破坏系统的机会
黑客	一些非法的网络用户，出于各种动机，利用所掌握的信息技术进入未经授权的信息系统，恶意的黑客可能导致严重问题
病毒	病毒对计算机及网络系统的威胁和破坏越来越严重
经济(信息)间谍	出于商业目的采用各种手段(包括技术的和非技术的)窃取竞争对手的机密数据

许多商业软件在最初上市出售时，其程序代码中都带有一些漏洞。当软件已在市场上出售几个月后，用户通常会发现这些缺陷，软件销售商们就会对这些代码提供“补丁”程序。漏洞的严重程度是不同的，有的是遇到某种特定条件就会使系统崩溃，有的是不能进行正确计算这样的数据处理错误。为避免拿到含缺陷的软件并遭受因漏洞造成的系统损失，对于那些关键的应用，在软件选型时一定要慎重，比如等到那款软件已经销售过相当一段时间并推出了多个新版本之后才购买软件。由于大部分的软件许可协议规定销售商不对购买者遇到的任何错误、数据缺损或其他问题负责，所以对于信息系统外购软件的程序漏洞一定要多加小心。

对组织来说，硬件的窃取和破坏是一种经常出现的威胁，尤其是在使用容易失窃的笔记本电脑和个人数字处理器(如手写电脑)等后，这种威胁就更为常见了。这里要引起高度注意的是偷窃造成的实际损失往往是硬件损失的好几倍，这是由于系统、数据和程序的重新更换造成了员工长时间故障停机，组织有可能就此失去了一些订单和重要的客户。由于数据存储在被窃系统的硬盘中，所以信息系统的失窃还引发了其他一些问题。比如，这些数据由于描述了一种待开发产品的情况，所以具有重要的竞争性；又由于它们包括了有关员工、用户和厂商的信息，所以又极具敏感性；或者因为这些数据包括了用户口令或远程登录密码，所以还有可能造成进一步的破坏。

对于病毒，这里仅举两个制作得比较“高级”的例子，以引起大家的注意。一种病毒是平时处于潜伏状态，但一旦遇见财务信息就将其截获，而在把这些数据传给窃贼之前则处于休眠状态。另一种病毒是能提供假造的登录界面以获取用户的ID号和用户口令，特别是网络管理员的口令，因为网络管理员几乎拥有所有进入系统的路径，然后病毒将截获的登录数据传给罪犯。

随着经济竞争的加剧，经济间谍或信息间谍的活动也越来越活跃。竞争对手盗取其他企业数据的行为有时被称做经济间谍活动或信息间谍活动。据了解，一些国家还专门培训专业人员以侵入未授权的信息系统窃取商业情报。对于间谍们而言，在电话线或网线上插入接头来掠取重要的传真资料或电子邮件信息是很容易的事情。

13.1.2 信息系统安全的定义与需求

1. 信息系统安全的定义

根据上面对影响信息系统安全诸因素的分析，不难看出，信息系统的安全是一个系统的概念，它既包括了信息系统物理实体的安全，也包括了软件和数据的安全；既存在因为技术原因引起的安全隐患，也有非技术原因，如因为人员的素质和伦理道德等因素引起的安全隐患。在此基础上，本书给出一个信息系统安全的定义：

信息系统安全是指采取各种技术和非技术的手段，通过对信息系统建设中的安全设计和运行中的安全管理，使运行在计算机网络中的信息系统是有保护的，没有危险，即组成信息系统的硬件、软件和数据资源受到妥善的保护，不因自然和人为因素而遭到破坏、更改或者泄露系统中的信息资源，保证信息系统能连续正常运行。

许多人员包括那些直接负责系统安全的人，有时幼稚地认为，“我们购买了最权威的公司的产品，因此我们的信息系统非常安全。”很多人都认为技术可以解决安全问题，其实不然。有个非常著名的技术专家说过：那些认为单靠技术就能解决安全问题的人，要么他不理解技术，要么他不理解安全。因此，安全决不是单单靠技术产品就能解决的。

显然，信息系统的安全管理是一项复杂的系统工程，它的实现不仅是纯粹的技术方面的问题，而且还需要法律、制度和人员素质等诸因素的配合。因此，信息系统安全管理的模型应该是一个层次结构，如图13.1所示。从图中可以看出，各层之间相互依赖，下层向上层提供支持，上层依赖于下层的完善，最终

第7层	数据信息安全
第6层	软件系统安全措施
第5层	通信网络安全措施
第4层	硬件系统安全措施
第3层	物理实体安全环境
第2层	管理细则和保护措施
第1层	法律规范和伦理道德

图 13.1　信息系统安全管理的层次模型

实现数据信息的安全。

2. 信息系统安全的需求

不同的组织、不同的信息系统对安全需求不同，对安全需求的理解可以从安全性、可靠性、高效性、可控性和可持续性等多方面落实。一般来说，信息系统的安全需求应该考虑以下几个方面的情况。首先，要从国家政策法规、组织的性质和规章制度等方面考虑，同时也要考虑安全生产方面的要求，提出组织信息系统总体的安全要求与安全级别；其次，根据组织信息系统资产的确认情况，提出不同资产的安全级别需求，这样，组织信息系统的安全问题可以有的放矢；最后，根据信息系统的层次，分级别提出安全需求，一般情况下，可以按照管理、物理、网络、操作系统、应用软件和数据等层次提出安全需求。此外，安全需求的提出还要充分考虑组织的经济承受能力、组织的发展及信息系统未来可能出现的需求问题等因素。

在信息系统中，存在以下具体的安全需求：

(1) 物理安全(physical security)：为防范蓄意的和意外的威胁，而对资源提供物理保护措施。

(2) 数据机密(data confidentiality)：使信息不被泄露给非授权的实体(个人或进程)。

(3) 数据完整(data integrity)：确保数据没有遭受以非授权方式所做的篡改或破坏。

(4) 数据可控(data control)：得到授权的实体可以控制其授权范围内的信息流向及行为方式。

(5) 数据可用(data availability)：得到授权的实体在有效的时间内能够访问和使用其所要求的数据。

(6) 身份鉴别(peer-entity authentication)：确保一个实体此时没有试图冒充别的实体，或没有试图将先前的连接做非授权地重演。

(7) 数据鉴别(data origin authentication)：确保接收到的数据出自所要求的来源。

(8) 防抵赖(no repudiation)：避免在一次通信中涉及的那些实体之一不承认参加了该通信的全部或一部分。

(9) 审计与监测(security audit，monitor and detection)：在一定范围内，能够对已经或者可能出现的网络安全问题提供调查的依据和手段，等等。

13.1.3 信息系统安全的风险分析

现在，换一个思路讨论信息系统的安全问题，也就是说，信息系统的所有安全问题都需要控制吗？是不是要做到系统的百分之百安全？安全的代价有多大？这就需要我们对信息系统安全的风险进行分析。信息系统的项目经理和组织的信息主管必须采用通常的商业策略来评估风险，并决定控制的力度。

风险分析是有效保证信息系统安全的前提条件。只有准确地了解信息系统的安全需求、安全漏洞及其可能的危害，才能制订正确的安全策略。风险分析与评估是通过一系列的管理和技术手段来检测当前运行的信息系统所处的安全级别、安全问题和安全漏洞，以及当前安全策略和实际安全级别的差别，评估运行系统的风险，在此基础上，可制订适合具体情况的安全策略及其管理和实施规范，为安全体系的设计提供参考。

风险分析意味着要提出两个基本问题：第一，一旦损失发生，组织将做出何种反应？第二，这种反应的成本为多少？CIO(Chief Information Officer，首席信息官)应当对组织由于信息系统缺乏安全导致的直接损失进行评估。此外，CIO还必须在比直接资产损失更广的范围内考察潜在损失。潜在损失包括诸如由于存储设备失灵而重建缺损数据的费用支出；由于库存系统的错误，引起了大量缺货现象所产生销售额的损失等诸多风险。

由于风险分析与评估的内容涉及很多方面，因此进行分析时要依照多层面、多角度的原则，从软件到硬件，从物件到人员，要事先制订详细的分析计划和分析步骤，避免遗漏。另外，为了保证风险分析结果的可靠性和科学性，风险分析还要参考有关的信息安全标准和规定(如13.2.4节讲到的信息系统国际标准)，做到有据可查。

风险分析可以使用以下方式实现：问卷调查、访谈、文档审查、黑盒测试、操作系统和应用软件的漏洞检查和分析、网络服务的安全漏洞和隐患的检查和分析、抗攻击测试和综合审计报告等。在识别尽可能多的风险事件的基础上，要分析每个风险事件发生的可能性，以及一旦出现安全问题可能造成什么样的影响等。

我们不能花费10万元人民币去控制一个仅价值5万元的信息系统损失风险。任何一个信息系统都有可能遭受风险，彻底摆脱风险是不可能的，当然也是负担不起的。通过评估潜在风险损失，信息系统的管理者可以明确何种风险可以接受，何种不能接受。

估算风险损失的常用方法是评估可能产生的损失总量和损失实际发生的概率。例如，假设CIO正在考虑如何应用控制以减少位于办公大楼第6层的一间上锁的办公室内50台微机的失窃风险。进一步假设，这些微机账面价值约30万元，这包括所有的微机和相应的外部设备。然而，CIO知道这些设备及设备中资产的更新价值是100万元，这不仅包括各种微机和外部设备，还包括安装机器的成本和机器中软件及数据文件的成本。管理者会考虑大楼现在的位置以及办公室位于大楼的第6层，目前的安全程度——如上锁的办公室和使用钥匙才能进入的电梯和附近较低的犯罪发生率(100个公司中有1家失窃)等事实，根据这些数据，管理者就能判断出这类盗窃事件发生的概率只有1%。利用这些数据和结论，CIO计算出由盗窃引起的潜在风险损失为1万元(100万元×1%)，而不是100万元。评估的结果将会具体影响到CIO采取的具体控制策略。

当经过风险评估，发现采用安全手段所需的代价过高以致不能完全排除损失时，保险就是一种好方法。保险作为一种补偿手段，是一种主动的风险防范行为，正在受到越来越多的重视。

13.2 信息系统安全的应对

在明确信息系统安全的需求，并对信息系统的风险进行分析之后，就要进行信息系统安全的应对，这里的应对包括事前的安全设计、事中的安全监测和事后的风险处理。防患于未然是非常重要的，因而本节重点讨论事前信息系统的安全设计。此外，对于信息系统安全的应对，既要有技术的支撑，也应有相应的管理策略、国际标准和法律法规。

13.2.1 信息系统的安全设计

信息系统的安全问题不但表现在信息系统的运行过程中，而且在信息系统的规划、设计与实现阶段就已经开始了。信息系统安全的设计包括物理实体安全的设计、硬件系统和通信网络的安全设计、软件系统和数据的安全设计等内容。由于硬件和通信网络的安全主要依赖于设备的选型和协议的选取，因而在本节中就不展开，本节只对物理实体安全的设计和软件、数据安全的设计进行讨论。

1. 物理实体安全环境的设计

信息系统尽管可以在物理上分散在各个科室、车间，但是各种服务器一般都是集中在某个较安全的地方，这个较安全的地方称为机房或中心机房。这样可以集中管理，集中提供保护手段和措施。对于信息系统机房的规划，一般都要考虑如下的安全技术要求：

(1) 合理规划中心机房与各科室、车间机房的位置。机房的位置应力求减少无关人员进入的机会，设备的位置应远离主要通道，同时，机房的窗户也应避免直接面临街道。

(2) 对出入机房进行控制。机房平时应只设一个出入口，另外再设若干个紧急情况疏散口；其次，机房采取分区控制办法，限制工作人员的进出区域；再次，对各区域进行出入控制，限制外来人员的进入。

(3) 机房应进行一定的内部装修。机房进行装修时，所使用的材料必须是难燃或不燃材料，应能防潮、吸音、防尘、抗静电等，活动地板应光洁、防潮、防尘、防震、防火。

(4) 选择合适的其他设备和辅助材料。机房内使用的磁盘柜、终端桌、工作台、隔板、窗帘和屏风等应当是非易燃材料制品。此外，机房内不宜使用地毯，这主要因为地毯会聚集灰尘，产生静电。

(5) 安装空调系统。空调系统用于调节机房的温度、湿度和洁净度，它应具有供风、加热、冷却、除湿和除尘的能力。

(6) 防火、防水。机房所在建筑物的耐火等级必须达到当地消防规定的安全等级，在机房内应配置火警装置；机房内不能铺设水和蒸汽管道；若机房位于用水设备的下层，还必须在上层地面增加防水设施，机房天花板装设防水层和水警装置等。

(7) 防磁。由于永久磁铁产生的磁场会改变存储介质上的数据，因此，机房内的磁场干扰场强必须在允许的范围内。

(8) 防静电、防电磁波干扰和泄漏。电磁场的干扰可使计算机等设备的工作可靠性下降。一般，防电磁波的措施主要有接地和屏蔽两种。计算机等设备除了对外界的电磁干扰比较敏感外，它自己也产生比较严重的电磁辐射，它发射的电磁信号不仅频谱成分丰富，而且携带大量信息，产生的电磁辐射泄漏会影响它所处理信息的安全。因此，极需要对计算机设备信息发射泄漏进行治理，一般可采用距离防护、噪声干扰防护、屏蔽、使用低辐射计算机设备等多种方法。

(9) 电源。为确保计算机不间断的运行，可根据需要选用维持不同工作时间的不间断电源(Uninterruptible Power System，UPS)；对于不允许停止工作的信息系统，还应当自备发电设备。

除上述因素的考虑外，机房所在建筑物还应具备一定的防震等级，为防止感应雷电破坏信息系统，在信息传输通道接口处和交流电源进线处应安装雷电防护电路。

2. 信息系统中软件和数据安全的设计

软件是保证信息系统正常运行，促进信息技术普及应用的主要因素和手段。数据是信息系统的中心，数据的安全管理是信息系统安全的核心。信息系统的软件和数据安全问题成了人们最经常遇到的、同时又是必须加以解决的问题。

1）选择安全可靠的操作系统和数据库管理系统

选择一个安全可靠的操作系统，是软件安全中最基本的要求。因为操作系统是其他软件的运行基础，只有在保证操作系统安全可靠的前提条件下，讨论软件的安全才有意义。

大部分的信息系统都运行在某个数据库管理系统之上，安全的数据库管理系统直接制约了信息系统应用程序及数据文件的安全防护能力。为此，在进行数据库管理系统选择时一定要考虑它自身的安全策略和安全能力。

2）设计、开发安全可靠的应用程序

通过计算机和网络进行的信息犯罪活动往往是由篡改应用程序入手的。由于大多数的应用程序开发人员缺乏必要的安全意识，程序中又没有有力的安全保护措施，从而使犯罪嫌疑人可以比较容易得手，轻而易举地改变程序的部分代码，删除、修改及复制某些数据信息，使程序在“正确的运行”中产生一些错误的结果，从而达到其目的。

因此，在设计和开发应用程序时，可以考虑如下一些安全策略和措施：

(1) 设立安全保护子程序或存取控制子程序，充分运用操作系统和数据库管理系统提供的安全手段，加强对用户的身份识别检查及控制用户的存取权限。

(2) 不断提高软件产品标准化、工程化和系列化的水平，使软件产品的开发可测、可控、可管理。对所有的程序都进行安全检查测试，及时发现不安全因素，逐步进行完善。

(3) 尽量采用面向对象的开发方法和模块化的思想，将某个功能或某类功能封装起来，使模块之间、子系统之间能较好地实现隔离，避免错误发生后的连锁影响扩大。

(4) 采用成熟的软件安全技术，是从根本上提高系统安全防护能力、抵御外来侵袭的主要途径。

3）信息系统中数据安全的设计

信息系统中数据安全的设计包括数据存取的控制、防止数据信息泄露、防止计算机病毒感染和破坏、数据备份的方法等几项工作。加密是防止数据信息泄露、保障数据秘密性和真实性的重要措施，是数据安全保护的有效手段，也是抵抗计算机病毒感染破坏、保护数据库完整性的重要手段。

重要的数据文件应当有完整的备份，防止自然灾害或意外事故将数据文件破坏后，使数据不至于完全丢失，并能使系统尽快恢复运行。所有的数据备份都应当进行登记，妥善保管，防止被盗，防止被破坏，防止被误用，重要的数据备份还应当进行定期检查，定期复制，保证备份数据的完整性、使用性和时效性。

13.2.2 信息系统的安全技术

信息系统安全技术是一门综合的学科，它涉及信息论、计算机科学和密码学等多方面的知识，它研究计算机系统和通信网络内信息的保护方法，以实现系统内信息的安全、保密、真实、完整和可用。

信息系统的安全技术有很多种，比如，采用杀毒软件或入侵检测软件监视信息系统的运行，使用"防火墙"软件或设备来控制外部对于系统内部网络的存取，采用安全套接层协议(Secure Socket Layer，SSL)和使用安全超文本传输协议(secure HTTP)以保证数据和信息传递的安全性，等等。随着信息系统的进一步发展，新的安全性要求仍在不断地提出，这对信息安全技术起到了促进推动作用，相信不久的将来会有更新、更实用的安全方法开发出来。下面对常用的信息系统安全技术进行简要的介绍。

1. 杀毒软件

杀毒软件遇到如下 3 个挑战：

(1) 病毒的国际化。世界上平均每天都有 10 种以上的新病毒出现，并且多数是通过 Internet 传播的。病毒跨越了国界的限制，可能传递给任何与 Internet 连接的信息系统。

(2) 多平台挑战。好的企业级杀毒软件必定要支持多个平台，实现安装、升级和配置的中央管理及自动化。

(3) Internet 的挑战。组织的信息系统通常也要访问 Internet，比如 E-mail 系统等，这就造成信息系统不可避免地接触到这些病毒。对 Internet 的防毒能力成为杀毒软件的关键。

2. 防火墙

信息系统安全产品中使用最广泛的技术是防火墙技术，目前连入 Internet 的计算机中，约有三分之一是处于防火墙保护之下。防火墙并不是真正的墙，它是一类防范措施的总称，是一种有效的网络安全模型，是机构总体安全策略的一部分。防火墙系统可以是路由器，也可以是个人主机、主系统和一组主系统，它阻挡的是对内、对外的非法访问和不安全数据的传递。

防火墙可以作为不同网络或网络安全域之间信息的出入口，能根据组织的安全策略控制出入网络的信息流，且本身具有较强的抗攻击能力。它是提供信息安全服务，实现网络和信息安全的基础设施。在逻辑上，防火墙是一个分离器、一个限制器，也是一个分析器，有效地监控了网络之间的任何活动，保证了网络的安全。

对于一个防火墙的设立，首先要明确安全策略是什么，确定什么样的信息可以通过防火墙，什么样的信息不可以。防火墙的职责就是根据组织的安全策略，对不同网络之间交流的数据进行检查，过滤掉不符合条件的数据。

防火墙的使用是以降低网络服务的开放性、便利性和灵活性为代价的。一方面防火墙加强了网络安全，但另一方面也使得网络之间的信息交流受到阻碍，影响了系统的性能。

3. 加密技术

信息系统安全的另一个重要的技术手段是加密技术。加密有两类：单钥技术和双钥技术。

1）单钥技术

这种技术在加密和解密时都用同一个密码钥匙(简称密钥)。发信人用密钥通过加密算法将明文加密成密文,经过网络的传递,收信人将收到的密文用同样的密钥通过加密的逆过程把密文还原为明文。这种方法简单易行,即使密文被窃取,没有密钥也无法知道明文。但是这种技术也存在问题,就是如何保证密钥不被人窃取。

2）双钥技术

双钥技术使用两个相关互补的密钥：一个是公用密钥(public key),另一个是私人密钥(secret key)。公用密钥是大家都知道的,而私人密钥则只有自己知道。发信人用收信人的公用密钥将信息加密,然后通过网络传递给收信人。收信人用自己的私人密钥解密。除了私人密钥所有者之外,其他人即使发信者也不能将其解密。公用密钥是公开的,知道公用密钥是无法导出私人密钥的。

4. 验证

身份验证是一种一致性验证,身份验证技术是系统安全中最早应用的安全技术,现在仍然在使用,是系统安全的第一道屏障。

5. 存取控制

存取控制的任务主要是进行系统授权,即确认哪些用户拥有存取数据的权力,并且明确规定用户存取数据的范围及可以实施的操作,同时监测用户的操作行为,将用户的数据访问控制在规定范围内。

系统授权的方法是对所有的用户分别赋予一定的权限,没有相应权限的用户不能使用某些系统资源。通常在操作系统一级的权限是以对文件和目录的操作为单位的,网络级操作系统的权限则涉及网段、域、站点、工作组和计算机等多种资源。为了明确所有用户的权限,应该编制用户存取能力表及存取控制表。编制用户存取能力表,可以对系统的合法用户进行存取能力的限制,确定和控制每个用户的权限。而存取控制表则规定了文件的访问者及其被允许进行的操作,如读、写、修改、删除、添加和执行等。

用户的权限应根据业务的特点来设立。例如,对客户登记表可以做一个权限规定表,总经理可以看到所有的内容,而一个事业部的负责人只能看到他所负责的那部分客户的情况。另外,还可以对所访问的数据库中某些内容(可以是表、视图或字段等)作规定,例如,可以将客户电话这个字段做出规定,没有被赋予特殊权限的人不能阅读该字段信息。

为了能更好地进行存取权限控制,在进行系统授权时应遵循下面的原则：

(1) 最小特权原则。即用户只拥有完成分配任务所必需的最少的信息或处理能力,多余的权限一律不给予,这也称为“知限所需”原则。

(2) 最小泄露原则。用户一旦获得了对敏感数据信息或材料的存取权,就有责任保护这些数据不为无关人员所知，只能执行规定的处理，将信息的泄露控制在最小范围之内。

(3) 最大共享策略。让用户最大限度地利用数据库中的信息，但这不意味着用户可以随意存取所有的信息，而是在授权许可的前提下的最大限度的数据共享。

(4) 推理控制策略。所谓的推理控制策略就是防止某些用户在已有外部知识的基础上，从一系列的统计数据中推断出某些他不应该知道、而且应当保密的信息。因此，必须限制那些可能导致泄密的统计查询。

6. 安全协议

安全协议是系统安全规范化和标准化的基础。采用安全套接层协议(Secure Socket Layer,SSL)和使用安全超文本传输协议(secure HTTP)可以保证数据和信息传递的安全性；还可以采用安全电子交易协议(Secure Electronic Transaction,SET)和电子数字签名技术进行安全交易，等等。

13.2.3 信息系统的安全管理

一个完整的安全体系和安全解决方案是根据信息系统体系结构和安全形势的具体情况来确定的，没有一个"以不变应万变"的通用的安全解决方案。要做到信息系统安全管理，就要制订信息系统的安全策略，在此基础上，明确安全管理部门的职责。

1. 制定信息系统的安全策略

安全策略是信息系统安全的灵魂与核心，是组织为发布、管理和保护敏感的信息资源而制订的一组制度和措施的总和。从内容方面，安全策略必须明确我们要保护什么，确定保护的内容；明确如何去保护，确定保护的方法与技术手段；明确由谁去实施，承担什么责任，确定责任与分工；同时，要明确处理问题后如何应对，确定后果处理方法等。

安全策略力求简洁，可实施，具有可操作性。一个十分完美但不可操作的安全策略是没有任何用处的。换句话说，制订一个不能够实施的安全策略等于没有安全策略。因此安全策略的建立要参考下面的原则。

1) 动态原则

安全策略不是固定不变的，要随着信息系统的变化而变化。当系统升级或者改造后，肯定会有些规则不再适用，这就需要重新制订系统的安全策略。

2) 综合治理原则

信息系统安全不是一两个产品就能解决的问题。安全是一个链条，只要有一个环节出现问题，那么整个链条也会出现问题。对于一个信息系统来说，要从技术、管理和伦理道德等综合方面提出信息系统的安全策略。

3) 适度平衡原则

信息系统在考虑安全问题的时候一定要充分注意平衡，不要做无谓的投入。虽然先进的技术可以很大程度上解决安全问题。但是，采用的技术越先进，就意味着要支付的费用越多。因此一定要在投入和风险之间找到平衡点。

4）以人为本原则

在众多因素中，只有人是多变的，不确定的。要对信息系统相关人员进行安全培训，使之明白自己在系统中所处的角色，并且根据安全策略的需要正确使用系统。

5）一人负责、多人监督原则

每一项与安全有关的活动，都必须有一个人负最终责任，两人或多人在场监督。

6）任期有限原则

一般地讲，任何人最好不要长期担任与安全有关的职务，以免使他（她）认为这个职务是专有的或永久性的。为遵循任期有限原则，工作人员应不定期地循环任职，强制实行休假制度，并规定对工作人员进行轮流培训，以使任期有限制度切实可行。

7）职责分离原则

在信息系统部门从事安全工作的人员不要打听、了解或参与职责以外的任何与安全无关的事情，比如每种信息的用途是什么等，除非信息系统的主管领导批准。

2. 明确信息系统安全管理部门的职责

信息系统的安全管理部门应根据管理原则和该系统处理数据的保密性，制订相应的管理制度或采用相应的规范。具体职责是：

（1）根据工作的重要程度，确定该系统的安全等级。

（2）根据确定的安全等级，确定安全管理的范围。

（3）制订相应的机房出入管理制度。对于安全等级要求较高的系统，要实行分区控制，限制工作人员出入与自己无关的区域。出入管理可采用证件识别或安装自动识别登记系统，采用磁卡或身份卡等手段，对人员进行识别和登记管理。

（4）制订严格的操作规程。要根据职责分离和多人监督的原则，各负其责，不能超越自己的管辖范围。

（5）制订完备的系统维护制度。对系统进行维护时，应采取数据保护措施，如数据备份等。维护时要首先经主管部门批准，并有安全管理人员在场，故障的原因、维护内容和维护前后的情况要详细记录。

（6）制订应急措施。要制订系统在紧急情况下如何尽快恢复的应急措施，使损失减至最小。建立人员雇用和解聘制度，对工作调动和离职人员要及时调整相应的授权。

13.2.4 信息系统安全的标准与法规

信息安全产品和信息系统固有的敏感性及特殊性，直接影响着国家的安全利益和经济利益，因此，各国政府纷纷采取颁布标准、实行测评和认证制度等方式，对信息技术和安全产品的研制、生产、销售、使用及进出口实行严格、有效的管理与控制，并建立了一套推荐的信息系统安全管理实施细则和体系。

在信息安全管理方面，英国标准 BS7799 已经成为世界上应用最广泛与典型的信息安全管理标准。2000 年 12 月，BS7799-1：1999《信息安全管理实施细则》通过了国际标准化组织 ISO 的认可，正式成为国际标准——ISO/IEC 17799-1：2000《信息技术——信息安全管理实施细则》。2002 年 9 月，BS7799-2：2002《信息安全管理体系规范》草案经过广泛的讨论之后，也发布成为正式标准。

BS7799(ISO/IEC 17799)，即国际信息安全管理标准体系，包括信息系统安全管理和安全认证两大部分，已得到了很多国家的认可，是国际上具有代表性的信息安全管理体系标准。

长期以来，我国一直十分重视信息安全保密工作，并从敏感性、特殊性和战略性的高度，自始至终将其置于国家的绝对领导之下，由国家密码管理部门、国家安全机关、公安机关和国家保密主管部门等分工协作，各司其职，形成了维护国家信息安全的管理体系。

1999 年 2 月 9 日，为更好地与国际接轨，经国家质量技术监督局批准，正式成立了“中国国家信息安全测评认证中心”(2007 年后更名为“中国信息安全测评中心”)，同时，相应成立了“国家信息安全测评认证管理委员会”。我们国家还非常重视法律法规的建设，制订了《中华人民共和国电子签名法》、《中华人民共和国计算机信息系统安全保护条例》、《中华人民共和国计算机信息网络国际联网管理暂行规定》、《计算机信息网络国际联网安全保护管理办法》、《计算机信息系统安全专用产品检测和销售许可证管理办法》、《中华人民共和国计算机信息网络国际联网管理暂行规定实施办法》、《计算机病毒防治管理办法》、《网络信息安全等级保护制度》和《电子认证服务密码管理办法》等法律法规。

13.3 信息系统的伦理问题

在整个信息系统的建设和运行过程中，信息系统涉及的干系人非常多，有开发方、用户方以及供应商等组织，也有开发人员和业务人员等个体。这些干系人出于追求自身利益的动机，经常会出现各种各样的伦理问题，而这些伦理问题的产生将对信息系统的建设和运行产生一些负面的影响。本节首先介绍伦理的概念及重要性，以及企业伦理的概念及重要性，然后从信息系统专业人员以及信息系统用户这两类不同主体的角度来分析信息系统的伦理问题。

13.3.1 伦理的概念及重要性

每一个社会在长期的发展过程中都会形成一套被社会普遍接受的行为规则，人们一般会按照这些规则去做事情。伦理(ethics)就是指在处理人与人、人与社会、人与自然相互关系时应遵循的道理和准则。伦理是指一系列指导行为的观念，是从概念角度上对道德现象的哲学思考。从学术角度来看，人们往往把伦理看作是对道德标准的寻求。

伦理不仅包含着对人与人、人与社会和人与自然之间关系处理中的行为规范，而且也蕴涵着依照一定原则来规范行为的深刻道理，即做人的道理，包括人的情感、意志、人生观和价值观等方面。伦理指出了符合某种道德标准的人际行为准则，这种行为规范一般没有明文规定，而是约定俗成的，并且随着道德标准的普遍上升而呈上升趋势。

一般谈到伦理，常常会想到道德一词。伦理与道德都涉及某种规范系统。如果要严格区分，则道德偏重于个人的层面，而伦理偏重于社会的层面。不过在平常使用上，二者常被看作同义词，伦理道德一词常常连用在一起。

人们对违反伦理的行为有一些普遍共识，如撒谎、欺骗、假公济私等都被认为是违背伦理的。但有时人们在做出伦理抉择时也常面临矛盾,不确定该遵循哪一个标准,例如,当你发现你的同学在考试时作弊,你就面临着是向老师告发还是维持同学之情而保持沉默的抉择;还有一个典型的例子就是,雇主在监控雇员电子邮件时是否侵犯了个人隐私?

伦理道德标准一般受到年龄、文化、种族、信仰和性别等因素的影响。不同背景的人的伦理道德标准可能会不同,即使在同一个国家,人们对于伦理道德标准也有争议,例如在美国,人们对于死刑和枪支管制等问题就有不同的看法。个人的伦理道德标准还会受家庭、生活经历、教育背景、宗教信仰、个人价值观和朋友同事等因素的影响。

伦理道德对于每个人的发展都很重要,如果一个人为人诚实、公正、慷慨、忠诚,他(她)就容易被社会所接受,将来在工作中也容易得到信任和发展;相反,如果一个人经常做出一些不道德的行为,比如撒谎、欺骗等,那么他(她)就会遭到社会的不信任,甚至唾弃。所以,我们每一个人都应当约束自己,做出行动前要充分思考,尽量按照伦理道德规范做事,不要对别人和社会造成伤害。

13.3.2 企业伦理的概念及重要性

企业伦理的概念是美国在20世纪70年代提出的。目前,我国对企业伦理的认识与研究尚处于起步阶段,但是企业伦理已经引起我国企业家和社会的重视。企业伦理(business ethics)是企业在处理企业内部员工之间、企业与社会、企业与顾客之间关系的行为规范的总和。

在竞争激烈的市场经济中,利润关系到每一个企业的生存。所以有些人认为,盈利就是企业经营的主要目标,伦理则是企业追求的道德规范,企业的经营目标与企业社会责任没有必然联系,甚至是水火不容,因此认为企业的经营目标和经营伦理是相矛盾的。所以有的经营者为了追求利润,不惜采取各种非法途径去达到目的,如假冒仿制、欺诈行骗、商业贿赂和行业垄断等不正当竞争行为。无视伦理准则,违反法律法规,不讲公众意识的不正当竞争不仅损害了诚实经营者和广大消费者的权益,企业本身也失去了公众的信任。其实,追求利润作为唯一目标的思维方式是落后于时代的,在当今信息时代,如果企业只追求利润而不考虑企业伦理,则企业的经营活动将会越来越为社会所不容,必定不会得到持续发展。

其实,企业伦理与企业的生存是可以同时兼顾的,伦理是企业赖以生存的基石,是企业一种极为宝贵的无形资产。如果在企业经营活动中没有适当的伦理观作为指导,企业经营就不会成功。高尚的道德觉悟是企业间竞争与合作的基础。遵循伦理,可以使企业及其员工远离法律纠纷,可以使企业树立良好的企业形象,获得持久经营和发展,从而促进对企业经济目标的实现。企业经济目标和伦理目标相辅相成,只有同时并举,企业才能真正兴旺发达。因此,在现代企业制度建设中,必须加强伦理建设。树立企业伦理的观念,体现了企业重视经营活动中人与社会要素的理念。一个有道德的企业应当重视人性,积极采取对社会有益的各种行为,承担起自己的社会责任,而不应当与社会发生摩擦与冲突。

企业可以从以下几方面入手,推动企业伦理的建设:

(1) 由董事会设定企业伦理目标,推动伦理建设。

(2) 任命一个企业伦理官员。

(3) 制订并执行企业伦理守则。

(4) 对员工加强企业伦理教育。

(5) 在员工的评估中加入伦理方面的考核。

(6) 执行社会审计(social audits)等。

目前,中国企业处于公平开放的国际化竞争环境中,这就更要求企业以诚信为本,在创造经济效益的同时,将企业伦理作为企业运作的一个重要部分,在组织内建立一套行之有效的伦理监督机制,肩负起应尽的社会责任。有时,企业按照伦理规则经营,可能在短期内没有带来好的结果,比如没有带来很多利润,但从长期看,遵循伦理规则的企业一定能实现可持续发展。

13.3.3 信息系统专业人员涉及的伦理问题

信息系统的生命周期由系统规划、系统分析、系统设计、系统实现、系统运行和维护等几个相互连接的阶段组成,每个阶段都有各自明确的任务,需要由不同的专业人员去完成。这些专业人员包括项目经理、系统分析员、程序员、测试员、数据库管理员和运行维护工程师等,他们在信息系统的建设和运行期间,将会与所在单位、供应商、用户单位以及全社会产生联系。在信息系统专业人员面对这些干系人时,可能会面临许多伦理决策。

1. 信息系统专业人员与所在企业有关的伦理问题

信息系统专业人员在被企业聘用之前,需要讨论以下方面的问题并达成共识:工作职位、期望的总体表现、具体的工作责任、着装标准、工作地点、工资、工作时间和公司福利等。其他方面的要求在公司的员工手册中一般都有说明,如保护公司商业机密、度假政策、家庭事假和病假的政策、培训费用和企业资源的使用(计算机和网络)等。

一般每个公司都有自己的商业秘密,例如商业计划、系统的设计方案、新软件代码和新的用户界面设计等。大部分公司会担心他们的员工将商业秘密透露给竞争对手以获取个人利益,尤其在员工离开公司后。所以,信息系统专业人员进公司时一般会签保密协议。但是信息技术行业员工跳槽频繁,泄露商业秘密的现象时有发生。

因而,作为信息系统专业人员必须遵守所在企业的有关规定,按照伦理规范使用这些公司的资源,避免以后牵涉到法律纠纷。

2. 信息系统专业人员与供应商有关的伦理问题

信息系统专业人员在不同的阶段将会与不同的供应商打交道,例如硬件供应商、平台软件供应商和数据库管理系统供应商等。与各种供应商处理好关系,将会给信息系统专业人员带来便利,使双方的信息沟通变得容易,而且可以从供应商得到更好的产品和服务。

信息系统专业人员要想处理好与供应商的关系,就要公正地对待他们,不能利用自己的买方地位威胁他们,向他们提出无理的要求。同时,在选择供应商时,应当客观公正。有些供应商为了增加销售额和维护关系,可能会不择手段,常常会做出违背伦理的行为,比如向信息系统专业人员行贿,这时,信息系统专业人员应当能抵制住诱惑,不接受贿赂,否则可能会面临法律纠纷。

3. 信息系统专业人员与用户有关的伦理问题

只有用户使用方便且满意的系统才能称得上是好的系统。而为用户所接受、在实际工作中真正服务于用户的成功信息系统都离不开用户的参与。从最初的系统规划的制订，到系统分析、系统设计以及最后的系统实施的全过程，都需要用户与系统开发人员的真诚合作。用户不仅是使用信息系统的主人，也是开发信息系统的主人。只有系统开发人员与用户真诚地合作，才有可能使最终开发的系统成功。

在实际开发过程中，一些信息系统专业人员可能由于工期紧，不愿意或无法提供完整和准确的关于项目状态的报告，不愿意考虑用户新的需求，甚至不想与用户沟通，怕用户发现项目中的问题，从而出现相关的伦理问题，最后，双方相互指责。所以，信息系统专业人员应该积极主动地与用户沟通交流，既站在自己的角度，也站在用户的角度换位思考，追求双方的共赢。

4. 信息系统专业人员与社会有关的伦理问题

大部分国家都通过相关法律建立了产品和服务的安全标准，用以保护公众。社会希望专业人员开发的信息系统能够给社会提供正面的效益，而不是给社会带来危害，这就需要建立职业标准。

一个信息系统专业人员的行为确实可能会影响到社会中的相关人员。例如，一个用于监控化工产品制造过程是否安全的信息系统，如果系统设计员在设计时遗漏了相关数据的采集或监测，就会对工人和附近居民带来风险。又比如 2012 年 10 月 7 日下午 4 时许，北京地铁 5 号线站内的所有电视屏突然统一显示 4 个字的不文雅网络口语词汇，引起大家的愕然。随后北京地铁官方微博对此做出回应："经核查确认是由于近日地铁 5 号线 PIS 系统正在进行调试和人员培训，由于一名学员误操作将和旁边同事之前调侃的话点击发布，……给您带来的不便，在此深表歉意。"这是一个典型的信息系统专业人员的行为影响社会公众的例子，此事会引发社会公众质疑信息系统专业人员的职业素养和相关组织对员工的伦理教育是否到位。

可是，目前还没有一个正式的组织来负责建立和维护用于保护社会公众的信息系统专业人员职业标准，需要大家进一步探索。

13.3.4 信息系统用户涉及的伦理问题

目前，许多企业都建设了自己的各种类型的信息系统，使用这些信息系统的用户数量在不断增多。由于不少企业都提供计算机给员工使用，让员工访问公司的信息系统和数据以及互联网，实际上，这些用户在应用信息系统的过程中，也会出现如下的一些伦理问题。

信息系统用户常涉及的第一个伦理问题是软件盗版。如果信息系统专业人员在为用户单位建设信息系统过程中使用了盗版软件，用户就在不知情的情况下也使用了盗版软件。作为信息系统的用户，一旦发现应当及时报告，尽量避免使用盗版软件。有时用户是故意进行软件盗版，比如将办公室有版权的软件复制回家使用，复制软件其实是一种偷窃行为，是对软件开发者知识产权的明显侵犯。

第二个伦理问题是信息技术资源的不当使用。有些员工在工作时间,使用公司的计算机和网络访问与工作无关的网站、进入聊天室、访问不良网站、玩计算机游戏等。这些行为影响了他们的工作效率和浪费了时间,为公司带来一定的损失。所以,目前许多公司为了自身的权益,监控雇员的电子邮件、FTP、上网和电话记录等,实际上公司这样做又一定程度上触犯了雇员的隐私。最好的办法还是信息系统用户恪守自己的伦理道德,正确使用公司的资源。

第三个伦理问题是信息的不当分享。每一个公司都在企业的数据库中存储了大量的个人数据或机密信息。个人数据记录了企业员工的个人信息,如员工的工资信息、考勤数据、健康状况和业绩评比等;机密信息描述了一个公司的战略和它的运营情况,包括公司的战略和战术发展计划、销售和促销计划、制造过程、产品配方以及研发信息等内容。如果公司员工将这些信息分享给没有被授权的人或单位,即使是无意的,也会侵犯到公司或其他同事的隐私,或者将来有可能公司的竞争对手会拿到这些公司的机密信息。

为了避免以上问题的出现,公司应当制订信息系统的安全使用政策,要求自己的员工严格遵守,一旦违反,要有适当的惩罚措施。

13.4 信息系统专业人员的管理

在信息系统建设过程中,信息系统专业人员是有关伦理问题出现的主要根源,对这些人员的管理是提高伦理行为的主要手段。本节首先介绍信息系统专业人员的渎职及其带来的危害,然后分别从制订职业伦理规范和加入专业组织两个方面对信息系统专业人员的管理进行介绍。

13.4.1 信息系统专业人员的渎职及其危害

渎职指的是负有某种法定或约定职责的人员未能尽到职责,或在执行职责时犯了严重过失。一个有理性的人都应当注意履行自己的职责。例如,驾驶员应当安全驾驶,以避免撞到他人造成伤害;工厂不应当将污染物排到空气或河流中,应当生产安全的产品,为员工提供安全的工作环境,等等。

信息系统专业人员在系统开发工作中,可能因为玩忽职守给用户带来伤害或损失。例如,设计的系统和开发的软件没有进行认真测试,存在很多错误和缺陷,将来系统的运行可能会不稳定,存在安全隐患,甚至完全瘫痪。专业人员对由于疏忽而造成的伤害应当负责任。但是目前大部分国家还没有关于信息系统专业人员"渎职"的统一标准,也没有相关法律,所以法院对于与计算机或网络有关的失职一般很难起诉或不予起诉。尽管如此,信息系统专业人员还是需要认真履行自己岗位说明书中的职责,负责任地完成相应的任务。

13.4.2 信息系统专业人员的职业伦理规范

职业伦理规范描述了一个特定的职业群体在职业活动中应该遵循的行为准则和核心价值观。很多行业制订了自己的职业伦理规范,用于管理和控制公司及其员工的行为。大部分的伦理规范由专业组织自己制订,主要包括两个部分:第一部分是概述了专业组织长期的发展目标和战略;第二部分一般列出了期望该组织的成员遵守的规则和原则。一些职业伦理规范还包含接受继续教育的承诺。

有些行为虽然在法律中没有定义是非法的,但不一定就是符合伦理的。职业伦理规范不能提供所有的伦理行为标准,也没有一个规范能包含所有的行为标准。然而,遵守职业伦理规范,可以给个人、职业和全社会带来好处,具体包括以下几个方面:

(1) 提高符合伦理的决策。

(2) 促进高标准的实践和伦理道德行为。

(3) 增强来自公众的信任和尊重。

(4) 提供一个合适的评估基准。

信息系统专业人员应当有一种职业精神,对其开发的信息系统产品和提供的服务应当承担责任。职业伦理规范可以帮助信息系统专业人员形成关于责任和诚信的强烈意识。一个合格的信息系统专业人员,不仅应当是本领域的专家,而且也应当使自己的工作符合人类文明的一般准则,具有多方面的自律能力。

目前,发达国家的一些信息技术组织和协会已经开始从规则或章程上来规范信息技术从业人员的道德伦理标准。例如,美国计算机伦理协会(Computer Ethics Institute,CEI)制订了如下的"计算机伦理十戒":

(1) 不应该用计算机去伤害他人。

(2) 不应该去干扰别人的计算机工作。

(3) 不应该到他人的计算机里去窥探别人的文件。

(4) 不应该用计算机进行偷窃。

(5) 不应该用计算机去做伪证。

(6) 不应使用或复制没有付钱的软件。

(7) 不应未经许可使用别人的计算机资源。

(8) 不应剽窃别人的智力成果。

(9) 应该考虑你所编的程序和你正在设计的系统的社会后果。

(10) 应该以深思熟虑的方式来使用计算机。

1992年,美国计算机协会(Association for Computing Machinery,ACM)执行委员会为了规范会员的道德行为,指明道德是非,表决通过并发布了《伦理与职业行为规范》,其内容包括"一般的道德守则"、"比较特殊的专业人员职责"和"组织领导守则"三大部分。数据处理管理联盟(Data Processing Management Association,DPMA)也提出了信息系统开发人员的道德准则。

借鉴国外计算机专业组织完整的职业伦理规范,我国的相关专业组织以及从事信息系统建设的企业应该根据我国文化背景的特点来制订和完善我们自己的信息系统专业人员的伦理规范标准。

13.4.3 信息系统人员的专业组织

无论是对于一个自由职业的编程员,还是CIO(首席信息官),只要加入一个专业组织,成为它的会员,就可以与其他有相似工作经历的同行建立联系,发展合作关系和交换想法。

专业组织可以通过电子邮件、期刊杂志、网站和召开会议等形式来传播和分享本领域的信息。

这些专业组织一般都认为，需要为他们的会员制订有关能力和行为的专业标准，所以许多专业组织都制订了自己的行业伦理规范，用于对其会员的管理。例如，前面提到的美国计算机协会(ACM)于 1992 年发布了《伦理与职业行为规范》。下面，我们对国内外有关信息技术行业的主要专业组织做一个简单介绍。尽管信息系统协会及其中国分会、中国信息经济学会在第 1 章的 1.3.3 节也介绍过，但是作为信息系统相关的重要专业组织，这里也一并介绍，不过侧重点不同。

1. 计算机伦理协会(CEI)

计算机伦理协会(Computer Ethics Institute，CEI)作为计算机伦理联盟创建于 1985 年，它的会员来自信息技术专业人员、学术界、企业界和公共政策团体。该协会的目标是为信息技术的使用者提供方法来增加伦理意识。CEI 是在信息技术不断进步的背景下，面对伦理与公共政策问题展开研究的最早的专业组织之一。如前所述，计算机伦理协会(CEI)制订了"计算机伦理十戒"，用来约束计算机使用者的行为。

2. 信息系统协会(AIS)

信息系统协会(Association for Information Systems，AIS)成立于 1994 年，是信息系统领域的一个国际性专业协会，它为全球进行信息系统研究、教学和实践的个人与组织提供服务。AIS 的战略目标是：成为全球信息系统研究、实践和教育的卓越领导者；将信息系统作为领先的专业服务于社会；领导和促进卓越的信息系统教育和学术研究；提供产品和服务，以满足会员和相关组织的不同需求。

AIS 的成员来自 90 多个国家，由 3 个不同的区域组成：第一个区域包括美洲地区，第二个区域包括欧洲、中东和非洲地区，第三个区域包括亚洲和太平洋地区。虽然每个地区都有各自的特点，但是都积极地配合协会整体的目标和任务。AIS 在其"研究行为规范"(Code of Research Conduct)中规定了作为专业的信息系统人员应遵循的伦理规范标准。

3. 信息系统协会中国分会(CNAIS)

信息系统协会中国分会(China Association for Information Systems，CNAIS)是国际信息系统协会(AIS)在中国的分支机构，于 2005 年在北京成立。CNAIS 每两年举行一次学术年会，并推出了反映我国信息系统研究与应用的学术出版物《信息系统学报》(*China Journal of Information Systems*，*CJIS*)。CNAIS 自成立以来所举办的一系列活动为相关领域的学者和技术人员提供了丰富的交流机会，促进了我国信息系统研究工作的交流和发展。

4. 计算机协会(ACM)

计算机协会(Association of Computing Machinery，ACM)是一个世界性的计算机从业人员专业组织，创立于 1947 年，是世界上第一个科学性与教育性的计算机学会。ACM 每年都出版大量计算机科学的专门期刊，并就每项专业设有特别兴趣小组(Special Interest Group，SIG)。这些兴趣小组每年都会举办国际性讲座及会议，以供各会员分享他们的研究成果。美国计算机协会发布的《伦理与职业行为规范》规定了会员应当遵守的规范和履行的职责。

5. 中国计算机学会(CCF)

中国计算机学会(China Computer Federation，CCF)成立于1962年，宗旨是：为本领域专业人士的学术和职业发展提供服务；推动学术进步和技术成果的应用；进行学术评价，引领学术方向；对在学术和技术方面有突出成就的个人和单位给予认可和表彰。CCF与IEEE-计算机学会、ACM等国际学术组织有密切的联系或合作。

6. 中国信息经济学会(CIES)

中国信息经济学会(China Information Economics Society，CIES)成立于1989年，是国家民政部登记注册的国家一级学术研究团体，主要任务是开展信息经济学的研究，组织国内外信息经济学的学术交流，提高我国信息经济学和信息管理工作的水平，开展信息咨询服务，促进我国信息产业的发展，推进我国社会与经济的信息化，为社会主义现代化建设服务。中国信息经济学会的会员主要来自大学、研究机构、政府部门和企事业单位。

7. 中国系统工程学会(SESC)

中国系统工程学会(Systems Engineering Society of China，SESC)成立于1980年，是中国系统科学和系统工程科学技术工作者的学术性社会团体，宗旨是团结广大系统科学和系统工程科技工作者，促进系统工程的发展，繁荣系统科学事业，促进系统工程学科知识的普及与推广，促进系统工程人才的成长与提高，以提高我国宏观管理技术水平，为国民经济建设和“四个现代化”服务。

8. 电气和电子工程师协会(IEEE)

电气和电子工程师协会(Institute of Electrical and Electronics Engineers，IEEE)是1963年1月1日由美国无线电工程师协会(创立于1912年)和美国电气工程师协会(创建于1884年)合并而成，现在是一个国际性的电子技术与信息科学工程师的协会，是世界上会员人数最大的专业技术组织之一，拥有来自175个国家的30万以上会员。总部设在美国纽约市。IEEE出版许多杂志、学报和书籍，IEEE定义的标准在工业界有极大的影响。IEEE大多数成员是电子工程师、计算机工程师和计算机科学家。该协会章程第一条就要求成员“必须考虑公众的安全、健康以及利益，避免对公众及环境造成危害”；成员“必须提高对技术及该技术潜在后果的认识，合理地加以利用”。

以上专业组织，大多是和中国信息系统专业人员高度相关的组织，信息系统专业人员可以考虑加入其中，推进信息系统伦理的研究，同时也接受这些组织的指导和帮助。当然，与信息系统专业人员相关的组织还有不少，限于篇幅不再一一介绍，有兴趣的读者可以自行查阅相关资料。除参与上述的信息系统专业组织外，信息系统专业人员还可以通过获得相关认证机构颁发的认证来提升自己的专业能力和伦理道德水平。

思 考 题

1. 列举引发信息系统安全的各种因素，并举两个影响信息系统安全的例子。

2. 给出信息系统安全的定义，谈谈你对信息系统安全管理层次模型的理解。

3. 在设计和开发应用程序时，应采取哪些措施来提高信息系统的安全水平?

4. 列出两种常用的信息系统安全技术。

5. 在系统授权时应考虑哪些原则?

6. 设计安全策略时应该考虑哪些原则?

7. 信息系统伦理问题主要包括哪几个方面？各存在什么样的伦理问题?

8. 从网上搜索违反“计算机伦理十戒”的两个例子。

9. 思考一下，作为一个信息系统相关专业的学生，应该注意哪些与专业相关的伦理问题?

10. 争取参加一次信息系统专业组织的学术会议，思考一下作为参会者有哪些伦理问题需要注意。

第 14 章　信息系统的热点领域

作为一个虽有较长时间的历史，却依然蓬勃发展的学科，信息系统不断有新的热点领域出现。这里有思想进步引发的技术进步，如 Web Services、SOA(Service-Oriented Architecture，面向服务的架构)和云计算等；也有社会进步引发的技术进步，如重视人机交互、重视老年用户等；也有纯粹的技术进步，如物联网和移动互联网等，这些新的技术、平台或环境都在影响着信息系统的特性，如有用性、可用性、易用性和趣味性等。这些热点领域大体上都是在实践着无论何时、无论何地、无论何种设备、无论何种平台、无论何人都能够安全、高效地获得数据，管理业务，提升竞争力，最终增进人类福祉的目标。

14.1　基于 Web Services 的信息系统

一直以来，信息系统领域的从业者都希望以后的软件开发能够像搭积木一样，将模块化的小应用、小功能按照一定的规范搭接在一起，需要什么就到模块库中找什么，需要更换的话也只需更换相应模块。就像计算机的主机一样，各种芯片和配件可以在主板上插拔、配置或更换。在信息系统领域，Web Services 就是这种模块化的应用，本节简要阐述基于 Web Services 的信息系统。

14.1.1　Web Services 的含义、协议和类型

1. Web Services 的含义

Web Services 可译作 Web 服务或网络服务，但在信息系统领域，直接称为 Web Services 的比较多。万维网联盟(World Wide Web Consortium，W3C)将 Web Services 定义为：Web Services 是由通用资源标识符(Uniform Resource Indication，URI)标识的一个软件系统，其接口和绑定可以通过可扩展标记语言(Extensible Markup Language，XML)定义、描述和发现。它使用基于 XML 的消息通过互联网协议与其他软件直接交互。

IBM 公司对 Web Services 的定义是：Web Services 是自包容、模块化的应用，它能够被描述、发布、定位以及通过网络、特别是 WWW 来调用。Microsoft(微软)公司则认为，Web Services 是具有逻辑性、可理解性以及使用标准 Internet(因特网)协议的可编程应用。相比之下，Microsoft 公司关于 Web Services 的定义更为简洁。

分析以上定义可知，Web Services 是独立的、模块化的应用，能够通过因特网来描述、发布、定位以及调用。在 Web Services 的体系架构中包括 3 个角色：服务提供者(service provider)、服务请求者(service requestor)、服务注册代理(service registry)。角色间主要有 3 个操作：发布(publish)、查找(find)和绑定(bind)。图 14.1 清楚地描述了 3 种角色以及角色之间的作用关系。

图 14.1 的含义是：服务提供者在实现服务之后发布其服务到服务注册代理的一个目录上；当服务请求者需要调用某服务时，它利用 Web 服务注册代理查找所需的服务，并获得关于调用该服务的相关信息；然后服务注册代理绑定服务提供者和服务请求者，服务调用的实现就直接在服务提供者和服务请求者之间进行，而无须再经过服务注册代理。

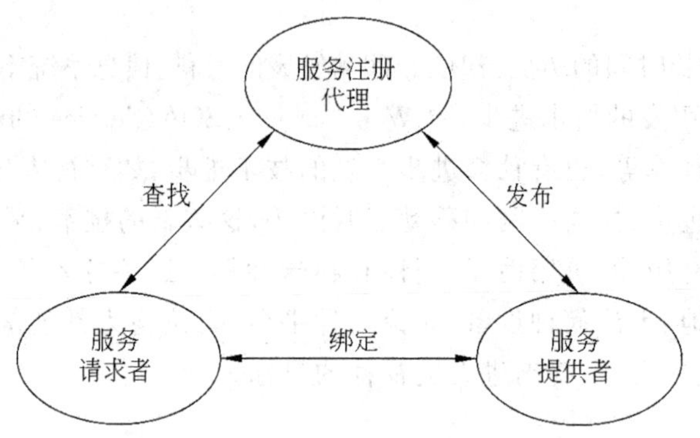

图 14.1　Web Services 的运作模型

2. Web Services 的协议

Web Services 协议标准主要包括如下内容。

1）简单对象访问协议（SOAP）

SOAP 是 Simple Object Access Protocol 的缩写，即简单对象访问协议，是一种基于 XML 的不依赖传输协议的表示层协议，用来在分散或分布式的应用程序之间方便地以对象的形式交换数据。

2）Web Services 描述语言（WSDL）

WSDL 是 Web Services Description Language 的缩写，即 Web Services 描述语言。该语言将 Web Services 定义为一个能交换消息的通信端点集，同时也可作为自动实现应用间通信的解决方案。

3）统一描述、发现和集成协议（UDDI）

UDDI 是 Universal Description Discovery and Integration 的缩写，即统一描述、发现和集成协议，是一套基于 Web 的、分布式的、为 Web Services 提供信息注册中心的实现标准规范，同时也包含一组使企业能将自身提供的 Web Services 注册、以使别的企业能够发现的访问协议的实现标准。

3. Web Services 的类型

综合当前 Web 应用以及 Web Services 的特点，按 Web Services 实施的领域可将其分为 4 类。

1）面向企业业务的 Web Services

该类服务针对的是那些面向企业应用的服务，包括企业内部的 ERP（Enterprise Resource Planning，企业资源计划）系统，企业间的 SCM（Supply Chain Management，供应链管理）、

CRM(Customer Relationship Management,客户关系管理)等系统。当这些系统以 Web Services 的形式在网络中出现时,企业内的应用集成将更容易,而在企业间众多合作伙伴的系统集成也将不再是无法完成的任务。

2) 面向个人用户的 Web Services

此类服务针对 B2C 网站,为面向浏览器的 Web 应用增加 Web Services 的应用界面。这将使用户获得更加便捷的服务。比如我们可以在个人理财桌面系统中集成 Internet 上的股票价格查询 Web Services、机票预订 Web Services 等,使得个人理财应用的自动化程度更高。

3) 面向设备的 Web Services

此类服务的使用终端一般是手持设备或日用家电。对于前者而言,可以在不用修改网络服务体系架构的前提下,令先前的网络服务支持除微机以外的各种终端,如掌上电脑和手机等。而后者则可能是未来一个具有很大市场前景的应用,有了 Web Services 作为基础框架,智能型的日用家电将真正获得通用标准的支持,从而有了与因特网接入并广泛使用的可能。

4) 面向系统的 Web Services

一些传统意义上的系统服务,如用户权限认证和系统监控等,其作用范围将从单个系统或局部网络拓展到整个企业网络或整个 Internet。这样,基于同一系统服务的不同应用将得以在 Internet 环境中部署,如跨国企业的所有在线服务可以使用同一个用户权限认证 Web Services。

14.1.2 基于 Web Services 的信息系统特点及类型

1. 基于 Web Services 的信息系统特点

基于 Web Services 的信息系统一般具有如下特点。

1) 以业务为中心

基于 Web Services 的信息系统更多关注于用户业务,通过业务人员参与系统的规划、设计和管理,使得信息系统能在对业务的深刻理解的基础上进行构建,实现信息系统与用户业务的密切结合。在具体实施中,通过把完成实际业务流程中的一项任务所需的信息资源组织为服务(即 Web Services)进行封装,从而达到以业务为核心。通过业务选择技术,避免技术制约业务的问题。

2) 灵活适应变化

基于 Web Services 的信息系统围绕用户业务构建,用户业务在实现层通过表现为一系列松散耦合的 Web Services 来实现,这些 Web Services 可以根据用户需求随需组合,使得信息系统对于业务的适应能力明显提高。

3) 重用 IT 资源,提升开发效率,减少成本

基于 Web Services 的信息系统强调对 Web Services 的重用,大量具有高重用的 Web Services 资源,为快速构建新的业务功能和业务系统奠定基础,使得 IT 系统的开发和软件生产效率得到提升。同时,重用过程有利于保护用户前期的信息化投资和 IT 资产积累,节

省 IT 系统开发成本，实现用户信息化的可持续性建设与发展。

4）易于集成现有系统

由于 Web Services 采取简单的、易于理解的标准 Web 协议作为组件界面描述和协同描述规范，完全屏蔽了不同软件平台的差异，实现了最高的可集成性。现有系统既可以作为独立的应用程序，也可以封装为一个 Web Services，因此，只要对 Web Services 接口进行封装，就可以访问原有的遗留系统。

5）促进跨组织的信息系统集成

用 Web Services 集成应用程序，可以使公司内部的商务处理更加自动化。另一方面，通过 Web Services，组织可以把需要和外界联系的商务应用“暴露”给指定的供应商和客户。用 Web Services 来实现跨组织信息系统集成的最大好处在于可以容易地实现互操作性。只要把商务逻辑“暴露”出来，成为 Web Services，就可以让任何指定的合作伙伴调用这些商务逻辑，而不管他们的系统在什么平台上运行，使用什么开发语言。这样就大大减少了花在跨组织信息系统集成上的时间和成本，使得跨组织的互联互通更加容易实现。

2. 基于 Web Services 的信息系统类型

现阶段，基于 Web Services 的信息系统应用在逐渐增多，这里，按 Web Services 在信息系统中的作用将基于 Web Services 的信息系统分为 3 类。

1）基于 Web Services 架构的系统

此类系统在建设时完全采用 Web Services 技术。将业务需求逐层分解，进而识别出一定粒度的服务，将众多服务按一定的业务流程组合起来，构成完整的系统。此类系统具有面向服务的架构(Service Oriented Architecture，SOA)，可以更迅速、更可靠、更具重用性地构架整个业务系统，从容地面对业务的急剧变化。

2）基于 Web Services 的企业系统集成

为了互通企业中的“信息孤岛”、实现遗留系统的价值，企业应用集成(Enterprise Application Integration，EAI)应运而生。标准的 XML 和 Web Services 技术使开发平台和语言相互独立，是 EAI 解决方案的一个理想的候选者。现有的各系统可以封装为一个个的 Web Services，基于 Web Services 的信息系统集成可以称之为“面向服务的集成”。

3）应用 Web Services 实现数据交换

有些企业内部或企业之间的体系结构、操作系统平台和数据库之间存在差别，造成系统之间信息交互的困难。传统的电子数据交换(Electronic Data Interchange，EDI)存在着一定的局限，对于庞大、复杂的异构数据库之间的数据交换很难完成。基于 XML 和 Web Services 进行数据交换，可以使异构数据源间的信息有效安全地互访与共享，使得企业之间、企业内部不同系统之间能够很好地实现数据交换。

14.2 基于 SOA 的信息系统

各种信息系统对提高组织运作效率、降低运作成本、优化业务流程、提升客户满意度起到了很大的作用。但是随着时间的推移和业务的变化，很多组织发现原有信息系统不能满足新的需求，也就是当组织需要信息系统支持新的战略意图和业务流程时，信息系统无法满足或者无法快速高效地满足这一需求。于是当组织有新的业务需求时，就需要对原有的系统进行二次开发或者和其他系统集成，而这种开发或集成又是一项消耗巨大的工程，如此循环使组织负责人感觉不堪重负。

快速响应市场变化是企业重要的核心竞争能力，而信息系统的相对固定性和组织业务的相对多变性的矛盾已经成为困扰众多组织的难题，这就要求必须从根本上改变组织信息系统的架构模式，从底层重建动态的组织信息系统架构，以此架构为基础开发新的信息系统，使组织信息系统能够随着企业业务需求的变化而变化。面向服务的架构正是这样一种动态信息系统架构，本节对其进行简要介绍。

14.2.1 基于 SOA 的信息系统架构的特点

SOA 的核心就是把业务功能包装成标准的服务，之后把这些服务按照一定的架构组装成企业应用，它提供了出色的可重用性和灵活性，可以有效地重用现有的系统并及时开发出新的功能。

面向服务的架构(SOA)并不是一种现成的技术，而是一种架构，是一种组织 IT 基础结构及业务功能的方法。目前 SOA 一个非常有吸引力的解决方案是基于 Web Services 和工作流的，企业可以作为服务提供者将业务及其接口作为 Web Services 发布，以这些 Web Services 作为基础组件，然后利用工作流集成这些组件，构造灵活的业务流程。与 Web Services 强调独立的、可编程的模块化应用相比，SOA 更多地强调系统的架构，即服务的组装方式。

在技术上，SOA 可以通过"服务总线"、"中间件"等黏合剂来连接企业内外各种业务相关的异构系统、应用以及数据源，使它们能够无缝地进行连接、共享和交换数据，从而尽可能地减少"信息孤岛"的问题，它的最终的目标是实现 SOE(Service-Oriented Enterprise，面向服务的企业)，在这样的企业中，所有的业务流程和服务都非常灵活，当业务发生变化后，团队可以迅速地创建、配置和重新布置业务流程，可以使得该企业快速面向市场，因此，SOA 成为适合现代企业应用程序架构的实现方式。

基于 SOA 的信息系统架构应该具有以下特点。

(1) 工业化的标准：系统应该建立在工业化的开放标准之上，易于扩展和集成。

(2) 层次化的架构：系统架构应该具有层次性，而且层次之间应该是低耦合关系，单个层次内的变化不会引起其他层次较大的变化。

(3) 组件化的功能：系统应该以元功能完备的、细粒度的、可重用的对象化组件为基础，在此基础上，从业务需求的层面来抽象出各种服务，以此作为构造业务流程的组件，以保证系统的灵活性和开放性。

(4) 模型化的流程：系统应该总结行业最佳实践经验，用工作流技术构造一套相对比较优化的流程模型库，一般的业务流程可以直接使用行业最佳流程。对企业特有的业务流程，可以使用组件灵活地进行组装。

(5) 平台化的应用：系统应该提供统一的应用平台，统一提供工作流应用和功能性应用,并统一对用户权限做出统一管理。客户端界面根据工作流和功能应用动态生成,避免二次开发的负担。

利用 SOA 构造组织信息系统架构有以下几个优点。

(1) 对组织战略更好的支持。利用 SOA 可以使组织在设计构造信息系统时提升抽象的级别,将抽象的级别提升到组织处理的业务领域层,专注于组织业务的实现,从而将整个组织战略业务都纳入 IT 考虑的范畴。

(2) 充分利用现有的组织信息资产。利用 SOA 架构,可以非常方便地通过 Web Services 接口和工作流集成组织现有的信息系统,节约成本,最大化企业资产价值。

(3) 实现持续的业务流程改进。使用工作流通过 Web Services 接口对业务组件灵活组装,当业务流程变化时,只需要改变组装的顺序或结构,信息系统就可以支持新的业务流程,实现持续的业务流程改进。

(4) 更好的可集成性、更好的灵活性、更高的可用性和可维护性。SOA 基于工业化的开放标准,具有良好的伸缩性,服务提供者可以彼此独立调整,以满足服务需求。不同的系统和平台之间只需要提供 Web Services 的接口,然后使用支持 Web Services 的工作流就可以实现良好的集成。这也为不同企业间构建协同商务提供了一个很好的选择。

综上所述,可以看出 SOA 的一个中心思想就是使得组织的应用摆脱面向技术的解决方案的束缚,轻松应对业务变化和发展的需要,有着众多的优点。

14.2.2 基于 SOA 的信息系统的实现

根据以上分析,这里给出一种基于 SOA 的企业信息系统架构(本架构从系统本身的逻辑结构出发,忽略操作系统、中间件应用服务器等其他因素)的示例,如图 14.2 所示。

图 14.2 中的架构在参照工业化的标准基础上,满足了动态信息系统架构的要求,实现了以下功能,能够使组织信息系统随着需求的变化而变化,快速响应市场需求。

(1) 层次化的架构。将组织信息系统架构划分为 3 个低耦合的层次:数据层、企业领域模型层和应用平台层。每个层次都有联系,但都通过一定的方式使其相对独立:数据层和企业领域模型层间采用对象/关系数据映射实现解耦,企业领域模型层和应用平台层之间通过分别的开发部署和接口调用实现解耦。这样就可以在某个层次发生变化时,别的层次不必受到较大影响。

(2) 组件化的功能。综合运用面向对象分析和业务流程建模方法,构建企业领域对象,然后暴露一部分接口发布为 Web Services,以此作为企业信息系统的基础组件。业务流程建模方法可以比较全面地分析企业的功能,满足元功能的完备性,从业务流程中抽象出元功能作为服务组件,元功能的封装满足恰当粒度要求,面向对象的设计保证可重用性,Web Services 技术保证标准化易于集成。

(3) 模型化的流程。运用工作流建模技术,总结行业最佳经验和企业特殊需求,构建行业领域标准流程库和企业自建流程库。对于非常成熟的行业性流程,直接采用行业流程模板来构造自己的业务流程,对企业特有的流程,再二次组装开发,所有的流程都是利用元功能组件库中的 Web Services 灵活组装,然后部署在应用平台,保证工作流随着业务流程的

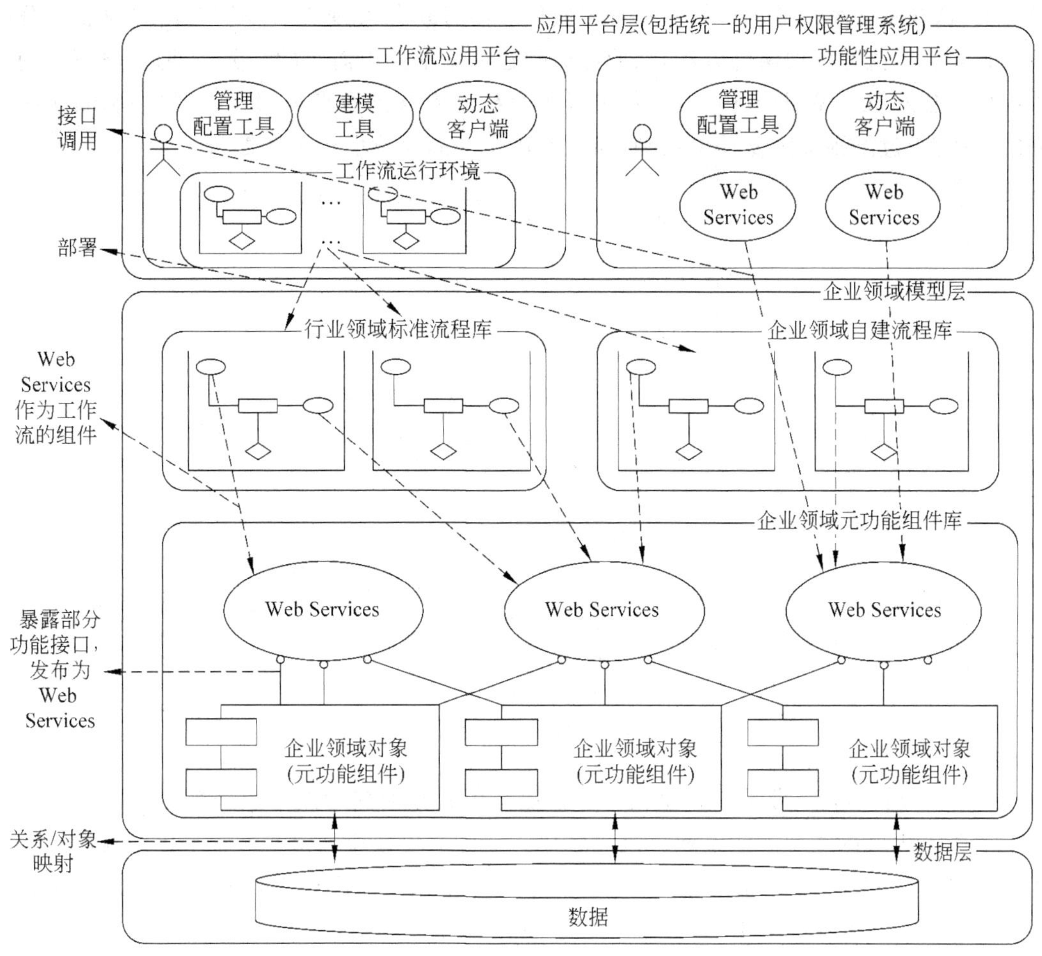

图 14.2 基于 SOA 的信息系统架构模型

变化而变化。

(4) 平台化的应用。系统提供统一的应用平台层,对于业务流程性的操作,系统提供工作流应用平台;对于功能性的应用,系统提供功能性应用平台。用统一的用户权限管理对工作流应用和功能应用两个平台的用户权限进行统一管理,不同的工作流或功能只有拥有相应权限的用户才可以操作。客户端由工作流和功能的具体情况动态生成,保证灵活性,避免二次开发的负担。

对于图 14.2 中的企业领域模型层,从逻辑上来看,又可以分为组件、服务和业务流程 3 个层次,其逻辑层次关系如图 14.3 所示。

(1) 组件层:组件层的实现方法主要是面向对象的分析与设计。面向对象的分析与设计方法相对已经比较成熟,这里要说明的一点是组件层中的组件与面向对象程序语言中的类是不同的,这里的一个组件可能是由多个类提供逻辑操作支持的。

(2) 服务层:服务层是 SOA 的灵魂,在组件层之上设置服务层,就可以将信息系统设计的抽象级别从系统功能提升到业务需求。在服务层,每个服务都是根据企业业务需求所设计的，这样就使系统需求分析更贴近于应用。服务层的实现方法要综合面向对象的分析与设计和业务流程建模两种方法，从业务流程建模中抽象出需要的服务组件，再将下层的对象组件组合发布为 Web Services。每个服务的粒度应该是恰当的，粒度过粗会影响业务流程的灵活性，过细则会降低抽象级别，而且设计实现的代价也会大大提高。

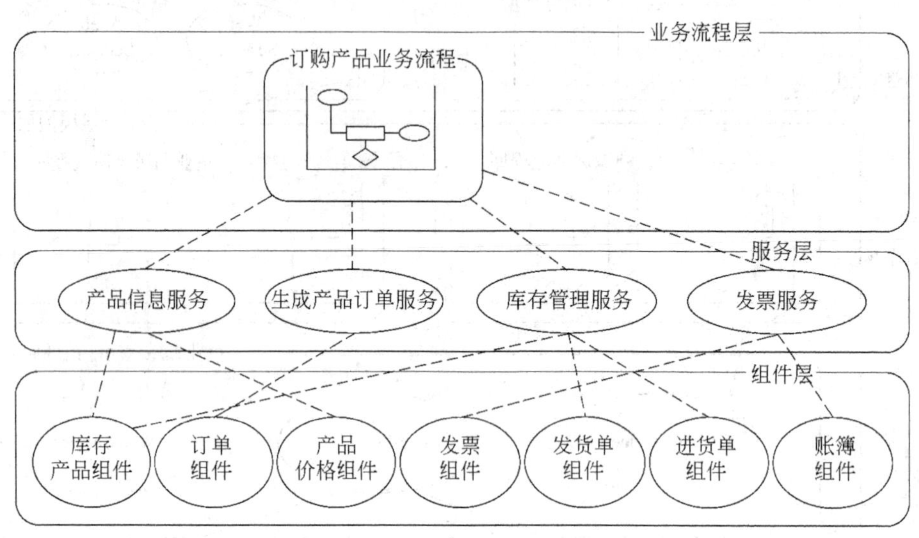

图 14.3　企业领域模型层逻辑层次

(3) 业务流程层：业务流程是为实现特定业务目标而执行的一组长期运行的动作或活动。业务流程层的实现方法是业务流程建模。业务流程建模的重要性很早以前就已经得到了重视，但在 SOA 及其支撑技术出现之前，并没有出现能够在业务流程层次上灵活整合企业应用的方式，现在通过使用基于 Web Services 的工作流语言（例如 Business Process Execution Language for Web Services，BPEL4WS），可以很好地实现企业业务流程层次的灵活整合。

以图 14.3 为例，这是一个订购产品的业务流程。在组件层中，有各种系统内部的组件，这些组件是由面向对象的设计方法和程序语言（比如 Java）构造的，通过对组件之间的互相调用关系（比如库存产品组件可以提供产品的库存信息，而产品价格组件可以提供目前产品的价格，综合两种组件的功能就可以提供产品信息的服务），可以将组件的部分接口暴露出来，发布为 Web Services，然后将这些 Web Services 通过 BPEL4WS 工作流语言组装起来，就构成了订购产品的业务流程（如图 14.4 所示）。

当业务流程发生变化时，只需要修改 BPEL 流程，例如，将客户查询产品信息与购买产品的流程分开，查询产品信息可以作为单独的功能性应用发布在功能性应用平台，而只有当客户选择购买产品（输入订单）时才启动购买产品流程，如图 14.5 所示。图 14.5 中只有客户的订购产品流程，不再包括客户查询产品信息的内容。此时，服务调用并不需要变动，客户端界面也可以动态生成，这样就保证了信息系统的灵活性，实现了业务流程的持续改进。

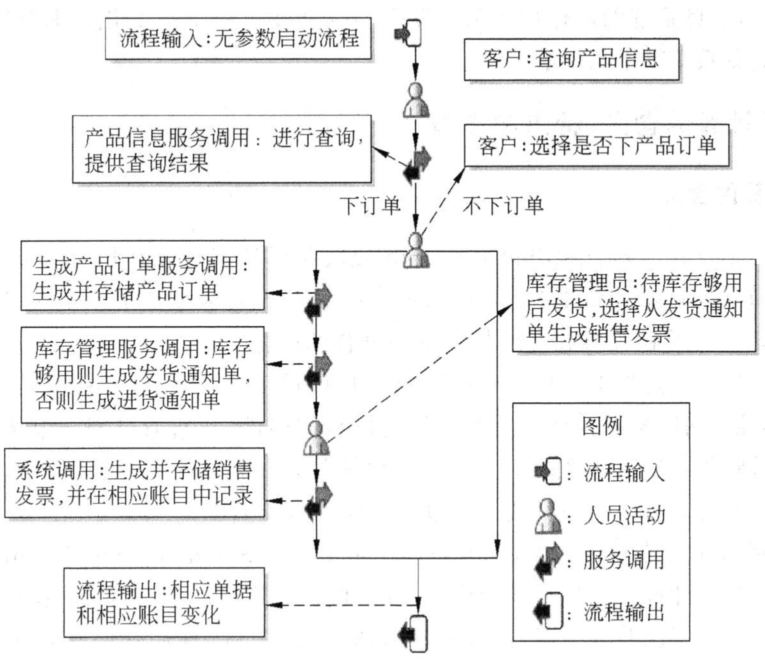

图 14.4　订购产品业务流程

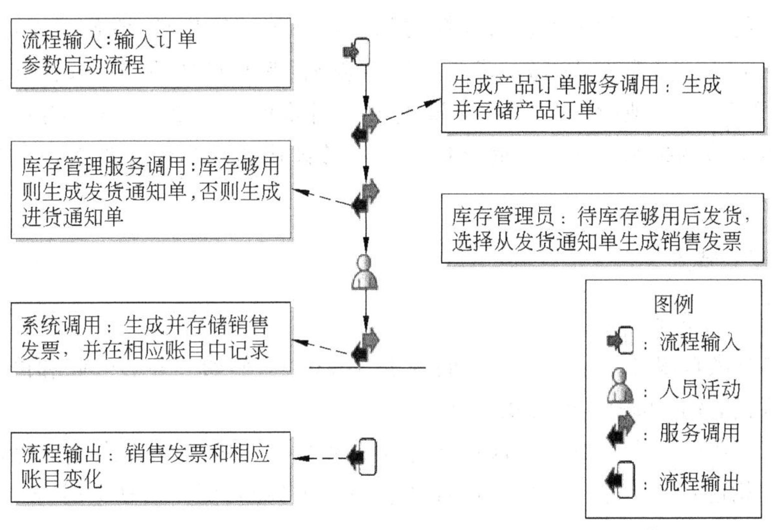

图 14.5　新的订购产品业务流程

14.3　云计算环境下的信息系统

云计算(cloud computing)的起源并不是来自学术界，而是来自 IT(Information Technology，信息技术)产业界。云是网络、互联网的一种比喻说法。云计算是基于互联网的相关服务的增加、使用和交付模式，通常涉及通过互联网来提供动态易扩展且经常是虚拟化的资源。在云计算环境下，信息系统的运作模式和开发内容都会发生一定的变化。本节简要地讨论云计算环境对信息系统产生的影响。

14.3.1 云计算的含义、特点和类型

1. 云计算的含义

云计算是分布式计算(distributed computing)、并行计算(parallel computing)、效用计算(utility computing)、网络存储技术(network storage technologies)、虚拟化(virtualization)和负载均衡(load balance)等计算机和网络技术发展融合的产物。

狭义的云计算仅是指IT基础设施的交付和使用模式，指通过网络以按需、易扩展的方式获得所需资源；而广义的云计算指服务的交付和使用模式，指通过网络以按需、易扩展的方式获得所需服务。这里的服务可以是IT和软件，也可以是和互联网相关的其他服务。它意味着计算能力也可作为一种商品通过互联网进行流通。

美国国家标准与技术研究院(National Institute of Standards and Technology，NIST)将云计算定义为一种按使用量付费的模式，这种模式提供可用的、便捷的、按需的网络访问，进入可配置的计算资源共享池(资源包括网络、服务器、存储、应用软件或服务)，这些资源能够被快速提供，只需投入很少的管理工作，或与服务供应商进行很少的交互。显然，该定义是广义的云计算观点。

本书采纳的也是广义的观点。云计算实际上是一种计算模型，它使用户以标准化的机制通过网络访问一个共享的、按需可配置的计算资源(例如网络、服务器、存储、应用软件或服务)。这些资源已被“池化”(即这些资源被用过后将保存起来，等下次再用时，可重复使用)，并且可自动地调控和优化。同时这些资源能够被快速地提供和发布，具有高速的可伸缩性。

2. 云计算的特点

云计算具有如下特点：

(1) 按需提供自服务。用户可单方面制定计算能力，例如服务的时间和网络存储，这些都是自动完成的，无需和服务的提供商联系。

(2) 无处不在的网络可用性。这些计算能力可以通过网络以标准化的机制来获得，这样就可以在异构的环境下通过胖客户端或瘦客户端来访问(例如移动电话、便携电脑和个人数字助理等)。

(3) 本地独立的池化资源。服务方通过池化计算资源的模式来服务共享用户，这种模式允许服务方用不同的物理和虚拟资源根据客户的需求进行动态的分配和重分配。用户不知道也无法控制具体的提供资源的地点，但能在较高的抽象级别来选定位置(例如国家、省市的数据中心)。资源的例子包括存储、服务器、网络带宽和应用软件等。

(4) 高速的可伸缩性。计算能力能够被快速地并且有弹性地定制，能够支持快速的大规模运算和快速的释放资源来减小规模。对于消费者，能够定制和使用的资源总是无限的，并且能够在任何时间购买到任何数量。

（5）可测量的服务。云计算系统能够通过对资源的测量来自动地控制和优化资源的使用。这种测量根据不同类型的服务应用在不同的层次上。测量的层次包括存储、计算和活跃用户数等。

3. 云计算的服务模式和类型

云计算有 3 种服务模式，分别如下：

（1）基础设施即服务（Infrastructure as a Service，IaaS）。云所提供的内容是用户可以定制计算、存储、网络以及其他的计算基础资源，用户可以在这些资源上运行任意的软件，这里的软件包括系统软件和应用软件。

（2）平台即服务（Platform as a Service，PaaS）。云所提供的内容是用户可以在云的基础设施上用提供商支持的编程语言和工具开发用户自己的应用，PaaS 实际上是指将软件研发的平台作为一种服务。

（3）软件即服务（Software as a Service，SaaS）。云提供的内容是客户对服务提供商提供的应用软件的使用。服务提供商的应用软件是运行在一个云的基础设施上，并且可以通过各种客户端设备来访问，访问所用的接口是一个瘦客户端接口，例如 Web 浏览器。

云计算有 4 种服务类型，分别如下：

（1）私有云。云的基础设施只对一个特定的组织开放，它可以通过这个组织或者一个第三方机构来管理。

（2）社区云。这种云的基础设施是由几个组织共享的，它所支持的是一个特定的社区，这个社区有共同的关注点（如行为、安全需求、政策或协议），它可以由本社区的组织或一个第三方的机构来管理。

（3）公共云。大多数公众或大的工业组织都可以访问这种云的基础设施，一般这种云属于一个专门卖或提供云服务的组织。

（4）混合云。是上述的两种或两种以上的云的组合。

很多人预测将来互联网计算都会集中到云计算中，存储、计算和所有其他的资源都由云来提供。但正如电视的出现没有取代电影一样，云计算应该也不会完全取代现在普遍运行的客户端的计算。未来的互联网计算更可能是如图 14.6 所示的三角模型。在这个模型中，云计算和客户端计算会相互依存，共同发展。数据的管理（如分区、检索、移动或复制）将会变得越来越重要。

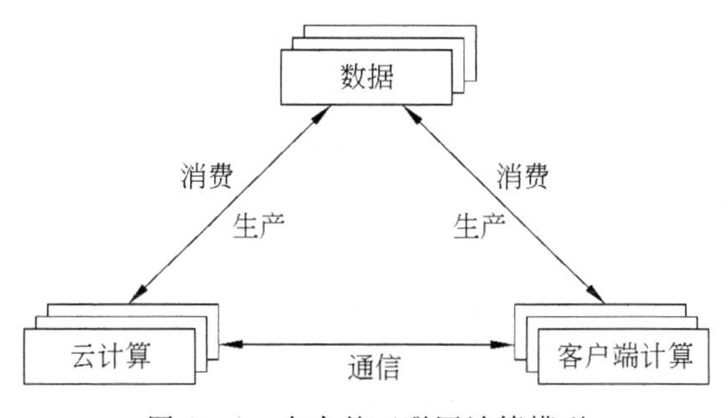

图 14.6　未来的互联网计算模型

14.3.2 不同类型企业对云计算的采纳方式

云计算现在依然处于推广和发展阶段,不同类型的组织对云计算的采纳还没有形成固定的模式。但云计算本身所具有的低成本、按需收费和高可伸缩的计算能力等特点使得云计算在未来必然会对组织信息系统造成深远的影响。不同规模的企业根据其自身财力,对IT系统的要求和业务复杂度会选择不同的云计算服务类型。

1. 小型企业对云计算的采纳方式

一般而言,小型企业财力有限,可能不具有独立开发自己的信息系统的能力和资金。对于这种企业,基于云计算的SaaS无疑是最为合适的解决方案。

采用这种模式,企业自身不用花费精力去设计开发信息系统,不用成立专门的部门去维护信息系统,也不用花费购置硬件和租赁机房的钱。这一切都交给云计算的服务提供商来做。企业只需每年交一定的费用,开通一个账号,就可享受到信息系统所带来的便利。现在很多IT巨头也看到了基于云计算的SaaS的巨大商机,纷纷推出自己的在线产品。例如,传统的ERP公司SAP就推出了在线ERP供中小型企业使用。

当然,基于云计算的SaaS也有着许多不可克服的缺陷。首先,由于是SaaS模式,所有的企业共享一个业务流程,较难反映企业独特的流程,定制能力较差。因此SaaS多是提供客户关系管理和财务记账管理等流程比较规范的功能模块。而每个企业的核心流程或独有流程功能则很难通过基于云计算的SaaS来满足。其次,客户的数据多是保存在服务提供商那里,用户对数据不可控,有丢失数据和数据泄露的风险;同时如果服务提供商破产或停止运营,则客户的相关业务就会受到影响,即客户对服务提供商的依赖过重。

小型企业一般可通过应用多个基于云计算的SaaS来满足企业对不同业务模块的需求,也可以分散过于依赖某个服务提供商所带来的风险;而对于特殊的业务流程,则须通过自主开发来满足。

2. 中型企业对云计算的采纳方式

中型企业介于小型企业和大型企业之间,因此其信息系统无论在运算数据量还是在复杂性上都有了很大提升。随着云计算的推广,其信息系统应主要由内部系统、部署在基于云计算的PaaS平台和IaaS平台上的外部信息系统以及购买的基于云计算的SaaS组成(如图14.7所示)。

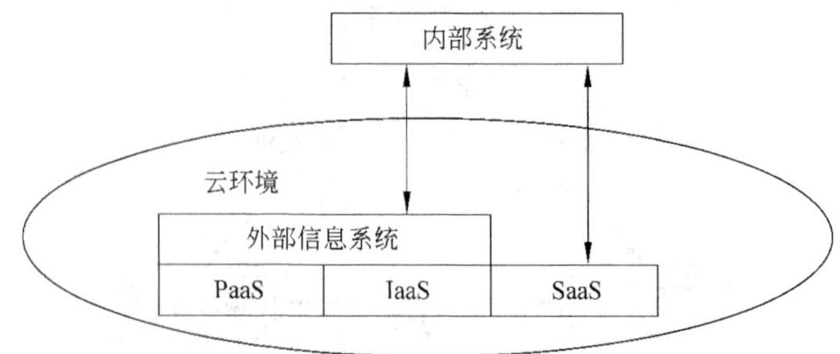

图 14.7 中型企业信息系统架构示意图

首先，中型企业中一般都有遗留系统，这些系统一般运行在内部平台中，并且正在支撑组织的业务运作，如果要更新或替换比较困难。而企业中有一部分数据由于具有重要性和保密性，不能放到 Internet 的外部环境中。因此在今后的相当长的一段时间里，中型企业的内部系统在企业的运营中仍占有主导地位。

在此基础上，企业可以利用基于云计算的 PaaS 和基于云计算的 IaaS 来部署自己的外部信息系统。中型企业一般都有自己的对外合作系统，如企业网站和电子商务系统等。在现阶段，这些系统主要还是企业自主组织开发，并且通过建设自己的数据中心来架设硬件服务器及部署网络来支撑这些应用。但随着互联网的进一步普及以及业务规模的扩大，这些网站和电子商务系统所承受的访问量和用户数将可能呈现几何级数的上升。如果单靠企业自己，无疑会陷入升级服务器、更新应用程序的循环中。在此情况下，通过购买基于云计算的 PaaS 和 IaaS，将一部分应用放到服务提供商的计算平台中已成为将来的发展趋势。

借助服务提供商提供的 PaaS，企业可以独立开发相关的应用，然后将其部署到服务提供商的平台上，由服务提供商负责硬件的维护、平台的搭建和网络的畅通。这样企业自身节省了机房空间、硬件的维护费和网络带宽的租赁费用，只需支付一定数量的服务租赁费。服务提供商则根据签订的 SLA(Service-Level Agreement，服务等级协议)，提供更稳定的系统和更大的带宽，从而使中型企业的客户得到更好的用户体验。

对于一些计算量大、数据量多的商务应用，则可以使用 IaaS 来解决数据存储容量和大规模计算问题。例如，可以通过云存储服务来存储海量的客户数据。

最后，对于一些成熟的 SaaS，中型企业也会有条件地整合到自己的信息系统中，这样能够节省相应的开发费用并且获得更稳定的服务。

总之，借助云计算，中型企业能够灵活配置，以较少的成本实现自己的信息系统解决方案。综合采用内部系统，以及基于云计算的 PaaS、IaaS 和 SaaS，实现服务质量的提升同时减少成本支出。

3. 大型企业对云计算的采纳方式

大型企业和跨国企业的信息系统更加复杂多样。这些企业人员众多，资产规模巨大，并且很多企业其下属部门都有相当高的自主决策权。由于信息系统在企业中的作用越来越重要，很多大型企业都开始进行信息系统的集成工作。如果运用得好，云计算在帮助大型企业集成信息系统上会发挥很大的作用。

大型企业可以通过建立统一的基于云计算的数据中心来构建私有云，为整个公司的企业架构提供支持。各业务部门或分公司可以有计划地将自己的信息系统从硬件到软件迁移到总公司的数据中心中。总部数据中心将以提供 IaaS 为主体，通过统一管理、硬件共享和平衡调度实现管理的规范化、规模化和节省成本。

当然，大型企业拥有自己的私有云并不代表它们不使用公共云。公共云由于其规模更大，从业人员更加专业，因此无论在计算成本还是在存储成本上相对于大型企业的私有云会有很大优势。因此，大型企业可以将部分涉及关键业务的核心系统部署在私有云上，而将一些非关键业务的系统或支持对外业务的信息系统放到公共云中。

随着云计算的发展，云与云之间的交互协议将会日趋成熟。大型企业可以通过以自建私有云为主，使用公共云为辅，综合配置，达到最优平衡。

综上所述，随着云计算的发展，各种类型的企业都可以对其加以利用，制订自己的云计算战略，实现信息系统的升级(如表14.1所示)。但同时可以看出，各种类型的企业都将使用公共云。

表14.1　企业采纳云计算系统方式的比较

企业类型	服务模式	部署方式	信息系统的构成
小型企业	以SaaS为主	公共云	SaaS为主，部分特殊业务流程可部署在内部系统中
中型企业	以PaaS为主，IaaS和SaaS为辅	公共云	以内部系统为主，企业网站和电子商务网站等对外系统部署在公共云中的PaaS平台中，并借助IaaS进行大规模数据计算和存储。对于一些成熟的SaaS，选择性地整合到自己的信息系统中
大型企业	综合使用SaaS、PaaS和IaaS	私有云为主，公共云为辅	构建企业内部的私有云，提供以IaaS为主体的云服务。同时将部分非关键业务放到公共云中，综合使用私有云和公共云，达到成本与性能的平衡

14.3.3　云计算对信息系统开发的影响

云计算环境一方面对信息系统开发的各个阶段都会提出相应的任务要求，另一方面由于云计算强大的计算能力，可以使原来难以实现的功能得到实现，从而完善和丰富信息系统。本节就从这两方面进行分析。

1. 信息系统的规划阶段

信息系统规划阶段的任务是对组织所处的环境、组织的目标以及现行系统的状况进行初步调查，并在此之上制订信息系统的发展战略，对即将建设的信息系统的需求进行分析和预测，考虑新建信息系统时所要受到的各种约束，考察新系统的必要性和可行性。

在云计算环境下，由于强调硬件共享和规模效应，因此无论是公共云还是私有云，都存在隐私信息在传输、处理和存储过程中泄露的风险。尤其是在公共云中，用户通过Internet将数据放到服务提供商的主机上，由服务提供商进行管理。由于数据不能直接由用户自身控制，因此不确定性因素更多。

针对云计算环境的特点，在此阶段不仅要完成前述的一般性规划任务，同时还要在此基础上收集隐私和信息安全相关的政策规定和法律规范，并且根据信息系统的建造规模和成本确定云计算技术的采用规模和外包程度，比如是采用私有云还是公共云。

2. 信息系统的分析阶段

信息系统分析阶段的主要任务是对现行系统进行全面而细致的调查，分析问题域，尤其是对组织中的业务流程进行分析，构造出信息系统的概念模型，即明确系统边界、系统需要完成的功能、处理过程以及信息结构，为下一步的系统设计做好准备。

而在云计算环境下，相对于传统的信息系统，要增加对系统中数据隐私性的分析。数据隐私性的分析可以通过对数据字典和数据流图的改进来进行。举例来说，一般数据字典有6类条目，分别是数据元素、数据结构、数据流、数据存储、外部实体和处理。改进措施则是在这些条目中加入隐私程度这个元素。隐私程度可以按照物理部署的种类进行分级。例如，对于既有内部系统又有部署在云环境中的外部系统的信息系统来讲，可以将隐私程度分为两级：用数字"1"表示既可以部署在内部系统也可以部署在外部云环境中的隐私级，用数字"2"表示只能部署在内部系统中的隐私级。通过对隐私程度的分级，就可以在逻辑模型中清楚地看到哪些系统或模块必须是内部系统，哪些系统或模块可以采用云计算提供的各种服务。

3. 信息系统的设计阶段

信息系统设计阶段则是根据信息系统分析阶段的成果，要根据实际的技术条件、经济条件和社会条件，对系统的逻辑模型进行分析，确定系统的实施方案，即系统的物理模型。在内部系统中的信息系统设计与传统的信息系统设计无重大区别，而在云环境中的信息系统则要根据所采用的服务的类型和级别进行具体设计。

对于采用 SaaS 的信息系统，由于主要是采用服务提供商已开发好的系统，因此信息系统设计阶段的工作主要是根据前面系统分析得出的功能模块，选择符合要求的 SaaS，并且对服务进行有针对性的定制，以满足企业的个性需求。这种模式在系统设计阶段开发工作量少，开发成本小，能够充分地利用外部资源。

对于采用 PaaS 的信息系统，首先需要选定好所采用的云平台，并且要对云平台所能提供的服务有明确的了解。由于平台由服务商提供，可能使用时会有很多限制，因而在使用时要进行平台选型，多寻找几种替代方案进行比较分析。

对于采用 IaaS 的信息系统，需要特别注意的是如何使信息系统的设计符合分布式并行计算和大规模存储的要求。

在信息系统设计阶段要特别注意的是，要对内部系统与云环境之间的传输有良好的设计，采取适当的加密手段保证信息在信道上的安全。同时要考虑传输的可靠性，例如，可以租用专线等方式来保证传输的带宽和稳定性。

4. 信息系统的实施阶段

信息系统实施阶段的一般任务有：程序代码的编写，程序测试，准备数据文件，对相关人员进行培训，采购计算机和服务器等设备，整个系统的调试等。

在基于云计算环境的信息系统实施阶段，首先要选定好所用的云计算平台。如果系统中有采用公共云，则要根据系统分析与设计中所得出的隐私需求以及性能需求与云计算服务提供商签订好 SLA 协议，并且确保云计算服务提供商的技术水平和资质能够满足所签订的协议。

其次在设计系统架构时，应将与云计算服务交互的接口封装独立打包，这样能够更好地管理系统结构和代码，使以后信息系统迁移到别的云环境成为可能。

最后在信息系统的开发与测试过程中需要特别注意程序迁移的问题。如果系统中需要使用公共云所提供的服务，则一般在开发和测试阶段需要首先在本地搭建一个虚拟环境，等开发测试成功后再转移到公共云中。在转移的过程中，一定要在部署之后进行详尽的测试。这其中可能会出现很多无法预测到的问题，这就需要在项目管理中预留出一定的时间，并且时刻注意风险。在转移之后，要随时根据系统的流量和需求不断地调整配置，通过磨合来达到成本和服务质量的最佳平衡。

5. 信息系统功能的提升

前面讲述了如何在信息系统开发的各个阶段进行调整来适应云计算环境的要求。实际上，组织还可以利用云计算强大的计算能力，在规划和设计信息系统时加入许多以往难以实现的功能来完善和丰富信息系统。

首先，云计算环境强大的计算能力和存储能力使数据挖掘和数据分析有了更强有力的平台。现在人工智能技术有了长足的进步，但由于这些技术算法十分复杂，尤其是使用它们处理企业级应用时，会产生极其巨大的计算量，因此很难通过自己购买硬件来实现计算需求。

但在云计算环境下，这些人工智能技术就有了用武之地。通过申请与配置几十、几百甚至几千个虚拟机，企业可以在短时间内获得所需的计算资源用以满足其特定需求。财务成本和时间成本的下降将使得很多企业采用最新的数据挖掘技术。例如银行可以利用云平台对客户的信用卡信息进行数据挖掘，用来应对信用卡欺诈，同时保险公司也可以运用云平台检测保险欺诈等。

其次，云计算环境尤其是公共云平台有很强的开放性和互动性。如果企业将各自信息系统的非隐私部分放到公共云中，则可以利用 Web Services 技术实现互联互通，加强企业与企业之间的信息联系，促进上下游或企业联盟之间的整合。

总之，应用了云计算后，企业的硬件采购和维护成本下降的同时，还可以更多地利用强大、低成本的计算资源来丰富信息系统的功能，实现更智能更开放的系统。

14.4 信息系统的其他热点

信息系统是一个活力很强的学科，随着社会的发展和技术的进步不断在迈出前进的脚步。自计算机诞生开始，人机交互研究就从未停止过。随着信息技术的发展，人们对交互的方式提出了新的更高要求，希望交互过程更友好、更自然，交互体验更愉悦、更舒适。因而人机交互再次成为当前的研究热点。老龄社会的到来，使老年人受到前所未有的关注，面向老龄社会的信息系统也成为研究的热点。物联网和移动互联网极大地拓展了信息系统的应用空间，人们需要思考它们对信息系统究竟会产生什么样的影响。

14.4.1 面向人机交互的信息系统开发

由于以前受计算机等硬件设备性能的制约以及开发工具和开发技术的制约，传统的信息系统开发方法关注重点是信息系统的有用性(usefulness)，即关注系统功能能否满足组织的需求，而对系统的用户——人的需求考虑不足，在人机交互方面缺乏系统性的思考，这样开发的系统虽然具有有用性，但是可用性(usability)却有待提高。近些年来，信息系统人机交互问题和信息系统的可用性问题日益引起学者关注，以人为中心的开发方法或者面向人机交互的信息系统被提了出来。

面向人机交互的信息系统强调以用户为中心，这就要求信息系统要专门对用户进行分析和研究，发掘用户的典型特征，充分考虑和满足用户的心理需求，真正让用户喜欢用、习惯用。

1. 面向人机交互的信息系统与传统信息系统的区别

面向人机交互的信息系统以人机交互为主要特点，在设计开发时将其作为基本目标贯穿其中，传统信息系统虽然也有人机交互的表现形式，但并不是其主要特点，传统信息系统设计开发以结构化方法为主，存在缺乏智能、集成度低、用户界面不够友好等问题，因而人机交互信息系统与传统信息系统有很大的区别，其差别主要集中在以下几方面(参见表 14.2)。

表 14.2 面向人机交互的信息系统与传统信息系统的对比

	传统信息系统	人机交互信息系统
基本原则	以系统功能为主导，强调功能的需求分析	以用户为中心，关注用户分析和环境分析
交互方式	交互方式单一，多以文本为主	交互方式多样化，实现多通道交互
开发方法	一般运用成熟的结构化方法开发信息系统，强调开发过程，注重系统的开发技术	综合运用美学、认知心理学、行为学、艺术设计学和人机工程学等辅助信息系统的设计，注重系统的可用性评价
特性关注	更多关注系统的有用性	更多关注系统的可用性和易用性
情感关注	不太关注情感，注重技术投入和技术创新	注重高情感投入，实现情感与技术的平衡

1) 基本原则

传统信息系统以系统功能为主导，看重系统的正常运行和功能的具体实现，没有专门针对用户的研究和分析；而面向人机交互的信息系统要求站在用户的角度，以用户的主观需求和愿望为中心，对信息系统的使用者，即用户进行专门的研究和分析，对用户所处的环境进行细致调查，可以说用户在信息系统的设计和开发过程中处于主导地位。

2) 交互方式

传统信息系统中虽然输出方式呈现出多样化，如文本、图形、图像和声音等，但其输入方式一般仅限于文本类型(字符或代码录入)，这样就较为单一；而面向人机交互的信息系统则追求交互方式的多样化，从文本操作扩展为自然语言、手的动作以及肢体语言等多种立体式的操作方式，表现为多通道交互。

3) 开发方法

传统信息系统一般使用成熟的结构化方法和规范来开发，强调系统的开发过程，注重系统的开发技术；而面向人机交互的信息系统则综合运用美学、认知心理学、行为学、艺术设计学和人机工程学等辅助信息系统的设计，注重系统的可用性评价。

4) 关注的系统特性

传统的信息系统更多强调信息系统的有用性；而面向人机交互的信息系统则更多关注

信息系统的可用性和易用性。

5）技术与情感的平衡

传统信息系统不太关注情感，注重技术的创新与投入，希望通过技术的革新来充分发挥信息系统的功能，提高系统的运行效率；而面向人机交互的信息系统则追求用户的情感投入，计算机不再是生硬而呆板的“死”工具，而是富有感情的，能够智能地“思考”和“学习”，使人与计算机的交互更加友好、自然。

2. 面向人机交互的信息系统的主要特点

根据上述面向人机交互的信息系统与传统信息系统的不同，结合人机交互技术的发展状况，可以归纳出人机交互的主要特点。

1）以用户为中心

信息系统最终是供用户使用的，在面向人机交互的信息系统中用户处于绝对的主导地位，以用户为中心是面向人机交互的信息系统设计与开发的根本原则，用户对信息系统的心理需求和愿望，是信息系统分析与设计的基本依据，用户对信息系统的操作习惯和方式也直接关系着信息系统是否为用户满意。

2）交互方式的多通道

虽然传统信息系统在输出方式上实现了文本、声音、图形和图像等表现形式的多样化，但其输入方式仅限于文本输入；而人机交互信息系统追求交互方式的多样化，用户能够使用自然语言（语音）、手势和姿势等多种表达模态来控制计算机系统，从而实现交互方式的多通道。

3）环境可感知

在传统的信息系统中，人被排除在信息系统的环境之外，人只是操作的发起者；而面向人机交互的信息系统试图营造一种无限接近现实的，在视觉、听觉和触觉等主观感觉上逼真的虚拟环境，用户是信息系统的参与者，置身于虚拟环境的包围之中，体验到无限真实的身临其境之感。

4）高情感、智能化、拟人化

面向人机交互的信息系统不再只是人类解决问题的工具，而是能够与用户“对话”、熟悉用户的操作习惯、理解用户的个性化需求、会思考和学习的智能体。它在与用户交流沟通的过程中，逐渐培养其与用户的感情，根据用户的喜好而调整改变信息系统的布局、外观、显示效果和功能等。

长期以来，人们仅仅把计算机和信息系统当成一种工具，将其视为人的脑、眼和手的外延。利用它去处理烦琐复杂的计算，没有投入太多的感情，也没有考虑计算机的“感情”。而人机交互的理念，则强调人类与计算机系统的“感情”对话，强调计算机的可用性和可理解性，通过对话，计算机能够了解人的“感情”和行为，为人类提供更加自然、更加智能、更具人性关怀的服务。

最后要强调的是，在以人为中心的开发方法中，非常强调对任务的分析，以及在任务分析的过程中考虑人机功能的合理分配。

14.4.2 面向老龄社会的信息系统

从国务院办公厅发布的《社会养老服务体系建设规划(2011—2015)》可知,中国现在是世界上唯一一个老年人口超过1亿的国家,且正在以每年超过3%的速度快速增长,是同期人口增速的5倍多。根据全国老龄工作委员会办公室的预测,未来20年是中国老年人口增长最快的时期。2033年前后将增长到4亿,平均每年增加1000万,最高年份将增加1400多万。21世纪中叶,60岁以上人口将达到峰值4.87亿,占总人口的比重将上升到2053年的34.8%。以上数据显示,我国正面临严重的人口老龄化趋势,正在快步进入老龄社会。

老龄社会将对国家的基本国策产生深远影响,并带来一系列的问题和机遇。而老年人口规模的扩大也会使信息系统的用户构成发生明显的改变。这给IT产业既带来巨大的挑战,也带来许多的机遇。这就要求信息系统领域的从业者要深入分析老年人信息需求的内容,研究老年人信息系统采纳过程中的特点和影响因素,设计适合老年人使用的信息系统。

接下来从如下两方面对老年人与信息系统的关系进行探讨:一是信息技术和信息系统(IT/IS)产品如何支持老年人的信息需求,使老年人的信息需求得到满足;二是老龄社会的到来对IT/IS的产品会产生哪些影响。

1. IT/IS对老年人信息需求满足的支持

在老龄社会即将到来的今天,IT/IS将会发挥重要的作用,对老龄社会产生积极的影响。具体地讲,IT/IS可以从满足老年人的生理、安全、情感、受尊重和自我实现等信息需求角度出发,提供相应的信息技术以及信息产品,从而提高老年人的生活质量。IT/IS对老年人产生的支持作用及相应的IT/IS产品参见表14.3。

表14.3 IT/IS对老年人产生的支持作用

针对的需求层次	针对的信息需求	相关的IT/IS产品举例
生理需求	衣、食、住、行信息	老年生活信息网站等
	护理信息	报警系统、信息化老年公寓和信息化社区等
安全需求	医疗保健信息	应急设备、老年人健康跟踪档案和远程医疗等
	养老政策信息	养老政策和保险网站
情感需求	亲友活动信息	即时通信、电子邮件、留声机、电子存档和人机交互设备等
	情感交流信息	网络社区,如老友帮网站(www.rd1860.com)等
受尊重需求	自我评价信息	老年人自我评价网站等
	社会评价信息	老年人社会评价网站等
自我实现需求	知识技能信息	远程老年大学、老年教学软件等
	岗位信息	老年人经验日志、老年人技术论坛、老年人工作辅助工具和老年人再就业信息平台等

1) IT/IS产品对老年人生理需求的支持

老年人的生理需求除了衣、食、住、行等基本需求外,很重要的一点就是受护理的需求。

IT/IS 产品可以很好地保障老人的基本生存需求，如香港、广州在许多有老人的家庭中安装了“平安钟”，上海也在孤寡老年人的家中安装了“安康通”。这两种设备一方面可以使得老年人在危险的时候通过设备上的紧急按钮向监护人报警，另外监护人也可以通过这个设备与老年人进行沟通，及时了解老年人的需求。另外，IT/IS 产品也可以部署到老年人居住的公寓或社区，比如建设信息化老年公寓和社区。

2）IT/IS 产品对老年人安全需求的支持

在生命安全方面，可以利用 IT 技术制造适合于老年人的应急设备，如某公司正在研发的有报警功能的 GPRS(General Packet Radio Service，通用分组无线服务技术)手杖等。这种手杖不仅可以在老年人意外摔倒或昏厥时发出报警的声音，更可以通过 GPS(Global Positioning System，全球定位系统)及时向老年人的监护人报告老人的具体位置。在医疗保健信息的支持方面，可以通过医疗信息系统的建设和运行，建立老年人健康跟踪档案，完整地记录老年人以往的医疗信息和基本状况，为医生选择正确的治疗方案提供相关信息。还可以采用远程医疗，并通过互联网向老年人提供医疗服务信息，有助于为行动不便的老人介绍居家诊疗服务。除了要给老年人提供各种老年人辅助器具和医疗机构的信息外，还可以通过互联网及时发布养老政策和保险的详细信息。

3）IT/IS 产品对老年人情感需求的支持

从满足感情交流的角度出发，一方面互联网可以跨越空间的鸿沟，利用即时通信工具、电子邮件和网络社区等方式将相隔异地的老年人与其亲友紧密地联系在一起，如老友帮(www.rd1860.com)就是一个年轻人和老年人互相交流与支持的互动平台；另一方面 IT/IS 产品可以突破时间的界限，通过留声机和电子存档等内容让老年人时刻可以感受到亲情、友情、爱情的存在。再者，从形式上，信息技术还可以丰富老年人与亲友的沟通方式，从单纯声音到图像，再从动态影音到利用人机交互技术实现的老年人与亲友虚拟互动。从满足归属感的角度出发，网络的普及可以让那些不方便出门的老年人通过网络社区中互动的形式，了解社会团体和信仰的相关信息，并参与感兴趣的活动，从而增强老年人的归属感。

4）IT/IS 产品对老年人受尊重需求的支持

老年人期望受尊重，期望得到家庭成员、团体成员以及相关的社会公众一个好的评价。相关机构可以在互联网上开设老年人自我评价系统网站，根据科学的自我评价指标体系，老年人可以进行自助式自我评价。老年人所在的社区或团体也可以开设网上社会评价系统，实现互评机制。结果只有被评价的老人自己能看到，但是评价者可以是多元的，老年人可以根据自我评价和社会评价的结果信息调整自己的态度和行为，树立正确的自我意识，增强自信心，并且通过学习进一步加强自己的能力，保持或提高在家庭中的地位、在所参与团体中的地位以及一般性的社会地位。

5）IT/IS 产品对老年人自我实现需求的支持

IT/IS 产品不仅可以帮助老年人掌握与时俱进的技能，也可以为他们创造新的途径以完善自我。首先是普及老年人的 IT 教育，相关机构可以向老年人推荐他们喜爱的网站和远程老年大学，让他们掌握最新信息和知识，紧跟时代的步伐。其次，利用 IT 技术，开发一些与老年人从事的工作相关的辅助工具，如老年人阅读器、老年人助听器和老年人网页浏览器等，降低一些工种的体力支出，增强容错性能，放宽职位对工作年龄的限制，合理有效地利用老年资源。最后,可以考虑借助网络技术,为老年人创造或发现新的就业渠道,比如可以建立老年人再就业的信息平台,合理配置人力资源,达到老年人力资源的再利用。网络技术可以规避老年人行动上的弱势,同时可以发挥老年人经验丰富的优势,比如可以通过网络上经验日志和技术论坛等方式汇集老年人的智慧,为社会创造价值,也满足了老年人发挥余热、实现自我的需求。

2. 老年人信息需求对 IT/IS 产品发展的影响

老龄化社会的到来为 IT 产业的发展带来了挑战,也带来了机遇。针对老年用户越来越多的现实,IT/IS 领域的从业者需要从以下方面研究,来应对老龄化社会带来的挑战,把握其中蕴涵的机遇。

1) 挖掘并创造老年人的信息需求

可以预见的是专门为老年人设计的 IT/IS 产品会逐渐增多。目前一般情况下老年人是去被动适应 IT/IS 产品,而比较少地主动提出自己的需求,许多老年人潜在的信息需求可能仍然没有被发掘,这也是造成目前 IT/IS 产品在老年人中普及较低的主要原因之一。因此,学术界和产业界需要持续与老年人沟通,挖掘老年人的需求,从而创造适应老年人需要的 IT/IS 产品。

2) 建立覆盖老年用户的信息系统

在老龄化社会到来的今天,信息系统建设不但要考虑技术架构或技术实现方式,更要从用户的角度关注用户构成的变化。在各类信息系统的设计上,需要充分考虑到老年人这个用户群体。准备升级改造或正在规划中的信息系统,应该在设计阶段注意考虑老年用户的使用行为和特点。相关单位还可以建立覆盖老年用户的信息系统来解决老年人增多而带来的社会问题,比如建立全国性的养老保险信息系统、医疗保障信息系统以及老年人的全国性档案信息库,打破由于区域划分而造成的信息壁垒,真正通过信息系统体系,用全局的眼光思考并解决老龄化社会所带来的种种问题(比如异地养老问题),从而加强对老年人的服务和管理。

3) 设计适应老年用户的信息系统

老年人在听力、视力、反应速度和理解能力等方面都有所下降。无论是针对老年人的 IT/IS 产品还是公众信息产品,在交互设计和界面设计上都必须考虑到老年用户的上述特点。实际上,除企业信息系统的用户主要面向中青年外,电子商务、电子政务和电子社区 3 个领域的用户中,老年人的参与越来越多,所以面向老年人的信息系统设计必然是研究的一个重点。国内已经有一些高校和科研机构展开了相关的研究,如针对老年人的 IT 产品和计算机通用设备的设计研究。

14.4.3 物联网环境下的信息系统

物联网的英文名称是 Internet of Things(IOT),也称为 Web of Things(WOT)。顾名思义,“物联网就是物物相连的互联网。”这包含两层意思:第一,物联网的核心和基础仍然是互联网,是在互联网基础上的延伸和扩展的网络;第二,其用户端延伸和扩展到了任何物品与物品之间,进行信息交换和通信。近年来,随着物联网技术的蓬勃发展,从厂家和研究机构到政府机构，无不关注并推动着此领域的快速发展。

1. 物联网的含义、特点和类型

物联网是在互联网的基础上，利用RFID(Radio Frequency Identification，无线射频识别，又称电子标签)、红外感应器、全球定位系统、激光扫描器和无线数据通信等技术，按约定的协议，让所有能够被独立寻址的普通物理对象实现互联互通的网络。在这个网络中，物品能够彼此进行“交流”，而无须人的干预。

在物联网的构想中，RFID标签中存储着规范而且具有互用性的信息，通过无线数据通信网络把它们自动采集到中央信息系统，实现物品的识别，进而通过开放性的计算机网络实现信息交换和共享。RFID是一种通信技术，可通过无线电信号识别特定目标并读写相关数据，而无须识别系统与特定目标之间建立机械或光学接触。目前RFID技术应用很广，如门禁系统和食堂的非接触餐卡系统等。

和传统的互联网相比，物联网有如下特征：

(1) 它是各种感知技术的广泛应用。物联网上部署了海量的多种类型传感器，每个传感器都是一个信息捕捉器，不同类别的传感器所捕获的信息内容和信息格式不同。传感器获得的数据具有实时性，按一定的频率周期性地采集环境信息，不断更新数据。

(2) 它是一种建立在互联网上的泛在网络。物联网技术的重要基础和核心仍旧是互联网，通过各种有线和无线网络与互联网融合，将物体的信息实时准确地传递出去。在物联网上的传感器定时采集的信息需要通过网络传输，由于其数量极其庞大，形成了海量信息，在传输过程中，为了保障数据的正确性和及时性，必须适应各种异构网络和协议。

(3) 它能够对物体实施智能控制。物联网不仅仅提供了传感器的连接，其本身一般也具有智能处理的能力，能够对物体实施智能控制。物联网将传感器和智能处理相结合，利用云计算和模式识别等各种智能技术扩充其应用领域。从传感器获得的海量信息中经分析、加工和处理得出有意义的数据，以适应不同用户的不同需求，发现新的应用领域和应用模式。

与云计算可以分为私有云、社区云、公共云和混合云4种类似，物联网也具有如下4种类型。

(1) 私有物联网(private IOT)：一般面向单一机构的内部提供服务。

(2) 公有物联网(public IOT)：基于互联网(Internet)向公众或大型用户群体提供服务。

(3) 社区物联网(community IOT)：向一个关联的“社区”或机构群体(如一个城市政府下属的各委办局，包括公安局、交通局、环保局和城管局等)提供服务。

(4) 混合物联网(hybrid IOT)：是上述的两种或以上的物联网的组合，但后台一般有一个统一的运维实体。

2. 物联网对信息系统的影响

物联网是把感应器嵌入和装备到电网、铁路、桥梁、隧道、公路、建筑、供水系统、大坝和油气管道等各种物体中，然后将物联网与现有的互联网整合起来，实现互联网与物理系统的整合，在这个整合的网络当中有关键的信息系统，能够对整合网络内的人员、机器、设备和基础设施实施实时的管理和控制，在此基础上，人类可以以更加精细和动态的方式管理生产和生活，达到“智慧”状态，提高资源利用率和生产力水平，改善人与自然间的关系。

在第1章信息系统的定义中指出，信息系统是一个以人为主导，吸取经验和遵照规律并重，利用适合的信息技术以及相应设备，根据相应的业务模型和数学模型，进行信息的收集、传输、加工、储存、更新和维护，以提高组织的效益和效率为目的，支持组织的高层决策、中层控制和基层运作的集成化的人机系统。

因而，物联网首先作为互联网的延伸，为信息系统提供各种数字的量化数据的收集、简单处理及传输，然后，信息系统作为物联网感知数据的处理单元，对收集的各种数据进行复杂的处理、统计和分析，在此基础上，一方面信息系统反馈给物联网连接的相应设备，让这些设备对相应的反馈进行响应和处理；另一方面，以各种图表和方案的方式输出，供决策部门使用。可以说，物联网技术丰富了信息的来源，拓展了组织管理控制的空间，而信息系统相对于物联网来说则起到了类似中央处理器的作用。

物联网用途广泛，遍及环境保护、智能交通、智能消防、工业监测、公共安全、食品溯源、政府工作、平安家居、老人护理和个人健康等多个领域，因此物联网必将对上述相关信息系统产生深刻的影响。

在供应链管理层面，基于物联网的信息系统可以实现供应链管理的高度敏捷化和集成化，可以将企业内部和企业之间的生产活动进行整合，通过完成自动化生产线运作，实时了解生产状况，及时根据生产进度发出补货信息，实现流水线均衡，使生产变得更加柔性化。在物联网被充分利用到供应链管理系统中后，企业可以实现对原材料、零部件、半成品和产成品的识别与跟踪。通过在各个环节上实现对货物的智能化管理，可以加强对产品质量的控制及追踪，保证企业能够提供尽可能高品质的产品。

14.4.4 移动互联环境下的信息系统

随着互联网科技的飞速发展，各式各样的网络服务愈发贴近现代人的生活，不管是衣食还是住行，人们都越来越依赖于互联网来获得所需的服务。因此随时随地可以便捷地获取互联网服务就成了互联网新时代的热点需求，而移动互联网(mobile Internet)的普及正为这种需求的满足提供了支持与保障。另一方面，以苹果公司的iPhone手机为代表的智能手机和以iPad为代表的平板电脑的普及也为多样的移动应用提供了良好的接入终端。

移动互联网采用先进的移动信息技术，将各类网站或组织的大量业务应用引入到移动互联网之中，为组织搭建了一个适合业务和管理需要的移动信息化应用平台，使得组织真正地突破时空的限制，有条件提供7×24(即每周7天，每天24小时)不限空间的服务。

从全球电子商务的发展来看，电子商务的移动化无疑是其重要的发展趋势，而移动互联网则使电子商务的移动化成为可能。

而近些年来迅速走红的社交网络也开始将其触角延伸到移动互联网领域。越来越多的移动互联网社区应用正在一步一步抓住人们的眼球，而其中以精确的用户定位和深入专业的信息服务著称的移动互联网垂直社区应用更是在人们的指尖底下大放异彩。受到移动互联网和社会化网络兴起的影响，基于地理位置的服务(Location Based Service，LBS)在近年来也逐渐走向流行。

总的来说，移动互联网为信息系统提供了新的平台，信息系统支撑的业务也在引导移动通信技术的发展，如需要更高的数据吞吐量，更低的时延，更低的建设和运行维护成本，与现有网络的可兼容性，更高的信息安全能力，更高品质的互动操作，等等。

除了上述热点方向之外，Web 2.0、社会计算、大数据和 ERP 2.0 等术语层出不穷，对信息系统的有用性、可用性、易用性和趣味性等特性分别产生了相应的影响，读者们可以不断关注这些最新理念和技术的进展，思考信息系统的未来。不要仅仅做信息系统的学习者或旁观者，还要做信息系统的建设者和参与者。

思 考 题

1. 基于 Web Services 的信息系统有哪些特点？有哪几种类型？
2. 基于 SOA 的信息系统架构应该具有哪些特点？
3. 云计算有哪些服务模式？有哪些类型？
4. 比较说明不同规模的企业采纳云计算系统的方式。
5. 请你谈谈云计算对信息系统各开发阶段的影响。
6. 面向人机交互的信息系统与传统信息系统相比有哪些区别？
7. 请你谈谈 IT/IS 对老年人可以在哪些方面提供支持。
8. 请举例说明物联网对信息系统的影响。
9. 请举例说明移动互联网对信息系统的支持作用。
10. 请上网或到图书馆查找 Web 2.0 的含义，说说它与信息系统的关系。

附录 A　国家标准《计算机软件产品开发文件编制指南》简介

国家标准《计算机软件产品开发文件编制指南》①(GB/T 8567—1988)是一份指导性文件。它建议在软件的开发过程中编制下述 14 个文件：可行性研究报告、项目开发计划、软件需求说明书、数据要求说明书、总体设计说明书、详细设计说明书、数据库设计说明书、用户手册、操作手册、模块开发卷宗、测试计划、测试分析报告、开发进度月报和项目开发总结报告。该指南给出了这 14 个文件的编制提示，它同时也是这 14 个文件编写质量的检验准则。下面详细介绍这 14 个文件的编写目的与内容要求。

A.1　可行性研究报告

可行性研究报告的目的是：说明该软件开发项目的实现在技术上、经济上和社会条件上的可行性，论述为了合理地达到开发目标而可能选择的各种方案，说明并论证所选定的方案。其内容要求见表 A.1。

表 A.1　可行性研究报告

1. 引言	4.4.2　对软件的影响
1.1　编写目的	4.4.3　对用户单位机构的影响
1.2　背景	4.4.4　对系统运行的影响
1.3　定义	4.4.5　对开发的影响
1.4　参考资料	4.4.6　对地点和设施的影响
2. 可行性研究的前提	4.4.7　对经费开支的影响
2.1　要求	4.5　局限性
2.2　目标	4.6　技术条件方面的可行性
2.3　条件、假定和限制	5. 可选择的其他系统方案
2.4　进行可行性研究的方法	5.1　可选择的系统方案 1
2.5　评价尺度	5.2　可选择的系统方案 2
3. 对现有系统的分析	…
3.1　数据流程和处理流程	6. 投资及收益分析
3.2　工作负荷	6.1　支出
3.3　费用开支	6.1.1　基本建设投资
3.4　人员	6.1.2　其他一次性支出
3.5　设备	6.1.3　非一次性支出
3.6　局限性	6.2　收益
4. 所建议的系统	6.2.1　一次性收益
4.1　对所建议系统的说明	6.2.2　非一次性收益
4.2　数据流程和处理流程	6.2.3　不可定量的收益
4.3　改进之处	6.3　收益/投资比
4.4　影响	6.4　投资回收周期
4.4.1　对设备的影响	6.5　敏感性分析

① 资料取材于《信息处理技术国家标准汇编》(中国标准出版社，1991)。

续表

7. 社会条件方面的可行性	7.2 使用方面的可行性
7.1 法律方面的可行性	8. 结论

A.2 项目开发计划

编制项目开发计划的目的是用文件的形式将在开发过程中各项工作的负责人员、开发进度、经费预算和所需软硬件条件等问题做出的安排记录下来，以便根据本计划开展和检查项目的开发工作。其内容要求见表 A.2。

表 A.2 项目开发计划

1. 引言	2.5 完成项目的最迟期限
1.1 编写目的	2.6 本计划的审查者与批准者
1.2 背景	3. 实施总计划
1.3 定义	3.1 工作任务的分解
1.4 参考资料	3.2 接口人员
2. 项目概述	3.3 进度
2.1 工作内容	3.4 预算
2.2 主要参加人员	3.5 关键问题
2.3 产品及成果	4. 支持条件
2.3.1 程序	4.1 计算机系统支持
2.3.2 文件	4.2 需要用户承担的工作
2.3.3 服务	4.3 需由外单位提供的条件
2.3.4 非移交产品	5. 专题计划要点
2.4 验收标准	

A.3 软件需求说明书

软件需求说明书的编制是为了使用户和软件开发人员双方对软件的初始规定有一个共同的理解，使之成为整个软件开发工作的基础。其内容要求见表 A.3。

表 A.3 软件需求说明书

1. 引言	3.2.1 精度
1.1 编写目的	3.2.2 时间特性要求
1.2 背景	3.2.3 灵活性
1.3 定义	3.3 输入输出要求
1.4 参考资料	3.4 数据管理能力要求
2. 任务概述	3.5 故障处理要求
2.1 目标	3.6 其他专门要求
2.2 用户的特点	4. 运行环境规定
2.3 假定的约束	4.1 设备
3. 需求规定	4.2 支撑软件
3.1 对功能的规定	4.3 接口
3.2 对性能的规定	4.4 控制

A.4 数据要求说明书

数据要求说明书的编制目的是为了向整个软件开发时期提供关于被处理数据的描述和数据采集要求的技术信息。其内容要求见表 A.4。

表 A.4 数据要求说明书

1. 引言	2.3 动态输出数据
1.1 编写目的	2.4 内部生成数据
1.2 背景	2.5 数据约定
1.3 定义	3. 数据的采集
1.4 参考资料	3.1 要求和范围
2. 数据的逻辑描述	3.2 输入的承担者
2.1 静态数据	3.3 处理
2.2 动态输入数据	3.4 影响

A.5 概要设计说明书

概要设计说明书又称为总体设计说明书，其编制目的是说明对项目系统的设计考虑，包括基本处理流程、组织结构、模块结构、功能配置、接口设计、运行设计、系统配置、数据结构设计和出错处理设计等，为程序的详细设计提供基础。其内容要求见表 A.5。

表 A.5 概要设计说明书

1. 引言	3.2 外部接口
1.1 编写目的	3.3 内部接口
1.2 背景	4. 运行设计
1.3 定义	4.1 运行模块组合
1.4 参考资料	4.2 运行控制
2. 总体设计	4.3 运行时间
2.1 运行环境	5. 系统数据结构设计
2.2 基本设计概念和处理流程	5.1 逻辑结构设计要点
2.3 结构	5.2 物理结构设计要点
2.4 功能需求与程序的关系	5.3 数据结构设计要点
2.5 人工处理过程	6. 系统出错处理设计
2.6 尚未解决的问题	6.1 出错信息
3. 接口设计	6.2 补救措施
3.1 用户接口	6.3 系统维护设计

A.6 详细设计说明书

详细设计说明书又称为程序设计说明书，其编制目的是说明一个软件系统各个层次中的每一个程序(模块)的设计考虑。如果软件系统比较简单，层次少，本文件可以不单独编写，有关内容可并入概要设计说明书。其内容要求见表 A.6。

表 A.6　详细设计说明书

1. 引言	3.5　输出项
1.1　编写目的	3.6　算法
1.2　背景	3.7　流程逻辑
1.3　定义	3.8　接口
1.4　参考资料	3.9　存储分配
2. 程序系统的组织结构	3.10　注释设计
3. 程序 1(标识符)设计说明	3.11　限制条件
3.1　程序描述	3.12　测试计划
3.2　功能	3.13　尚未解决的问题
3.3　性能	4. 程序 2(标识符)设计说明
3.4　输入项	…

A.7　数据库设计说明书

数据库设计说明书的编制目的是对于设计中的数据的所有标识、逻辑结构和物理结构作出具体的设计规定。其内容要求见表 A.7。

表 A.7　数据库设计说明书

1. 引言	2.4　专门指导
1.1　编写目的	2.5　支撑软件
1.2　背景	3. 结构设计
1.3　定义	3.1　概念结构设计
1.4　参考资料	3.2　逻辑结构设计
2. 外部设计	3.3　物理结构设计
2.1　标识符和状态	4. 运用设计
2.2　使用它的程序	4.1　数据字典设计
2.3　约定	4.2　安全保密设计

A.8　用户手册

用户手册的编制是使用非专业术语的语言，充分地描述该软件系统所具有的功能及基本的使用方法，使用户通过本手册能够了解该软件的用途，并能够确定在什么情况下如何使用它。其内容要求见表 A.8。

表 A.8　用户手册

1. 引言	2. 用途
1.1　编写目的	2.1　功能
1.2　背景	2.2　性能
1.3　定义	2.2.1　精度
1.4　参考资料	2.2.2　时间特性
	2.2.3　灵活性

续表

3. 运行环境
  3.1 硬件环境
  3.2 支撑软件
  3.3 数据结构
4. 使用过程
  4.1 安装与初始化
  4.2 输入
    4.2.1 输入数据的现实背景
    4.2.2 输入格式
	4.2.3 输入举例
	  4.3 输出
	    4.3.1 输出数据的现实背景
	    4.3.2 输出格式
	    4.3.3 输出举例
	  4.4 文卷查询
	  4.5 出错处理与恢复
	  4.6 终端操作

A.9 操作手册

操作手册的编制是为了向操作人员提供该软件每个运行的具体过程的有关知识，包括操作方法的细节。其内容要求见表 A.9。

表 A.9 操作手册

1. 引言
  1.1 编写目的
  1.2 背景
  1.3 定义
  1.4 参考资料
2. 软件概述
  2.1 软件的结构
  2.2 程序表
  2.3 文卷表
3. 安装与初始化
4. 运行说明
  4.1 运行表
	4.2 运行步骤
	  4.3 运行 1(标识符)说明
	    4.3.1 运行控制
	    4.3.2 操作信息
	    4.3.3 输入文段
	    4.3.4 输出文段
	    4.3.5 输出文段的复制
	    4.3.6 启动恢复过程
	  4.4 运行 2(标识符)说明
	  …
	5. 非常规过程
	6. 远程操作

A.10 模块开发卷宗

模块开发卷宗是在模块开发过程中逐步编写出来的，每完成一个模块或一组密切相关的模块，复审时编写一份，应该把所有的模块开发卷宗汇集在一起。编写的目的是记录和汇总低层次开发的进度和结果，以便于对整个系统开发工作进行管理的复审，并为将来的维护提供有用的技术信息。其内容要求见表 A.10。

表 A.10 模块开发卷宗

1. 标题 2. 模块开发情况表(见表 A.11) 3. 功能说明 4. 设计说明	5. 源代码清单 6. 测试说明 7. 复审的结论

表 A.11 模块开发情况表

模块标识符				
模块的描述性名称				
代码设计	计划开始日期			
	实际开始日期			
	计划完成日期			
	实际完成日期			
模块测试	计划开始日期			
	实际开始日期			
	计划完成日期			
	实际完成日期			
组装测试	计划开始日期			
	实际开始日期			
	计划完成日期			
	实际完成日期			
代码复查日期/签字				
源代码行数				
目标模块大小				
项目负责人批准日期/签字				

A.11 测试计划

这里所说的测试是指整个软件系统的组装测试和确认测试，本文件的编制是为了提供一个对该软件的测试计划，包括对每项测试活动的内容、进度安排、设计考虑、测试数据的整体性方法及评价准则。其内容要求见表 A.12。

表 A.12 测试计划

1. 引言
  1.1 编写目的
  1.2 背景
  1.3 定义
  1.4 参考资料
2. 计划
  2.1 软件说明
  2.2 测试内容
	2.3 测试 1(标识符)
	  2.3.1 进度安排
	  2.3.2 条件
	  2.3.3 测试资料
	  2.3.4 测试培训
	2.4 测试 2(标识符)
	…

续表

3. 测试设计说明 　3.1　测试 1(标识符) 　　3.1.1　控制 　　3.1.2　输入 　　3.1.3　输出 　　3.1.4　过程	3.2　测试 2(标识符) 　… 4. 评价准则 　4.1　范围 　4.2　数据整理 　4.3　尺度

A.12　测试分析报告

测试分析报告的编写是为了把组装测试和确认测试的结果、发现的问题以及分析结果写成文件形式加以保存。其内容要求见表 A.13。

表 A.13　测试分析报告

1. 引言 　1.1　编写目的 　1.2　背景 　1.3　定义 　1.4　参考资料 2. 测试概要 3. 测试结果及发现 　3.1　测试 1(标识符) 　3.2　测试 2(标识符) 　… 4. 对软件功能的结论	4.1　功能 1(标识符) 　　4.1.1　能力 　　4.1.2　限制 　4.2　功能 2(标识符) 　… 5. 分析摘要 　5.1　能力 　5.2　缺陷和限制 　5.3　建议 　5.4　评价 6. 测试资源消耗

A.13　开发进度月报

开发进度月报的编制目的是及时向有关管理部门汇报项目开发的进度和情况，以便及时发现和处理开发过程中出现的问题。一般来说，开发进度月报是以项目组为单位每月编写的。其内容要求见表 A.14。

表 A.14　开发进度月报

1. 标题 2. 工程进度与状态 　2.1　进度 　2.2　状态 3. 资源耗用与状态 　3.1　资源耗用 　　3.1.1　工时 　　3.1.2　机时	3.2　状态 4. 经费支出与状态 　4.1　经费支出 　　4.1.1　支出性费用 　　4.1.2　设备购置费 　4.2　状态 5. 下个月的工作计划 6. 建议

A.14 项目开发总结报告

项目开发总结报告的编制是为了总结本项目开发工作的经验，说明实际取得的开发成果以及对整个开发工作的各个方面的评价。其内容要求见表 A.15。

表 A.15 项目开发总结报告

1. 引言	2.4 进度
1.1 编写目的	2.5 费用
1.2 背景	3. 开发工作评价
1.3 定义	3.1 对生产效率的评价
1.4 参考资料	3.2 对产品质量的评价
2. 实际开发结果	3.3 对技术方法的评价
2.1 产品	3.4 出错原因的分析
2.2 主要功能和性能	4. 经验与教训
2.3 基本流程	

主要参考文献

1. 黄梯云. 管理信息系统. 4 版. 北京：高等教育出版社，2009.
2. 陈禹. 信息系统的分析与设计. 2 版. 北京：高等教育出版社，2011.
3. 薛华成. 管理信息系统. 6 版. 北京：清华大学出版社，2012.
4. 李东. 管理信息系统的理论与应用. 3 版. 北京：北京大学出版社，2007.
5. 陈国青，郭迅华. 信息系统管理. 北京：中国人民大学出版社，2005.
6. 李一军，卢涛，叶强. 管理信息系统. 北京：清华大学出版社，2007.
7. 毛基业，郭迅华，朱岩. 管理信息系统——基础、应用与方法. 北京：清华大学出版社，2011.
8. 陈禹，王明明. 信息经济学教程. 2 版. 北京：清华大学出版社，2011.
9. 邝孔武，王晓敏. 信息系统分析与设计. 3 版. 北京：清华大学出版社，2006.
10. 刘鲁. 信息系统. 原理、方法与应用. 北京：高等教育出版社，2006.
11. 刘仲英. 管理信息系统. 北京：高等教育出版社，2006.
12. 陈启申. ERP——从内部集成起步. 3 版. 北京：电子工业出版社，2012.
13. 王珊，萨师煊. 数据库系统概论. 4 版. 北京：高等教育出版社，2006.
14. 高复先. 信息资源规划——信息化建设基础工程. 北京：清华大学出版社，2002.
15. 朱福东. 管理系统设计. 北京：中国人民大学出版社，1995.
16. 左美云. 信息系统项目管理. 北京：清华大学出版社，2008.
17. 左美云. 电子商务项目管理. 北京：中国人民大学出版社，2008.
18. 左美云. CIO 必读教程(CIOBOK)——CIO 知识体系指南. 北京：电子工业出版社，2004.
19. 左美云. IT 项目管理表格模板(含光盘). 国际文化出版公司，2004.
20. M. Looijen. 信息系统管理、控制和维护. 耿继秀，等译. 北京：电子工业出版社，2002.
21. 齐治昌，谭庆平，宁洪. 软件工程. 2 版. 北京：高等教育出版社，2004.
22. 郑人杰，等. 软件工程. 北京：清华大学出版社，2009.
23. 詹姆斯 · P. 克莱门斯，杰克 · 吉多. 成功的项目管理. 5 版. 张金成，等译. 北京：机械工业出版社，2012.
24. 陈佳. 信息系统开发方法教程. 3 版. 北京：清华大学出版社，2009.
25. 李宇红. 管理信息系统原理及解决方案. 北京：电子工业出版社，1999.
26. 孙强，左天祖，刘伟. IT 服务管理概念、理解与实施. 北京：机械工业出版社，2004.
27. 孙强，陈伟，王东红. 信息安全管理：全球最佳实务与实施指南. 北京：清华大学出版社，2004.
28. 谢康. 知识优势——企业信息化如何提高企业竞争力. 广州：广东人民出版社，1999.
29. 贾晶. 信息系统的安全与保密. 北京：清华大学出版社，1999.
30. George W. Reynolds. Ethics in Information Technology. 2nd Ed. Thomson Course Technology，2007.
31. 朱珠. 信息系统设计过程中的伦理问题. 科技情报开发与经济，2008，18(15)：94-95.
32. 吴成丰. 企业伦理. 北京：中国人民大学出版社，2004.
33. 福雷斯特. 计算机伦理学. 陆成译. 北京：北京大学出版社，2006.